동 아 시 아
역사상 문화교류와
상 호 인 식

동아시아 역사상 문화교류와 상호인식

1판 1쇄 인쇄 2017년 5월 23일 | 1판 1쇄 발행 2017년 5월 31일

책임편집 김경호 | **편집인** 진재교, 성균관대학교 동아시아학술원 02)760-0781~4
펴낸이 정규상 | **펴낸곳** 성균관대학교 출판부 02)760-1252~4 | **등록** 1975년 5월 21일 제1975-9호
주소 03063 서울특별시 종로구 성균관로 25-2   © 2017, 성균관대학교 동아시아학술원

값 25,000원
ISBN 979-11-5550-228-0 94150 978-89-7986-832-6 (세트)

본 출판물은 2007년 정부(교육부)의 재원으로 한국연구재단의 지원을 받아 수행된 연구임(NRF-2007-361-AL0014).

동아시아
문명총서
15

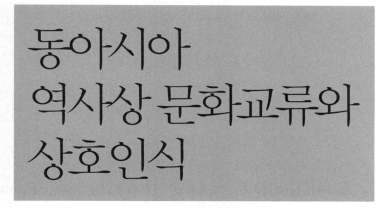

동아시아 역사상 문화교류와 상호인식

김경호 책임편집

동아시아 역사상의 다양한 특징 가운데 하나는 전근대시기부터 오늘날에 이르기까지
각 국가와 지역이 단절된 상태가 아닌 교류의 파트너로서 작용하고 있었다는 점이다.
그리고 이러한 교류를 통하여 매 시기 각 국가와 지역은 독자적인 형태로 그 고유의 전통을 유지 발전시켰다.

성균관대학교
출판부

2007년도 성균관대학교 동아시아학술원은 인문학의 소통과 확산을 위하여 '동아시아 연구를 통한 한국인문학의 창신(創新)'이라는 어젠다(agenda)를 제시하고 인문한국(HK)사업을 지난 10년 동안 추진하였다. 어젠다의 구체적인 목적은 "동아시아 다원성과 보편성을 통일적으로 파악하는 새로운 모델의 개척·소통·확산을 통하여 한국 인문학의 창신에 기여하고자 한다"에 있다. 이를 위하여 동아시아 생활양식의 차이와 지속, 지식체계의 구조와 변동, 동아시아적 질서의 원리와 운영 등과 같은 연구 영역을 설정하였다. 그리고 이러한 연구영역이나 주제를 관통하는 일관된 입장은 일국사(一國史) 혹은 자기중심적 인식에서 벗어나 한국사회의 성격을 규정하고자 하는 것에 있다. 동아시아학술원에서는 제시한 연구 목적을 달성하기 위하여 전근대 사회에서 근현대 사회로 이해하는 과정을 시간적 공간적인 배경으로 동아시아 사회를 설정한 까닭도 여기에 있다. 이와 동시에 기존의 동아시아 연구성과를 비판적으로 검토하면서 현재 한국의 역사와 문화 그 자체의 성격은 물론이고 주변 국가와 동아시아 사회의 전통적 가치와 질서체계를 새롭게 모색하고 이해할 수 있는 계기에 제고하는 것에 대해서도 중요한 의미를 부여하고 있다.

동아시아 역사상의 다양한 특징 가운데 하나는 전근대시기부터 오늘날에 이르기까지 각 국가와 지역이 단절된 상태가 아닌 교류의 파트너로서 작용하고 있었다는 점이다. 그리고 이러한 교류를 통하여 매 시기 각 국가와 지역은 독자적인 형태로 그 고유의 전통을 유지 발전시켰다. 설령 교류의 내용 가운데 일정 부분이 중국에서 유입된 이른바 '동아시아 유교문화권'이나 '동아시아 한자문화권'이라 불릴 정도로 중국 문화의 영향은 부정할 수 없는 것이 전근대 사회의 특징이었을지라도 각 국가나 지역은 독자적이고 고유한 문화 발전을 이뤄낼 수 있었다. 동아시아라는 공간에서 지속된 문화의 교류는 매우 다양하다. 문물의 교류에서 학술 사상, 그리고 제도와 정치에 이르기까지 다양한 분야에서 상호 진행되어왔다. 물적 교류를 통해서 문화의 유사성을 확인할 수 있다면 인적 교류를 통해서는 학술과 사상의 동류성을 확인할 수 있었던 것이다. 이와 같은 소통과 교류를 통해 상호 간의 '같음'을 확인하고 '다름'을 이해하여 그 기초위에서 공동의 새로운 문화 교류를 진행해나가는 것이 바로 동아시아학술원이 추진하고 있는 어젠다의 기본 취지와 목적에 부합하면서 어젠다의 핵심인 이른바 '소통과 확산'을 이루어갈 수 있는 과정이라 생각한다.

이러한 취지와 목적하에서 추진하는 연구과제의 내용 가운데 하나인 중국사회과학원 역사연구소와의 정례 학술회의는 두 기관의 실질적인 학술교류 강화와 공동의 연구 주제 모색을 통하여 동아시아학에 대한 심도 있는 논의와 연구를 진행하는 데 그 주요 목적이 있다. 이 학술회의는 지난 2011년 6월 중국 북경에서의 개최를 시작으로 매년 상호 교차 방문하는 형식으로 진행되어왔으며, 본 서에 수록된 글들은 2016년 4월 동아시아학술원에서 "동아시아 역사상 문화교류와 상호인식"이란 주제로 개최된 제6회 학술회의에서 발표된 글을 중심으로 구성한 연구성과이다. 지난 2012년 본 학술원에서 개최된 "전근대 동아시아 역사상의 사(士)"를 주제로 한 학술회의의 성과를 동일 제목의 총서로서 간행된 뒤, 4년 만에 같은 형식의 총서로서 발간되는 성과이기도 하다[물론 2014년 주최한 학술회의 "동아시아에서의 고문헌의 유통과 문물교류"의 성과의 일부는 『대동문화연구』(제88집, 2014)에 게재되었다]. 이와 같은 지속적인 연구성과의 발간은 동아시아 연구를 통한 한국 인문학의 실질적 국제화의 달성을 의미함과 동시에 국제 학술연구 네트워크의 확대 및 내실화를 도모한 것으로 평가할 수 있다.

본 서는 지속적인 역사연구소와의 학술교류를 통해서 성취한 결과물들을 편집한 것이다. 본 서의 주요 특징은 동아시아라는 지역을 지식과 교류 및 소통의 공간으로 설정하고 이에 대한 학술적 접근을 시도하고 있다는 점이다. 우선 종이가 주요 서사재료로 사용되기 이전 시기, 한국에서 출토된 목간의 연구를 통해 동아시아의 간독문화가 형성되었다는 지적(다이웨이홍)과 종이와 목독이 병용하던 시기에 중국 문화의 선진성뿐만 아니라 중국과 교류를 진행한 지역과 국가 역시 독자적인 성격의 고대국가로 성장 발전하였다는 지적(김경호)은 동아시아 고대사회에서 전개된 문화교류의 실상을 출토자료를 통해 논증하고 있다는 점에서 매우 주목할 만하다. 또한 '중화(中華)'라는 동아시아 이념체제에서 조선에서도 역시 중화의 관념이 지배하였다는 지적(하영휘)과 근대의 길목에서 조선의 대표적 학자인 박규수가 청의 대표적 학자인 고염무 사당의 회제에 참여한 사실은 바로 양국의 지식인들 사이에서 지속적이고 적극적인 교류와 인식 및 상호이해가 전제된 양자 간 깊은 유대감의 형성과 동아시아 사회에서의 동질성을 확인할 수 있는 좋은 사례일 것이다.(린춘양)

　문자와 문헌 그리고 사상으로 대변되는 지식 공간에서의 교류 못지않은 제도와 정치를 통한 교류의 공간을 확인할 수 있다. 13~14세기 고려와 원의 결혼을 비롯한 다양한 문화교류 양상과 문화전파의 주요 경로를 분석한 글(우원가오와)이나 명·청조와 조선의 중앙집권적인 전제주의 재정구조하에서 군비지출 시, 명청은 중화를 이념으로 하는 책봉체제를 중심으로 천자의 군대를 유지하였다면 조선은 이러한 성격이 극도로 억제되었다는 '이질성'을 강조한 분석(손병규)은 조선과 명청을 비교사적 관점에서 연구한 새로운 성과라고 할 수 있다. 뿐만 아니라 근대의 접점에서 중국과의 관계에 집중한 연구와는 달리 19세기 후반 러시아와의 이주문제를 언급한 성과는 전통적 동아시아라는 공간에 대한 재인식 및 제도체계와는 또 다른 공간에 대한 이해의 요구는 동아시아 사회의 다원성을 지적하고 있다는 측면에서 커다란 의미가 있다.(배항섭)

　한편, 종래 한국학계에서 상대적으로 덜 주목되었던 '해양'이란 공간을 통한 동아시아 사회에 대한 이해는 매우 신선한 분석이라 할 수 있다. 사료적인 제한으로 인해 동아시아 삼국 해양 교류의 실상을 이해하기가 쉽지 않음에도 춘추전국 시기 한반도와 일본과의 교류를 통한 해양 실크로드의 성격을 규명한 글(왕전중)이나 13세기 남송, 고려, 몽골, 왜 등을 둘러싸고 전개된 동아시아 사회에서의 전쟁과 무역을 연해제치사(沿海制置使)라는 관직의 성격을 중심으로 분석한 내용 역시 교류의 또 다른 일면의 이해를 제공하고 있다.(고은미) 더욱이 15세기의 조선, 명, 왜 그리고 유구(琉球)와의 국제관계를 당시 제작된 지도라는 이미지를 통해 분석한 내용(류중위)은 종래 문헌 텍스트에 집중한 연구에 비하면 새로운 연구 방법론을 제시하고 있다는 점에서 다양한 측면에서의 동아시아 연구가 가능하게 되었음을 보여주는 사례이다.

본 서의 출간은 앞에서도 언급한 역사연구소와의 학술교류를 통한 '학문적 공감'이 축적되면서 형성된 연구성과를 기초로 구성된 것이기 때문에 연구성과의 국제적 교류를 통한 학문연구 네트워크 구축이라는 측면에서 그 의미가 더 크다고 할 수 있다. 비록 두 기관의 연구자들을 중심으로 본 학술회의에 참가한 연구자들의 학문적 공감이 형성되었다는 점을 차지하더라도 여전히 상호 간의 인식 차이는 존재할 수밖에 없다. 이러한 인식의 차이는 더 깊은 문제의식과 이를 해결하고자 하는 연구자들 간의 진정한 노력이 배가된다면 차츰 좁혀질 수 있을 것이다. 이러한 공감을 국내의 연구자들과 함께 좀 더 진지하게 고민하고 토론하기 위하여 발표된 글들을 수정 및 보충하여 『사림』 및 관련 학술지에 투고 심사를 거쳐 게재하기도 하였다. 본 서의 출간은 이러한 과정을 거쳐 공동 연구의 일차적 결과물이다. 공동 연구의 성과물을 전문학술지에 게재하는 것도 중요한 의의가 있지만, 발표와 토론을 기초로 수정 및 보충 작업을 진행한 연구성과를 보다 많은 독자층과 공유하고 상호 소통할 수 있는 출간의 기회가 있다는 사실 역시 동아시아 사회에 대한 이해의 폭을 확대하는 학문적·사회적 의미가 있으리라 생각한다.

다소 아쉬움이 남는 기획이지만 관련 학술회의의 개최부터 본 서가 발간된 이 시점에 이르기까지 소개한 글들이 전근대 동아시아 사회를 다양한 각도에서 새롭게 이해할 수 있는 계기를 갖게 하는 데 조금이나마 도움이 되기를 기대한다. 미흡한 부분에 대한 독자 제현의 질책과 비판을 겸허히 받아들이고자 한다. 마지막으로 오랜 시간 동안 본 서의 출간을 위해 노력해주신 성균관대 출판부 선생님들에게 심심한 감사의 뜻을 표한다.

2017년 4월
필자를 대표하여
김경호 씀

제2부　제도와 정치, 새로운 교류 공간의 형성

제3부   열린 공간, 해양에서의 소통

제1부

문자와 문헌, 지식 공간의 교류

한국에서 출토된 '량(椋)'자 목간(木簡)으로 본 동아시아 간독문화(簡牘文化)의 전파

다이웨이훙(戴衛紅)

1. 머리말

지난 세기 1990년대부터 21세기 초까지 한국 경내에서는 신라, 백제시기의 것으로서 '량(椋)'자가 있는 목간(木簡)이 잇따라 출토되었다. 한국의 목간에 보이는 '량'에 관하여 김창석(金昌錫), 이용현(李鎔賢) 등은 이것이 창고와 관련된 것으로 신라의 장부편제 과정과 창고관리 방식을 심도 있게 이해하는 데 도움이 될 것이라 여겼다.[1] 일본 와세다 대학의 이성시(李成市) 교수는 '창고'의 함의를 지닌 '량' 자가 최초로는 고구려에서 기원하여 백제와 신라를 거쳐 최종적으로는 일본으로 유입되었다는 견해를 제시하였다.[2] 중국학계의 한국 목간에 대한 소개와 연구는 상대적으로 적으며 한국과 일본의 간독학계가 연구하고 토론하는 한국 목간의 작용 및 동아시아 간독문화의 전파 문제에 대한 반응 역시 그리 뚜렷하지 않다.[3] 최근 2년간 필자는 「근년래한국목간연구현상(近年來韓國木簡研究現狀)」, 「중·한대식간연구(中·韓貸食簡研究)」라는 두 편의 논문을 발표하여 근 5년 동안 한국 목간의 연구성과를 소개함과 동시에 중국과 한국의 대식간

(貸食簡)을 대비하여 연구하였다.[4] 본 논문은 기존의 연구를 토대로 한국에서 출토된 '량'자 목간의 형제(形制)와 내용에 초점을 맞춰, '량'의 기원과 전파를 탐구하고, 다시 이를 토대로 동아시아 간독문화의 전파 속에서 중국 간독문화가 한반도에 끼친 영향과 한국 목간이 중국과 일본 사이에서 일으킨 중개자적 작용을 분석하고자 한다.

2. 한국 목간 속의 '량'

1994년 경상북도 경주시 황남동 376호 유적지에서 3점의 목간이 나왔고, 이 목간들에는 연대가 기록되어 있지 않았다. 출토 지역과 출토된 유물들에 근거하여 발굴자들은 이것을 통일신라시대(668~901)의 목간으로 판단하였다.[5] 그중 1호 목간은 길이가 17.5cm, 너비가 2cm, 두께가 0.6cm이고, 2호 목간은 길이가 4.4cm, 너비가 1.7cm, 두께가 0.6cm로서 이 두 점의 목간에는 뚜렷한 글자가 적혀 있었다. 연구자들이 최초로 제작한 1호 목간의 석문(釋文)은 의견이 나뉘었는데 현장설명회에서 발표한 석문은 아래와 같다.

　　五月廿六日椋食ㅁ內之下椋有…… (앞면)
　　中椋有食村ㅁ松…… (뒷면)

　목간(木簡)의 내용이 발표된 후, 이용현과 일본학자 이성시는 새로운 석문을 제시하였다. 도판을 자세히 판독한 이용현 선생의 석독은 더욱 타당하였는데 그가 제시한 석문은 다음과 같다.

五月廿六日椋食 □內之下椋有…… (앞면)

仲椋食有廿三石 (뒷면)

그러나 2호 목간은 앞뒤 모두 파손된 부분이 있어서 오직 3글자 '石又米'만 부분적으로 남아 있다. 이용현 선생은 다시 목간의 형제와 내용에 근거하여 2호 목간을 1호 목간과 연결시킬 수 있다고 여겼는데 이들을 철합한 후의 석문은 다음과 같다.

五月廿六日椋食 □內之下椋有…石又米… (앞면)

仲椋食有廿二石 (뒷면)[6]

이것은 한반도에서 최초로 발견된 '량'에 관한 목간이다. 1호 목간의 정면에는 월(月), 일(日)의 시간이 적혀 있고, 아래에는 '량식(椋食)'과 '하량유(下椋有)'가 기재되어 있다. 뒷면에는 '중량식유입삼석(仲椋食有廿三石)'이 기재되어 있는데 그 중 '량(椋)'자의 우측 가운데 '구口'자 안에 가로획이 뚜렷이 보인다. 그러나 '하량(下椋)'과 '중량(仲椋)'의 '량'에는 가로획을 식별하기 어려운데 '량(椋)'자와 '량椋'자는 동일한 글자임이 분명하다. 간독에서 드러난 정보로 볼 때 '량'은 '량'·'중량'·'하량' 셋으로 나눌 수 있고 또 '중량식유입삼석'을 통하여 '량'에 양식이 저장되어 있음을 명확히 알 수 있다. 1호와 같은 곳에서 출토된 2호 목간의 '石又米'로 볼 때 이것 역시 '쌀(米)'과 관련이 있는 것임을 알 수 있다.

그런데 이용현의 소개에 의하면 이 목간이 출토된 곳으로부터 동쪽으로 1.1km 떨어진 경주 안압지에서 '량사(椋司)'라는 글자의 흔적이 있는 벼루가 발견되었다고 한다(그림 1).[7] 이것 외에 전라남도

광주의 무진고성(武珍古城) 유적지에서 통일신라에 해당하는 '량(椋)'자가 적혀 있는 기와가 출토되었다(그림 2).[8]

[그림 1] 신라의 '량사(椋司)' 벼루   [그림 2] 통일신라시기 '량(椋)'자 기와

이상은 지난 세기 한국 경내에서 출토된 통일신라시기 '량(椋)'자에 관한 자료인데 이를 통해 우리는 다음과 같은 사실을 알 수 있다. '량'이 양식의 저장과 관련이 있다는 것, '량'에는 '량'·'중량'·'하량'이 있다는 것, '량'은 전문적인 '량사'에 의해 관리되었다는 것, '량(椋)'자가 있는 기와 조각으로 볼 때, '량'은 기와가 있는 지상건축물이라는 것 등이다.

2002년 부여박물관이 충청남도 부여군 부여읍 부여능산리 절터에서 발굴작업을 진행할 때 한 점의 백제 목간이 출토되었는데 아래와 같은 내용이 기록되어 있었다.

三月佅椋內上田 (정면)[9]

이병호(李炳鎬)는 그의 논문에서 '구(佅)'를 '중(仲)'으로 바꿔 해석하였다.[10] 목간의 도판으로 보면 '구(佅)'는 '중(仲)'의 잘못된 해석임이 분명하다. 이를 통해서 백제시대에 '중량'이라는 기구가 있었고 그것은 내용적인 측면에서 '밭(田)'과 관련이 있다는 것을 알 수 있다. 이 목간과 동시에 출토된 '지약아식미기(支藥兒食米記)'라는 표제의 4면 목판이 있는데 적혀 있는 내용은 아래와 같다.[11]

支藥兒食米記初日食四斗二日食米四斗小升三日食米四斗 (첫째 면)

五日食米三斗大升六日食三斗大二升七日食三斗大升二八日食米四斗大 (둘째 면)

食道使家口次如逢小使耳其身者如黑也道使后后彈耶方牟氏牟祋祋 (셋째 면)

治豬
又十二石又一二石又十四石十二石又石又二石又二石 (넷째 면)

이 목간의 표제는 '지약아식미기'로서 목판의 첫째, 둘째 면에는 각각 지약아팔일(支藥兒八日)의 식미(食米) 수량이 기록되어 있다. 이 목간의 셋째, 넷째 면은 원래의 글자를 칼로 긁어 수정한 후에 다시 서사한 것이기 때문에, 여기서 논의하는 지약아식미기의 내용은 첫째, 둘째에 의존할 수밖에 없다.

'기(記)'라는 것은 진한위진남북조(秦漢魏晉南北朝) 시기에 일종의 공문서 명칭이었다. '기'는 두 종류로 나뉘는데 하나는 하급자가 상급자에게 상소를 올리는 것으로서 주기(奏記)라 부른다. 예를 들면 『후한서(後漢書)·최인전(崔駰傳)』에 "최인(崔駰)이 주부(主簿)로 있을 때, 수십 차례나 상소를 올렸는데 그가 지적한 것은 문제의 정곡을 찔렀다(駰爲主簿, 前後奏記數十, 指切長短)"는 기록이 있다.[12] 다른 하나는 상급자가 하급자에게 문서를 보내는 것으로 이 역시 '기'라 칭한다. 예를 들면 『한서(漢書)·조광한전(趙廣漢傳)』에 "조광한은 일찍이 문서를 보내 호현(湖縣)의 도정장(都亭長)을 불러 만난 적이 있다(廣漢嘗記召湖都亭長)"는 기록이 있는데, 안사고(顏師古)는 이에 대하여 주석을 달아 말하길 "서기(書記)를 만들어서 누군가를 부르는 것은 오늘날 공문서를 보내 사람을 부르는 것과 같은 것이다(爲書記以召之, 若今之下符追呼人也)"라고 하였다.[13] 진한간독문서(秦漢簡牘文書) 가운데 '부기(府記)'와 '관기(官記)'가 자주 보이는데, 이에 대하여 왕귀하이(汪桂海), 리쥔밍(李均明) 등이 연구를 한 바 있다.[14] 리쥔밍 선생은 진한간독문서 가운데 '기' 형식의 문서에 연호와 연도가 표시되어 있지 않거나 월과 날의 간지(干支)만 기록되어 있는 경우, 그리고 심지어는 날짜조차 표시하지 않은 경우가 절대 다수라고 여겼다. 그 다음으로는 구체적인 책임기구 명칭이나 책임자를 기입하지 않은 것이 다수이고 다음으로는 최초 기안자의 서명이 없는 경우라고 여겼다.[15] 한편 장사(長沙) 주마루오간(走馬樓吳簡)에도 '기(記)' 형식의 공문서가 보이는데 구체적인 예는 아래와 같다.

出行錢一萬四千被府三年⊠月廿四日丙子記給貸下雋吏 □ □ 拾
桔亭賈錢未還 參·7336

이 목간에는 대출을 받은 관리 하준(下雋)이 돈을 상환하지 못한 일이 기록되어 있는데, 돈을 빌렸다는 증빙은 '부삼년팔월입사일병자기(府三年八月廿四日丙子記)'에서 드러난다. 여기서 '부'는 장사군(長沙郡) 태수부(太守府)이며 '기'의 앞에는 연호만 없고 연, 월, 일 및 날의 간지가 표시되어 있다. 비록 '기'에 관한 내용은 없으나 금고에서 '피부모일기(被府某日記)'라 하여 돈을 하준에게 빌려준 것을 가지고 추정해보면 이 '기'문서의 내용 역시 돈을 어떤 사람에게 빌려 주었고 또 어떤 사람이 어떤 일에 사용하였는가와 관계가 있다. 위 목간의 '기' 역시 윗사람이 아랫사람에게 하달해준 문서이다.[16] '지 약아식미기'의 내용을 가지고 분석해보면 여기서의 '기'는 식미의 수량을 기록하는 장부로 변한 것이다.

8일간의 식미 수량 가운데 지약아의 하루하루 수량은 균등하지 않다. 첫날은 네 말, 둘째 날은 네 말 작은 되 하나, 셋째 날은 네 말, 다섯째 날은 세 말 큰 되 하나, 여섯째 날은 세 말 큰 되 둘, 일곱째 날은 세 말 큰 되 둘, 여덟째 날은 네 말 큰 되 하나로서, 기본적으로 세 말 큰 되 둘에서 네 말 작은 되 사이의 양이다. 필자가 연구한 진 한위진남북조 시기의 봉록제도에 의하면 한대 변경지역 사병의 하 루 배급량은 대략 여섯 되 정도이고 조조의 위나라 시기에는 하루 표준이 다섯 되, 손오(孫吳) 주마루오간에 보이는 수량은 세 되이다. 서진 시기에는 다섯 되에서 일곱 되이고, 남북조 시기의 군인 하루 배급량은 일곱 되이다.[17] 백제와 진한위진남북조 시기의 식미(食米) 양을 대비해보면, 백제의 양제(量制)가 중국과 다르다는 것을 알 수 있다. 그러나 백제는 대소승(大小升)으로 배분하고 중국은 대소석(大 小石)으로 배분한다는 점에서는 차이가 없다.

이외에 진한에서 위진남북조 시기까지 봉록 수량이 기록된 간독 으로 보면 서북변경지역의 사병이나 관병들이 많이 기재되어 있다. 이 4면 목판에 있는 '지약아'는 아마도 일반적인 백성 신분이 아닌 어느 기관의 공직자일 것이다.

이와 짝을 이루는 것이 하나 더 있는데 2008년 충청남도 부여군 부여읍 쌍북리 280-5번지 신축 창고에서 백제 목간 6점이 출토되 었다. 그중 2점은 문자의 판독이 가능하고[18] 한 점은 상단부 중간에 구멍이 뚫려 있는데 양면에 모두 글자가 있으며 하단부는 손상되어 있다.

> 外椋卩鐵 (앞면)
> 代綿十兩 (뒷면)

이 목간의 길이는 8.1cm, 너비는 2.3cm, 두께는 0.6cm이다. '卩'는 '부(部)'의 속체자(俗體字)이다. '외량부(外椋部)'에 관한 내용은 『주서(周書)』에 나온다. 『주서』 권49 「이역(異域)・백제(百濟)」에 "왕(王)의 성(姓)은 부여씨(夫餘氏)이고 이름은 어라하(於羅瑕)이며 백성들은 건길지(鞬吉支)라고 불렀는데 하언(夏言)이 왕으로 병립하였다……내관(內官)에는 전내부(前內部), 곡부(穀部), 육부(肉部), 내량부(內椋部), 외량부(外椋部), 마부(馬部), 도부(刀部), 공덕부(功德部), 약부(藥部), 목부(木部), 법부(法部), 후관부(後官部)가 있었다. 외관(外官)에는 사군부(司軍部), 사도부(司徒部), 사공부(司空部), 사구부(司寇部), 점구부(點口部), 객부(客部), 외사부(外舍部), 주부(綢部), 일관부(日官部), 도시부(都市部)가 있었다."라는 기록이 있다.[19] 이 문헌자료에서는 '외량부(外椋部)'가 '외량부(外掠部)'로 되어 있는데 위진남북조 시기에 '扌'방이 '木'방과 형체가 유사하여 혼동되었기 때문이다. 이 편방(偏旁)의 혼동에 관해서는 량춘성(梁春勝)이 이미 지적한 바 있는데 위산휘묘지(魏山徽墓志)에서 '사지절(使持節)'의 '지持'를 '持'로 쓴 것, 수조용화비(隋造龍華碑)의 '괘(掛)'를 '掛'로 쓴 것, 돈황속자(敦煌俗字)에서 '구(扣)'를 '扣'로 쓴 것 등을 예로 제시하였다.[20] 『주서』에 나오는 '외량부(外掠部)'는 분명 목간의 '외량부(外椋部)'를 전사할 때 형체혼동[와혼(訛混)]이 일어난 것으로 백제의 내관에 해당된다. 목

간에는 '외량부(外椋部)'의 '철'과 '솜'에 관한 내용도 포함되어 있는
데 이는 창고와 관련이 있다. 이 목간의 상단부에는 구멍이 뚫려 있
는데 이것은 주머니나 대나무 용기 바깥에 꼬리표로서 걸어놓는 용
도로 쓰인다.

또 다른 한 점은 '무인년육월중좌관대식기(戊寅年六月中佐官貸食
記)' 목간으로 출토되자마자 곧바로 한국, 일본 양국 학자들의 주목
을 끌었다. 손환일(孫煥一)은 '좌관대식기' 목간의 분류체계와 서체
에 대하여 연구하였고 이용현은 이 목간을 기반으로 백제의 대식제
를 연구하였으며 노중국(盧重國) 역시 백제의 구제정책과 '좌관대식
기' 목간의 관계에 대하여 연구하였다. 홍승우(洪承佑)는 '좌관대식
기' 목간에 보이는 양제와 대식제를 연구하였고 일본학자 미카미 요
시타카(三上喜孝)는 일본과 한국 양국에서 출토된 대식간에서 출발
하여 고대 동아시아의 대차제도를 연구하였다.[21] 현재 정리된 간문
은 아래와 같다.

> 戊寅年六月中固淳夢三石佃麻那二石
> 止（上）夫三石上四石比至二石上一石未二石
> 佐官貸食記佃目之二石(上二石)未一石習利一石五斗上一石未一(石)
> 앞면
>
> 素麻一石五斗上一石五斗未七斗半佃首行一石三斗半上石未石甲卄
> 十九石×
> 今沽一石三斗半上一石未一石甲刀々邑佐三石与得十一石×
> 뒷면

이 목간의 길이는 29.1cm, 너비는 3.8~4.2cm, 두께는 0.4cm이다. 백제시대의 '무인년'은 위덕왕(威德王) 5년(558)과 무왕(武王) 17년(618)에 해당하는데, 함께 출토된 도기 등으로 추산해보면 간문의 '무인년'은 아마도 무왕 17년, 즉 618년일 것이다. 목간에 기록된 대식한 사람 이름, 대식한 양식수량, 반납한 양식수량(上*石), 미반납 양식수량(未*石)으로 볼 때 이 목간은 대식한 사람이 양식을 반납한 후에 제작한 장부일 것이다. 진한위진남북조 시기에 주로 상급자가 하급자에게 또는 하급자가 상급자에게 보내는 문서로 쓰이는 '기'는, 6~7세기의 백제 목간에서는 인명과 수량[인명수목(人名數目)]을 기록하는 장부의 의미가 있게 되었다. 이 간문에서 다섯 사람의 대식미 수량, 반납미 수량 및 미반납 수량 간의 관계로부터 백제의 대식에 있어서 백성들이 대식을 해준 기관에 대하여 50%의 이자를 납부해야 한다는 사실을 알 수 있다.

이 목간의 상단부에는 뚫린 구멍이 있는데 이는 진한간독에 자주 보이는 '꼬리표[첨패(簽牌)]'와 유사하다. 필자가 추측컨대 이 목간은 표제가 '무인년육월중좌관대식기'인 문서로서 대식미를 반납하기 위한 자루에 달아놓는 것이며 대식(貸食)한 기관의 창고에 반납할 때 같이 제출하는 문서일 것이다. 이 목간과 '외량부철(外椋部鐵)' 목간은 동일한 곳에서 출토되었고 '외량부철' 목간에는 '철'뿐만 아니라 '솜'에 관한 기록이 있는데 이를 통하여 백제 내관외량부는 왕궁의 창고일 가능성이 지극히 높다는 결론을 내릴 수 있다. 필자는 이를 근거로 '좌관대식기'의 대식 기관과 백제 왕궁의 창고는 매우 큰 관련이 있으며 '좌관'은 분명 이 창고의 관직임을 추정한다.[22]

위에서 소개한 목간은 21세기에 출토된 백제 시기 '량'에 관한 목간이며 같이 출토된 목간들은 '쌀(米)'과 관련이 있다. 백제·신라

시기의 것으로서 '량'자가 쓰여 있는 목간의 내용으로 볼 때 이들은
분명 계승적 관계에 있으며 '량'이라는 것은 양식이나 물품의 저장
과 관련된 관청 창고의 계통임이 분명하다. 그 가운데는 백제 시기
의 것으로서 내관계통에 속하는 외량부가 있고 또 소속이 불분명한
'중량'도 존재한다. 신라 시기의 '량'에는 중량과 하량의 구분이 있
었고 '량'은 전문적인 '양사'에 의해 관리되었다. '椋'자가 있는 기와
로 볼 때 '량'은 기와가 있는 지상 건축이다. 『주서 · 백제전』에 나오
는 '외략부'는 사실 백제시기의 '외량부'로서 '량(椋)'자는 '椋'자를
전사할 때 형체혼동이 일어난 것이다.

3. '량(椋)'의 유래와 전파

『이아(爾雅)』는 '량'을 다음과 같이 풀이한다. "량은 '즉래(卽來)'이
다. 량을 목재로 써서 수레바퀴 테를 만드는 데 적합하다(椋, 卽來. 今
椋材中車輞)." 소(疏)에 말하길 "량은 '즉래'이다(椋, 卽來)"라고 하였
고, 석(釋)에 말하길 "량은 일명 '즉래'라고도 하는데, 곽박(郭璞)은
량을 목재로 써서 수레바퀴 테를 만드는 데 적합하다고 하였다(椋,
一名卽來, 郭雲今椋材中車輞)"라 하였다. 『본초당본주(本草唐本注)』에서
는 "잎이 감나무 잎과 유사하고 줄기 양쪽으로 마주 난다. 열매는 타
원형으로 마치 우이자(牛李子)처럼 생겼다. 열매가 막 열리면 푸른색
인데, 익으면 검게 변한다. 나무는 견고하여 흔들림이 없고, 끓여서
즙을 내면 그 색이 붉다(葉似柿, 兩葉相當, 子細圓, 如牛李子, 生青熟黑, 其
木堅重, 煮汁赤色. 『爾雅』云椋卽來是也)"고 하였다.[23] 『설문해자』에서는
"량은 즉래이다. 목(木)이 의미를 나타내고 경(京)이 발음을 나타낸

다. 반절음(反切音)은 여장절(呂張切)이다(梁即來也. 从木京聲. 呂張切)"
라고 하였다.『한인문자징(漢印文字徵)』제6에 '량'성(姓)이 있는데
'양안국(梁安國)', '양시창(梁始昌)', '양오인(梁五印)' 등이다. 한대 문
헌 가운데 '량'이 나무의 일종인 '즉(來)' 또는 성씨의 뜻으로 쓰이는
경우는 있어도 '량'이 창고와 관련된 경우는 본적이 없다. 그렇다면
한국 목간에서 창고를 의미하는 '량'은 어디서 유래한 것인가?

량은 목(木)과 경(京)으로 구성된 글자인데 목이 의미를 나타내고
경이 발음을 나타낸다. 그러면 왜 '경'이 편방으로 들어갔나? 경의
갑골문은 '𩵋'(前二 · 三八 · 四), 금문은 '𩵋'(班簋)이다.[24]『설문해자』는
"경은 사람이 지은 것 중에 매우 높은 언덕이다. 고(高)의 생략형으
로 丨은 높은 모양을 상형한 것이다. 경부(京部)에 속하는 글자들은
모두 경(京)을 편방으로 삼는다(京, 人所爲絶高丘也. 从高省, 丨象高形. 凡
京之屬皆从京)"고 하였다.『관자 · 경중편』에서는 "새로 지은 양식창
고 둘이 있다(有新成囷京者二家)"고 하였는데 윤지장(尹知章)은 주(注)
를 달아 말하길 "큰 창고를 경(京)이라 한다(大囷曰京)"고 하였다.[25]
『급취편(急就篇)』의 "문호정조무균경(門戶井灶廡囷京)"에 대하여 안
사고(顏師古)가 주를 달아 말하길 "균(囷)은 원형의 창고이고, 경(京)
은 사각형의 창고이다(囷, 圓倉也. 京, 方倉也)"라고 하였다.[26]『사기 ·
창공전(倉公傳)』의 "우리 집 창고의 주춧돌을 보고(見建家京下之石)"
라는 구절에서의 '경'에 대하여『사기집해(史記集解)』는 서광(徐廣)의
해석을 인용하여 "경이라는 것은 곳간의 일종이다(京者, 倉廩之屬也)"
라고 하였다. 연접된 단어로서 경균(京囷)은 한대인들의 상용어였
다.[27] 어원과 어의의 측면에서 고증해볼 때, 사실 양은 중국 고대 곳
간[창름(倉廩)]의 의미를 나타내는 '경'에서 기원하였다.

건축양식과 한국에서 출토된 '梁'자 기와로 볼 때 '량'은 기와가

있는 지상건축이다. 양식의 저장과 관련된 중국 고대의 건축물은 고
고학 발굴 자료에 의하면 신석기시대에는 가옥 유적지 주위에 항상
물품을 저장하는 움이 있는데 그 움의 일부분은 오로지 양식을 저장
하기 위해 판 것이다. 유명한 서안 반파(半破)의 원시 씨족공동체 부
락 유적지에서 이러한 움이 매우 많이 발견되었다. 움의 형식은 둥
근 주머니 모양이 가장 많고 이 외에 원각장방형(圓角長方形) 및 입
구는 크고 바닥은 작은 솥바닥 모양 등 여러 유형들이 있다. 이 움들
은 거주지 구역 내에 밀집하여 분포되어 있는데 가옥들과 섞여 있으
며 아주 많은 곳에서 부패한 양식들이 발견되었다.[28] 정주(鄭州), 휘
현(輝縣), 형대(邢臺), 기성(其城) 등 지역의 초기 상(商) 유적지와 은
허(殷墟)의 만기(晩期) 상(商) 유적지를 발굴하는 가운데 모두 양식을
저장하는 움이 대량으로 발견되었다. 이러한 움은 원형, 장방형, 타
원형 등 여러 형식으로 존재했고 어떤 것은 깊이가 8~9m까지 달한
다. 움의 벽은 수직으로 미끌미끌한데, 대칭으로 깊이 파인 발자국
이 있어 계단처럼 오르내릴 수 있다. 은허에서 발굴된 움 가운데 어
떤 것은 움의 벽과 바닥을 진흙과 풀을 버무려 바른 것도 있는데 매
우 정교하게 설비하였다.[29] 『사기·은본기』에 "부세를 가중시켜 녹
대(鹿臺)에 돈을 불리고, 거교(巨橋)에 곡식을 가득 채워라(厚賦稅以實
鹿台之錢, 而盈巨橋之粟)"라고 하였는데 주무왕이 상의 도성을 공략한
후에 "남궁괄(南宮括)을 명하여 녹대의 재물을 사람들에게 나눠주고,
거교의 양식을 나눠줘서 가난하고 병든 백성들을 구휼하라(命南宮
括散鹿臺之財, 發鉅橋之粟, 以振貧弱萌隸)"고 하였다.[30] 복건(服虔)은 "거
교는 곳간 이름이다. 허신(許愼)은 거록수(鉅鹿水)의 큰 다리로 양식
을 운송하는 수단이라 하였다(鉅橋, 倉名. 許愼曰巨鹿水之大橋也, 有漕粟
也)"고 하였다.[31] 이를 통하여 상나라 때 국가에 이미 대형 양식 창고

가 있었음을 알 수 있다. 『시경(詩經)·주송(周頌)·양사(良耜)』에 "작물들이 무성하다. 싹싹 소리 나게 낫을 휘둘러 차곡차곡 산더미처럼 쌓아올린다. 성벽같이 높은 노적가리, 즐비하게 널려 있다. 창고마다 광문 열고, 창고마다 곡식을 가득 채워(黍稷茂止, 獲之挃挃, 積之栗栗. 其崇如墉, 其比如櫛. 以開百室, 百室盈止)"라는 기록이 있다. 이를 통하여 주(周)나라에는 이미 지면 위에 건설한 양식 저장용 건축물이 있었음을 알 수 있다.

고대인들은 일찍이 양식창고를 만들어 식량을 비축하는 용도를 분명히 알았는데, 이는 "무릇 축적하여 저장하는 것은 천하의 대명(大命)이다"[32]는 말로 대변된다. 건축물의 형상과 저장물품의 종류에 따라 건축물의 명칭 또한 달라지는데[33] 『광아(廣雅)·석궁(釋宮)』에 "경(京), 유(庾), 늠(廩), 록(麗), 괴(廥), 감(麗), 선(廯), 균(囷) 등은 모두 창고를 뜻하는 명칭들이다(京, 庾, 廩, 麗, 廥, 麗, 廯, 囷, 倉也)"[34]라고 한 것처럼 다양한 명칭들이 있다. 늠(廩)자의 갑골문 자형은 '✿', 소전(小篆)은 '✿' 또는 '廩'이다. 『설문(說文)·늠부(㐭部)』는 "늠(㐭)은 곡식을 걷어 보관하는 곳이다. 종묘(宗廟)에 제사 지내는 곡식으로 색깔은 청황색이며, 조심스레 가져오므로 늠(㐭)이라 일컫는 것이다. 입(入)을 의부편방(意符偏旁)으로 하고, 회(回)는 곡식을 거두어 저장하는 집의 모양을 본뜬 것이며 가운데 네모는 창문이 있음을 나타내는 것이다. 늠부에 속하는 글자들은 모두 늠(㐭)을 편방으로 삼는다. 늠(廩)은 늠(㐭) 혹은 广과 禾으로 이뤄진 회의자이다(㐭, 穀所振入. 宗廟粢盛, 倉黃㐭而取之, 故謂之㐭. 从入, 回象屋形, 中有戶牖. 凡㐭之屬皆从㐭. 廩, 㐭或从广从禾)"라고 설명하였다. '늠(㐭) 혹은 广과 禾로 이뤄진 회의자이다'라고 한 것은 건축물의 간이성과 저장 용도를 강조한 것이다. 『순자·영욕(榮辱)』에는 "금전적으로 여유롭고 곡식저장용 창고와 지하토굴이 있다(餘刀布, 有囷窌)"라고 하였는데 주석에 "균(囷)은 창고이다. 둥근 것은 균이라 하고 네모난 것은 늠이라 한다(囷, 廩也. 圓曰囷, 方曰廩)"[35]라고 하였다. '회(回)는 곡식을 거두어 저장하는 집의 모양을 본뜬 것(回象屋形)'이라는 말에서 우리는 늠이라는 건축물의 형상이 사각형이며 안에 창문이 있어서 통풍에 좋은 특징을 가지고 있다는 것을 알 수 있다. 『주례』 "늠인(廩人)"에 대한 주석에 쌀을 채우는 것을 늠이라 한다(盛米日廩)고 하였다. 『순자‧부국』에 나오는 "관부의 양식창고는 재화(財貨)의 지엽적인 문제이다(垣窌倉廩者, 財之末也.)"라는 문구에 대한 주석에 "원(垣)은 벽을 사방으로 건축하여 곡식을 저장하는 것이다. 교(窌)는 움으로서 땅을 파서 곡식을 저장하는 것이다. 곡물을 저장하는 곳을 창(倉)이라 하고, 쌀을 저장하는 곳을 늠(廩)이라 한다(垣, 築牆四周, 以藏穀也. 窌, 窖也, 掘地藏穀也. 穀藏曰倉, 米藏曰廩)"[36]고 하였다. 『문선(文選)‧적전부(藉田賦)』에 대하여 이선(李善)의 주석에 『월씨장구(月氏章句)』를 인용하여 말하길, "곡물을 저장하는 곳을 창이라 하고, 쌀을 저장하는 곳을 늠이라 한다(穀藏曰倉, 米藏曰廩)"[37]라 하였다. 이상의 세 가지 자료를 토대로 볼 때, '늠'의 건축양식은 사각형이고, 저장하는 물품의 종류는 쌀이라는 것을 알 수 있다.

『설문』은 균(囷)에 대하여 다음과 같이 풀이한다. "균은 둥근 형태의 늠이다. 벼(禾)가 구(口) 안에 있는 모양을 본떴다. 둥근 것을 균이라 하고, 네모난 것을 경이라 한다(囷, 廩之圓者. 從禾在口中. 圓謂之囷, 方謂之京)."[38] 건축 양식으로 볼 때 균은 둥근 형태의 창고다. 『예기‧월령(禮記‧月令)』에는 "이 달에는 성곽을 건축하고 도읍을 건설하며, 굴을 파고 움을 만들며, 창고를 보수할 수 있다(是月也, 可以築城郭, 建都邑, 穿竇窖, 修囷倉)"고 하였다. 고유(高誘)는 『여씨춘추(呂

氏春秋)』를 주석하며 다음과 같이 말했다. "균과 창을 제작하여 중추(仲秋)에 대거 거둬들이는데 곡물은 마땅히 들인다. 둥근 것을 균이라 하고, 네모난 것을 창이라 한다(修治困倉, 仲秋大內, 穀當入也. 圓曰困, 方曰倉)."[39] 원대(元代) 왕정(王禎)의 『농서(農書)』에는 다음과 같은 기록이 있다. "오늘날 곡식을 저장하는 원

[그림 3]

형 곳간은 내부를 진흙으로 바르고 그 위를 짚으로 덮는데 이를 노돈(露囤)이라 부르니, 곧 균이다(今貯穀圓筦(囤), 泥塗其內, 草苫於上, 謂之露筦(囤)者, 即困也)."(그림 3 참고)[40]

섬서봉상고장진묘(陝西鳳翔高莊秦墓)에서 가장 이른 시기의 바닥이 평평한 원형 균이 출토되었다. 기본 몸체는 원통형에 처마가 있고 지붕은 뾰족한 돔형이며, 바닥은 평평하거나 원형으로 둘러싼 다리가 있는 형태로, 네모난 문이 상단부 처마 바로 아래에 열려 있다.[41] 1955년 낙양한하남현성(洛陽漢河南縣城)에서 지하의 원형 균이 발굴되었는데 그중에는 후한 시기의 것이 비교적 많았으며 면적이 크고, 대부분 벽돌로 층층이 쌓아올린 것이다. 직경은 보통 3m 이상이었고, 발견 당시에 잔존한 것들 중에 가장 높은 것은 1.72m였다. 발굴 당시의 지면의 깊이는 1.6m로, 이를 근거로 원래의 깊이를 추산해 보면 대략 3m 정도 된다. 세 개의 균 바닥 중심에 각각 하나씩의 주춧돌이 발견되었기 때문에 한가운데 기둥이 있었음을 추측할 수 있다. 또 지붕으로부터 쓰러진 기와 조각들이 쌓여 있는 것을 보면 균

의 지붕에 기와가 있어서 마치 우산과 같은 형상으로, 가운데가 뾰족한 지붕이었음을 추측할 수 있다(그림 3).

　유(庾)에 대하여 『설문』은 "수로로 운송한 양식을 저장하는 창고이다(水漕倉也)", "일설에는 위에 덮개가 없는 양식창고를 말한다고 한다(一曰倉無屋者)"고 하였는데, 단옥재(段玉裁) 주(注)에 말하길 "무옥(無屋)이라는 것은 위에 덮개가 없는 것이다(無屋, 無上覆者也)"라 하였다. 『소아(小雅)·초자(楚茨)』에 대한 『전(傳)』에, "노천에 쌓아놓는 것을 유라 한다(露積曰庾)"고 하였고, 『주어(周語)』에는 "들판에 쌓아놓은 곡식이 있다(野有庾積)"는 말이 나온다. 『사기·문제기』에는 "창고를 방출하여(發倉庾)"라는 말이 나오는데, 호광(胡廣)이 『한관해고(漢官解詁)』를 주(注)하여 말하길 "성읍 내에 있는 것을 창이라 하고, 들판에 있는 것을 유라 한다(在邑曰倉, 在野曰庾)"고 하였다. 『석명(釋名)』은 유를 다음과 같이 풀이한다. "유는 넉넉하다는 뜻이며, 여유롭고 풍족한 것을 말한다. 노천에 쌓아놓는다는 말은, 여유롭고 풍족함에 '내어줌[수(授)]'이란 있을 수 없으므로 노천에 쌓아놓는 것이다(庾, 裕也. 言盈裕也, 露積之言也, 盈裕不可稱受, 所以露積之也)."[42]

　창(倉)에 대하여 『설문』은 "곡식을 저장하는 곳이다. 곡물의 색이 창황(蒼黃)으로 변하여 익으면 가져다 저장하므로 창이라 일컫는다. 식(食)자의 생략형을 의미편방으로 하며, 구(口)는 창고의 모양을 본뜬 것이다(穀藏也. 倉黃取而藏之, 故謂之倉. 从食省, 口象倉形)"[43]라고 해석하였다. 출토된 문자자료와 실물자료를 가지고 보면 '창'에 관한 자료가 가장 풍부하다. 출토된 수호지진간(睡虎地秦簡)이나 리야진간(里耶秦簡)으로부터 알 수 있듯이 진나라 때 중앙에 소재한 도성에 '창'이 있었고 군급, 현급, 향급 지역에도 '창'이 있었다.[44] 그리고 거연(居延), 돈황(敦煌) 등지에서 출토된 한간에는 상당량의 간문에 창

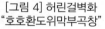

[그림 4] 허린걸벽화
"호호환도위막부곡창"

[그림 5] 간양삼호석관 대창

의 곡물 출납부가 기록되어 있는데 한대의 문헌자료와 결합해보면 한대의 곳간체계가 수도인 장안(長安)의 태창(太倉)과 군창(郡倉), 현창(縣倉)을 포괄하고 있음을 알 수 있다. 또 전한 시기의 제후왕국에도 중앙과 마찬가지로 태창이 구비되어 있었다. 만일 용도와 기능으로 분류를 한다면 샤오정쿤(邵正坤)은 조창(漕倉), 군창(軍倉), 신창(神倉), 상평창(常平倉), 대전창(代田倉) 등 5가지로 분류하였다.[45] 고고 발굴을 통해보면 한대의 양식 저장고로는 장방체와 원항체 두 종류가 있었는데 대형 양식창고는 경사창(京師倉)처럼 지상과 지하가 결합된 장방체의 건축물이고 소형 양식창고는 출토된 부장품으로 볼 때 장방체, 원항체 두 형태가 다 존재했다. 허린걸(和林格爾) 한묘벽화(漢墓壁畫)의 전실(前室) 사면 벽에는 크고 높은 창고 건물이 그려져 있는데 처마 앞에 "번양현창(繁陽縣倉)"이라는 방제(榜題)가 있고, "호오환도위막부곡창(護烏桓校尉莫(幕)府穀倉)"이라는 표기도 있다(그림 4). 게다가 막부창(幕府倉)의 형상도 있는데 이중 처마에 높은 건축물로 밑에는 기초바닥이 있고 1층에는 문과 통풍용 창이 있으며 2

층은 통풍탑으로 되어 있다.[46]

간양후한석관(簡陽後漢石棺)의 우측에는 '대창(大蒼)'이라는 방제가 새겨진 건축물이 있다. 대창은 호상 가옥으로 바닥이 지면으로부터 비교적 높게 떨어져 있고 통풍과 방습에 유리하며 옥상에는 통풍용 창문이 있다(그림 5).[47]

1961년 하남성(河南省) 밀현(密縣)에서 출토된 타호정일호묘(打虎亭一號墓)의 남이실남벽(南耳室南壁) 화상석(畵像石) 위에도 이중 처마의 건축물이 그려져 있는데 방형에 규모와 형태가 정교하며 건물 밑에 짧은 기둥이 있고, 측면에 계단이 있으며, 난간, 테라스, 통풍탑 등이 구비된 대형 창고건물이다.[48]

장사주마루(長沙走馬樓)에서 출토된 오간의 내용 가운데 중앙의 태창[太倉, 대창(大倉)]이 출현할 뿐만 아니라 지방의 군창과 앞에 현의 이름을 붙인 임상창(臨湘倉), 유양창(劉陽倉), 중안창(重安倉), 오창창(吳昌倉), 안성창(安成倉), 예릉창(醴陵倉), 영신창(永新倉) 등이 나오고 또 앞에 현 자체의 지명을 붙인 예릉녹포창(醴陵漉浦倉), 동부승구창(東部烝口倉), 원구창(員口倉) 및 현재까지 그 성질이 모호한 삼주창(三州倉), 주중창(州中倉)[49] 등이 출현하는데 애석하게도 창의 건축물은 발견되지 않았다. 1995년 감숙성(甘肅省) 돈황불야묘만(敦煌佛爺廟灣) M37호 서진묘(西晉墓)의 서벽 북측에 있는 채색 벽돌그림에서 창름도(倉廩圖)가 발견되었다.『돈황불야묘만서진화상석전묘(敦煌佛爺廟灣西晉畵像磚墓)』라는 저서에서는 이 그림을 세 부분으로 나누었는데, 상부와 중부를 합쳐서 '누각식창름(樓閣式倉廩)'이라 하였고 하부의 왼쪽을 '진식창(進食)', 오른쪽을 '우(牛), 거(車)'라 하였다.[50] 그러나 마이(馬怡) 선생의 연구에 의하면 이것은 한 세트의 채색 벽돌이 공동으로 구성해낸 창름도이다.[51] 그림의 상부는 나란히 배열하여 연결된 두 개의 누각식 건축으로 기와 처마와 난간이 있고 문의 왼쪽은 회색 오른쪽은 붉은색이며 빗장은 바깥에 있고 위에 문짝이 있다. 그림의 중부에는 마치 네 개의 기둥이 있는 듯하고[52] 그 사이에는 겹겹이 벽돌로 쌓아 이뤄진 두 개의 작은 구멍이 있는데 그 안에 곡물이 내장되어 있는 것으로 보아[53] 이 누각식 건축이 양식창고라는 것을 확실히 알 수 있다. 창고 문의 색깔이 다른 것은 아마도 저장된 물품의 다름을 표시한 것으로 보인다.

『남제서(南齊書)·위로전(魏虜傳)』에는 척발선비(拓跋鮮卑)가 평성(平城)에 있을 때, 초기 도시의 배치를 기술한 내용이 있는데, 그 가운데 국가의 창고저장에 관한 내용이 언급되었다.

십익규(什翼珪)가 평성에 수도를 건설할 때, 아직 물과 풀을 따라 유목활동을 하고 있었고, 성곽이 없었으며, 목발(木末)이 제위에 오를 때 비로소 정착하였다. 불리(佛狸)가 양주(梁州)와 황룡(黃龍)을 공략시킨 후 그곳 주민들을 이주시켜 성곽을 크게 쌓았다…… 태자의 궁은 궁성의 동쪽에 있고, 네 개의 문이 있었으며, 기와집으로서 사각의 발코니를 만들었다. 비첩(妃妾)들은 모두 토옥(土屋)에 거주하였다. 하녀와 하인은 천여 명으로 비단을 짜서 파는 일, 술 파는 일, 돼지와 소를 기르는 일, 소와 말을 방목하는 일, 채소를 심는 일 등으로 이윤을 취했다. 태관(太官)은 팔십여 개의 움을 가지고 있었는데, 한 움에 천여 곡(斛)을 저장할 수 있었고, 그중 절반은 곡(穀) 절반은 미(米)로 채웠다. 또 식품을 걸어놓을 수 있는 기와집 수집개가 있었는데, 상녀(尚方)에서 제작한 철기와 목기를 놓아두었다. 긴 포의(袍衣)는 궁내의 하녀들을 시켜 제봉하도록 하였다. 태자는 별도로 창고를 가지고 있었다.[54]

지금의 산서성(山西省) 대동시(大同市)에 고고학 발굴대원들이 북위(北魏)의 태창(太倉)과 양식 저장용 움의 유적을 발견하였다. 북위 지층의 둥근 항아리 형[원항형(圓缸形)] 건축 주변과 남쪽에 수많은 주춧돌이 있었고, 이것들이 지하 원형 건축물을 규칙적으로 에워싸고 있었으며, 와당, 평기와, 반원통형 기와 등의 잔여 조각들이 출토되었다. 필자는 이러한 것들이 모두 지하 둥근 항아리 형(원항형) 양식 저장고 유적과 관련이 있으며 분명 양식 저장고인 지상 건축물의 일부분일 것이라고 추정한다. 학자들은 이를 토대로 한 걸음 더 나아가, 당시에 양식창고의 구조가 지상 부분과 지하 부분 둘로 나뉘었을 거라는 추정을 한다. 양식창고의 남쪽 일부와 동쪽에서 서쪽까지에 있는 14개 주춧돌로 볼 때, 이러한 양식창고들의 꼭대기 부분이 아마도 연결되어 있었을 것이다.[55] 당대(唐代)의 창름은 정창(正倉), 전운창(轉運倉), 태창(太倉), 군창(軍倉), 상평창(常平倉), 의창(義倉) 등 6종류의 창고를 포함한다.[56] 수(隋)나라 회낙창(回洛倉)과 함가창(含嘉倉)의 고고학 자료로 보면, 수당 시기 대형 양식창고 역시 이러한 지상과 지하가 결합된 방식을 채용했다.[57] 건축양식으로 볼 때 '경'의 밑바닥에는 반드시 기둥이나 고대(高臺)가 있어야 하는데 이는 바닥건축물이 된다. 전래문헌과 출토문헌이 분명히 드러내듯, 진한 이래의 대형 관부 양식창고는 대부분 지상 또는 지상과 지하가 결합한 형태의 건축구조로 되어 있고, 소형 양식창고는 누각식 지상 건축물이 대다수이다.

한반도에 있는 창고제도에 관한 가장 이른 문헌기록은 『삼국지(三國志)』 권30 「위서(魏書)·동이전」에 나온다. "고구려가 요동의 동쪽 천리에 있었고 …… 큰 창고는 없었으나 집집마다 각자 작은 창고를 가지고 있었으니 이를 일컬어 부경(桴京)이라 하였다(高句麗在遼東之

東千里……無大倉庫 , 家家自有小倉 , 名之爲桴京)"는 기록이 있는데 이로써 우리는 '부경'이 고구려의 민용 창고이자 개인적인 창고로서 광범위하게 사용되었으며, 집집마다 소유하는 규모가 비교적 작은 창고임을 알 수 있다. 부(桴)에 대하여 『설문해자』는 "가옥의 대들보 명칭이다[동명(棟名)]"라고 해석하였고, 『석명(釋名)·석궁(釋宮)』은 "대들보를 일컬어 부라 한다(棟謂之桴)"고 하였다. 정현주(鄭玄注)에 말하길 "가옥 건물이 안정되는 것이다[옥은(屋穩)]"라고 하였다. 조선 순조(純祖) 때 심향규(沈向奎)와 서영보(徐榮輔)에 의해 편찬된 『만기요람(萬機要覽)』의 「재용편(財用編)·제창(諸倉)」에 고구려 시기 부경에 대한 기록이 나오는데 여기서 인용한 자료도 『삼국지』에서 온 것이다.

공사의 축적에 다 창고가 있는 것이니, 대개 상고시대로부터 이것이 있었는데, 우리 동방은 고구려 때에도 큰 창고가 없었고, 집집마다 소창(小倉)이 있어서 부경이라 명명하였다. 지금 서울에는 각사(各司)·각영(各營)의 창고가 있고, 지방에는 조가[朝家, 조정(朝廷)]에서 명하여 설치한 대창(大倉)과 각읍의 소창이 있으며, 각 읍창(邑倉)에 이르러서는 팔고 사는 장소로 읍마다 있으나, 그 작은 것은 부경과 같으므로 이것은 기록할 만한 것이 되지 못하기 때문에 다만 명하여 설치한 대창만을 적는다.[58]

조선 시기에 각 경읍(京邑), 조사(曹司)에는 모두 창고가 있었는데, 소창과 부경은 동일한 것이었다.

고고학적으로 발견된 벽화묘 가운데, 우리는 '경(京)'과 '량(椋)'에 관한 정보를 발견하였다. 안악(安嶽) 3호묘(조선 황해남도 안악군)에 '경옥(京屋)'(그림 6)이 발견되었는데, 전실의 묵서된 표기를 통해 우리는 이 묘주가 동진 영화(永和) 13년(357)에 죽었고, 묘주 동수(冬壽)는 요동군(遼東郡) 출신으로 생전에 전연의 사마(司馬)까지 관직 생활을 하였으며, 후에 한반도의 서북부로 망명하였음을 알 수 있다. 묘실의 벽화 위에는 주방 바로 옆 건물이 고기창고로 네 개의 쇠갈고리로 걸어놓은 도살된 통돼지 한 마리와 다른 가축들이 그려져 있다. 붉은 글씨로 '경옥'이라 쓴 필획들이 보이는데 지금은 흐릿하여 알아보기가 힘들다. 용마루 위에는 두 마리의 백조가 앉아 있다.[59] 벽화 속의 '경옥'은 음식물 저장과 관련이 있는 건축물로서 기둥이 바로 지면 위에 세워져 있지 않고 대지(臺地) 위에 세워져있으며 앞에 계단이 있어 지면과 연결된다. 조준걸(趙俊傑)의 연구에 따르면, 안악 3호묘의 고분 양식은 요양(遼陽) 지역의 한위진벽화묘(漢魏晉壁畫墓)와 동일한 계통으로 볼 수 있다.[60] '경옥'의 건축양식과 기능은 아마도 앞서 인용한 『남제서(南齊書) · 위로전(魏虜傳)』의 "식품을 걸어놓을 수 있는 기와집 수집 개가 있다(懸食瓦屋數十間)"라는 내용과 유사할 것이다.

[그림 6] 안악 3호묘 속에
그려진 '경옥'

[그림 7] 덕흥리 벽화묘의 묘지명

고구려 벽화묘 중 하나인 덕흥리[德興里, 평안남도(平安南道) 남포시(南浦市) 강서구역(江西區域) 덕흥동(德興洞)] 고묘에는 5세기 초 신도현[信都縣, 하북성(河北省) 안평군(安平郡)]의 '진(鎭)'이라는 이름을 가진 사람의 묘지명이 기록되어 있다(그림 7).[61] 석문은 아래와 같다.

□□郡信都□都鄕□甘里
釋加文佛弟子□□氏鎭, 仕
位建威將軍, 小學大兄, 左將軍,
龍驤將軍, 遼東太守, 使持
節´東夷校尉, 幽州刺史. 鎭
年七十七薨焉. 以永樂十八年
太歲在戊申十二月辛酉朔廿五日
乙酉, 遷移玉柩. 周公相地,
孔子擇日, 武王選時, 歲使一
良. 葬送之後, 富及七世, 子孫
番昌. 仕宦日遷, 爲至王.
造墳萬功, 日煞牛羊, 酒六米粲
不可盡扫. 旦食鹽鼓(豉), 食一榇, 記
之后世, 福壽無疆.[62]

묘주인 '□진(□鎭)'은 내륙에서 망명온 관료로 고구려의 봉책을 받았으나, 그 출신은 유주(幽州)이다. 묘지명에서 동수가 동진의 연호를 따른 것과 달리 '영락(永樂)'은 고구려 광개토대왕의 연호이며 영락 18년은 409년이다. 조준걸은 이 묘의 고분 형태와 벽화의 풍격 모두 한족 계통 고분의 특징을 현저히 지니고 있으며 전체적인 구조와 벽화의 주제가 돈황, 주천 등 위진 시기 벽화묘과 상당히 닮은 점이 많다고 여겼다.[63] 이 묘지명에 '식일량(食一橡)'이란 말이 등장하는데, 이러한 단어의 조합은 '량(橡)'자가 양식의 저장과 관련이 있음을 보여준다. 그런데 여기서는 양식을 저장하는 건축물의 의미로서 '량'자가 출현하였다.

길림성(吉林省) 집안현성(集安縣城)에서 서쪽으로 4km 떨어진 마천구분지(麻線溝盆地) 북부의 산곡에서 집안마선구 1호묘(集安麻線溝1號墓)가 발견되었는데, 그 묘실벽화에도 호상 가옥형 창고 건축물이 있다. 발굴보고에 의하면 묘실의 동벽 남단에는 묘주인 부부가 마주 보고 앉아 있는 그림이 있고 남벽에는 사아정(四阿頂)의 창고가 그려져 있는데 호상 가옥형 건물과 연계되어 있다. 잿마루 꼭대기에 왼쪽으로 흘러가는 두 조각의 구름이 있고, 지붕 아래는 네 개의 황갈색 기둥이 있으며 그 위에 가로로 교차하여 놓인 나무가 있어 울타리처럼 조성되었다. 중간에는 두 개의 방패형상물이 있고 바닥에는 여섯 개의 황갈색 기둥이 지탱하고 있어서 건물이 지면과 떨어져 있다. 동북지역 농가의 창고들이 이와 같은 형태이다. 창고의 하단부에는 황갈색의 기구가 그려져 있는데, 어떤 물건인지 식별할 수 없다(그림 8).[64] 이 고분의 벽화에는 묵서된 표기가 보이지 않아서 묘주와 매장 시기가 불확실하다. 발굴자는 고분의 형식과 벽화묘의 내용에 의거하여 대비연구를 진행한 결과, 이 묘의 시기는 대략 AD 5세기경일 것으로 생각하였다.[65] 발굴보고에 소개된 '두 개의 방패형상물'은 아마도 통풍을 위해 설치된 창문일 것이며 '황갈색의 기구'는 논밭을 가는 데 쓰이는 보습처럼 보인다. 건축양식으로 보면, 양한 벽화묘(壁畫墓)에 출현하는 양식창고와 비록 규모와 크기는 다르지만 모두 바닥에 기둥이 세워져 있다는 점에 있어서 동일한 계통의

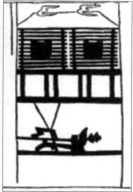

[그림 8] 집안마선구 1호묘 남측실의 남벽벽화 그 선묘도

[그림 9] 집안마선구 1호묘 북측실의 서벽벽화와 그 선묘도

호상가옥 건축양식을 띄고 있다. 마선구1호묘와 덕흥리 고묘(古墓)의 시기, 지역 및 벽화 내용을 고려해볼 때 필자는 이 호상 가옥식 창고 건축물이 바로 덕흥리 벽화에 표기된 식일량(食一椋)의 '량(椋)'일 것으로 추정한다.

또 마선구 1호묘 북측실의 서벽에 두 개의 양가(대들보가 있는 축조물)가 그려져 있는데 모두 두 개의 황갈색 기둥 위에 세 개의 들보가 설치되어 있고 그 위에는 용마루 끝에 망새장식이 있는 청기와 지붕을 받치고 있다. 오른쪽 양가에는 양 처마 끝에 새가 한 마리씩 앉아 있고 왼쪽 양가(梁架)에는 처마의 왼쪽 끝에만 새 한 마리가 앉아 있다. 그리고 이 양가의 아래 세 번째 들보에 짐승 다리처럼 보이는 것 다섯 개가 걸려 있다(그림 9).[66] 집안마선구 1호묘 '양가'의 처마에 새가 앉아 있는 것과 안악 3호묘 '경옥'의 용마루 위에

[그림 10] 마츠야마 고고관 다카유카 창고

두 마리의 백조가 앉아 있는 것은 구도에 있어서 동일하다. 건축 형태에 있어서 '양가'와 '경옥'의 형태가 유사하며 들보에 짐승 다리처럼 보이는 것이 걸려 있는 것으로 볼 때, 저장의 기능 역시 '경옥'과 동일함을 알 수 있다.

한국 학자들은 고구려의 '부경'이 서사할 때 간략히 써서 '량'이 된 것이라 보고 있다. 일본 와세다 대학의 이성시 교수는 '량'이 고구려의 '부경'이라는 단어에서 유래한 것이며 훗날 백제, 신라로 유입되었고 최종적으로 일본으로 전해진 것이라고 여겼다.[67] 1972년 고데라(古照) 유적[마츠야마(松山市) 미나미에도 욘초메(南江戶4丁目)]에서 대들보, 마루판, 기둥 등 건축물의 나무자재들이 발굴되었는데 도끼에 찍힌 흔적과 순자(笋子)와 연결된 구조를 볼 수 있으며 이러한 자재들을 근거로 고고학자들은 고분시대(古墳時代), 즉 4세기의 다카유카(高床) 창고를 복원해냈다(그림 10).[68] 이런 종류의 창고는 곡물이나

수확물의 저장에 적합하며 난간과 칸막이가 있어 해충 또는 쥐의 침입을 방지하는 데 효과적이며 동시에 습기까지 막을 수 있다. 복원된 이 다카유카 창고는 마선구(麻線溝) 1호묘 벽화에 등장하는 호상가옥식 창고와 건축 형태가 일치하며 또 근현대 동북지역 농촌에 건축된 창고와 동일하다.

일본에서 출토된 7세기 후기[덴무(天武) 천황 시기]의 목간에 '량'자가 기재되어 있는데, 간문을 정리하면 다음과 같다.

椋直□(傳)之我□□(持往?)稻者馬不得故我者反來之故是汝卜部 (앞면)
自舟人率而可行也其稻在處者衣知評平留五十戶旦波博士家 (뒷면)

여기서 '량직(椋直)'은 '량'이라는 기관에서 일하는 직원일 가능성이 높다. 후쿠오카현 오고리시(小郡市)의 이노우에(井上) 약사당(藥師堂) 유적에서 출토된 목간에는 다음과 같은 내용이 기록되어 있다.

黑人赤加倍十竹野萬皮引本五
寅年白日椋稻遣人山ア田母之本廿
日方□□之倍十
木田支萬羽之本五[69]

이는 대차(貸借)와 관련된 목간으로 기록된 인명의 특징으로 볼 때, 7세기의 목간으로 추정된다. 여기서 '백일량(白日椋)'은 량의 명칭이며 '도견인(稻遣人)'은 대차 후 물품을 반환하지 못한 사람으로 와야시로(和屋代)유적 87호 목간에 나오는 '도취인(稻取人)'과 서로 짝을 이룬다. '본(本)'은 대차한 수량을 나타내며 대차에 대한 상환에 이자가 붙는다.

효고현(兵庫縣) 미나카미초 야마가키(水上町山垣) 유적에서 출토된 목간에는 다음과 같은 내용이 기록되어 있다.

秦人身十束別而代ロ物八十束堪新野貸給

間人須九奈十束合百九十六束椋畱稻二百四束幷本ロ四百八十束[70]

이것 역시 대차와 관련된 목간이며 여기서의 '량(椋)' 또한 벼(稻)의 대차와 관련된 기관이다. 이러한 점은 손오시기의 창고에서 관리와 민들에게 직접 양식을 빌려준 것, 백제 쌍북리의 '외량부' 목간과 '좌관대식기' 목간이 동시에 출토된 것과 일치한다.

위의 내용을 종합해보면, '량'은 현존하는 중국문헌 가운데 '창고'의 의미가 없으며 어원과 어의로 고증한 결과 기실 '량'은 중국고대에 창름의 의미를 나타내는 '경(京)'에서 유래한 것으로 볼 수 있다. 건축양식으로 볼 때, '경'의 밑바닥에는 반드시 기둥이나 고대(高臺)가 있어야 하는데 이는 바닥건축물이 된다. 전래문헌과 출토문헌이 분명히 드러내듯 진한 이래의 양식창고는 대부분 지상 또는 지상과 지하가 결합한 형태의 건축구조로 되어 있고 이는 한국에서 출토된 '량(椋)'자가 기재된 기와조각에서 드러난 '량'의 건축양식과 부합된다. 4세기 말 한반도로 도망간 중원 한인들의 벽화묘에는 '경옥'이 출현하고 5세기 초 고구려 벽화묘에서는 창고를 뜻하는 '량'이 등장하며 백제와 신라의 목간에서는 '량'이 창고를 뜻한다. '량'의 이러한 용법은 일본열도까지 유전되었고 일본의 목간에서도 창고를 뜻하는 '량'자를 확인할 수 있다.

4. 동아시아 간독문화의 전파

제2차 세계대전 후, 동아시아 각국에서의 한자의 전파와 수용이라는 문제가 학자들 사이에서 뜨겁게 토론되는 이론적 문제가 되었다. 지난 세기 5, 60년대에 일본 언어학자 가메이 다카시(龜井孝, 1912~1995)는 고대 동아시아에서 공동으로 한자를 사용한 지역에 관하여 서술하고자 독일어의 'des chinesischeschriftzeichen'과 'ChinesischerKulturkreis'를 참고하였고, 이를 '한자문화권'이라 번역하였다.[71] 그 후로는 니시지마 사다오(西嶋定生)가 제시한 '동아시아세계론'이 가장 저명하다. 그는 한자문화권이 형성되는 요소로 다섯 가지를 들었다. 한자를 매개로 중국에서 기원한 책봉체재, 유교, 한역불경(漢譯佛經), 율령제도를 받아들인 지역들을 동아시아문명권으로 명명하고, 동아시아문명권이 형성된 역사적 요인을 체계적으로 연구하였다.[72] 니시지마 사다오의 '동아시아세계론'은 지금까지도 막대한 영향력을 가지는데, 최근에는 각계의 비판을 받은 바 있다.[73] 김문경은 '한문문화권'이라는 새로운 개념을 제시하였다.[74] 최근 이성시 교수는 「한국 출토 목간으로 본 동아시아세계론—『논어』목간을 중심으로」라는 논문을 발표하였다. '동아시아세계론'이 언급하지 못한 서사자료인 죽간과 목간을 연구대상으로 '동아시아세계론'에 대한 건설적인 비판을 하였는데 그는 '문화의 전파와 수용', '문화권의 형성'에 있어서 인접한 여러 지역들 간 상호교류의 중요성을 결코 간과해서는 안 된다고 생각하였다. 한자문화의 전파와 수용이라는 것은 중국 황제와의 정치적 관계에서 규정된 것이 아니라 인접한 일부 지역 간의 상호적 관계 속에서 형성된 것이다. 이러한 지역들에서 중국 문화는 있는 그대로 전파된 것은 아니다. 선택을 받아 수용된 문화는 다시 수용자에 의해서 새롭게 변형된다. 이처럼 한 번 변형된 문화가 또다시 인접 지역의 다른 집단에 의해서 선택적으로 흡수되고, 또 새롭게 변형된다.[75]

이전에 이성시 선생은 목간의 전파과정을 다음과 같은 도식으로 설명한 바 있다.

중국 대륙(A) → 한반도(A′→B) → 일본 열도(B′→C)[76]

위 도식 중에 A′와 B′는 수용자가 선택적으로 수용하여 새로운 변화를 촉진한 것이며 B 자체에서 C를 산출시킨 새로운 형태는 문화의 수용과 변용의 모식이 된다.

이성시 선생이 말한 '인접한 여러 지역들 간의 상호교류'는 바로 필자가 크게 주목하는 것이며 특히 관심을 갖는 문제는 간독이 중국으로부터 한반도로 전파된 과정이다. 졸고 「중한대식간연구」에서 필자는 전래문헌과 간독자료 모두 고대 한반도 백제의 대식제도와 중국 진한위진남북조의 대식이 매우 긴밀한 관련이 있음을 반영하고 있으며 한편으로 이것은 백제가 손오 및 남조의 각 정권들과 우호적인 교류 관계를 맺고 있는 것과 밀접한 관련이 있다는 견해를 제기하였다. 대식제도뿐만 아니라 다른 방면 즉 본 논문에서 언급한 창고제도에 있어서도 이러한 연계성은 단절될 수가 없다.

한편으로는 한무제가 기원전 109년에서 108년 사이에 낙랑군, 현토군, 진번군, 임둔군 등 총 4군을 설치한 후, 중국의 간독문화가 한반도에 영향을 주었는데 이러한 연계성은 평양 정백동(貞柏洞) 364호묘에서 출토된 '낙랑군초원사년현별호구□부' 목독과 『논어』죽간에서 가장 잘 드러난다. 후한 말 요동에 할거하던 공손씨가 낙랑군의 남부로 따로 나와 대방군(帶方郡)을 설치하였고 훗날 위진에 의해 계승되었다. 위진 시기 이래 특히 영가(永嘉)의 난 이후에 중원의 인사들이 요동지역을 통해 한반도로 들어왔는데 이때도 중국의 문화가 유입되었다. 이 시기의 중원에서는 죽간과 종이를 병용하고 있었는데 비록 이 시기의 간독이 출토되지는 않았으나 대량으로 출토된 벽화묘들의 풍격으로부터 그 실마리를 엿볼 수 있다. 한승(韓昇) 선생은 '남조의 백제에 대한 문화 전파'를 언급하기 이전에, 일찍이 '백제와 신라의 문화가 조기에 낙랑군과 대방군으로부터 깊은 영향을 받았음'을 강조한 바 있다.[77]

또 한편으로는 백제와 중국 각 왕조 간의 통사(通使) 교류에서 잘 드러난다.[78] 서진이 멸망한 후, 중국의 중원은 크게 혼란스러워졌고 동진은 강남지역에 자리를 잡았다. 이때 백제는 여전히 동진정권에 여섯 차례 사절단을 파견하였다. 일본의 나라현(奈良縣) 덴리시(天理市) 이소토카미신궁(石上神宮)에 소장된, 백제의 근초고왕이 왜왕에게 증송한 '칠지도(七支刀)'에는 '태화사년(泰和四年, 369)'이라는 명문이 새겨져 있는데 이를 통하여 우리는 백제가 이 이전부터 이미 동진의 연호를 따랐음을 알 수 있다. 반면 동진(東晉)정권은 백제에 두 차례 사절단을 파견하였다. 태원(太元) 11년(386) 그 해 여름 4월, 동진은 백제의 왕세자인 여휘(餘暉)를 사지절도독(使持節都督) 진동장군백제왕(鎭東將軍百濟王)으로 삼았다.[79] 『삼국사기·백제본기』에는 백제 전지왕(腆支王) 2년(416)을 기록하여 "동진의 안제가 사신을 보내 왕을 사지절도독백제제군사진동장군백제왕으로 책봉하였다(晉安帝遣使冊命腆支王爲使持節都督百濟諸軍事鎭東將軍百濟王)"고 하였다. 동진왕조와의 통사과정 속에서 백제는 한문화(漢文化)의 영향을 받았다. 근초고왕 30년, 즉 동진 영강(寧康) 2년(374) "개국 이래 문자로 사실을 기록한 적이 없는(開國已來, 未有以文字記事)" 역사를 종결하고 고흥(高興)을 박사로 세워 한자를 정식 문자로 채택, 백제의 국사인 『서기(書記)』를 편찬하였다.[80]

유송조(劉宋朝)에 이르러 양국의 교류는 더욱 빈번해졌다. 유송이 건국된 해, 즉 영원(永元) 초년(420) 7월 무술일에 고구려왕 고련(高璉)을 정동대장군(征東大將軍)으로 삼고 백제왕 부여앙(夫餘映)을 진동대장군(鎭東大將軍)으로 삼았다. 『송서(宋書)』 권97 「백제전」에 경평(景平) 2년(424), 원가(元嘉) 7년(430), 원가 27년(450), 대명(大明) 원년(457), 대명 2년(458), 태시(泰始) 7년(471) 모두 백제에서 건강(建康)으로 조공을 보내왔다는 기록이 있는데 특히 원가 2년(425) 유송(劉宋)이 백제로 사신을 보내 위로를 베풀어준(宣旨慰勞) 이후로 백제는 더욱 매년 사절단을 보내 표문을 올리고 지역 특산물을 헌납하게 되었다(每歲遣使奉表, 獻方物). 그러한 가운데 문화적 교류가 왕성하게 일어났는데, 원가 27년(450)에는 백제왕이 지역 특산물을 헌납한 것 이외에, 표문을 올려 『역림(易林)』, 『식점(式占)』, 요노(腰弩)를 요청하였고, 태조는 이것들을 백제왕에게 주었다.[81] 또 『주서』 권49 「이역전상(異域傳上)·백제」에 말하길 백제는 "유송의 『원가력(元嘉曆)』을 써서 건인월(建寅月)을 세수(歲首)로 삼았다(用宋 『元嘉曆』, 以建寅月 爲歲首)"고 하였다. 『원가력』은 유송의 천문학자 하승천(何承天)이 창제한 것으로 원가 22년(445)에 정식으로 채택되었다가 양나라 천감(天監) 8년(509)에 폐지되었고, 조충지(祖沖之)의 『대명력(大明曆)』으로 바꿔 시행하였다. 유송의 『원가력』을 사용했다는 사실은 백제가 문화적으로 남조를 적극적으로 따랐음을 설명해준다.

소제(蕭齊) 시기에 백제는 비록 고구려로부터 지속적인 침략을 받아 남쪽으로의 이주를 당하였으나 중국과의 우호적 왕래는 중단하지 않고, 건원(建元) 원년, 영명(永明) 2년, 영명 8년 모두 제나라로 사신을 파견하였다. 건무 2년 동성왕 모대(牟大)는 표문을 올려 고달(高達), 양무(楊茂), 회매(會邁)를 태수로 임명할 것을 요청하였고, 제나라 명제(明帝)로부터 승낙을 받았다. 소제정권은 또한 알자복야(謁者僕射)인 손부(孫副)를 책명사로 보내어 조부인 모도(牟都)를 이어 백제왕이 되도록 하였고 즉위하여 장수(章綬) 및 옥동부(玉銅符)와 호죽부(虎竹符) 네 개를 주었다.[82]

양나라 보통(普通) 2년(521) 11월, 여륭(余隆)은 사신을 파견하여 표문을 보냈고 그 다음 달 양무제(梁武帝)에게 조서를 받아 사지절(使持節) 도독백제제군사(都督百濟諸軍事) 영동대장군(寧東大將軍) 백제왕이 되었으니 이가 곧 백제 역사상 가장 저명한 무령왕(武寧王)이다. 이 당시 백제는 중국으로부터 아주 큰 문화적 영향을 받았다. 1971년 7월 충청남도 공주읍 송산리에서 무령왕릉이 발굴되었는데 무령왕릉의 구조와 건축방식부터 수장된 기물까지 모두 백제와 남조의 긴밀했던 문화적 관계를 보여준다.[83] 고대 일본의 『고사기(古事記)』 '오진(應神) 천황조(天皇條)'에는 백제 조고왕(照古王)이 화이길사(和邇吉師) 왕인(王仁)을 통하여 『논어』 10권과 『천자문』 한 권을 전해주었다는 기록이 나온다. 그러나 이러한 기록과 실제 사실이 부합하는 것은 아니다. 만일 오진천황이 실존했다면 그 시기는 대략 5세기 전반기였을 텐데, 남조의 양무제에 이르러 원외산기시랑(員外散騎侍郞) 주흥사(周興嗣, 469~521)가 황명을 받들어 왕희지(王羲之)의 서체 가운데 1,000글자를 선별하여 성문(成文)으로 편찬하였고, 이것이 중국 역사상 최초의 『천자문』이다. 이것과 위에서 언급한 『천자문』이 고대 일본에서 보급된 시기는 일치하지 않는다. 이러한 문제를 차치하더라도, 『천자문』이 백제를 통해서 일본으로 전해졌다는 사실로부터 우리는 백제와 남조 사이에 문화적으로 매우 깊이 있는 교류가 있었음을 알 수 있다. 또한 기본적으로 매년 백제에서 사신을 보내왔기 때문에 중원의 문화와 전적들은 아주 빠르게 백제로 전해질 수 있었다. 『양서』 권54 「백제전」에 "중대통 6년·대동 7년에 누차 사신을 보내 지역 특산물을 바쳤고 아울러 열반등경의(涅盤等經義)와 모시박사(毛詩博士) 그리고 공장(工匠)·화사(畵師) 등을 청하였으므로 이를 모두 공급해주라고 칙서를 내렸다(中大通六年, 大同七年, 累遣使獻方物; 幷請涅盤等經義, 毛詩博士, 幷工匠, 畵師等, 敕垃給之)"는 기록이 있다.[84] 공주에서 '양관와사(梁官瓦師)'라는 글자가 새겨진 벽돌이 발굴되었는데 이로써 백제와 남조가 유학(儒學), 역법, 종교, 사회활동 등 각 방면에 있어서 우호적인 교류가 있었고 중국의 문화가 백제에 영향을 주었음을 볼 수 있다.

현존하는 문헌의 통계에 따르면, 남북조 시기에 백제가 남조 네 번의 정권 동안 총 27차례 사신을 보냈고 동시에 북조에는 5차례 사신을 보냈다. 이와 동시에 남조는 백제에 4차례 사신을 보냈고 북조 북위는 백제에 한 차례의 사신을 보냈다. 육조 시기 중국과 백제의 여러 차례에 걸친 우호적 왕래와 문화교류를 통하여 중국의 유학경전 및 의약, 복서(葡筮), 점술 등이 백제 사회에 광범위하게 유전되었다. 『주서』 권49 「이역·백제전」에 다음과 같은 기록이 있다.

풍속에 말 타고 활 쏘는 것을 중히 여기며, 겸하여 책과 사서를 사랑한다. 그중에 남달리 뛰어난 자들은 제법 문장을 읽고 지을 줄 안다. 또한 음양오행을 풀이한다. 송 원가력을 사용하는데, 이로써 인월(寅月, 정월)을 세워 세수로 삼는다. 의약과 복서(卜筮) 및 관상을 점치는 기술 또한 알고 있었다. 투호(投壺)·저포(樗蒲) 등의 여러 놀이가 있으나, 혁기(奕棊, 바둑)를 더욱 좋아한다. 승려와 비구니와 절과 탑이 매우 많으며 도사는 없다. ……
진(晉)·송(宋)·제(齊)·양(梁)이 강좌(江左)에 거하고 후위(後魏)가 중원
에 자리 잡고 있을 때부터 계속하여 사신을 보내 번국을 칭하였고, 겸하여
봉배(封拜)를 받았다(俗重騎射, 兼愛墳史. 其秀異者, 頗解屬文. 又解陰陽五
行. 用宋元嘉曆, 以建寅月爲歲首. 亦解醫藥卜筮占相之術. 有投壺, 樗蒲等雜戲.
然尤尙奕棋. 僧尼寺塔甚多, 而無道士……自晉, 宋, 齊, 梁據江左, 後魏宅中原,
竝遣使稱藩, 兼受封拜).

수문제(隋文帝) 개황(開皇) 원년(581), 수나라가 막 건국되었을 때
백제 위덕왕은 수나라에 사신을 보내 공물을 바쳤다. 수나라는 비
록 국운이 빨리 다했으나 그 기간 동안에도 백제는 사절을 15차례
나 보냈다. 당대(618)에 들어와서 백제는 거의 매년 사신을 파견했는
데 양국의 관계가 악화되어 끝이 날 때까지 총 35차례의 사신을 보
냈다. 『구당서(舊唐書)』 권199 「백제전」에 "백제국은 …… 세시와 삼
복(三伏), 납향(臘享)은 중국과 같다. 서적은 오경(五經)과 제자백가
서 및 역사책이 있고, 표문과 상소의 글도 중화의 법에 의거한다(百
濟國……歲時伏臘, 同於中國. 其書籍有五經, 子, 史, 又表疏並依中華之法)"는
기록이 있다. 중국의 유가전적(儒家典籍), 제자(諸子), 사서(史書) 등은
백제문화의 주된 구성요소가 되었을 뿐만 아니라, 문서제도(표문과
상소의 형식) 역시 마찬가지로 중화왕조(中華王朝)의 양식을 따르게 되
었다.
　백제는 중국과의 우호적 왕래와 교류 속에서 남조의 문화를 수용
하는 데 그치지 않고 이를 흡수하고 소화하여 자신들만의 문화를 더
욱 풍부하게 함과 동시에 그 발전을 촉진시켰다. 따라서 우리는 한
국에서 출토된 '량'자가 쓰여 있는 목간과 '지약아식미기'에서 중국

창고제도의 영향을 엿볼 수 있고, 또한 백제의 양제(量制) 및 간지(簡紙) 병용의 시대에 발생한 변화들도 엿볼 수 있다.

백제는 남조와 긴밀한 문화적 교류를 유지하는 한편, 동쪽으로는 왜국에 문화를 전파하였다. 한승 선생은 남조문화의 동아시아 전파에 관한 글에서 수많은 중국 문물이 백제를 통하여 일본 및 동아시아 국가들에 전해졌고, 백제는 동아시아 국가와 남조의 관계에 있어서 중요한 교량작용을 일으켰다고 여겼다.[85] 목간은 한자의 기재 도구로서 중·한·일 3국에서 모두 출토되었다. 지금까지 출토된 간독자료의 연대로 보면, 중국의 간독이 가장 이르고 일본의 목간이 가장 늦으며 한국의 목간은 6세기 전기에서 8세기 사이로 둘 사이에 딱 맞게 끼어 있다. 한국 목간의 수량은 비록 제한적이지만 그 시간, 기록 내용, 형체 등은 고대 동아시아 간독문화의 전파과정 가운데 한국 목간이 교류의 매개체 역할을 담당하였고 중국과 일본을 연결하는 중요한 중개자 역할을 하고 있음을 분명히 드러낸다. 이는 한국에서 출토된 백제·신라 시기의 '량'자가 있는 목간에서 그 단면을 엿볼 수 있다.

5. 맺음말

지난 세기 1990년대부터 21세기 초까지 한국 경내에서는 신라, 백제시기의 것으로 '량'자가 있는 목간이 잇따라 출토되었다. 내용상으로 볼 때, 이들은 분명 계승적 관계에 있으며 '량'이라는 것은 양식이나 물품의 저장과 관련된 관청 창고의 한 계통임이 분명하다. 그 가운데 백제 시기의 것으로서 내관계통에 속하는 외량부가 있고 또 소속이 불분명한 '중량'도 존재한다. 신라 시기의 '량'에는 중량과 하량의 구분이 있었는데 이는 기와가 있는 지상 건축으로서 전문적인 '량사'에 의해 관리되었다.

'량'은 중국에 현존하는 전래문헌에서 '창고'를 뜻하는 경우가 없다. 이 글자의 구성은 의미를 나타내는 '목'과 소리를 나타내는 '경'으로 이뤄져 있는데 어원과 어의로 볼 때 창름의 뜻을 나타내는 '경'과 같은 연원 관계에 있다. 건축양식으로 볼 때 '경'의 밑바닥에는 반드시 기둥이나 고대가 있어서 바닥건축물로 삼는데 이는 '량'의 건축양식과 부합한다. 4세기 말 한반도로 도망간 중원 한인들의 벽화묘에는 음식을 저장하는 '경옥'이 보인다. 5세기 초의 고구려 벽화묘에서는 창고를 뜻하는 '량'이 등장한다. '량'의 이러한 함의 및 그 건축양식은 백제를 통하여 일본열도까지 유전되었다.

전래문헌과 간독자료 모두 고대 한반도의 창고제도와 중국의 창고가 서로 매우 긴밀한 관계에 있음을 반영하고 있는데 이는 한사군 이래로 중국 간독문화가 한반도에 영향을 주었고, 백제가 손오 및 남조의 각 정권들과 우호적 교류를 해온 것과 아주 밀접한 관계가 있다. 한국 목간은 동아시아 간독문화가 전파되는 가운데 중국과 일본을 연결하는 중요한 중개자 역할을 하고 있다.

4~6세기 동아시아에서의
문헌의 유통과 확산

김경호

1. 서론

1761년[청(淸) 건륭(乾隆) 26년] 건륭제는 만국이 청에 조공하러 온 상황을 글과 그림으로 작성한 『황청직공도(皇淸職貢圖)』 4권을 편찬하여[1] 청조의 위엄과 덕화를 자랑하였다. 이 책의 제1권 「어제시(御製詩)」 일부 구절은 다음과 같다.

> 알맞게 비 내리고 바람 불어 사해가 봄이거늘(累洽重熙四海春),
> 위대한 청제국 만방이 다 조공을 왔도다(皇淸職貢萬方均).
> 동문동궤(同文同軌, 동일한 문명권)의 바깥에 무엇이 있을소냐(書文車軌
> 誰能外)?
> 모든 인류가 빠짐없이 친화하도다(方趾圓顱莫不親)[2]

인용한 시구 가운데 "서문동궤(書文車軌)"란 중국 역사상 천하를 최초로 통일한 진시황이 취한 정책인 "거동궤(車同軌), 서동문자(書同文字)"[3]에서 인용한 것이다. 진(秦) 시황제(始皇帝)가 취한 "거동궤,

서동문자"의 조치는 분열된 제국의 질서를 하나로 통합하기 위하여 시행된 것이었다. 이에 반해 청 건륭제의 경우, "만방(萬邦)"이란 조선(朝鮮)을 비롯한 안남(安南), 유구(琉球), 일본(日本) 등의 주변 국가를 그 공간적 범위로 인식한 것이다. 비록 두 황제가 지향한 제국 내의 질서 통합의 공간적 범위 차이는 존재하지만 모두 '동일한 문화(명)권'을 추구하고자 한 의미는 일맥상통한다고 볼 수 있다. 이와 같은 중국 역사상 시간적 추이에 따른 '동일한 문화(명)권' 범위에 대한 인식의 차이는 존재하였다. 청 이전 시기의 중국과 주변 국가는 유목국가를 제외하고는 '동일한 문화(명)권'이라는 '동일한 공간' 내에 속하였으며 '중국'의 군현 통치의 외연에 위치하면서 지속적인 교류 관계를 형성하고 있었다.[4]

이들 지역이 근대국가로 진입하기 이전까지 중국의 군현 통치 외연에 있었다는 사실은 이른바 '동아시아'지역의 문화적 통합이 진한(秦漢) 시기 이래로 줄곧 강화되어왔음을 의미한다. 또한 문화적 통합의 핵심적 요소는 중국의 한자, 율령, 유교 · 불교 및 도교이며 이러한 내용들은 모두 한자를 매개로 전파되었다. 따라서 문헌 기사를 통해서 알 수 있는 전근대 동아시아세계의 외교관계에서 주고받는 상표(上表)와 조서(詔書), 조공국에 하사하는 관작(官爵)과 이를 증명하는 인수(印綬)의 사여 등과 같은 외교적 절차에서 한자의 사용은 불가피한 현상이었다. 이러한 까닭에 니시지마 사다오(西嶋定生)는 유교(儒敎), 율령(律令), 법률(法律) 등은 모두 한자를 매개로 전파되었음을 강조하여 동아시아세계란 '한자문화권(漢字文化圈)'이라 주장하였다.[5] 니시지마 사다오의 지적처럼 종래 전근대 동아시아세계에 대한 연구 역시 상기한 핵심적 요소를 중심으로 한 '한자' 또는 '한자문화'에 대한 연구가 집중되었다. 이러한 연구의 내용은 주로 동아시아세계에서의 한자의 성립이나 전파 또는 각 지역에서의 한자 사용 실태 등에 집중되었으며,[6] 문헌의 유통에 관해서도 종이의 사용이 보편화되고 인쇄술이 발달한 송대(宋代) 이후와 다양한 종류와 내용의 서적이 활발하게 유통된 명청(明淸) 시기 이후의 서적 및 출판에 대한 연구가 활발하게 진행되었다.[7] 물론 진한시기에는 죽간(竹簡)·목간(木簡) 및 백서(帛書)가 주요 서사재료로 사용되었고, 위진 시기에는 이것들과 종이(紙)가 주요 서사재료로 병용되어 본격적인 문헌 유통 양상은 그다지 보이지 않는다, 때문에 이 시기의 문헌의 유통이나 주변 동아시아세계로의 전파 상황에 대한 연구도 다른 시기에 비해 활발하게 진행되지 못하였다.[8]

필자는 이러한 기존의 연구성과를 검토하면서 중국 고대 문헌의 유통과 관련한 분석으로 우선 진한 시기 서적 유통의 특징을 분석하였다.[9] 그 주요 특징은 학관(學館)을 통한 다양한 서적의 유포, 제한된 소수의 신분계층으로의 헌서(獻書)와 장서(藏書) 수집, 유가적 소양을 갖춘 독서 인구의 증가 그리고 그에 따른 교환과 매매의 형식의 출현 등이라고 밝히면서 서적의 유통은 변경지역으로 그 공간적 범위를 확산하였으며, 변경지역에서는 제국의 통치이념과 예교문화의 내용이 반영된 『논어』와 『효경』과 같은 문헌이 유통되었다고 분석하였다. 그러나 문헌의 유통이란, 국가 또는 민간사회에서 발생하는 수요와 공급 및 시장의 형성이 전제되어야 함을 고려한다면 필자의 분석은 중국 내부의 문헌 유통 상황이나 공간적으로 확대되기 시작한 한반도와 일본에 대한 전파 등의 문제에 대해서는 충분한 검토를 진행하지 못하였다. 따라서 본고에서는 종이의 사용 이후, 후한 말·위진 시기 민간사회에서의 문헌 유통의 내용과 위진 시기 이후 본격적으로 나타나기 시작한 4~6세기 동아시아세계로의 문헌 유통과 그 의미에 대해서 살펴보고자 한다.

2. 문헌의 수요와 종이의 보급

『한서(漢書)』「예문지(藝文志)」에 의하면 유향(劉向)·유흠(劉歆) 부자
가 30여 년 동안 정리한 도서는 모두 38종(種) 596가(家) 13,269권
(卷)이다.[10] 이러한 도서의 분류는 장서의 목록 정리라는 점에서 중
요한 의미를 지니고 있지만, 동시에 지속적인 문헌의 증가에 의한
결과임에 주목할 필요가 있다. 고대 중국에서 문헌의 지속적인 증
가는 『좌전(左傳)』의 소공(昭公) 2년 "[한선자(韓宣子)]가 태사씨(太史
氏)의 집에 가서 도서를 구경할 때, 『역상(易象)』과 『노춘추(魯春秋)』
를 보았다"[11]의 기사나 "진지전적(晉之典籍)"[12]과 같은 기사에서 알
수 있듯이 춘추 시기 이후부터 확인되고 있다. 더욱이 초(楚)에서도
『춘추(春秋)』·『세(世)』·『시(詩)』·『예(禮)』·『악(樂)』·『령(令)』·
『어(語)』·『고지(故志)』·『훈전(訓典)』 등의 전적이 이미 사용되고 있
었던 사실은[13] 문헌이 중원지역뿐만 아니라 주변 지역의 제후국에도
보급되었음을 알 수 있다. 또한 『묵자(墨子)』「천지(天志)·상(上)」의
"지금 천하의 사와 군자들의 서적을 (모두) 실을 수가 없다"[14]의 기
술이나 『전국책(戰國策)』에 소진이 밤에도 수십 상자 분량의 책을 읽
었다는 기사는[15] 전국시대 이후에는 국가뿐만 아니라 개인이 장서를
소유하고 있었음을 보여준다. 전국시대의 국가와 개인의 장서는 진
시황의 분서(焚書)로 인하여 상당 부분 소실되었음에도 불구하고 전
적에 대한 정리 작업은 지속적으로 진행되었다. 이러한 정황은 『사
기(史記)』「태사공자서(太史公自序)」에 다음과 같이 전하고 있다.

주(周)의 왕도가 끊어지자 진(秦)은 고문헌을 없애버리고 『시(詩)』와 『서(書)』를 불태워 없앴기 때문에 명당(明堂)·석실(石室)·금궤(金匱)에 보존되었던 도적(圖籍)들이 흩어져버렸다. 그 후 한(漢)이 홍기하여 소하(蕭何)가 율령을 정비하고 한신(韓信)이 군법을 마련하였으며 장창(張蒼)은 장정(章程)을 만들고 숙손통(叔孫通)은 의례를 정비하였다. 학문이 다시 홍성하고 발전하면서 『시(詩)』와 『서(書)』가 점차 다시 나타나게 되었다.[16]

위의 기사는 한이 건국할 당시 소하(蕭何) 등을 비롯한 관리들이 문헌과 다양한 제도를 재정비하자 점차로 『시』와 『서』를 비롯한 문헌에 대한 사회적 수요가 증가됨을 짐작할 수 있다. 이후 혜제(惠帝) 4년(기원전 191) 이른바 "협서율(挾書律)"의 폐지는 국가가 문헌의 수집을 공식적으로 인정한 조치였으며, 무제(武帝)가 시행한 태학의 설치나 유학의 관학화 등과 같은 일련의 조치는 곧 문헌의 대대적인 정리수집으로 연결되어 수집된 장서의 수량이 산과 같다는 과장된 표현이 나올 정도였다.[17] 더욱이 무제 이래 국가의 대대적인 문헌의 수집 및 정리는 성제(成帝) 하평(河平) 3년(기원전 26)에 유흠의 부친인 유향에게 문헌 정리의 책임을 부여하고 알자(謁者) 진농(陳農)에게 실무를 담당하게 하여 전국의 서적을 궁중에 보존하게 하였다.[18] 이때 장서의 정비는 단순히 민간사회에 산일되어 있는 서적의 수집이 아니라 수집된 책의 교정과 해제의 작성, 분류 등의 전문적인 작업이 병행되었다. 그 결과가 바로 이들 부자에 의해 편찬·수집된 장서의 해제집인 『별록(別錄)』과 이를 정리한 분류 목록인 『칠략(七略)』인 것이다.[19] 이처럼 유흠이 『칠략』의 저술을 완성하기에 이르기까지 수집 정리한 문헌은 상기한 바와 같이 13,269권이었다.

유흠에 의해 진행된 문헌의 정리 수집은 비록 왕망·갱시(更始) 시기의 천하대란 때에 상당한 손실을 당했을지라도[20] 광무제(光武帝)가 낙양(洛陽)으로 환도한 후에는 전 시기보다도 문헌의 양이 3배나 증가하였다.[21] 그런데 여기에서 증가된 문헌의 형태를 보면 당시 일반적으로 소장하던 죽간(목간)과 백서 형태[22]의 문헌뿐만 아니라 "소(素)"·"지(紙)"로 만들어진 문헌도 보이고 있다. 『풍속통의(風俗通義)』의 관련 기사에 의하면 "광무제가 낙양으로 돌아올 때 수레에 실은 소(素)·간(簡)·지(紙)의 무게가 이천 량이었다"[23]라고 서술하고 있다. 또한 『후한서(後漢書)』 「고규전(賈逵傳)」의 기사에도 가규가 궁정에서 『좌씨전』을 강의하도록 조서를 내리고 죽간과 종이(紙)로 된 경전을 주었다는 기사에서도 확인할 수 있다.[24] "소"란 백서를 의미하는 것으로 후한시대 글을 쓰는 데 사용된 결이 고운 비단은 1필(약 0.5×9.2m)의 가격이 500~600전(錢) 정도였음을 고려한다면[25] 일반적으로 관료나 학자 그리고 민(民)들이 사용하기에는 매우 어려운 서사 재료였을 것이다. "간"은 현재까지 출토된 간독의 문서 성격을 고려한다면 호적(戶籍)·명적(名籍) 등과 같은 장부(帳簿) 성격의 공문서일 가능성이 매우 높다.[26] 그렇다면 "종이[지(紙, 이하 종이)]"는 어떤 형태의 문헌인가? 종이가 발명되고 제조된 것은 후한(後漢) 시기 채륜(蔡倫)이 만든 이른바 "채륜지(蔡倫紙)"에서 시작된 것이 거의 정설로 되어왔다. 이를 입증하는 것이 『후한서』 권78 「환자열전(宦者列傳)」 원흥(元興) 원년(元年, 105)의 관련 기사로 그 주요 내용은 아래와 같다.

예부터 문자는 죽간을 묶은 것으로 기록하였다. 비단(縑帛)을 사용한 것은 지(紙)라고 불렀지만, 비단은 비싸고 죽간은 무거워서 어느 것도 사람들이 사용하기에 편리하지 않았다. 그래서 채륜은 궁리 끝에 나무껍질·삼베

부스러기 · 어망 등을 사용하여 지(紙)를 만들었다. 원흥(元興) 원년 그것을 헌상하자 황제(和帝)는 이를 높이 평가하여 이때부터 모든 곳에 지를 사용하도록 했다. 이런 까닭에 천하에서 이를 '채후지(蔡侯紙)'라고 불렀다.[27]

상기 기사에서 알 수 있는 것은 "종이"란 오늘날 서사재료로서 사용하는 종이(paper)를 의미하는 것이 아니라 비단을 사용하여 제조된 것을 의미한다. 따라서 '채후지(蔡侯紙)'란 채륜이 만든 새로운 "종이"라는 의미로 해석하는 것이 타당할 것이다. 그렇다면 상기 언급한 광무제가 낙양에 돌아올 때 가지고 온 "종이"는 어떻게 해석해야 하는가?

1933년 황원비(黃文弼)에 의해서 발견된 롭 로프 지역의 한대 봉화 유적에서 출토된 가로 10㎝, 세로 4㎝ 크기의 작은 종이가 출토되었다. 이 종이는 황룡(黃龍) 원년(기원전 49)의 기년이 쓰여진 목간과 함께 출토되어 선제 시기의 유물로서 판단할 수 있는 개연성이 매우 높으며, 적어도 전한 시기에 속하는 종이인 것은 확실하다. 이와 같은 원흥 원년(105) 이전에 사용된 종이는 롭 로프 지역에서 발견된 종이 외에도 섬서성(陝西省) 서안시(西安市) 패교진(灞橋鎭)에서 출토된 '패교지(灞橋紙)', 어지나(額濟納) 하(河) 유역 한대 봉화 유지에서 출토된 '금관지(金關紙)', 감숙성(甘肅省) 돈황시(敦煌市) 서북 방향 95km 정도 떨어진 지역에 위치한 소륵하(疏勒河) 유역에서 발견된 마권만(馬圈灣) 유지와 천수시(天水市) 방마탄한묘(放馬灘漢墓) 및 돈황시 현천치(懸泉置) 유지 등에서 이른바 '채후지' 이전 시기의 종이가 발견되었다.[28] 즉 채륜보다도 훨씬 이전 시기, 적어도 100~150년 이전에 지(紙)는 제조되었다고 볼 수 있다. 그렇다면 채륜보다 앞선 시기의 사람들이 종이를 보편적인 용도로서 사용하였을까? 채륜

이전 시기에 사용된 종이의 특징을 살펴보면 문자가 서사되어 있는 경우가 극히 드물다. 천수 방마탄에서 출토된 지도의 경우, 선(線)은 확실히 묘사되어 있지만 문자는 서사되어 있지 않다. 문자가 확인되는 것은 현천치유지에서 출토된 10매의 종이이다. 현천치유지는 한 무제 시기부터 위진 시기까지의 교통통신 시설이 5차례에 걸쳐 증설된 유지이다. 출토된 유물 가운데 주목해야 하는 것은 2만 매 정도에 달하는 목간이지만, 동시에 종이도 출토되었다는 점이다.[29] 발굴 보고에 의하면 이곳에서 출토된 종이는 500매 정도이지만, 문자가 기록되어 있는 것은 10매로서 전한 무제 · 소제(昭帝) 시기부터 서진(西晋) 시기에 사용된 종이가 출토되었다고 한다. 주요 내용은 아래의 표와 같이 정리할 수 있다.

[표 1] 돈황현천치유지 출토 지(紙) 사용 시기 및 기능[30]

시기	매수	출토위치	크기(cm)	내용 및 서체	기능
전한(前漢) 무제(武帝)· 소제(昭帝)	3	T0212④:1	18×12	付子(예서)	포장
		T0212④:2	12×7	薰力(예서)	
		T0212④:3	3×4	細辛(예서)	
전한(前漢) 성제(成帝)	4	(표본) T0114③:609	7×3.5	(초서 2행) □持書來□致蜜□	포장 (?)
후한(後漢) 초기	2	(표본) T0111①:469	30×32	(예서 2행) 巨陽大利上善皂五匹	포장
서진(西晋)	1	T0409①:15	14×7.5	(행서 7행 31자) □以下卽詣/□□ 旣得表/□□ 輒往/解교朱/□□□ 一日之 恩令 /□此郵 者乞/□府內安隱/□恐惶恐白	私信

발굴 보고에 따르면 "부자(付子)", "훈력(薰力)", "세신(細辛)"이란 약명이며, 종이의 형태와 접힌 흔적을 보면 당시 약을 포장했던 용지라고 해석하고 있다. 더구나 종이 위에 비스듬히 "부자" 두 자만

적혀 있음을 볼 때, "부자"가 적혀 있는 부분은 포장할 때 표면에 해당하는 위치임에 틀림없다. 또한 정확한 시기는 알 수 없지만 후한 초기에 사용된 종이에 적힌 "거양대리상선조오필(巨陽大利上善皂五匹)" 역시 2행으로 비스듬히 쓰여 있음을 볼 때 그 성격은 포장용 종이일 것이다. 따라서 상기한 광무제가 낙양으로 돌아올 때 수레에 실려 있던 '종이'는 포장용 혹은 기타 용도로 사용된 종이일 개연성이 매우 높으며, 『후한서』에 보이는 "채후지"는 서사재료로서의 종이의 실용화의 시작이라고 할 수 있을 것이다. 즉 "채후지"는 포장용으로 사용된 지를 서사를 위한 재료로 개량한 것이며, 서사용 지를 제조하고 일반화시킨 것이라 해석할 수 있다.[31] 말하자면 "채후지"는 당시 주요 서사재료인 죽간이나 비단 사용의 불편함을 해소하는 새로운 서사재료의 출현을 의미한 것이다.

"채후지"의 사용에 따른 서사재료의 변화는 문헌의 유통 환경에도 변화를 초래하기 시작하였다. 채후지가 사용되기 시작하였어도 여전히 죽간은 서사재료로서 사용되었다. 남해태수(南海太守) 오회(吳恢)가 죽간을 만들어 경서를 필사하여 휴대하고자 했지만 그 분량이 수레 1대 분량으로 그치지 않을 정도로 많기 때문에 이를 운반한다면 진귀한 보물로 혐의를 받아 그의 아들 오복(吳福)이 만류했다는 기사[32]는 이러한 정황을 잘 반영한다. 즉 오회가 남해태수로 부임한 것은 후한 안제 시기(107~124)로서 채후지가 사용되기 시작한 원흥 원년(105)과는 시간적 추이가 멀지 않은 시기였기 때문에 여전히 경전은 죽간에 서사된 것이 일반적인 현상이었을 것이다. 그러나 『춘추좌씨전(春秋左氏傳)』을 스승이 준 종이에 모두 베껴 쓰고자 했으나 종이가 부족해서 모두 암기했다는 연독(延篤)[33]의 경우나 한안(漢安) 2년(143)에 죽은 최원(崔瑗) 역시 친구에게 서적 10권을 보내면서 가난해서 비단은 엄두를 못 내고 종이밖에 사용하지 못했다[34]는 기사는 2세기 중엽 이후에는 비단이나 죽간 목간보다는 종이가 점차 보편화되기 시작하였음을 보여주는 사례이다. 즉 채후지의 출현은 서적을 복사하는 비용을 낮추었으며 후술할 용서(傭書)의 서사 비율을 제고하여 문헌의 대량 복제의 조건을 만들었다. 이와 같은 종이의 사용은 이미 광범위하게 사용되기 시작하였기 때문에 연독이나 최원 같은 집안이 가난한 자들도 독서가 가능했던 것이다.

종이 사용의 보편화는 문헌의 점진적인 유통 조건을 형성하기 시작하였다. 2세기 중엽 본초(本初) 원년(146) 양태후가 태학의 쇠락함을 막고자 수도 낙양의 태학으로 유학하는 사람들의 수를 증가시켜 3만 명에 이르렀다는 기사[35]는 지방 사회의 독서인구가 점차적으로 증가하였음을 의미한다. 또한 전한 말부터 세력을 얻기 시작한 고문학파의 등장과 후한 이후 성행하기 시작한 사학(私學)의 발전, 그리고 '일경(一經)'에 대한 학습보다는 '박학(博學)'의 중시 성향은 자연스럽게 독서 인구와 문헌의 수요량을 증가시켰다.[36] 채후지가 전국에 보급된 이후, 독서 인구와 문헌 수요의 증가라는 사회적 변화가 발생하였고 이러한 현상은 자연스럽게 장안의 태학 근처에 '괴시(槐市)'라는 책을 매매하는 새로운 유통 방식의 출현도 가능하게 하였지만, 연독의 경우에서 알 수 있듯이 당시의 종이는 아직 희귀한 물품이었기 때문에 충분한 공급은 미흡한 상태였다. 그렇지만 새로운 형태의 서사재료인 종이의 생산과 사용은 문헌의 대량 복제를 가능하게 하였음은 부정할 수 없는 사실이다. 『한서』「예문지」에 인용된 유향·유흠 부자가 정리한 도서가 38종 596가 13,269권이었다면, '채후지'의 제지술이 발명된 이후 100여 년이 지난 서진 초기의 국가의 장서량이 29,945권에 이르렀다는 사실은[37] 종이의 보급이 한대에 비해 더욱 보편화되었음을 반영한다. 더욱이 송(宋) 원가(元嘉) 8년(431) 비서감(秘書監) 사령운(謝靈運)이 주재한 『사부목록(四部目錄)』에 기록된 도서는 총 64,582권에 달하였다[38]는 사실은 비록 후한 말 삼국 시기의 전란을 경험하였을지라도 위진 시기의 도서 유통량은 한대에 비해 훨씬 증가하였음을 보여주는 것이다.

도서 유통량의 증가는 무엇보다도 제지술의 발전과 밀접한 관련이 있다. 상기한 광무제가 낙양에 돌아올 때 반입한 '소(素)'는 아마도 잠사(蠶絲)로 제작된 질이 아주 좋은 비단이었을 것이다. 이에 비해 채륜이 발명한 종이는 뽕나무[상(桑)]·마(麻)와 같은 섬유식물로 잠사를 대체한 것이다. 뽕나마·마는 잠사 재질의 종이보다도 광범위하게 분포하였고 생산량 또한 많았기 때문에 가격도 비교적 저렴하였다.[39] 이러한 마 재질인 종이의 사용은 상기한 한대 '패교지'를 비롯한 출토된 종이에서 확인할 수 있으며, 3~4세기 누란지역에서 출토된 한문간지문서(漢文簡紙文書)는 종이의 보편화된 사용을 증명하고 있다.[40] 제지술의 발전은 서진 시기에 들어 커다란 발전을 이루게 된다. 무엇보다도 재료를 마와 닥나무[저(楮)] 껍질 외에 뽕나무와 박달나무[단(檀)] 껍질 등의 다양한 재료를 사용한 결과, 등나무[등(藤)]로서 종이를 만들게 되었다.[41] 다양한 재료를 통한 종이의 제작은 생산량의 증가, 종이의 질량의 향상 등으로 인해 종이를 서사재료로 사용하는 것이 한대에 비해서는 보편화되었다. 갈홍(葛洪)은 가난하여도 땔나무를 팔아 종이와 붓을 구하여 밤에 서사하였고[42] 좌사(左思)가 10년에 걸쳐 『삼도부(三都賦)』를 완성했지만 사람들이 이를 알아주지 않아 황보밀(皇甫謐)에게 서문을 받고 나서야 비로소 좋은 평판을 받게 되자 "부호와 귀족 집안에서 서로 다투어 이를 베껴 쓰자 낙양에 종이가 귀하게 되었다"[43]는 기사는 모두 당시에 종이는 사대부들이 보편적으로 사용하는 서사재료였음을 설명하고 있다. 그렇지만 한편으로는 종이의 생산량이 한정되었고 사회적 수요를 만족시키지 못하고 있음을 반영하고 있다.

3~4세기에 사용된 것으로 추정되는 누란문서의 부적(簿籍)은 종이에 서사되어 있는 것이 일반적 현상이지만[44] 진(晉) 태시(泰始) 4년(268)에 만들어진 진령(晉令) 가운데 호령(戶令)의 "군국(郡國)의 모든 호구는 황적(黃籍)으로 (사용하는데) 황적은 모두 1척 2촌의 찰(札)을 사용한다"[45]라는 조항은 태시 4년 국가의 호적은 여전히 간독(찰)을 사용하고 있었음을 알 수 있다. 이러한 사실은 지목병용(紙木幷用)이라는 사회적 조건하에서 여전히 종이의 보급이 용이하지 않는 그 한계를 보여주는 것이다. 그렇지만 어느 정도 한계가 있더라도 서사재료가 죽간이나 목간에서 종이로의 전환은 불가피한 현상이었다.[46] 서사재료의 전환은 무엇보다도 종이에 서사하는 효율성의 탁월함을 사회적으로 인정함에서 오는 결과였다. 따라서 국가에서는 종이 사용을 법령으로 확정하였다. 즉 동진(東晉) 원흥 원년(402) 환현(桓玄)이 건강(建康)에서 스스로 초나라의 황제[초제(楚帝)]라고 칭하면서 "옛날에는 종이가 없어서 죽간·목간을 사용했던 것이지 그것을 존중했기 때문이 아니다. 지금 사용하는 모든 간들은 모두 황지(黃紙)로서 대체하라"[47]라는 조칙을 내리고 있다. 환현이 이러한 조칙을 반포한 것은 5세기 초까지도 간독이 사용되고 있었지만 종이가 이를 대체한다는 것은 종이 사용이 필연적인 추세임을 반영하는 것이다. 따라서 남북조시대 이후부터는 자연스럽게 종이 문헌이 전국적으로 사용되었으며 환현의 법령은 간백시대의 종결을 의미함과 동시에 종이의 보편적 사용을 의미한다.

종이의 사용과 제작 방법은 간백에 비하여 간단함과 동시에 대량의 생산이 가능하였으며 서사 속도는 매우 빨라졌다. 그 결과 문헌 유통의 주기는 단축될 수 있었으며, 그 속도는 더욱 빨라져 전반적인 문헌의 유통 규모는 확대되었음을 알 수 있다. 위진 시기 도서의 유통과 규모에 대해서 『수서(隋書)』「경적지(經籍志)」는 다음과 같이 서술하고 있다.

지금 남아 있는 문헌들은 4부로 구분되며 그 합계는 14,466부 89,666권이다. 옛 기록에서 취할 때 문의(文意)가 천박하고 교리에 도움이 없는 것은 모두 삭제하였다. 옛 기록으로 남아 있는 것은 문자의 의미를 채택할 수 있고 폭 넓게 도움이 되는 것으로 모두 편입시켰다.[48]

주지하듯이 『수서』「경적지」는 당초(唐初)에 편찬된 사서로서 수(隋) 대업(大業) 14년(618) 이전의 도서에 대해서 기록한 내용이다. 당초의 저작은 포함되지 않았다. 따라서 수의 통치 기간이 37년인 점을 고려한다면 『수서』「경적지」에 저록된 도서의 총수는 실제적으로는 수 통일 이전 시기에 유전되던 도서의 총량이다.[49] 이 숫자는 삼국·위진남북조 시기 도서의 생산과 유통의 대강을 반영한 것이다. 따라서 이 시기 도서의 보급 규모나 유통은 한대에 비하여 상당한 발전이 있음을 확인할 수 있다. 그렇다면 어떠한 방식으로 도서가 유통되었는지에 대해서는 다음 장에서 살펴보고자 한다.

3. 용서(傭書)와 판서(販書)

종이의 공급이 증가하였다는 것은 사회에서 보다 많은 종이의 수요,

즉 문헌의 수요가 증가하였음을 의미한다. 문헌이 만들어지고 유통되는 것은 대체로 책을 쓰는 행위[서사(書寫)]와 이를 베껴서 보급하는 행위[초사(抄寫) 혹은 전사(傳寫)]로 구분된다. 전자는 도서 생산의 중심 요소이고 후자는 도서 유통의 중요한 수단이라 할 수 있다. 따라서 서적에 대한 초사자가 많을수록 복본(複本)은 더욱 증가하고 유통 역시 증가하였다. 이런 까닭에 초사 활동과 규모는 도서의 생산과 유통 상황에 매우 중요한 지표로서 작용하였다. 뤼스몐(呂思勉)의 "당 이전 시기 『사기』는 『한서』의 광범위한 유통만 못하고 이를 베껴 쓴 회수도 『한서』에 비해 적었다"[50]라는 지적은 당대 사회에서 『사기』에 비해 『한서』가 광범위하게 유통되었음을 의미하는 것이고, 그 주요 배경은 초사된 『한서』의 서적량이 상대적으로 많았기 때문일 것이다. 즉 서적의 생산은 1차 생산자인 편찬자와 2차 초사자에 의해서 유통되는 것이다. 따라서 빈번한 초사활동은 서적유통이 활발함을 의미한다. 위진남북조 시기에 통행되던 가장 광범위한 독서책의 하나는 어린아이의 식자(識字) 교본인 『급취장(急就章)』이었다. 이와 관련하여 "최호(崔浩)가 다른 사람들 위해 『급취장』을 베낀 것[사(寫)]이 백(百)으로서 헤아린다"는 기사는 서적을 전사하는 시간이 매우 빠르고 유통범위가 매우 넓음을 짐작할 수 있다.

사실 남북조시대에 초서와 관련한 기사는 한대에 비하면 훨씬 증가하고 있음을 확인할 수 있다. 서술의 편의상 초서의 대강을 몇 개의 관련 기사를 통해서 정리하면 대체로 [표 2]와 같다.

[표 2]의 내용을 검토하여 보면 초서와 관련한 몇 가지 특징을 알수 있다. 우선 당시 독서 방법은 읽고 쓰기를 동시에 행하면서 초록하는 것이다. 왕균(王筠)이나 설징(薛憕)의 경우에서 알 수 있듯이 "광략거취(廣略去取)"나 "초략(抄略)"의 형태로서 원래 문헌의 내용

[표 2] 남북조 시기 抄書의 주요 관련 개괄표

人物	主要 內容	出典
王筠	"廣略去取, 凡三過五抄", "未嘗倩人假手, 幷躬自抄錄, 大小百餘卷"	『梁書』卷8「王筠傳」
傅隆	"手不釋卷", "常手抄書籍"	『宋書』卷55「傅隆傳」
高閭	"家富典籍, 彪遂於悅家 手抄口誦"	『北史』卷40「李彪傳」
崔謙	"讀書不廢, 凡手抄八千餘紙"	『北史』卷21「崔逞傳」
薛憕	"終日讀書, 手自抄略, 將二百卷"	『周書』卷38「薛憕傳」
文襄	"文襄多集書人, 一日一夜寫畢, 退其本"	『北齊書』卷42「祖珽傳」

人物	主要 內容	出典
劉慧斐	"在山手寫佛經二千餘卷, 常所誦者百餘卷"	『梁書』卷51「劉慧斐傳」
蕭大圜	"大圜旣入麟趾, 方得見之, 乃手寫二集, 一年幷畢."	『周書』卷42「蕭大圜」
孔休源	"居喪盡禮, 每見父手寫書"	『梁書』卷36「孔休源傳」
袁峻	"家貧無書, 每從人假借, 必皆抄寫, 自課日五十紙, 紙數不等則不止"	『南史』卷72「袁峻傳」
王泰	"少好學, 手所抄寫, 二千許卷"	『南史』卷22「王泰傳」
沈麟士	"麟士少好學, 家貧, 織窮誦書, 口手不息……遭火燒 書數千卷, 麟士年過八十, 耳目猶聰明, 以反故抄寫, 燈下細書, 複成二三千卷, 滿數十篋"	『南齊書』卷54「沈麟士」

을 한자도 빠뜨리지 않고 모두를 초사하는 것은 아니었다. 둘째, 표
에 인용한 자들을 통해서 알 수 있듯이 당시 초사의 분량이 결코 적
지 않았다는 사실이다. 최겸(崔謙)이나 설징이 초사한 대상과 분량
이 어느 정도의 기한내에서 완성된 것은 불분명하다. 그렇지만 이들
이 "독서불폐(讀書不廢)" 또는 "종일독서(終日讀書)"라는 시간을 투
입하여 만들어진 것이라면 결코 짧은 기한은 아니었을 것이다. 이
러한 정황은 소대환(蕭大圜)이 1년 만에 초사를 완성한 책, 즉『양무
제집(梁武帝集)』40권과 『간문집(簡文集)』90권의 초사를 마치자 식
자들이 감탄하였다는 기사는[51] 한 사람의 초사작업으로는 결코 쉽지
않은 일이었음을 반영하는 것이다. 셋째, 원준(袁峻)이나 심린사(沈

麟士)의 경우처럼 가난한 사람도 매일 50장 분량의 초사나 2천~3천 권 분량을 초사하여 10개의 상자에 가득하였다는 기사는 당시 종이가 이전 시기처럼 희귀한 서사재료가 아니라 민도 보편적으로 사용할 수 있는 재료였음을 보여준다.

상기한 바와 같이 문헌의 생산은 편찬자와 이를 초사한 사람들에 의해 유전된다. 이러한 생산과정에서 특히 주목되는 형태는 문양(文襄) 관련 기사에 보이는 '서인(書人)'이다. 서술의 편의를 위해서 관련 기사를 상술하면 다음과 같다.

(祖珽은) 후에 비서승(秘書丞)이 되어 사인(舍人)을 거느리고 문양(文襄) 을 섬겼다. 주객(州客)이 이르러 『화림편략(華林遍略)』을 매매하고자 했다. 문양은 상당수의 서인(書人)을 모아서 하루 낮밤에 베껴 쓰는 것을 마치고 그 책을 돌려주면서 말하였다. "그럴 필요가 없다."[52]

여기에서 언급한 "서인"은 전문적으로 다른 사람을 위해서 책을 초사하는 사람을 지칭한다. 문양이 매입하고자 한 『화림편략(華林遍略)』은 남북조 시기 가장 중요한 유서(類書)로서 양무제 소연(蕭衍)이 화림원(華林園) 학사(學士)에게 명하여 총 620권의 분량으로 편찬된 서적이다.[53] 남조 양나라에서 작성된 대형의 서적을 북조 제나라에서 판매하려고 한 사실은 이를 판매하고자 서상(書商)은 대량의 자금과 상당 규모의 도서를 소유하고 있었음을 추측케 함과 동시에 620권 분량의 서적을 하루 낮밤의 시간에 초사할 수 있는 용서의 전문적인 계층이 존재하였음을 알 수 있다.

용서는 한대에도 확인된다. 후한 시기 반초(班超)는 집안이 가난하여 항상 관(官)에서 용서로 일을 하면서 부모를 공양하였다는 기사로부터 알 수 있다.[54]『북당서초(北堂書鈔)』의 관련 기사 가운데 평생 벼슬하지 않고 관의 용서에 종신토록 근무한 고군(高君)과 낮에는 농사에 종사하고 밤에는 책을 빌어 부모를 봉양했다는 진상(陳常) 그리고 태학에 입학하였지만 사서로서 자급한 공손엽(公孫曄)[55] 등 역시 한대에 용서에 종사한 사람으로서 대부분은 용서로서 얻은 수입으로 부모를 봉양한다는 내용이다.[56] 이러한 내용은 남북조 시기 용서의 관련 기사에서 대량의 문헌을 초사하였다는 내용을 찾아보기가 어렵다.[57] 비록 용서의 존재가 한대에 존재하였다 하더라도 위진남북조 시기 이래로 편찬자와 서사자의 분리, 다양하고 풍부한 저술의 등장, 종이의 보편적 보급 등의 사회적 변화와 문헌 수량의 끊임없는 증가 그리고 서적이 날로 상품화되는 과정 속에서[58] 종이를 서사재료로 한 초사와 서적의 판매[판서(販書)]는 용서라는 전문적 직업을 만들어낼 수 있었다.

책을 대신 초사하고 임금을 받는 이른바 '용서'는 상기한 바와 같이 후한 시기에 보이지만 보편적인 현상이라고 볼 수는 없다. 그렇지만 삼국 시기 이후에는 용서와 관련한 기사를 쉽게 찾아볼 수 있다.

① 집안 대대로 농사에 종사하였지만 감택(闞澤)은 학문을 좋아하였으나 집안이 가난하고 돈이 없어 항상 다른 사람을 대신하여 책을 베껴 쓰고 돈을 받아(爲人傭書) 종이와 붓을 구입하였다. 다 베껴 쓰고 나면 송독(誦讀)하는 것이 일상화되었다(『三國志』卷53「吳書·闞澤傳」).

② (朱異는) 용서(傭書)로서 생계를 유지하였으며 쓰는 것을 마치면 암송하였다(『南史』卷62「朱異傳」).

③ (庾震은 부모를 잃었으나) 가난하여 장례를 못 지냈다. 책을 빌려 일을 마

칠 수 있었다(『南史』卷73「孝義傳」).

④ (劉芳은) 낮에는 용서(傭書)하여 생활을 하였고 밤에는 책을 읽어 (항상) 잠을 자지 않았다(『魏書』卷55「劉芳傳」).

후한의 반초가 행한 "위관용서(爲官傭書)"는 관이 주체가 되어 사람을 고용하여 초사한 방식이라면 ①의 감택(闞澤)이 행한 "위인용서(爲人傭書)"는 개인이 주체가 되어 다른 사람을 초사시킨 행위를 의미한다. 따라서 삼국 시기 이후에는 사람을 고용하여 초사시키는 방식은 관에만 제한된 것이 아니라 사회경제적으로 일정 지위가 있는 사람들도 가능하였다. 이런 까닭에 상기한 좌사가 저술한 『삼도부』를 경쟁적으로 초사하고자 한 당시 "호귀지가(豪貴之家)"들은 사람들을 고용하여 초사시켰을 것이며 이는 당시 사회에서 용서의 폭넓은 존재를 반영하는 것이다. 그렇다면 ②③④의 부류에 해당하는 자들이 "호귀지가"에 고용되어 초사했을 개연성도 부정할 수 없다.

②③④의 부류에 해당하는 자들이 "호귀지가"에 고용되어 초사한 경우가 지속적으로 증가하고 이들에 의한 문헌의 복본이 늘어난다는 것은 해당 사회에서의 문헌의 유통 수량과 그 범위가 확대되고 있음을 의미한다. 뿐만 아니라 [표 2]의 문양의 경우에서 알 수 있듯이 용서에 의한 대량의 초사본 유통은 자연스럽게 서적의 매매를 촉진하였다. 한대에서도 서적의 매매는 "괴시"나 "서사"와 같은 시장의 존재로서 확인되지만, 서적이 상품화되어 매매하는 경우와 교환적 성격이 공존하고 있었던 것 같다.[59] 그러나 후한 안제 시기 왕부는 낙양의 서사에서 용서로서 부를 얻어 구족·종친들이 모두 자신의 부에 의존하였다는 기사[60]나 어릴 적 가난했던 유량(劉梁)은 시장에서 서적을 판매하여 스스로의 생활을 도모한[61] 기사를 검토하여

보면, 문헌의 유통이 교환적 성격에서 점차적으로 상품화되어가는 과정을 엿볼 수 있다.

서적의 상품화란, 왕부(王溥)나 유량 등과 같은 자들이 용서하여 다량의 서적을 판매하는 것과 그 종류가 풍부하고 다양함을 의미한다. 더욱이 이들이 판서하는 주요 목적은 부의 획득이거나 자급하는 것이기 때문에 사회적 수요를 충족시킬 수 있는 서적의 공급이 필요하였다. 이러한 수요에 따른 공급은 초사에 의한 복본의 제작으로써 문헌에 대한 사회적인 수요량을 달성할 수 있었다. 따라서 도서 수요의 제고는 시장을 통한 도서의 판매를 가능케 하였으며 이러한 판매는 남북조 시기 건강[지금의 남경(南京)], 낙양, 평성[平城, 지금의 대동(大同)] 등의 주요 도시를 중심으로 형성되었다. 갈홍이 낙양에 도착한 후에 다른 책을 구하여 학문을 넓히고자 했다는 기사[62]나 현재 남경시의 위치인 주작항(朱雀航)에서 외조부를 따라 역일(曆日) 관련 서적을 팔았다는 부소(傅昭)[63]와 업성(鄴城)지역으로 추정되는 지역의 시장에서 책을 구입한 왕준(王遵)[64] 등의 기사로부터 이러한 사실들을 알 수 있다. 뿐만 아니라 당시 시장에 유통된 문헌은 경사자집(經書子集)과 같은 문헌만 판매된 것이 아니라 통속 작품도 판매되고 있었다. 이러한 사례는 육언(六言)과 가사(歌辭)를 많이 지은 양준지(陽俊之)의 사례에서 확인할 수 있다.

(陽俊之는) 육언(六言)과 가사(歌辭)를 많이 지었으나 (내용이) 음탕하고 보잘것없었지만 세상에 유전되어 (세속에서는) 『양오반려(陽五伴侶)』라고 불렀다. 쓰면 (즉시) 팔려 시장에서 끊이지 않았다(在市不絶). 준지(俊之)가 시장에 가서 구매하여 글자의 잘못이 있음을 말하였다. 서적을 판매하는 자가 말하였다. "양오(陽五)는 옛 현인(賢人)으로 『반려(伴侶)』를 지었다.

당신이 어찌 알기에 가벼이 논하는가?" 준지(俊之)가 크게 기뻐하였다.[65]

　　상기 기사 내용 가운데 "재시부절(在市不絶)"이란 이 책이 시장에서 매우 잘 팔려 모두 판 후에 다시 초사하여 공급하는 것을 의미한다. 또한 상기한 양 황실 도서관[비장(秘藏)]의 대형 도서인 『화림편략』를 복제하여 당시 정치적으로 대치하고 있던 북제(北齊)의 고관 귀족들을 판매 대상으로 삼은 것을 보아 안정적인 재력과 판매 루트를 확보하고 있던 서상이 사회에 존재하였음을 알 수 있다.[66]

　　이와 같은 서사의 성립, 경서류(經書類)뿐만 아니라 통속 작품에 이르는 다양한 문헌의 유통과 이에 대한 지속적인 수요와 공급, 그리고 남북조를 통괄하는 시장 규모의 확대 등은 문헌 유통 과정이 성립되었음을 반영한다. 즉 상이한 유통 경로를 통해서 얻은 문헌은 문인, 학사, 혹은 관원의 전사를 통하여 민간이나 서사에 유전되었다. 이러한 경로를 거친 후에는 다시 서사 혹은 용서인들이 문헌을 초사·복제하여 다시 사회에서 폭넓게 유통시킨 것이다. 이러한 문헌의 상품화와 대규모의 유통은 문헌의 종류와 수량을 급격히 증가시켰다. 『수서』 「경적지」에 기록된 서목 가운데 위진남북조 시기의 저작이 거의 4/5를 차지한다는 지적은[67] 이 시기 문헌의 급격한 증가와 다양화가 진행되었음을 알 수 있다.[68]

4. 문헌의 대외 유통과 공간적 확산

종이 공급의 증가는 사회에서 보다 많은 종이의 수요, 즉 문헌의 요구가 증가했다는 것을 의미한다. 또한 문헌에 대한 사회적 수요가 증가한 것은 학문과 교양이 전 시기에 비해 개방적이었음을 의미한다. 문헌의 개방성으로 자연스럽게 문헌의 유동성 증가, 즉 활발한 문헌의 유통이 이루어졌음을 알 수 있다. 이러한 문헌의 유통은 경사를 비롯한 도시에서 형성된 시장을 중심으로 전개되었음은 앞 장에서 살펴보았다.

　이러한 문헌 유통은 적어도 양 무제 시기에 이르러서는 "사경(四境)지역의 집에는 문헌[문사(文史)]을 가지고 있었다"[69]라는 언급을 보아 천하에 문헌이 보급되었음을 짐작할 수 있다. 사실 사경지역의 가장 외곽인 변경지역에 내지에서 유통된 문헌이 변경으로 그 공간적 범위를 확산하기 시작한 것은 전한 선제·원제 시기 이후로 추정되는 출토문헌『논어』의 일부 내용이 돈황 현천치유지에서 「자장(子張)」편과 평양시 정백동 367호 묘에서 「선진(先進)」과 「안연(顔淵)」의 일부 내용이 기록된 목간과 죽간의 발견으로 알 수 있다.[70] 그러나 한대 변경지역에 보급된 문헌은 대부분『논어』와『효경』등과 같이 유가이념과 매우 밀접한 서적들이었다. 이러한 사실은 변경 지역의 사람들에게 예의를 숙지시키기 위해『효경』을 베껴 쓰게 한 기사[71]와 무위(武威)지역에서 발견된 의례(儀禮) 관련 출토문헌[72]이나 최근 공개 정리된『견수금관한간(肩水金關漢簡)』에서도 역시『논어』의 관련 구절, 즉 "73EJT24:802 ☑毋遠慮必有近憂☑", "73EJT24:833 ☑曰天何言哉四時行焉萬物生焉☑", "73EJT31:139·子曰自愛仁之至也自敬知之至也☑"등이 발견된 사실을 통해서 알 수 있다.[73] 이와 같이 한대 변경지역에서 발견된 일련의 출토문헌들의 대부분은 국가의 통치 안정을 도모하기 위한 목적으로 변경지역에 보급되었던 것이다.[74] 더욱이 출토문헌이 발견된 지역들이 변경지역의 관리 무덤, 혹은 군사시설 지역임을 감안한다면 문헌에 대한 사회적 요구와 이에 따른 공급이란 측면에서의 문헌 유통이라 해석하기에는 다소 무리가 있다.

　문헌 유통이 '용서'와 '판서' 등 다양한 방식으로[75] 활발해진 삼국·위진남북조시대 이후는 한대의 양상과는 다른 모습을 보이고 있다. 첫째는 상술한 바와 같이 문헌의 유통이 상층계층에서 일반민의 하층계층으로 확산되었다. 둘째는 문헌의 증가와 활발한 문헌의 내부 유통에 기초한 문헌의 외적 확산, 즉 국내에서 국외로의 유통이 본격적으로 가능하게 되었다는 점이다. 이러한 국외로의 문헌 유통은 당시 국내에서 증가된 문헌의 수요와 공급에서 기인한 것이기도 하지만, '국외'의 수요에 의한 공급이란 측면에서도 해석할 수 있다. 사실 이러한 배경은 진한 시기 이래로 주변 국가에서의 한자의 수용과 그에 따른 중국식 문서행정의 경험이 시행·축척된 결과이기 때문이기도 하다. 한 무제 시기 이후 본격적인 한자의 수용과 문서행정이 실행된 낙랑(樂浪)지역의 '한자'문자의 전통[76]은 고구려나 신라 및 백제를 거처 일본으로 계승되었음을 알 수 있기 때문이다.[77] 이러한 한자의 수용과 문서행정의 전형적인 실체는 율령 반포의 경우에서 확인할 수 있다. 고구려 소수림왕 3년(372)에 "시반율령(始頒律令)"[78]이나 신라 법흥왕 7년(523) "반시율령(頒示律令)"[79] 등과 같은 문헌의 기사는 적어도 4~6세기 고구려와 신라 시기에 율령의 제정과 함께 일정한 수준의 문서행정이 관철되었다고 해석할 수 있다. 더욱이 법흥왕 11년(527) 울진(蔚津) 봉평리(鳳坪碑)에서 확인되는 법령[80]은 이러한 사실을 명확하게 증명하고 있다.

　한반도의 고대국가에 보급된 한자와 문서행정은 일찍부터 동이지역은 '삼방(三方)'과 달리 중국과의 유사한 문화적 기반에 기초하였다는 기사[81]는 이 지역이 다른 지역과는 달리 농경문화에 기초한 군현지배체제가 다른 지역보다는 효과적으로 관철될 수 있음을 의미한다.[82] 따라서 다른 지역보다 자연스럽게 선진의 중국 문화를 받아들일 수 있었으며, 이러한 문화의 수용 속에서 중국 문헌 역시 배타적 인식 없이 자연스럽게 수용되었을 것이다. 그러나 중국은 인접해 있는 주변 지역 가운데 특히, 흉노(匈奴)나 선비(鮮卑)의 경우처럼 유목사회와 공존하고 있었다. 농경에 기초한 군현지배체제는 유목사회와는 적합하지 않는 이질적 지배체제였기 때문에 이들 지역에서는 굳이 한자와 이를 사용하는 행정문서나 문헌 등의 내용을 습득할 이유가 없었다. 이러한 사실은 한초 흉노로 망명한 중항열(中行說)이 선우(單于)의 고문으로 활동하면서 가르친 소기(疏記)로 인중(人衆)·가축·물산을 파악하고 과계(課計)하였다는 기사는 흉노가 문자(한자)를 사용하지 않았다는 증거이기도 하다.[83] 이러한 정황은 『진서(晋書)』 「동이전(東夷傳)」에 "무문묵(無文墨), 이어언위약(以語言爲約)" [84]이나 『구당서(舊唐書)』 「말갈전(靺鞨傳)」에 "속무문자(俗無文字)" [85]라고 명기한 기사에서도 확인할 수 있다. 그러나 유목국가의 경우, 비록 한자를 사용하지 않았을지라도 한과 흉노가 국서(國書)를 주고받는 등 외교 관계의 지속에서 알 수 있듯이 중국의 문헌을 접할 기회는 점점 증가하였을 것이다. 이러한 한자문화에 대한 '경험'의 축적은 중국과는 이질적 사회의 서역 지역에서조차 진대 이후에는 중국 문헌의 존재를 쉽사리 찾아볼 수 있게 되었다.[86]

2세기 말에서 3세기 초로 추정되는 시기에 선비족은 중국의 망명자로부터 한자를 학습하여 통치 수단으로 활용하였듯이 유목민족은 한자뿐만 아니라 중국의 문헌을 수용하기 시작하였다. 북위(北魏) 화평(和平) 원년(460)에 건국한 고창국(高昌國)의 고창왕이 변경 멀리 떨어져 있어 전고(典誥)를 학습할 수 없기 때문에 오경(五經)과 여러 사서(史書)를 구하고자 한 기사나[87] 고창국인의 언어는 중국과 대략적으로 같으며 오경과 역대 사서 그리고 제자집(諸子集)이 있다[88]는 언급이나 나아가 문자가 같으며 『모시(毛詩)』·『논어』·『효경』 등의 서적이 있고 학관 자제를 설치하여 이를 배우지만 언어는 오랑캐 언어[호어(胡語)]라는 기사[89]들은 5세기 무렵 고창국에는 이미 중국의 문헌의 전래되었음을 반영하는 것뿐만 아니라 『모시』·『논어』·『효경』 등의 문헌을 통해서 유가문화 역시 수용되었음 알 수 있다. 즉 중국 문헌은 이미 고창국에서 유통되고 있음을 확인할 수 있는 사례의 하나인 것이다.

왜(倭)의 경우, 한자나 중국 문헌의 수용과 관련한 초기의 기사는 일반적으로 『후한서』 「동이전」에 인용된 건무(建武) 중원(中元) 2년 (57) 후한 광무제가 왜노국(倭奴國) 사신에게 하사한 이른바 '한왜노국왕금인(漢倭奴國王金印)'를 언급한다. 그러나 이 기사는 한의 금인이 왜에 전해진 것이지 한자나 문헌이 전래된 것으로 해석할 수는 없다. 왜냐하면 『후한서』 권85 「동이전」(2821쪽)에 보이는 왜왕의 이름인 "히미코(卑彌呼)"나 『삼국지』 권30 「위서(魏書)·동동이전」 왜조(倭條, 857쪽)에 경초(景初) 2년(238) 6월 왜 여왕(卑彌呼)이 위(魏) 명제(明帝)에게 파견한 사신 "난승미(難升米)", "우리(牛利)" 등의 이름이 보인다. 이러한 이름은 한인이 기록해온 음독기호로서 후한시대의 왜인은 아직 한자를 사용하지 않은 이른바 "무문자사회(無文字社會)"였음을 반영하는 증거이다.[90] 그러나 4~5세기의 문헌인 『송서(宋書)』 「왜국전(倭國傳)」과 『양서(梁書)』 「왜국전」의 기사를 검토하면 왜왕의 이름을 임의적으로 작명한 것이 아닌 "왕"의 지위에 상응하는 또는 실제적 함의가 있는 이름을 사용하고 있음을 알 수 있다. 즉 두 문헌에 보이는 이름은 "찬(贊)", "진[珍, 『양서』에는 미(弥)]", "제

(濟)", "흥(興)", "무(武)"로서 이른바 왜의 "오왕(五王)"으로 불리는 왕들이다. 이와 같은 왕명의 표기가 변화하였다는 의미는 실제적으로 중국 한자 문화의 영향을 받고 있음을 보여주는 사례로서 해석할 수 있다.

특히 왜 "오왕" 가운데 무왕은 승명(昇明) 2년(478) 중국 남조의 유송(劉宋) 황제인 순제(順帝)에게 상주문을 올리고 있다. 상주문을 올린 배경은 475년 고구려의 공격으로 백제의 수도 한성(漢城)이 함락하고 멸망의 위기에 이르렀다는 소식이 왜국에 커다란 충격으로 전해져 왜왕 무가 사신을 보낸 것으로 추측된다. 무왕이 상주문을 올린 배경이 무엇이던간에 『송서』「왜국전」에 전하는 상주문의 내용 가운데 "천극에 귀의하고자 합니다(歸崇天極)" 또는 "실제 원수들이 천로로 가는 길을 막고 있는 것이 원망스럽다(實忿寇讎, 壅塞天路)"[91] 등의 표현이 주목된다. "천극(天極)"은 유송 황제가 거주하는 공간이며, "천로(天路)"는 곧 남조(南朝) 송(宋)으로 가는 길을 의미하는 것으로 고구려가 이를 방해한다고 서술하고 있다. 따라서 상주문에 이와 같은 표현이 사용되었다는 의미는 중국을 중심으로 하는 국제적 질서—책봉체제—에서 조공하는 것을 인정하는 것이며, 동시에 중국(남조, 송)을 우주의 중심으로 간주하여 숭상하고 스스로를 이적(夷狄)으로서 황제의 교화에 편입된 주변 국가로서 위치 짓고 있음을 의미하는 것이다. 따라서 상주문의 서사 표현과 내용이 중국의 사서와 경서의 내용과 매우 유사한 견해[92]는 이미 5세기 무렵에 왜가 한자 사용은 물론이고 중국 문헌을 수용하였음을 반영한다.

무왕의 상주문은 정치적·문화적으로 공통된 하나의 역사적 공간으로서 동아시아세계가 책봉체제에 의해서 성립되었음을 보여주는 전형적인 경우라고 볼 수 있다. 이와 같은 중국과 동일한 성격의 공간이 형성될 수 있었던 배경의 하나는 상주문이 중국 사서에서 보이는 표현을 인용했다는 지적에서 알 수 있듯이 중국 문헌의 유통에 의한 결과라고 볼 수 있다. 『고사기(古事記)』와 『일본서기(日本書紀)』의 관련 기사 가운데 『논어』와 『천자문』이 전래된 내용이라든지[93] 문자를 사용하지 않은 단계에서 백제에서의 불교 전래와 함께 한자 사용을 언급한 기사의 내용은[94] 4~6세기 무렵 일본(왜倭)으로의 중국 문헌 유통에 따른 결과라고 이해할 수 있다.

중국 문화와 본질적 차별을 띠고 있는 유목문화의 서역이나 왜와는 달리 한반도에 위치한 고구려·백제·신라의 한자 수용 및 문헌의 유입은 이들 지역보다는 중국과 훨씬 긴밀한 관계하에서 진행되었다.[95] 전국시대 연(燕)과 제인(齊人)의 조선으로의 망명이나 우거(右渠)가 초치한 한의 망명자가 다수였다는 사실 등으로 이들이 간접적으로 한자나 문헌을 사용했었을 가능성을 추론할 수 있다. 더욱이 후한 말기 사회적 동요로 인하여 낙랑군민의 대다수가 한(韓)으로 도망했다는 기사는 이들에 의한 한 지역으로의 문자나 문헌의 전파를 상정할 수 있다.[96] 이러한 사실은 최근 공개된 '낙랑군초원사년현별호구다소(□□樂浪郡初元四年縣別戶口多少□□)'의 호구부[97]와 낙랑 『논어』 죽간[98]을 통해서 알 수 있다. 한사군의 설치는 한의 문화를 직접적으로 수용하는 계기가 되었을 뿐만 아니라 낙랑군에서 중국 내지와 동등한 수준의 문자생활이 진행되었음을 짐작케 한다.[99] 따라서 기원전 1세기 후반 건국한 고구려는 '국초(國初)'부터 문자(한자)를 사용했으며, 백제 역시 근초고왕(近肖古王) 30년(375)에 비로서 문자로서 기록할 수 있었다는[100] 기사는 이와 같은 한자와 문헌의 유통에 의한 결과일 것이다. 이러한 문자와 문헌이 고구려로 유입된 이후, 『남제서(南齊書)』「동이전」에는 고구려인들이 "오경(五經)을 읽을 줄 알았다[知五經]"[101]라는 기사나 『주서(周書)』의 기사에 고구려에는 "오경(五經)과 삼사(三史, 『사기』·『한서』·『후한서』)·『삼국지』·『진양추(晉陽秋)』의 서적이 있다"[102]라고 전하고 있는 것은 고구려가 단순히 한자를 사용하는 단계가 아닌 한자 문화에 정통하였음을 알려주고 있다.

한편 백제의 경우, 초기 문자 생활의 모습은 상기한 근초고왕 때에 문자를 사용한 기사나 왕인(王仁)이 왜에 『논어』와 『천자문』을 전해주었다는 기사를 통해서 알 수 있다. 또한 원가(元嘉) 27년(450) 남송 문제(文帝)에게 비유왕(毗有王)이 사신을 보내 역서(易書)인 『역림(易林)』·『식점(式占)』을 구한 사실은[103] 당시 문헌의 유통이 중국으로부터의 일방적 전파가 아닌 주변 국가의 적극적인 요구에 의해서도 진행되었음을 보여주는 매우 좋은 사례이다. 이와 같은 백제에서 중국 문헌이 유통된 이후 높아진 한자 문화에 대한 이해를 『주서』에서는 다음과 같이 서술하고 있다.

풍속은 말타고 활쏘는 것을 중시하였지만 아울러 경전(經典)과 사서(史書)를 읽는 것을 좋아했으며 (그 방면에서) 뛰어난 자는 한자를 잘 해석하고 문장도 잘 지었다. 또한 음양과 오행도 이해하고 송(宋) 원가력(元嘉曆)을 사용하여 건인월(建寅月)을 세수(歲首)로 하였으며 의약(醫藥)·복서(卜筮)·점상술(占相術)도 잘 알고 있었다.[104]

즉 『주서』에서는 백제가 고구려에 비해 수준 높은 중국 문화의 수용을 언급하고 있음을 알 수 있다. 이러한 정황은 『구당서』에서도 백제 문화를 묘사하기를 "세시(歲時)와 절기(節氣)가 중국과 동일하며 서적은 오경과 제자서 및 사서가 있으며, 또한 문서[표소(表疏)]의 글도 중화(中華)의 법(法)에 의거한다"[105]라고 언급하고 있다. 즉 『구당서』에서는 백제 문화의 우수성을 세 가지 방면에서 지적하고 있다. 우선, "세시"와 "절기"가 동일하다는 의미는 당시 백제는 원가력(元嘉曆)을 사용하여 남송과 동일한 시간을 사용함을 알 수 있으며, 둘째 오경을 비롯한 자(子) · 사류(史類)의 서적이 있음은 이미 중국의 문화와 사상이 백제 사회에 전파되었음을 의미한다. 셋째 문서[표소(表疏)]의 글이 중화의 법도에 따른다는 것은 문서행정체계가 중국과 동일함을 의미한다. 바로 이러한 사실은 백제의 성공적인 중국 문화의 수용을 반영하는 것이다.

신라는 고구려 · 백제에 비하여 비교적 늦은 시기에 한자 및 중국 문헌을 수용한 듯하다. 그 까닭은 무엇보다도 양대(梁代, 502~557)시기에는 신라에 문자가 없다고 전한 7세기 초에 편찬된 『양서』의 기록 때문이다.[106] 그러나 636년 편찬된 『수서』 「동이전」에서 "문자와 갑병은 중국과 동일하다"[107]라고 언급한 것이나 540년 전후부터 561년 이전의 약 20년 이내의 시기로 추정되는 성산산성(城山山城) 목간의 발견[108]이나 6세기 말 진흥왕 순수비에 불교와 유교 경전 및 노장 경전을 이용한 왕도정치의 이념을 발현하였다는 지적은[109] 적어도 6세기에 들어와서는 한자는 물론이고 한문(漢文) 불경(佛經)을 포함한 중국 문헌이 신라에도 유통되었음을 알 수 있다.

이상에서 언급한 바와 같이 삼국에서의 한자 및 문헌 유통은 각 국의 시간적 차이는 존재하지만, 고구려는 기원전 1세기 이후부터 한자를 사용하기 시작하였으며 늦어도 4세기 이후에는 백제와 더불어 활발한 한자의 사용 및 문헌의 유통이 시작되었다고 볼 수 있다. 신라는 6세기 후반 이후 한자의 사용과 문헌 유통을 확인할 수 있는 것은 무엇보다도 이 지역에서의 원활한 중국 문화가 유통되었음을 의미하는 것이고 동시에 삼국이 한자문화권에 편입되어 동아시아 정치체제의 일원으로서 자리매김한 것이라고 할 수 있다.

5. 맺음말을 대신하여

고대 중국에서 제작·유통된 문헌이 주변 국가에서 유통되었다는 사실은 중국 문화의 선진성을 보여주는 것이기도 하지만 주변 국가의 입장에서는 중국 문화를 수용하여 독자적인 고대국가로 성장·발전하였음을 의미한다. 주변 국가에서 수용하고자 한 중국 문화의 대표적 요소는 한자와 문헌이다. 주변 국가에서의 한자의 학습은 아마도 단순한 자구의 습득에서 시작하여 중국의 경전(오경)·사서 및 제자서와 같은 문헌의 이해로 발전하였을 것이다. 이러한 사실은 주변 국가에서 유통된 중국 문헌의 유형을 살펴보면 명백하게 알 수 있다. 따라서 주변 국가에서의 수요에 의한 문헌의 유통은 자연스럽게 그 공간을 외부 세계, 즉 주변 국가로 확산시킬 수 있었다. 이 과정에서 각국에서 문헌이 유통된 시간적 차이는 율령이 반포된 그것과 마찬가지로 주변 국가가 고대 국가로 성장하는 시간적 차이와 밀접한 관련을 갖고 있었다. 그렇지만 이러한 시간적 차이가 존재할지라도 주변 국가에서 한자와 문헌으로 대표되는 중국 문화를 받아들였다는 사실은 곧 중국 문화가 주변 국가에서 유통되었음을 의미한다. 따라서 고구려·백제·신라의 경우에는 중국이 요구하는 외교 형식인 조공·책봉체제를 부정할 수 없었으며, 유목국가의 경우에는 망명한 한인들을 통하여 한자로 작성된 외교문서로서 중국과의 외교적 관계를 유지할 수 있었다. 이러한 까닭에 주변 국가에 한자와 문헌이 유통·확산되면서 중국을 중심으로 한 조공질서체제가 형성되었으며, 각국이 고대 국가로 발전하면 할수록 역시 주변 국가의 한자 문화가 중국과 대등한 수준으로 발전한 것이다. 본문의 내용에서 검토한 이른바 "동어중국(同於中國)"이나 "의중화지법(依中華之法)" 등의 표현은 이러한 정황을 반영한 표현일 것이다.

따라서 삼국에서 가장 늦은 시기에 중국의 문물을 받아들인 신라에서 원성왕 4년(788)에 실시한 독서삼품과(讀書三品科)의 교재로서 오경과 사서 및 제자서를 채택하고 있는 것은[110] 중국 문헌에 대한 숙지의 정도가 관리 선발의 기준이었을 뿐만 아니라 중국에서 유통된 문헌이 신라 사회 전반에 보급되었음을 짐작할 수 있다. 왜냐하면 초학자나 관리 지망생의 교재로서 사용되었을 개연성이 농후한 길이 100㎝ 정도로 추정되는 『논어』 목간의 발견은[111] 신라 사회에서 중국 문헌의 전반적 유통을 확인할 수 있는 증거이기 때문이다. 더욱이 신라뿐만 아니라 삼국에서 공통적으로 유통된 오경과 사서 및 제자서(諸子書) 등의 서적 내용은 중국의 지배체제를 지지하는 이념과 통치 기술을 내포하고 있기 때문에 각국의 왕들은 이를 받아들이기 위하여 적극적이었을 것이다. 이러한 사실은 김춘추(金春秋)가 새로 편찬한 『진서』를 받아온 사실이나[112] 유가의 서적을 다독하고 노장(老莊)과 불교(佛敎)의 학설에 정통하고 예서(隸書)와 활쏘기, 말타기 그리고 향악(鄕樂)도 잘하였다는 김인문(金仁問)[113] 등과 같은 자들은 중국의 문물을 적극적으로 받아들여 신라의 삼국통일에 기여하였음을 통해 알 수 있다. 이와 같은 전근대 동아시아 사회질서는 조공과 책봉체제를 중심으로 형성되었을지라도 동아시아 각국에서는 자국의 독자적 문화와 중국 문화를 융합하여 중국과는 다른 새로운 문화를 형성할 수 있었다. 신라에서 이두(吏讀)의 사용을 통한 기록이나 한자를 기초로 만들어진 일본의 히라가나(平假名)와 가타카나(片假名)가 그 좋은 사례로서 동아시아 각국에서의 문화가 유통되고 확산된 결과라고 할 수 있다.

중화사상과 조선후기 사상사

하영휘

1. 머리말

기원전 11세기에 기자(箕子)가 동쪽 한반도로 왔다는 '기자동래설(箕子東來說)' 이래로, 한국의 역대 왕조는 중국의 각 왕조와 접경한 채 끊임없이 교류해왔다. 대체로 중원의 선진문화를 받아들이는 입장이었겠지만, 그들은 자국의 토착문화에 중화문화를 수용하여 독특한 문화를 창조하며 살아왔다. 중화문화를 적극적으로 수용한 것은 여말선초부터였다. 원이 쇠퇴하고 명(明)이 건국하자, 정몽주를 비롯한 지식인들은 원 대신 명을 선택하여 적극적으로 교류했고, 조선왕조의 건국도 명의 체제를 많이 모방했다. 그리하여 명으로부터 '중화(中華)의 내복(內服)[왕기(王畿) 이내의 지방]'과 같은 대우를 받는다고 흔히 말하곤 했다. 여기서 우리는 조선시대에 중화는 어떤 의미가 있었는가, 또는 조선시대의 지배층은 중화를 어떻게 이해하고 받아들였는가에 관심을 갖지 않을 수 없다.

　필자는 중화의 중요성을 인식하고, 그 기초 작업으로 '춘추대의, 위정척사, 중화, 소중화'의 개념을 서로 연관하여 설명한 바 있다.[1]

춘추대의는 공자의 『춘추(春秋)』에서 나와 중화를 높이고 이적을 물리칠 것을 주장하는 사상으로, 병자호란 후 완성되었다. 위정척사는 『맹자(孟子)』에서 나와 정학(正學)을 지키고 사학(邪學)을 물리칠 것을 주장하는 사상으로, 18세기 이후 서학(西學)의 유입에 대응하여 대두된 사상이다. 이 두 사상이 표방하는 바는 차이가 있지만, 근본적으로 추구한 것은 중화문화를 지키는 것이었다. 따라서 춘추대의, 위정척사, 중화, 소중화는 별개가 아니라 서로 표리관계에 있다고 할 수 있다. 요컨대, 이 네 개념을 중화사상이라는 한 범주에 넣고 논의해야 한다고 말한 것이다.

위 논문에 이어서 본고에서는, 조선시대의 중화사상이 어떻게 형성되고 변천되었는지를 살펴볼 것이다. 중화사상은 그것 자체로뿐만 아니라, 북벌과 주자학을 어떻게 볼 것인가와 관계가 있다고 생각한다. 중화사상을 객관적으로 제대로 보지 않고는 이런 문제를 제대로 해석할 수 없을 것이기 때문이다. 그리고 그것이 조선후기 사상사에서 어떠한 의미가 있는지를 찾아보려고 한다.

지금까지 중화, 또는 중화사상의 연구가 적지 않지만 결코 만족스러운 것은 아니다. 본론에 들어가기 전에 기존 연구의 몇 가지 문제점을 지적하고자 한다.

첫째, 중화와 이른바 '중국적 세계질서' 또는 '중화질서'[2]와의 혼돈이다. 대체로 한국의 역대 왕조들은 중국적 세계질서 속에 있었다. 중국을 한족(漢族)이 지배하든 이적(夷狄)이 지배하든 지정학적으로 볼 때, 그것은 선택의 여지가 없었다. 조선과 명의 관계는 더욱 가까워 '이소사대(以小事大)'를 넘어 '내복(內服)'이라고까지 공공연히 말하기도 했다. 그것도 객관적으로 보면 국제관계에 지나지 않았다. 그런데 조선시대의 중화는 국제적 역학관계와는 상관이 없는 조선의 지배층이 추구한 고대 중국의 이상적인 문화를 말한다. 중화와 관련하여 흔히 이야기되는 효종(孝宗)의 북벌론은 삼전도(三田渡)의 치욕을 씻고 명의 재조지은(再造之恩)의 은혜를 갚는 것이었다. 이것은 춘추대의 중 복수의 의리이지, 중화 자체는 아니다. 따라서 17세기 조선 지배층의 중화에 대한 인식을 '중화질서' 또는 '중화회복의식'[3]이라는 표현이 적절한가는 의문의 여지가 있다.

둘째, 민족주의적 관점을 지적할 수 있다.[4] 명이 망한 후 오직 조선만이 중화문화를 소유하고 중화의 주인이 되었다는 소위 '조선중화주의'는 근거가 빈약한 말이다. 필자는 이 말이 번역상의 오류로 탄생한 것임을 지적한 바 있다.[5] 조선시대에서 민족의식을 찾는 것은 시대착오적인 발상이라고 필자는 생각한다. 혹자는 '중화'라는 말에서 '중화중심주의'를 떠올리고 민족적 자존감의 손상을 느끼는지도 모르겠다. 설사 그렇더라도 그것은 조선시대 사대부와는 거리가 먼 생각이다. 그들은 중화를 보편적 선진문화로 생각하고 열심히 수용하여 자기 것으로 만들었다. 따라서 민족주의적 관점으로는 중화를 제대로 볼 수 없다. 그것은 근대적 관점일 뿐, 실제와는 거리가 멀기 때문이다.

셋째, 근대주의적 관점이다. 서세동점의 시대에 무력과 기술을 앞세우고 밀려오는 외세에 무기력하게 대응하는 조선의 사대부들을 보면 답답하다는 느낌을 받을 수 있다. 그래서 "척사사상이 도전해오는 외압에 수세적으로 기존의 가치질서를 지키는 데 주력하고 새로운 가치체계를 수립하는 데 한계를 갖고 있었다."[6]고 말한다. 그런데 이것은 지금의 관점으로 할 수 있는 말이다. 예컨대 유중교(柳重教, 1821~1893)는 서양의 무력과 기술에 물리적으로 대항할 수 없다는 것을 환하게 알고 있었다. 그러면서도 그는 그들과 타협하거나 서양문명을 받아들일 생각이 털끝만큼도 없었다. 왜냐하면, 지켜야할 지고의 가치, 즉 중화가 있기 때문이었다. 위정척사의 한계를 지적하는 데 그친다면 그로써 그만일 것이다. 그러나 왜 그 한계에 머물 수밖에 없었는지를 묻고 이해해야 된다고 생각한다.

마지막으로 중화사상이라고 할 때의 '사상'에 관한 필자의 개념을 설명하고자 한다. 사상은 현실에서 얻은 생각이다. 문제를 해결하기 위한 생각일 수도 있고, 더 나은 미래를 추구하기 위하여 나온 생각일 수도 있다. 이러한 생각은 그냥 하나의 생각으로 끝날 수도 있다. 그러나 어떤 하나의 생각이 큰 호응을 얻거나 어떤 생각들 사이에 공통 분모가 많으면, 한 시대의 사상이 된다. 그런 시대적 사상이 하나의 시대적 사상으로 끝날 수도 있지만, 그것이 살아남아 후대에 계승되면 역사적 사상이 된다. 역사적 사상은 후세에 영향을 미치고, 후세인에 의하여 계승되고 변형되기도 하여 일관성이 있는 체계를 갖춘다. 이렇게 어떤 작은 생각이 모이고 흘러서 형성된 역사적 사상은 분명히 많은 사람의 공감을 얻을 수 있는 보편성이 있었을 것이다. 이 글에서 말하는 사상이란 역사적 사상을 말한다. 근대주의나 민족주의의 관점에서 후대에 만들어진 것을 말하는 것이 아니다.

2. 중화와 중화사상

고려로 하여금 중화를 인식하게 한 것은 '기자동래설(箕子東來說)'이었다. 고려는 기자가 중화를 전한 땅이라는 자부심을 갖고 중화를 수용했다. 그 결과 문화의 수준이 중원(中原)에 못지않으며, 사이(四

夷)보다 우월하다는 소중화(小中華) 의식을 갖고 있었다. 조선은 건국과 동시에 명의 체제를 모방하고 중화를 적극적으로 수용했다. 그러나 명의 멸망과 함께 중화가 중원에서 사라지자, 조선의 사대부들은 조선에 남은 한 줄기 중화를 지켜 장차 꽃피워야 한다고 생각했다. 중화가 중화사상이 된 것이다.

1) 중화

'중화(中華)'는 포괄적인 개념이다. 지역을 가리키는 중원(中原), 나라를 가리키는 중국(中國), 종족을 가리키는 화하(華夏) 등의 의미를 함축하고 있다. 원래 황하 중하류 지역의 농경민족 화하가 주변 유목민족보다 문화 수준이 높았던 데서 화(華)와 이(夷)라는 대칭 개념이 생겼다. 그것이 발전하여 중화가 천하의 중심이 되었고, 그 주변의 종족을 동이(東夷), 서융(西戎), 남만(南蠻), 북적(北狄)으로 부르게 되었다. 나아가 이것으로 문화와 종족의 존비를 구분하게 되어, 중화가 이적(夷狄)보다 우월하다는 관념이 생겼다.[7]

고려는 자국(自國)이 중화를 수용한 문명국이라는 우월의식을 갖고 있었다. 고려가 송(宋)에 사신을 보내 입조(入朝)했을 때, 송이 후대한 것을 다음과 같이 기록하고 있다.

공부시랑(工部侍郎) 최사량(崔思諒)이 명을 받들고 사신으로 송나라에 들어가 사은(謝恩)하고 방물(方物)을 바쳤다. 송나라는 본국을 문물과 예악의 나라라 하여 더욱 후하게 대접했고, 사신의 하마소(下馬所, 묵는 곳)에 '소중화지만(小中華之館)'이라는 편액을 붙였다. 이르는 곳마다 태수(太守)가 교외까지 나와 맞았고, 전송할 때도 그렇게 했다.[8]

송은 고려를 '예악과 문물의 나라'로 후대했고, 고려는 그것을 자랑스럽게 여기고 있다. 여기서 말하는 '예악과 문물'은 물론 중화문화를 가리키는 것이며, '소중화'는 중화문화를 가진 작은 나라라는 의미일 것이다.

중화문화의 영향을 고려 땅에서 발견하고 평가한 사람도 있었다. 송(宋)의 서긍(徐兢, 1091~1153)이 선화(宣和) 5년(1123) 사신의 일행으로 고려에 와서 견문을 기록한 『선화봉사고려도경(宣和奉使高麗圖經)』에는 사이(四夷)와는 다른 고려의 풍경이 기록되어 있다. 사이는 군장(君長)들이 대개 산과 계곡을 의지하며 물과 풀이 있는 곳으로 수시로 옮겨 다니는 것을 편하게 여기므로 성읍제도를 이룰 수가 없었다. 그러나 "고려는 종묘와 사직을 세우고 고을과 마을을 만들고 높은 성가퀴로 둘러싸, 중화의 성읍을 모방했다. 아마도 기자가 봉작(封爵)을 받은 옛 땅이라서 전해온 중화의 풍습이 아직도 남아 있는 것이리라"고 서긍은 보았다. 그래서 그는 고려를 쉽사리 업신여길 수 없다고 했다.[9]

한백겸(韓百謙, 1552~1615)은 평양에 있는 두둑으로 구획된 유적을 기자의 정전(井田)이라고 보았다. 그는 그 유적을 소중히 여기고 영구히 전하기 위하여 「기자정전도(箕子井田圖)」까지 그렸다. 또 주희(朱熹)가 삼대(三代)의 이상을 만회하기 위하여 조법(助法)[10]을 논할 때 참고할 자료가 없어 추측에 의지할 수밖에 없었는데, 평양에 있는 기자의 정전을 봤다면 손바닥을 들여다보듯이 환하게 설명할 수 있었을 것이라고까지 말했다.[11] 그러나 기자가 평양에 도읍을 정했다는 것은 본래 명확한 근거가 없다고 주장한 학자도 있었다. 정약용은 평양이 만약 기자의 도읍이었다면 왕검성(王儉城)이라는 이름이 붙지 않았을 것이라고 하고, 소위 기자의 정전은 고구려가 망한

후 당(唐) 이세적(李世勣)이 평양을 다스릴 때 설치한 屯田이라고 했다.[12·13]

최립(崔岦, 1539~1612)은 기자가 주(周) 무왕(武王)에게 설명한 홍범 구극(洪範九疇)에 주목했다. 그는 기자가 홍범을 지니고 왔으므로 그 도(道)도 이미 동방으로 왔다고 하고, 남녀가 음란하지 않고 음식을 그릇에 담아 먹는 것 등 백성의 풍속이 일변하여 소중화와 예의지방 (禮義之邦)이라고 일컬어지게 된 것도 모두 기자의 덕택이라고 했다. 또 홍범을 동방에 펼칠 수 있으면 동쪽의 주나라를 이룰 수 있다고 하고, 나아가 홍범학(洪範學)을 설치하여 박사가 그것을 연구하고 학 생들이 그것을 서로 지켜나감으로써 천도(天道)를 밝히고 세도(世道) 를 넓힐 수 있다고 했다.[14]

대체로 조선의 사대부는 기자의 홍범과 정전에 자부심을 가졌고, 8조의 가르침이 아니었으면 오랑캐가 되는 것을 면치 못했을 것이라 고 생각했다. 예의와 문명의 성대함이 천하에 칭송을 받게 된 것도 기자의 덕택이라고 여겼다. 기자가 조선에서 홍범에 뿌리를 둔 8조 를 행한 것이 주나라와 동시였으니, 공자가 동이(東夷)에 살고 싶다 고 한 것도 그 때문이라고 했다.[15] 기자를 존숭하여 그 사당을 공자 와 같이함으로써 망극한 은혜를 보답하고 무궁한 가르침을 후세에 전해야 한다고도 했다. 이러한 의견은 당대의 대표적 학자이자 정치 가였던 김장생(金長生), 이정귀(李廷龜), 신흠(申欽) 등으로부터 나온 것이었다. 1612년 평양의 기자 사당을 고쳐 숭인전(崇仁殿)이라 칭하 고 국가에서 제사 지낸 것은 이러한 여망을 반영한 것이었다.

기자와 관련이 있는 중화문화로는, 우선 기자가 직접 가져왔다고 하는 정전과 홍범이 있다. 그리고 서긍이 말한 종묘와 사직, 그리고 성읍이 있다. 또 서긍이 "아마도 기자가 봉작을 받은 옛 땅이라서 전해온 중화의 풍습이 아직도 남아 있는 것이리라"고 한 것으로 보아, 그가 고려의 종묘, 사직, 고을, 마을, 성읍 등등을 기자가 은에서 가져온 중화의 유풍이라고 여겼다는 것을 알 수 있다. 유형·무형의 모든 중화문화를 통틀어 말하고 있는 것이다. 요컨대, 기자가 중화문화의 표상이었던 것이다.

병자호란 후 청이 중원을 지배하자, 중화 개념의 외연이 넓어져 갔다. 이적(夷狄)인 청의 '야만성'에 대한 중화의 우월성을 구체적으로 설명할 필요가 있었기 때문이다. 외연을 넓힌 대표적 인물이 송시열(宋時烈, 1607~1689)이었다. 그는 중화를 문명으로 이적을 야만으로 선명하게 대비시켰다.

> 본조(本朝)는 입국 이래 삼강(三綱)이 바르고 오상(五常)이 밝아 고려의 오랑캐 풍속을 한 번 변화시켜 삼고(三古)의 나라를 다스리는 대도(大道)를 이룰 수 있었습니다. 그러므로 황조(皇朝) 사람들이 늘 소중화(小中華)라고 칭하는데, 이것은 진실한 말입니다.[16]

삼고는 상고(上古), 중고(中古), 하고(下古)로 각각 복희(伏羲), 문왕(文王), 공자(孔子)의 시대를 말한다. 송시열은 삼강과 오상을 삼고시대 치국의 대도(大道)로 보고, 이것을 오랑캐 풍속과 대비시키고 있다. 그는 또 조선의 예의와 제도도 중화를 모방했다고 말함으로써 원(元)의 속국이었던 고려와 구별했다. 뿐만 아니라, 그는 예복, 산수와 정자의 정취, 문헌 등에 대해서도 중화를 강조했다.

송시열 후 중화를 많이 논한 사람으로 유중교가 있다. 그는 중화가 오랑캐와 다른 점을 다음과 같이 설명한다.

중화가 중화가 되고 오랑캐와 다른 것은 삼강(三綱)의 중요함과 오상(五常)의 큼과 예악과 문물제도의 성대함과 도학(道學)의 바른 연원(淵源)이 있기 때문입니다.[17]

중화에는 군위신강(君爲臣綱), 부위자강(父爲子綱), 부위부강(夫爲婦綱)의 삼강, 인(仁), 의(義), 예(禮), 지(智), 신(信)의 오상, 성대한 예악과 문물제도, 도학의 바른 연원이 있다고 했다. 삼강은 임금이 신하의 벼리[綱]고, 아버지가 아들의 벼리고, 지아비가 지어미의 벼리라는 뜻이다. 바꾸어 말하면, 임금, 아버지, 지아비가 주가 되고 신하, 아들, 지어미가 종이 된다. 이것은 양이 귀하고 음이 천하다는 동중서(董仲舒, 기원전 179~104)의 이론에서 나온 것으로, 사회기강이자 도덕원칙이다. 오상은 맹자(孟子)가 말한 사단(四端)에 동중서가 신(信)을 더하여 확충한 것이다. 이것은 사회 속의 개인이 마땅히 가져야 하는 가장 기본적인 윤리이자 덕행이다. 삼강과 오상을 합하여 강상(綱常)이라고 한다. 이것은 사회를 유지하기 위한 유가(儒家)의 가장 중요한 윤리도덕이다. 도학의 바른 연원을, 유중교는 공자와 주자로 보았다. 즉, 유가에서 가장 중시하는 강상의 윤리, 공자와 주자를 연원으로 하는 도학 그리고 예악과 문물제도 등을 중화가 오랑캐와 다른 점으로 보았다. 예악과 문물제도는 일반적인 것으로 볼 수 있으므로, 여기서 가장 중요한 것은 강상과 도학이라고 할 수 있다.

유중교는 중국이 세계의 중심이라는 생각을 갖고 있었다.

또 지형이 어떠한지 아직 논하지 않았다. 모든 사물은 심장을 중심으로 삼는데, 세상에 처음 성인(聖人)을 낳은 곳이 바로 천지의 심장이 있는 곳이다. 서양인이 해외 모든 나라를 다녀봤다고 스스로 자랑하지만, 어느 곳 어느 나라의 또 어떤 사람이 '부자유친(父子有親), 군신유의(君臣有義), 부부유별(夫婦有別), 장유유서(長幼有序), 붕우유신(朋友有信)'[18]의 오륜(五倫)을 설명했는지, 또 '인심(人心)은 오직 위태하고 도심은 오직 미묘하니, 오직 정밀하고 오직 한결같이 그 중정(中正)의 도를 신실하게 잡아라(人心惟危 道心惟微 惟精惟一 允執厥中)'라고 한 16자[19]를 설파했는지를 모른다. 단지 이것만으로도 그들을 굴복시키기에 충분하다.[20]

성인을 낳았기 때문에 천하의 심장이라고 하고, 또 오륜과 「대우모(大禹謨)」의 16자로 서양인을 굴복시킬 수 있다고 말했다. 오륜, 즉 부자, 군신, 부부, 장유, 붕우 다섯 가지는 사회의 가장 기본적 인륜이다. 이것은 삼강과 함께 가장 중요한 도덕이다. 맹자(孟子)에 의하면, 편안하게 살면서 가르침이 없으면 짐승에 가까우므로, 성인이 설(契)을 사도(司徒)로 삼아서 가르치게 한 것이다. 16자는 요(堯)가 순(舜)에게 선양하고 순이 우(禹)에게 선양할 때, 통치자의 마음자세를 경계한 말이다. 주희(朱熹) 등 송유(宋儒)가 이것을 도통(道統)을 전수한 요결(要訣) '십육자심전(十六字心傳)'이라고 강조하고부터, 개인도덕의 수양과 치국(治國)의 원리로 숭상되어 왔다.

이렇게 보면, 중화의 범주는 아주 광범위하다. 사회기강인 삼강, 사회의 기본윤리인 오륜, 개인의 윤리이자 덕목인 오상, 개인도덕이자 치국원리인 '십육자심전(十六字心傳)' 등은 모두 사회와 개인의 인륜과 도덕을 망라한 것이다. 여기에 공자와 주자의 연원이 있는 도학, 국가의 예악과 제도 그리고 생활문화까지 아우른다. 그런데 이것은 모두 복희, 문왕, 공자가 만든 삼고의 문화다. 이 중화를 송시열과 유중교는 이상적인 문화로 보고, 그것을 통하여 이상적인 사회를 이루기를 소망했다.

2) 중화사상

중화를 이상적인 문화라고 생각하고 이상적인 사회를 이루기 위해서 그것을 받아들이기만 하면 된다고 생각한 것은, 조선전기[21]까지만 가능한 이야기였다. 즉, 선진문화인 중화를 수용하는 문제라고 할 수 있었다. 물이 높은 데서 낮은 데로 흐르듯, 중화문화가 자연스럽게 전파되고 수용되었던 것이다.

병자호란 후 상황이 바뀌었다. 중화의 나라 명(明)이 망하고 이적의 나라 청(淸)이 중원을 차지했던 것이다. 중화의 젖줄이 끊어졌을 뿐더러 오랑캐의 간섭까지 받지 않을 수 없게 되었다. 그러한 현실에 중화를 신봉해오던 조선 사대부의 고민이 있었다. 중화는 이제 그들의 치열한 고민 끝에 중화사상이 된다.

중화사상은 남한산성의 척화(斥和)에서 비롯되었다. 그 중심인물은 김상헌(金尙憲, 1570~1652)이었다. 1637년 1월 16일 남한산성에서는 최명길(崔鳴吉, 1586~1647)이 항복국서를 기초하고 있었다. 거기에 "신의 죄는 머리카락을 뽑으며 헤아려도 다 헤아리기 어렵다(臣罪擢髮難數)"며 조선 국왕이 청(淸)에 비굴하게 사죄하는 구절이 있었다. 그것이 김상헌의 눈에 띄었다. 그는 격분을 이기지 못하고 통곡하며 국서를 찢었다. 김상헌의 척화에는 두 가지 의미가 있었다. 하나는 먼저 싸운 다음에 화친을 해야 한다는 것이었다. 비굴한 말로 강화를 요청하면, 강화조차 이룰 가망이 없다는 생각이었다. 이것은 현실론이라고 할 수 있다. 하나는 명분론이었다. 1639년 청이 명을 치기 위해 조선에 군병 5천 명을 징발하라고 요구하자, 조선에서는 들어주려고 했다. 김상헌은 즉시 상소하여, "예로부터 죽지 않는 사람이 없고 망하지 않는 나라가 없습니다. 죽고 망하는 것은 참을 수가 있어도 반역을 따르는 짓을 해서는 안 됩니다"²²라고 했다. 그는 명을 치는 청을 도우는 것은 '반역'이라고 생각했다. 적의 세력이 강하더라도 의리와 명분을 지키면, 천명(天命)이 도울 것이라고 믿었다. 의리와 명분을 거슬러 오랑캐의 노예로 나라의 명맥을 유지하는 것보다는, 나라가 망하더라도 그것을 지키는 것이 김상헌에게는 중요했다.

김상헌의 영향을 받아 중화사상을 심화시킨 사람이 송시열이었다. 그는 명이 망함과 동시에 중원에서 중화가 사라지고 오랑캐의 '썩은 비린내'가 가득한 것을 개탄하여 다음과 같이 말했다.

애석하도다! 이렇게 큰 강역으로 황조[(皇朝, 명(明)]가 갑신년(1644) 3월의 변을 당한 것은 무엇 때문인가? 이것이 어찌 땅이 넓어 크게 묶어 있으므로 잡초가 그 사이에 자라고 뱀이 그 사이에 번식하여 그렇게 된 것이겠는가. 그로부터 세도(世道)가 엎치락뒤치락 변천하여 오늘날에 이르렀다. 우순(虞舜)과 하우씨(夏后氏)가 순수(巡狩)하던 나라와 공자와 주자가 도(道)를 강론하던 곳이 모두 그 옛날의 모습은 사라지고 썩은 비린내만 가득하다. 어떻게 하면 저 은하의 물을 끌어다 한 번 깨끗이 씻어버린단 말인가? 우리 동방은 한쪽 귀퉁이 외진 곳에 있어 홀로 예의(禮義)를 갖춘 나라가 되었으니, '주(周)의 예(禮)가 노(魯)에 있다'고 이를 만하다. 성인이 다시 일어나면 반드시 뗏목을 타고 동쪽으로 오실 것이다.²³

그는 순(舜)과 은(禹)가 다스리고 공자와 주자가 강론하던 곳이 사라져버린 것을 개탄하고 있다. 그리고 중원에서 사라진 중화가 조선에만 남은 것이 '주례재로(周禮在魯)'²⁴와 같다고 했다. 이 말은 중화를 신봉하는 조선 사대부의 입장을 가장 잘 대변한 말로, 송시열이 자주 써서 후세에 많은 영향을 끼쳤다.

동이(東夷)라는 말을 두고 한 송시열의 해석도 이 '주례재로'와 같은 맥락에서 이해할 수 있다.

중원 사람이 우리나라를 동이라고 한다. 호칭이 아름답지 않지만, 우리가 어떻게 분발하는가에 달렸을 뿐이다. 맹자가 "순(舜)은 동이의 사람이다. 문왕(文王)은 서이(西夷)의 사람이다"고 했다. 진실로 성인과 현인이 되면, 우리나라도 추로(鄒魯)가 되지 못할 것을 걱정하지 않아도 된다. 옛날 칠민(七閩)[25]은 남이(南夷)가 모여 살던 곳이지만, 주자(朱子)가 거기서 우뚝 선 후 예악과 문물이 중화의 땅을 도리어 능가했다. 오직 어떻게 변화하는가에 달렸을 뿐이다.[26]

명(明)이 망하고 중화가 조선에만 의탁하고 있는 상황에서, 분발하여 중화의 예악과 문물을 발전시켜 추로(鄒魯), 즉 공자와 맹자의 나라와 같은 예의의 나라를 만들 것을 다짐하고 있다. 이 대목을 보면, 송시열은 중화가 민족을 초월해 존재한다고 생각했다는 것을 알 수 있다.

송시열의 스승 김상헌과 김집(金集, 1574~1656), 그리고 지우(知友) 송준길(宋浚吉, 1606~1672)은 모두 명을 위해 복수하는 것을 대의(大義)로 삼고 있었다. 이것은 복수의 춘추대의라고 할 수 있다. 그런데 송시열은 이적(夷狄)은 중국에 들어올 수 없고 금수(禽獸)는 인류와 나란히 할 수 없다는 춘추대의를 첫째 의리로 삼고, 명을 위한 복수를 둘째 의리로 삼았다.[27] 이것은 그가 춘추대의를 더 근본적으로 이해하고 있었다는 것을 의미한다.

송시열 이전의 『춘추』는 유가의 오경(五經) 중 하나로 학문의 대상이었다. 그러나 송시열에게 『춘추』는 학문이기보다는 사상이었다. 그는 중화를 지키기 위한 사상으로 춘추대의를 중시했다. 그는 『춘추』의 첫머리에 나오는 '춘왕정월(春王正月)' 등의 세세한 뜻은 알기 어려우므로, 제쳐두는 것이 좋다고 생각했다. 그 대신 주(周)를 높이고 이적을 물리치며, 왕도(王道)를 귀하게 여기고 패도(覇道)를 천하게 여기는 큰 의리가 실로 만대(萬代)의 법칙이라고 했다. 이것은 주희가 '『춘추』의 골자는 난신을 죽이고 적자를 성토하며, 중화와 친하고 이적을 멀리 하며, 왕도를 귀하게 여기고 패도를 천하게 여기는 것일 뿐, 예전 학자들처럼 각 글자 뜻을 세세하게 캘 필요는 없다'[28]고 한 것을 받아들인 것이다.

송시열 이후 청의 감시 하에서도 중화사상은 명맥을 이어갔다. 그 중에서도 이론과 실천에서 가장 두드러진 사람 중의 하나가 유중교였다. 그의 중화사상은 '중(中)' 이론을 근간으로 삼고 있다.

하도(河圖)의 자리와 수(數)도 천지만물의 진상(眞象)에 따라 붙인 것에 불과합니다. 삼재(三才)로써 말하면 사람이 하늘과 땅의 '중(中)'이 됩니다. 하늘로써 말하면 북극성이 '중'이 됩니다. 땅으로써 말하면 중국이 '중'이 됩니다. 사람[생민(生民)]으로써 말하면 임금이 '중'이 됩니다. 한 사람으로써 말하면 마음이 '중'이 됩니다. 마음으로써 말하면 치우치지 않고 기울지 않는 것이 '중'이 됩니다. 마음의 작용으로써 말하면 지나침과 모자람이 없는 것이 '중'이 됩니다. 사물로써 말하면 천연적으로 스스로 있는 바른 이치가 '중'이 됩니다. 만물에 미루어 보면, 초목에 줄기가 있고 새와 짐승에 마음이 있는 것처럼 무엇이든지 하나의 사물에 '중'이 없는 것이 없습니다.[29]

그는 '중(中)'에 최고의 가치를 부여하고 있다. 그가 말하는 중은 치우침과 기울어짐이 없고 지나침과 모자람이 없는 이상적이고 완전한 것이다. 중심을 의미하기도 하는데, 땅의 중심을 중국이라고 했다. 그는 중국을 지구의 얼굴에 비유하기도 하고 심장에 비유하기도 했다.

유중교의 중 이론은 자연스럽게 중화사상과 연결된다. 그는 다음과 같이 말했다.

> 공자가 지은 『춘추』의 뜻에 중화를 높이고 이적을 물리치는 것보다 큰 것이 없고, 맹자가 지은 『맹자』 일곱 편의 뜻에 선성(先聖)의 가르침을 지키고 음사(淫邪)[30]를 추방하는 것보다 큰 것이 없습니다. 이 모두는 『주역』의 양을 북돋우고 음을 억누르는 도에 근본을 두고 있으며, 위대한 우[대우(大禹)]가 홍수를 막고 무왕(武王)이 맹수를 몰아낸 것과 그 공로가 같습니다. 공자와 맹자 이후 이적의 화가 날로 더욱 심하고 음사의 해가 한두 가지가 아니었는데, 송의 주자와 우리나라의 선정(先正) 신(臣) 문정공(文正公) 송시열이 자신이 당한 사변에 따라 『춘추』와 『맹자』의 의리를 넓혀 천명함으로써 일치(一治)의 공을 이루었습니다."[31]

『춘추』의 뜻은 중화를 높이고 이적을 물리치는 것이고 『맹자』의 뜻은 선성의 가르침을 지키고 음사(淫邪)를 추방하는 것이다. 공자와 맹자의 공에 중화와 이적을 변별한 것보다 큰 것이 없는데, 중화가 이적과 다른 것은 중화에는 예의가 있는 것이다. 주희와 송시열이 자신이 당한 사변(事變)을 바로 잡기 위하여 이 뜻을 천명했다고 유중교는 말했다. 그리고 자신이 당면한 사변은 양이(洋夷)의 침범인데, 공자, 맹자, 주자, 송자의 사상을 계승하여 그것을 물리칠 것이라고 했다. 여기서 춘추대의사상에 더하여 위정척사사상이 나왔다.

유중교의 위정척사사상은 스승 이항로(李恒老, 1792~1868)의 영향을 받은 것이었다. 이항로는 하늘, 땅, 사람에게 각각 하나의 중심만이 있다고 생각했다. 그는 천체가 지극히 커서 무궁한 것 같지만 중심에서 그것을 주관하는 것은 하나의 북극성이라고 했다. 같은 논리로 땅은 하나의 중국이 주관하고, 인도(人道)는 하나의 태극이 주관한다고 했다. 그래서 그 중심인 '중화로써 이적을 변화시킨다(用夏變夷)'고 했다. 그런데 서양은 중국으로부터 너무 멀리 떨어져 있어, 중국 고대의 찬란한 중화문화를 알지 못했고 앞으로 중화문화를 받아들일 가망도 없다고 했다.[32] 서양은 이적보다 등급이 떨어져 중화로써 변화시킬 수도 없는 족속이라고 그는 생각했던 것이다. 이것이 이항로의 위정척사사상의 배경이다.

유중교는 송시열의 춘추대의사상과 더불어 스승의 위정척사사상을 계승하여 자신의 중화사상을 정립했다. 춘추대의사상이 청을 물리치고 중화를 지키는 사상이라면, 위정척사사상은 양이를 몰아내고 중화를 지키는 사상이었다. 이 두 사상은 그의 중화사상의 양 날개라고 할 수 있다.

당시 서양의 기술자를 초빙하여 기술을 익혀야 부국강병을 할 수 있고 서양의 나라들과 결속해야 러시아 오랑캐를 방어할 수 있다는 의견이 있었다. 여기에 대하여 유중교는 다음과 같이 말했다.

부국(富國)에는 도(道)가 있습니다. 농업에 힘쓰고 상업을 억제하며 수입을 헤아려 지출하는 것입니다. 강병(强兵)에도 도가 있습니다. 충효를 배양하고 절의를 장려하여 자기 윗사람을 친하게 모시고 자기 어른을 위하여 목숨을 바치게 하면, 무기가 날카롭지 않고 기술이 정밀하지 않아도 걱정할 바가 아닙니다. 어찌 농업을 버리고 상업을 쫓으며 지극히 사치하고 극도로 음탕한 무리의 사업을 전수받아 나라의 부(富)를 이루며, 의리를 배반하고 사욕을 쫓는 아버지도 모르고 임금도 모르는 무리의 가르침을 받아 강한 군대를 만들 수 있습니까?[33]

강력한 기술과 무력을 앞세우고 닥쳐오는 서양 세력의 압박에 그가 내세우는 대책이, 오직 농업에 힘쓰고 지출을 억제하며 충효를 배양하고 절의를 장려하는 중화의 전통적인 방식밖에 없다. 외세의 압력이 크면 클수록 중화만이 지고의 가치이고 이상이라는 유중교의 사상은 더욱 굳세어졌다.

유중교가 서양문명의 위력을 몰랐던 것은 아니다. 서양의 기술과 무력이 월등히 우세하다는 것을 그도 알고 있었다. 그러나 그것이 그의 생각을 바꾸지 못했다. 서양의 기술과 무력에 중화의 도로써 맞서겠다는 그의 생각에는 변함이 없었다. 이어서 그는 다음과 같이 말한다.

불행히도 양이를 대적할 수 없는 형편이 되면, 군신과 상하가 결백한 한마음을 조용히 지켜 흔들림이 없어야 합니다. 마침내 도(道)를 위하여 나라를 바치면, 목전의 상황은 꺾인 바가 있을지라도, 훗날에 다시 펼칠 때는 그 눈부심을 일월과 함께 하고 그 장구함을 천지와 함께할 것입니다. 그러니, 크게 불행할 것도 없습니다.[34]

그는 도를 위하여 나라를 바칠 수도 있다고 말하고 있다. 항복하거나 타협하여 중화문화를 버리고 서양의 물질문명 아래 굴욕적으로 사는 것보다는, 깨끗하게 옥쇄(玉碎)하는 것이 낫다고 말한 것이다. 그래야 그 중화의 정신이 훗날 다시 눈부시고 장구하게 꽃필 수 있다고 생각했다. 이러한 유중교의 생각은 병자호란 때의 김상헌의 생각과 일맥상통한다고 할 수 있다.

중화가 삼강오상(三綱五常)을 비롯한 중국 고대문화 그 자체였다면, 중화사상은 이적과 양이에 맞서 중화를 지키기 위한 사상이었다. 중화사상은 중화를 높이고 이적을 물리치는 춘추대의사상과 정학(正學)을 지키고 사학(邪學)을 배척하는 위정척사사상이 주를 이룬다. 그리고 명이 망한 후 중화문화가 조선에만 남았다는 소중화사상이 있는데, 이것은 '주의 예가 노에 있다(周禮在魯)'는 말로 표현되기도 했다.

3. 중화사상과 조선후기 사상사

유중교는 이항로의 제자로 화서학파의 중심인물이었다. 그는 15세에 이미 통유(通儒)로 통했고, 18세에는 『제왕승통고(帝王承統考)』를 편찬하여 제왕의 아들이 아닌 사람이 왕위를 계승할 경우 사친(私親)보다는 왕통(王統)을 중시해야 한다는 것을 강조했다. 21세에는 스승 이항로의 명으로 송사(宋史), 원사(元史), 고려사(高麗史)를 합한 『송원화동사합편강목(宋元華東史合編綱目)』을 편찬하기 시작하여 김평묵(金平默)과 함께 완성했다. 이 두 책의 편찬을 통하여 역사적 사실에 대한 비판적 이론을 춘추대의사상으로 확립했다. 병인양요 때는 척사(斥和) 상소를 올리는 스승을 따라 서울에서 한 달간 머물렀고, 1876년 강화도 조약을 맺으려 하자 동학(同學)들과 함께 반대소를 올렸다. 이처럼 외세의 침략에 대하여도 그때그때 자신의 입장을 위정척사사상으로 밝혔다.

그는 평생 서사(書社)를 결성하여 동학들과 강학을 했는데, 자양서사(紫陽書社)에 관한 연보에는 다음과 같이 기록하고 있다.

선생은 한포(漢浦)에 살 때부터 회암(晦庵), 우암(尤菴), 화서(華西) 세 선생의 유상(遺像)을 정사(精舍)에 모셨다. 매월 초하루와 보름날에 폭건(幅巾)을 쓰고 심의(深衣)를 입고 흑대를 두르고 제생(諸生)을 거느리고 유상에 엎드려 절한 후, 제생의 절을 받고 제생으로 하여금 서로 읍하고 앉게 한 후, 「백록동서원학규(白鹿洞書院學規)」를 읽게 했다. 그 후 한포 북쪽 옥녀봉 자니대(紫泥臺)로 거처를 옮겼다. 그 남쪽 지형이 회암이 살던 곳과 흡사하고, 또 조종암에는 우암의 필적이 있으며 와룡추(臥龍湫)에는 화서의 시가 있어서였다. 선생은 추모의 정을 이기지 못해 마침내 정사 동쪽에 서사(書社)를 지어 문도와 사우가 강학하는 곳으로 삼았다.[35]

이 글을 통해서 알 수 있듯이, 유중교는 평생 회암[주희(朱熹)], 우암[송시열(宋時烈)], 화서[이항로(李恒老)] 세 선생을 숭배하여 정기적으로 유상에 참배했고, 그들의 유적이 있는 곳 옆으로 이사하여 서사를 세우고 문도, 사우와 더불어 강학했다. 이 강학은 학문을 토론하는 것일 뿐 아니라, 세 선생을 추모하는 뜻도 있었다.

1881년 영남 유생 이만손(李晩孫) 등이 위정척사(衛正斥邪)를 내용으로 하는 「영남만인소(嶺南萬人疏)」를 올렸다. 유중교와 김평묵이 그것을 읽고, "오늘 이 거사는 우리 조선 사람으로 하여금 천하와 후세에 할 말이 있게 해주었다"[36]며 칭찬하고, 「영남만인소」를 격려하는 「서신사제유소후(書辛巳諸儒疏後)」[37]를 썼다. 『춘추』의 춘추대의와

『맹자』의 위정척사로 양이의 침범을 물리칠 것을 제창하는 내용이었다. 이 글의 영향으로 전국에서 이른바 '신사척왜상소(辛巳斥倭上疏)'가 연달아 올라왔고, 유중교의 제자 홍재학(洪在鶴, 1848~1881)은 상소문이 과격하다는 이유로 참형을 당했다. 임오군란 후 올린 「제사헌부지평후진정소(除司憲府持平後陳情疏)」에서 그는 자신이 '신사척왜상소'에 크게 영향을 미쳤다는 것을 인정하고 처벌해줄 것을 청하기도 했다.

최익현(崔益鉉, 1833~1906)은 유중교와 동문수학한 벗이다. 유중교는 그에게 따끔한 충고를 아끼지 않았다.[38] 을미의병의 의병장 유인석(柳麟錫, 1842~1915)은 유중교의 족질(族姪)이자 제자였다. 그는 위정척사사상을 화서(華西, 이항로), 중암(重庵, 김평묵), 성재(省齋, 유중교) 세 선생에게서 받았다고 하고, 성재가 "중화를 회복할 생각을 하지 않는다면, 어찌 의리를 안다고 할 수 있느냐?"고 말했다고 했다.[39] 또 유인석과 함께 을미의병에 참여한 사람 중에는 유중교의 제자가 많았다. 유중교는 이론과 실천으로 화서학파에서 가장 큰 영향을 끼친 사람이었고, 나아가 춘추대의와 위정척사에서 19세기 노론 학통의 여러 갈래 중에서 가장 대표적인 인물이었다고 할 수 있다. 이제 유중교 사상의 연원(淵源)을 거슬러 올라가 보도록 한다.

앞에서 잠깐 언급했지만, 유중교는 주희, 송시열, 이항로 세 사람의 유상을 서사(書社)에 모시고 정기적으로 참배하는 의식을 거행했다. 이것은 그 인물을 존숭하고 그 학문을 신봉한 것임을 의미한다. 이항로는 직접 가르침을 받은 스승이지만, 나머지 두 인물을 존숭하고 신봉한 것이 유중교에게 어떤 의미가 있었을까? 『성재집』에는 이들에 관한 언급이 많이 나온다. 그중 하나를 살펴보자.

공자가 지은 『춘추(春秋)』의 뜻에는 중화를 높이고 이적을 물리치는 것
보다 큰 것이 없고, 맹자가 지은 『맹자』 일곱 편의 뜻은 선성(先聖)의 가르
침을 지키고 음사(淫邪)를 추방하는 것보다 큰 것이 없습니다. 이 모두는
『주역』의 양을 북돋우고 음을 억누르는 도에 근본을 두고 있으며, 위대한
우[대우(大禹)]가 홍수를 막고 무왕(武王)이 맹수를 몰아낸 것과 그 공로
가 같습니다. 공자와 맹자 이후 이적의 화(禍)가 날로 심하고 음사의 폐해
가 한 둘이 아니었는데, 송(宋) 주자(朱子)와 우리나라의 선정신(先正臣) 문
정공(文正公)[송시열]이 각기 자신이 당한 사변(事變)을 바탕으로 『춘추』와
『맹자』의 의리를 천명하여 한번 잘 다스리는[일치(一治)] 공을 세웠습니다.
근래 세상에 해괴한 짓을 일삼는 양이(洋夷)는 또한 이적에서 다시 떨어져
금수가 된 자들이며, 사악함이 극에 달해 도깨비가 된 자들입니다. 만약 성
현이 계셨다면 토벌하는 데 전보다 백배 더 힘쓰셨을 것입니다."[40]

여기서 유중교는 이적과 음사를 물리치고 중화와 선성의 가르침
을 지킨 사람으로 공자, 맹자, 주자, 문정공을 들고 있다. 끝에 양이
를 언급한 것은 유중교 자신이 당면한 사변을 말한 것이다. 자신이
당면한 사변이 양이인데, 네 사람의 뜻을 계승하여 양이를 물리칠
것이라고 다짐한 것으로 볼 수 있다. 다시 말하면, 유중교는 자신의
연원을 공자, 맹자, 주희, 송시열이라고 밝힌 것이다. 공자와 맹자를
연원으로 삼는 것은 보편적이라고 볼 수 있으므로, 결국 주희와 송
시열이 남는다. 여기서 주희와 송시열이 "각자 자신이 당한 사변을
바탕으로 『춘추』와 『맹자』의 의리를 천명하여 한번 다스리는 공을
이루었다"고 한 대목을 주목할 필요가 있다. 주희와 송시열이 각자
가 당한 사변이 무엇이었을까?
다음 글에서는 그것을 더 자세히 설명하고 있다.

춘추대의가 수십 가지지만 왕실을 지키고 난적을 토벌하는 것, 중화를 받들고 이적을 물리치는 것, 군부(君父)를 위하여 원수를 갚는 것 등이 그 중에서 더욱 큰 것들이다. 후대에 그 대의를 받아씀으로써 사람의 기강을 세운 자는 한(漢)의 무후[武侯, 제갈량(諸葛亮)], 송의 주자, 우리나라의 송자[宋子, 송시열] 등이다. 무후는 난신적자(亂臣賊子)를 토벌하는 대의를 세운 사람이고, 주자와 송자는 모두 이적을 물리치고 복수하는 대의를 겸했는데, 주자에게는 복수가 중요했고 송자에게는 양이(攘夷)가 중요했다.[41]

여기서는 춘추대의를 통하여 사람의 기강을 세운 자로 제갈량, 주희, 송시열을 들고 있다. 제갈량이 난신적자를 토벌하는 대의를 세웠다는 것은 유비(劉備)의 고명(顧命)을 받들어 '난신적자' 조비(曹丕)와 사마의(司馬懿)를 토벌하기 위하여 6차나 출병한 것을 말한다. 주희(朱熹)는 복수를 중시했다고 했는데, 주희가 장식(張栻)에게 보낸 다음 편지를 보면 그 복수의 의미를 헤아려볼 수 있다.

대저 춘추(春秋)의 필법에 임금이 시해(弑害)를 당했을 때 적을 토벌하지 못하면 장례지낸 것을 기록하지 않는 것은, 바로 복수의 대의를 중시하고 매장의 상례(常禮)를 경시함으로써, 만세의 신하와 자식들에게 이런 비상한 변고를 당하면 반드시 적을 토벌하여 복수한 후 임금과 아버지를 장례 지내야 한다는 것을 보여주는 것입니다. 그렇게 하지 않으면, 관곽(棺槨)과 의금(衣衾)을 아무리 후하게 하여 장례 지내도 골짜기에 버려 짐승에게 먹히거나 벌레에게 물리게 하는 것과 다름이 없습니다. 그 의리가 깊고, 절실하고, 명백하다고 할 만합니다.[42]

여기서 주희가 '임금이 시해를 당했다'고 한 것은 송(宋)의 '정강

지변(靖康之變)'을 말한다. 정강 2년(1127) 금군(金軍)이 송의 수도[개봉(開封)]를 공격하여 부수고 휘종(徽宗)과 흠종(欽宗) 부자, 황족, 후궁, 비빈, 공경(公卿) 등 3천여 명을 잡아간 사건이다. 주희가 말하는 복수의 춘추대의는 바로 휘종과 흠종의 원수를 갚는 것이었다.

송시열이 당한 변고는 무엇이었을까? 그의 제자 권상하(權尙夏)와 권상하의 제자 윤봉구(尹鳳九)의 대화를 통하여 살펴볼 수 있다.

봉구가 물었다. "들으니, 청음(淸陰, 김상헌), 신독재(愼獨齋, 김집), 동춘당(同春堂, 송준길) 세 선생은 모두 대명(大明)을 위하여 복수하는 것을 대의로 삼았으나, 우옹(尤翁, 송시열)은 또 거기에 일절(一節)을 더하여 춘추대의를 위하여 이적(夷狄)은 중국에 들어와서는 안 되고 금수는 인류와 나란히 해서는 안 된다는 것을 첫째 의리로 삼고, 명(明)을 위해 복수하는 것을 둘째 의리로 삼았습니다. 그렇습니까?" 선생이 대답했다. "노선생(송시열)의 뜻이 정말 그러했다."[43]

병자호란 후 중원은 청(淸)이 지배하고 있었다. 그로 인하여 중화의 맥이 끊어지고 이적의 문화가 뿌리를 내리고 있었다. 이것이 송시열이 당한 변고였다. 따라서 중원에서 청을 몰아내는 것이 그에게 가장 급선무였다. 그리고 명을 위해 복수하는 것은 그 다음 일이었다. 효종과 함께 계획한 북벌의 목적이 중원에서 청을 몰아내는 데 있었음을 알 수 있다. 효종과 송시열은 "날은 저물고 길은 먼데 지극한 통한이 가슴에 있네(日暮道遠至痛在心)"와 "통분을 참고 원한을 품은 채 절박하여 마지 못한다(忍痛含冤迫不得已)"[44] 두 구절을 가슴속에 늘 간직하고 북벌을 계획했던 것이다.

지금까지 본 장에서 언급한 것을 요약하면 다음과 같다. 유중교는 노론의 학통을 이은 인물로 중화사상을 가장 철저히 신봉했다. 그는 이항로의 위정척사사상을 직접 계승했고, 송시열과 주희의 춘추대의사상의 영향을 받았다. 그는 춘추대의사상이 『춘추』의 중화를 높이고 이적을 물리치는 대의와 『맹자』의 선성(先聖)의 학문을 지키고 이단을 배척하는 대의에서 비롯되었다고 말했다. 바꾸어 말하면, 『춘추』와 『맹자』의 사상이 주희, 송시열, 이항로를 거치며 재해석되어 유중교에까지 이른 것이다.

여기서 우리는 송시열, 이항로, 유중교에 이르는 사상의 흐름을 읽을 수 있으니, 그것이 바로 중화사상이다. 이것은 병자호란 이전의 조선전기와는 직접 맥이 닿지 않는 사상이다. 송시열의 사상은 시대를 훌쩍 뛰어넘어 주희에 닿아 있다. 그것을 유중교는 다음과 같이 말한다.

　　대개 이 시대에 주자가 진실로 공자 후 으뜸이고 송자가 진실로 주자 후 으뜸이라는 것을 독실하게 믿어 무리와 떨어져 홀로 실천하고 붉은 깃발을 세우며, 천하의 의리를 스스로 맡아 미혹된 무리를 깨우쳐 함께 대도(大道)로 마음을 먹으며, 아는 것은 말하지 않음이 없고 말은 다하지 않음이 없는 것이 물이 만 길 폭포에서 떨어지듯 다시는 막힘이 없어야 한다.[45]

여기서 '주자가 공자 후 으뜸(朱子孔子後一人)'이고, '송자가 주자 후 으뜸(宋子朱子後一人)'이라고 한 것은 춘추대의사상이 공자에서 주자를 거쳐 송자로 전승되었다는 말이다. 이항로는 이 두 구절을 설명하여 "공자의 도가 주자에 이르러 크게 밝아졌다"고 하고, "공자가 『춘추』를 짓고 주자가 『강목(綱目)』을 천술(闡述)했는데, 그 뜻은 중화를 높이고 이적을 물리치는 것보다 큰 것이 없다"고 했다. 이

어서 주자의 학문이 송자에 이르러 밝게 드러났다고 했다.[46]

원래 '주자가 공자 후 으뜸'이라는 말은 송시열이 자주 되뇐 말이다. 그것을 그의 제자 권상하(權尙夏, 1641~1721)가 받아서 '송자가 주자 후 으뜸(宋子朱子後一人)'이라는 구절을 더하여 두 구절로 만들었다. 어유봉(魚有鳳, 1672~1744), 윤봉구(尹鳳九, 1683~1767), 신경(申憼), 위백규(魏伯珪, 1727~1798) 등의 글에서도 이 두 구절을 찾아볼 수 있다. 그리고 이항로를 거쳐 김평묵, 유중교, 최익현, 유인석 등에까지 회자되었다. 여기서 우리는 송시열에서 유중교까지 이르는 조선후기 중화사상의 뚜렷한 흐름을 확인할 수 있다.

4. 맺음말

필자는 조선시대의 주요한 사상이 무엇이었을까를 생각해왔다. 이 글이 그 시론이다. 이 논문을 통하여 병자호란 후 송시열에서 19세기 말 유중교의 위정척사에 이르기까지 맥을 이어온 중화사상의 뚜렷한 실체를 확인할 수 있었다.

조선은 건국부터 명의 체제를 모방하고 중화문화를 꾸준히 받아들여 자기 것으로 만들었다. 조선의 사대부는 중화문화를 지고의 가치를 지닌 이상으로 보았고, 자연스럽게 친숙해져 자기 문화와 동일시하게까지 되었다. '이소사대(以小事大)'와 '내복(內服)'은 그것의 정치적 표현이었다.

그런데 유목민족 청이 명을 대신하여 중원을 지배하게 되자, 중화문화의 젖줄이 끊기고 조선의 중화문화마저 위협받게 되었다. 조선의 사대부는 중원에서 청을 몰아내는 것과 조선에 남은 중화문화를 잘 보존하여 장차 중원에서 꽃피우는 것, 두 가지 현실적 과제를 안게 되었다. 여기서 싹튼 것이 중화사상이다. 중화사상의 핵심은 '중화를 높이고 이적을 물리치는(尊中華攘夷狄)' 춘추대의사상이다. 그리고 장차 중원에서 꽃피울 수 있도록 조선에만 남은 중화문화[주례재로(周禮在魯)]를 잘 보존해야 한다는 소중화사상도 거기에 포함된다. 19세기 후반에는 일본과 양이의 침략을 배척한 위정척사사상도 추가되었다. 이 세 사상은 모두 그 자체로 의미가 있는 것이 아니라, 중화문화를 지키기 위한 사상이라는 데 의미가 있다.

또 하나, 이 글의 맺으면서 언급하지 않을 수 없는 점은 주자학(朱子學)의 문제다. 송시열 이후 주희의 학문을 '사문(斯文)'이라 하고, 그것과 다른 학설을 제기하는 사람을 '사문난적(斯文亂賊)'이라고 지목했다. 이 '사문(斯文)'이 가리키는 구체적인 내용은 무엇이었을까? 앞에서 '주자가 공자 후 으뜸(朱子孔子後一人)'이고, '송자가 주자 후 으뜸(宋子朱子後一人)'이라고 한 것은 춘추대의사상이 공자에서 주자를 거쳐 송자로 전승되었다는 것을 의미한다고 했다. 유중교는 다음과 같이 말한다.

다만 크게 밝혀 드러내야 할 한 가지 일이 있습니다. 중화를 존숭하고 이적을 물리치는 『춘추』의 의리가 실로 하늘과 땅의 본심이고 사람의 큰마음입니다. 과거를 계승하여 미래를 연 주자의 학문은 귀신에게 질문해도 의심이 없고 백세 뒤에도 미혹되지 않는 것입니다. 이것을 받들고 이것을 믿어도 이룬 바가 깊음과 얕음이 있어 다 대인이 되는 것이 아닌데, 이것을 얕보고 이것을 모욕하고서 소인이 되는 것을 면하고 이적과 금수의 무리에 빠지지 않을 자는 없습니다.[47]

즉 주자학의 중심을 춘추대의로 보았다는 것을 알 수 있다. 다시 말하면, 조선에서 중화사상을 중시한 학자들은 주자학의 중심을 춘추대의사상으로 보았던 것이다.

마지막으로, 효종 때의 북벌(北伐)과 19세기 후반 양이의 침략에 대한 대응에 관하여 언급해두고자 한다. 북벌이 실현가능성이 없었기 때문에 그것을 정치적 술책으로 보는 관점이 일찍이 있어 왔다. 즉 송시열은 그것이 불가능하다는 것을 알면서도 임금을 협박하고 총애를 견고히 하는 계책으로 삼았다는 것이다.[48] 이것은 중화사상에 대한 이해가 없기 때문에 하는 말이다. 중화사상을 신봉한 사람들에게는 북벌 그 자체가 의미가 있는 것이지, 그것이 실현가능성이 있었느냐 없었느냐는 중요한 문제가 아니었다. 양이의 침략에 대하여도 마찬가지였다. 유중교는 무력을 앞세워 침략하는 양이에 대하여 무력으로 대적할 생각은 없었다. 그는 중화문화, 즉 삼강오상과 충효를 닦음으로써 대적할 생각이었다. 옥쇄까지도 각오하고 있었다. 송시열이 기록한 삼학사의 한 사람인 홍익한(洪翼漢, 1586~1637)의 최후의 모습에서 그것을 이해할 수 있다.

한(汗)이 말이 막혀 한참 후에 말했다. "네가 이미 척화에 앞장섰다면, 그 뜻이 반드시 우리를 섬멸하는 데 있었을 것이다. 출병한 우리 대군을 어찌하여 맞아 싸우지 않고 도리어 우리 포로가 되었느냐?" 공이 말했다. "내가 지키는 것은 대의(大義)일 뿐이다. 성공과 실패, 죽는 것과 사는 것은 따질 필요가 없다."[49]

학술적 우상과 중국-조선 간의 문화교류
—박규수가 참여한 고염무 사당의 회제(會祭)를 중심으로

린춘양(林春陽)

1. 머리말

중국과 조선의 장구한 교류사 속에서 연행사(燕行使)는 의례적으로 행해지던 삼대절[三大節, 세폐(歲幣)를 겸함], 사은(謝恩), 주청(奏請), 진하(進賀), 진위진향(陳慰進香), 문안(問安) 등 정치적인 사안과 관련된 사신의 책무를 맡았을 뿐만 아니라[1] 어느 정도의 경제·무역 방면의 역할도 담당했다. 특히 문화교류의 측면에서 중요한 역할을 하였는데, 이러한 역할은 청대 중기 이후에 이르러 더욱 심화되어 쉽게 생각할 수 없는 정도에 이르렀다. 그리고 바로 이러한 오랜 기간 동안의 문화의 융합과 교류, 상호작용에 기초하여 연행사 일행과 청조의 관원, 사인(士人)은 마침내 지속적으로 이해를 심화시키고 우의를 증진시켰다. 동시에 이를 기반으로 각자의 활동영역 안에서 적지 않은 영향을 발휘하였다. 중국-조선의 사인들이 서로를 "이역만리"로 멀게 여겼던 점은 마침내 어느 정도 완화될 수 있었다.

주목할 만한 점은 쌍방 간의 문화교류와 상호작용 속에는 직접적인 만남을 통해 깊은 우호관계를 형성한 것 이외에도, 필담으로 창화(唱和)하거나, 서신을 주고받거나, 사상을 교류하면서 그들의 학문관, 인생관, 정치관에 대해 깊은 관심을 드러낸 경우도 있다는 것이다. 이러한 긍정적인 상호작용의 요인은 매우 다양한데, '학술적 우상'(학술적 · 인격적으로 사람들의 신뢰와 숭모를 받을 수 있는 매력을 가진 사람)이 여기서 매개 · 응집의 역할을 하였다는 점을 분명 주목할 필요가 있다.

청대의 대유(大儒)인 고염무(顧炎武)가 이러한 대표적인 사례이다. 연행사 박규수(朴珪壽, 1807~1877)가 함풍(咸豊) 11년(1861), 동치(同治) 11년(1872) 두 차례 참여하였던 고염무 사당의 회제(會祭)를 통해서 '학술적 우상'이 중국-조선의 문화교류에서 가졌던 긍정적이고 특별한 의미를 생생하게 확인할 수 있다.

2. 고염무의 영향과 회제(會祭)

명 · 청의 왕조 교체는 권력의 정상에 위치한 이들에게만 커다란 충격으로 다가온 것이 아니었다. 사회 전반에 걸쳐 거대한 격동을 맞이하게 되었다. 그렇다면 특히 독서인 · 지식인의 입장에서는 이러한 역경의 시기를 겪으면서 어떠한 선택과 대응을 해야 했을까. 어떻게 학문을 해야 했으며 어떻게 살아야 했던 것일까? 이러한 갈등적 상황에 직면하여 그들은 정신적으로나 육체적으로나 시련과 고통에 시달리지 않을 수 없었다.

이러한 시기에 제 한 몸을 지키기 위해 뜻을 굽힌 자도 있었고, 은둔하며 훗날을 도모한 자도 있었으며, 혹은 뜻을 꺾고 세속을 따른 자도 있었다. 그러나 보다 많은 이들이 여전히 문화의 전승과 학술의 계승, 세상의 질서를 위하여 각고의 노력을 다했고 부지런히 탐구하고 굳은 의지로 책무를 담당하였다. 고염무는 바로 이러한 유형의 사람들 중에서 가장 대표적인 인물이었다.

고염무는 직접 반청운동의 거대한 물줄기에 동참하였을 뿐만 아니라, 학술을 무기로 이학(理學)의 폐단을 반성하고 비판하면서 학문으로 세상을 바로잡는 새로운 혁신운동을 창도하는 것을 통해 시대의 새로운 서막을 열었다. 바로 이러한 이유로 인해 그는 후대학자들의 존경과 숭앙을 받는 위대한 대학자이자 학술적 우상이 된 것이다.

양계초는 일찍이 고염무에 대해 다음과 같이 평가하였다.

"청유(淸儒)의 학문이 만약 학술사에서 어느 정도의 가치를 갖는다면, 유일하게 생명력을 갖는 영역은 바로 경학(經學)일 것이다. 청유의 경학은 그것이 좋은지의 여부와 상관없이 한유(漢儒)와 송유(宋儒)의 경학과 근본적으로 다르다. 청대 경학의 학파와 학문도 진화의 원칙에서 예외가 아니다. 100여 년의 세월을 경유하면서 점진적으로 완성되었다. 그러나 '필로남루(蓽路藍縷, 고생하여 처음 일을 개척함)'의 공을 말해본다면 고정림(顧亭林)을 제일로 꼽지 않을 수 없다. 고정림은 다음과 같이 말하였다. …… 그의 이러한 말은 명말(明末)의 학풍에 대해 당당한 혁명의 자세를 보여주었으며, 향후 200년의 사상계에 있어서 지대한 영향을 끼쳤다. 그러므로 청대 학문의 비조를 논할 적에 고정림을 제외하고 다른 사람은 거론할 수 없는 것이다."[2]

이러한 견해에 대해 분명 학술계에서 모두 동의하는 것은 아니지만, 고염무가 청대 학술사에서 중요한 위치를 점하고 있다는 것과 사상계에 중요한 영향을 끼쳤다는 것에 대해서는 분명 상당 부분 의

견의 일치를 보인다.

요컨대, 고염무가 그 당대와 후세에 막대한 영향을 끼쳤다는 것은 천주우(陳祖武)가 「고상한 인격, 불후의 학술—정림 고염무 선생 탄신 400주년 기념(高尚之人格, 不朽之学术: 纪念顾炎武亭林先生四百年冥誕)」에서 밝힌 내용에서 잘 드러나 있다. 그 대략은 다음과 같다.

첫째, 공자(孔子)가 말한 '박학어문(博學於文)'과 '행이유치(行己有恥)'의 의미를 드높이고 심도 있게 해석하였다. 그리고 이 두 가지를 하나로 융합하여 성인의 길에 이르는 높은 경지에 도달하여 이를 널리 전파하였다. 여기서 염치를 말하는 것을 우선으로 삼고, 위인(爲人)과 위학(爲學)을 하나로 하는 자세는 고정림 선생이 평생 추구한 덕목이 되었을 뿐만 아니라, 당시는 물론 후대의 중국 학인들에게까지 변치 않는 하나의 전형을 제시해주었다.

둘째, 새로운 학문의 방법을 개발하고 몸소 실천하였다. 예를 들어, "옛날의 이른바 이학은 경학이고, 오늘날의 이른바 이학은 선학(禪學)이다"라는 독특한 견해를 확고하게 제시하면서, 이학을 경학의 범주에 포함시킬 것을 주장하였다. 경학사 연구를 전개하는 시작점에서는 마땅히 근본적으로 경학에서 '이(理)'를 공부하는 이유를 확고하게 다시 천명하여 그 발전 노정에서의 다양한 양상을 파악해야 한다고 보았다. "구경(九經)을 이해하는 것은 문자를 상고하는 것에서부터 시작해야 하고, 문자를 상고하는 것은 음을 이해하는 것에서 시작해야 한다"라는 훈고학적 경전 연구 방법의 전형을 제시하였다. 이러한 방법은 강희(康熙) 연간 중엽 이래로 학자들이 계승하고 발전시켜서 경학의 일부로서의 고음학(古音學) 연구를 통해 국가의 번영을 이루었을 뿐 아니라 건가학파(乾嘉學派)의 기틀도 다져 놓았다. 전반적인 체계를 갖추고 중국의 수천 년간의 학술의 방대한 성과를 정리하였다.

셋째, 경제적으로 풍요로운 사회에서의 책임 의식을 제시하였다. '천하를 보전하는 일에는 천한 필부라도 함께 할 책임이 있다[보천하자(保天下者), 필부지천여유책언(匹夫之賤與有責焉)]'는 그의 사상은 후대 학자들이 받아들여 '천하의 흥망에 대해 필부도 책임이 있다[천하흥망(天下興亡), 필부유책(匹夫有責)]'는 간명한 구호로 제시하였다.[3]

이러한 것들은 고염무가 『일지록(日知錄)』에서 경술(經術)과 치도(治道), 박문(博聞)을 일체로 통합하고자 하는 고심했던 것에서도 엿볼 수 있다. 고염무는 위인, 위학, 경세(經世)의 모든 방면에서 새로운 길을 개척하였고 새로운 모델을 제시하였다. 바로 이러한 이유로 많은 학자들이 그를 모범으로 삼고 더욱 존모하여 계승하였다.[4]

도광(道光) 23년(1843) 10월 고염무의 사당이 북경의 광취문(廣渠門) 밖의 자인사(慈仁寺)에 조성되었고, 이듬해 2월 25일 처음으로 회제(會祭)를 설행했다.[5] 후대 학인들의 고염무 추숭이 고조되었던 한 단면을 보여준다고 하겠다. 회제의 설행을 처음 주장하였던 장목(張穆)의 제문은 다음과 같다.

선생은 명말의 혼란기에 태어나 한·당의 학술을 두루 섭렵하여 왕사(王師)를 감당할 학식이었다. 그러나 뜻은 산로(山老)로 칭해지는 것을 바라지 않았다. 기꺼이 초야에 묻혀 선현의 정효(貞孝)의 마음을 위로하였다. 천하가 전복되었을 때를 만나서는 여섯 번이나 명태조 능침을 찾아가 눈물을 흘렸다. 남명정권의 반청운동에 참가한 것이 발각되어 빨리 북쪽으로 피난한 뒤에는 산동에서부터 북방 전역을 유랑하는 손님[객(客), 십장(十漿)]이 되었다. 민생의 괴로움을 알기 위해 읍승(邑乘, 지방지)을 반드시 찾아보았고, 변방의 견고함을 살피기 위해 변정(邊亭)을 직접 답사하였다. 산에서 나무하고 풀무질하면서 반생을 정밀하고 부지런히 탐구하였다. 음운을 바르게 하여 만고의 세월 동안 같은 글자를 쓴 오묘한 이치를 밝혀내었다. 게다가 뜻이 세상을 맑게 하는 데 있어서 누차 서당을 지었다. 평소 복파(伏波) 장군을 존모하여 병법을 정밀히 연구하였다. 강학만을 강조하지 않아서, 동림(東林)과 복사(複社)의 폐단을 경계하였고, 상숙현(常熟縣) 어렴경(語濂涇)의 농장[고향(故鄕), 상장(桑莊)]을 헌신짝처럼 버렸다.

자인사 고찰에 공을 모셔두었으니, 엄숙한 절차를 속히 설행하는 것이 마침 내일에 있네. 높은 덕을 기리며 국을 끓이는 구절을 외우는 데 상 아래 무어 그리 분주한고. 달리 집을 지을 계획을 할 것 없으니 고염무의 여막이 그대로 잘 있네. 형진(荊榛)을 조금 열어 두고 잔과 제기를 비로소 진설하니, 둥글고 좁은 운대(雲臺)와 경전과 같은 석실(石室)이네. 기다리는 운거(雲車)와 풍마(風馬)는 소리 내며 달려올 것이네. 학문의 바다와 유림의 정신은 영원할 것이라네.[6]

이상의 내용으로 그 분위기를 살펴볼 수 있다. 장목과 하소기(何紹基) 등이 이 일을 발의한 것은 고염무의 인품과 학문에 대한 숭앙 때문만이 아니었다. 고염무에 대한 존경의 마음을 계기로 동지들을 규합하여 서로 교류하고 연마하고자 하였다. 서구 열강이 제멋대로 촉발한 아편전쟁은 당시 매우 위태로운 상황을 초래하였는데, 이에 대해 몇몇 지사들이 깊이 근심하여 크게 일을 도모하고 학술로 세상을 경륜하려 했던 마음도 이 일의 이유에 내포하고 있다고 할 수 있다.[7]

도광 24년 2월을 시작으로 고염무 사당의 회제 행사는[광서(光緖) 24년] 사당을 용딩문(永定門) 밖 10리에 있는 수타이이웬(蘇太義園, 또는 蘇太誼園으로 옮겼다) 청조가 막을 내릴 때까지 계속되었다(그 사이에 광서 원년, 15~17년, 19~23년, 26~27년에는 설행되지 못하였다. 1919년과 1920년에 다시 설행되기도 하였다). 반세기 이상 이어진 이 활동은 거의 만청(晚淸)의 역사와 시종을 함께 했다. 그리고 이 활동에 참여한 구성원은 그 규모에서나[8] 신분의 다양함에 있어서나[위로는 군기대신(軍機大臣), 내각시독(內閣侍讀), 부원당관(部院堂官), 아래로는 거인(擧人)과 감생(監生)에 이르기까지] 유례가 없는 것이었다. 학문의 지향점도 혹은 건가학파를 계승하였고, 혹은 금문경학을 위주로 하였고, 혹은 경세치용에 뜻을 두었고, 혹은 변강의 역사와 지리에 관심을 두었고, 혹은 시문과 서예 등의 재주를 갈고 닦아서 하나로 설명할 수 없었다. 보다 더 주목할 만한 점은 이 모임의 참여자 중에 매우 많은 사람들[이를테면, 나돈연(羅惇衍), 기준조(祁雟藻), 옹동서(翁同書), 옹동화(翁同龢), 진보탐(陳寶琛), 장지동(張之洞), 위원(魏源), 서송(徐松), 장목(張穆), 풍계분(馮桂芬) 등]이 청 말기의 정세, 학술의 변천과 관련하여 매우 밀접한 관계를 갖는다는 것이다. 이를 통해 볼 때, 고염무 사당의 회제는 비록 표면적으로는 일종의 민간의 자발적 학술활동이라고 볼 수 있지만, 사실은 그 활동이 단절되지 않고 이어짐으로써 정세의 변천에 영향을 끼친 것으로 매우 강력한 정치적 함의를 내포한 것이었다. 비록 이후의 참여자들의 경향과 지향점이 발기 당시의 최초의 의도와 일치하지는 않았지만, 종합적으로 보았을 때 학문도 정치적 요구에 의해서 포섭되었다고 말할 수 있다. 이는 어느 정도 만청의 지사들의 관심의 소재를 나타내는 것일 뿐만 아니라, 고염무의 위인, 위학, 경세 정신의 심원한 영향력과 매력을 잘 보여주는 것이라고 할 수 있다.[9]

3. 박규수의 학행

고염무 사당의 회제 행사는 만청의 여러 학인과 관원들을 불러 모으고 영향을 주었을 뿐만 아니라, 더욱 주목할 만한 사실은 국외의 학인들에게까지 영향을 끼쳤다는 것이다. 조선의 연행사 박규수가 이 행사에 두 번 참석했다는 것이 그 반증이다.

박규수는 자(字)는 환경(桓卿), 호(號)는 환재(桓齋)이다.[10] 순조 7년 9월 27일(1807년 10월 27일) 태어났고, 고종 13년 12월 27일(1877년 2월 9일) 향년 71세의 나이로 생을 마감했다. 그 조부인 박지원(朴趾源)은 경세제민(經世濟民)하고 문장을 성취하는 것을 살아가는 큰 법도로 삼아서 당대에 이름을 드높였다. 세상 사람들은 연암 선생(燕巖先生)이라고 불렀다. 박규수의 부친 박종채(朴宗采)는 행실이 신중하고 독실했으며 학식이 고금을 통하였고, 관직은 경산현령(慶山縣令)에 이르렀다.

바로 이러한 가풍의 영향으로 박규수는 어려서부터 행실이 단정하고 총명하였으며, 몸가짐이 준엄하였다. 열네다섯에 이미 글을 짓는 능력이 출중했다. 이후 사우(師友)의 영향을 받아 더욱 서사(書史)에 힘을 썼고 경전공부에 진력하였다.[11]

헌종 14년(1848) 증광시에 급제하여 마침내 관직 생활을 시작하게 되었다. 수십 년의 관직 생활 동안 그는 직분의 일을 부지런히 처리하고 민생을 돌보고 국사에 힘썼을 뿐만 아니라, 초심을 잃지 않고 꿋꿋이 학문을 닦고 도를 구하였으며, 늘 정진하여 생을 마칠 때까지 나태하지 않았다.[12]

윤종의(尹宗儀. 자는 士淵)는 박규수를 위해 쓴 제문에 다음과 같이 평가하였다.

임금을 보좌할 만한 공의 재주는 정밀하고 심오한 학술에 근본한 것이었고, 식견과 도량으로 이룬 것이었다. 평생 쓸데없는 가벼운 소리를 하지 않았고, 반드시 실제에 쓰일 수 있는 말을 하였다. 비유하자면 문을 닫고 수레를 만들어도 문을 나서서 타보면 바퀴 자국이 들어맞는 것과 같았다. 오직 백성의 올바른 도리와 사물의 올바른 법칙을 강구하였고, 제도와 원대한 계책을 강구하였다. 풍속이 무너지는 것을 안타깝게 여겼기 때문에 그의 문장은 환하게 세상을 경륜하는 솜씨가 있었고, 꾸미기를 좋아하지 않았으며 자랑하고 꾸미는 행태를 부끄럽게 여겼다. …… 공은 삼례(三禮)에 통달하였고 제자서(諸子書)와 사서(史書)를 두루 섭렵하여 그 요체를 이해하였으며 신묘한 경지를 터득하였다. 가정에서 보고들은 것에 연원하여 순정함을 회복하였고 중국의 명유(名儒)를 이해하여 평이함과 진실함에 힘썼다.[13]

김윤식은 그의 스승 박규수의 학행에 대하여 더욱 상세하게 다음과 같이 평가하였다.

본조(本朝)의 인문의 번성함이 명종(明宗)과 선조(宣祖) 시대만 한 때가 없었다. 300년이 지난 뒤에야 박환재(朴瓛齋) 선생을 얻었으니, 선생은 세상에 명성을 떨치리라는 기대에 부응하여 큰일을 해낼 재주를 발휘하셨다. 선생의 학문은 아들, 신하, 아우, 벗의 본분에서 마땅히 행해야 하는 의리와 분수에서부터 천덕(天德)과 왕도(王道)에까지 이르렀다. 경전과 역사를 통섭하고 시원과 근본을 탐구하여 그 성취하고 기른 것이 두텁고 깊었다. 그러나 스스로를 문장가로 여긴 적이 없었고, 글은 반드시 필요가 있어야 지었으니, 과장되고 쓸모가 없는 말이 아니었다. …… 흥망치란(興亡治亂)의 방도와 백성들을 이롭게 하고 병들게 하는 근원에 대해 논한 글은 반드시 중요한 부분을 강조하고 적절하게 표현하였고 명백하고 통쾌하여 세상 사람들의 혼미함을 일깨워주었다. 전례(典禮)에 대해 논한 것은 근거가 정밀하고 상세하며 체재가 근엄하였다. 교제에 대해 설명할 때는 진실하고 신의 있게 남과 교제하면서도 스스로의 주체성을 잃지 않도록 하였다. 크게는 국도를 건설하고 향읍을 구획하는 것에서부터, 작게는 금석문, 고고학, 의기, 잡복 등에 이르기까지 정확하게 연구하지 않은 것이 없었고 사실에 근거하여 탐구하지 않은 것이 없었다. 규모가 방대하고 종합한 이론이 치밀하여 모두 경전을 보좌할 만한 것들이니, 선생의 도를 드러내 보인 것들이다. …… 아마도 난세에 이런 때를 만나 자기의 몸만을 깨끗이 하는 것을 차마 하지 못한 것이리라. 이것은 충후의 지극함이다.[14]

이상은 박규수 선생의 학문과 수신의 대강을 알 수 있게 한다. 윤종의가 매우 애통하게 다음과 같이 말한 것이 전혀 의아하지 않다.

근세에 쓸 만한 인재 가운데 학식이 환재만 한 이가 누가 있는가? 환재가 이미 죽었으니 환재 같은 이가 다시금 누가 있겠는가? 이것이 그가 높은 경지인 이유이다.[15]

그리고 다음과 같이 탄식하였다.

선비가 깊은 학식이 있으면 임금을 높이면서도 백성을 보듬을 수 있고, 재주와 식견이 있으면 앉아서는 말하고 일어나서는 행동할 수 있으며, 명성과 지위가 있으면 정사에 참여하여 경륜을 펼 수 있는데, 끝내 평소의 포부를 펼치고 은택을 베풀지 못하여, 다만 후인으로 하여금 쓸쓸하게 남은 글을 보며 그리워하고 탄식하게 만드네. 예로부터 불우함을 애석해하고 운

명에 탄식한 것이 어찌 끝이 있으랴. 또한 다시 공에게 무엇을 한스러워하랴.[16]

비록 박규수가 일생 동안 크게 포부를 펼치지 못했으나, 그의 행적을 보면 실로 당시 정세의 변천과 사상의 변화에 어느 정도 관계하며 영향을 주었다는 것을 알 수 있다. 그리고 특히 주목할 만한 점은 박규수가 관직에 있는 동안에 그는 연행사로서 두 번 북경에 갔는데, 몇몇의 중국 관리와 학자들과 교류하였으며 더욱이 고염무 사당의 회제 행사에도 참여할 수 있었다. 이러한 인연은 그의 인생의 경험을 풍부하게 해주고 그의 시야를 넓혔을 뿐만 아니라, 그의 사상과 학문 심지어 인생관에 있어서도 결코 적지 않은 의미를 남겼다.

4. 박규수의 첫 번째 연행과 회제 참석

박규수가 처음 중국에 연행사로 가게 되었을 때는 '열하문안사(熱河問安使)'의 부사(副使)로 임명되어, 정사(正使) 조휘림[(趙徽林, 원래는 이원명(李原命)이 가기로 되어 있었다], 서상관(書狀官) 신철구(申轍求) 등과 함께 갔다. 함풍(咸豐) 11년(1861) 2월 북경에 도착하였다. 그러나 그 1년 전에 영·불 연합군에 의해 북경이 함락되고 '중영북경조약(中英北京條約)'과 '중불북경조약(中佛北京條約)'이 강제로 체결되어 정세가 매우 불안했다. 때문에 조선에서 사신을 파견하여 위문하려고 하였을 때, 사람들은 꺼리며 해내지 못한다고 피하였다. 박규수가 사행의 일원으로 선발되었을 때 분명 이러한 문제가 있었던 것이다. 그렇다면 박규수는 이러한 상황을 어떻게 판단했을까?

박규수가 부사로 임명되었다는 소식을 접했을 때, 그의 친척과 지우들은 걱정을 하면서 부당한 처사라고 성토하였다. "스스로 어려운 일에 걸려드는 것이 우리에게 무슨 상관이 있겠는가? 고기 먹는 자들은 편안히 살면서 도리어 공은 수고롭게 하는가?" 그러나 이러한 견해와 다르게 박규수의 문인 김윤식은 "이는 작은 일이 아니다. 조정의 처분이 타당하고 그 적임자가 결정되었으면 사사로운 감정으로 애처롭게 여겨서는 안 된다"라고 생각했다. 그는 사신을 보내야 하는 5가지 이유를 강조하였고, 박규수가 가야 마땅하다는 3가지 이유를 제시하였다. 그리고 다음과 같이 종합하여 말하였다.

> 지금 진술한 여덟 가지 타당함은 모두 국가의 대사이니 어찌 한 개인의 사정으로 국가의 대사를 폐할 수 있겠습니까? 서슬 퍼런 칼날을 밟는 일도 할 수 있고 작록(爵祿)을 사양하는 것도 할 수 있으나 지금 세상에서 그 본분을 행하여 시종 마음을 변치 않을 사람은 아마도 오직 공 한 사람뿐일 것입니다. 공은 이미 그 어려운 것을 실천하였으니, 쉬운 일에야 무슨 어려움이 있겠습니까? 그런 까닭에 나는 '그 적임자를 얻었으니, 조정의 처분이 타당하다'라고 한 것입니다. 「북문(北門)」의 곤궁한 선비의 시름[17]과 「북산(北山)」의 독현(獨賢)의 탄식[18]은, 이는 당대 시인의 책망이지 박공의 마음은 아닐 것입니다. 앞길의 엎어지고 자빠지는 어려움에 대해서는 공이 개의치 않을 것이니, 우리는 배표(拜表)하는 날에 공이 장차 기쁜 마음으로 출발하는 것을 볼 것입니다.[19]

바로 김윤식이 예상하고 기대했던 것처럼, 그 스승 박규수는 분명 보통사람과 달랐다. 의연하게 사행의 임명을 받아들였다. 사행을 떠나면서 벗들과 이별하며 지은 시에서 그는 다음과 같이 심정을 표현하였다.

벗들이 나를 위해 작은 연회를 열어주니, 한잔 술이 바로 사행을 떠나는 전별주가 되네. 사행길 서쪽으로 사천 리나 되니, 아득하고 아득한 중국 땅이라네. 평소 꿈에서도 천자의 나라를 그리워했으니, 집안에서도 마음이 들떠 허둥거리네. 북경 도성과 동산의 모습이 눈에 아른거리며, 마음속엔 덜커덩 수레바퀴 구르는 소리 들리네. 오늘 아침 도성 문을 나서니 참으로 상쾌하구나, 참마(驂馬)들 춤추듯 넓은 길 달리네. 여러 공들이 단정히 모여 나를 위해 축하하는데, 어째서 이별의 근심이 얼굴에 드러나는가. 승냥이와 범이 날뛰고 고래가 출몰하며 풍진이 육지와 바다에 온통 가득하네. 군대가 강하고 말이 건장하다고 해도 어찌 믿을 수 있으랴, 기강을 잃어버리면 위험을 만날 것이네. 더구나 또 서역의 장사꾼이 와서 말하고 속이는 사람이 부추길 것이네. 모두 말하기를 사문(斯文)이 다하여 곤액을 당하니 천하가 도탄에 빠진 것을 누가 구원할 수 있으랴. 비록 단문(端門)에서 통곡하는 일은 없겠지만, 촉강(蜀江)에서 협곡을 거슬러 오르는 것은 참으로 불편할 듯도 하네. 우리들은 모두 기개가 큰 사람들이니 작은 이별을 가지고 근심하지 마세나. 아, 성인께서 어찌 나를 속이셨겠는가. 그대들 부디 마음 졸이지 마오. 육경이 중천에서 해와 달과 같이 밝으니 음이 다하면 양이 다시 생겨나는 것은 하나의 반복이라오. …… 이단을 배우고 표절한 일은 예로부터 있었으니, 그것을 따라 꾸미고는 방자하게 자랑하였네. 오랜 뒤에 걸출한 인물이 된다면, 나의 짧은 견해로 천착하였음을 뒤늦게 깨닫고 부끄러워하리. 온 세상 사람들 혈기는 같겠지만 우리 고국으로 돌아온다면 크게 변해 있으리. 소식을 주고받을 때 비바람과 우레를 만나는 일이 없지는 않을 것을 잘 안다네. 서생이 어찌 시무(時務)를 알았겠는가마는 지금 영광스럽게도 사신의 임무에 선발되었다네. …… 돌아와 다시 천하의 일을 논할 적에는 짙은 그늘 긴 햇살 아래에서 꾀꼬리 소리 듣겠지.[20]

그리고 사행을 마치고 돌아 온 동치(同治) 7년(1868) 중국의 벗 동문환(董文渙)에게 보낸 편지에서 다음과 같이 소회를 밝혔다.

한편 세상 사람들이 늘 서생은 관리의 일을 다스릴 수 없고 유가는 군대의 일을 모른다고 하여 모두 썩은 두건으로 치부하니, 이것이 매우 한스럽습니다. 관리의 일은 우선 논외로 하고 군대의 일을 가지고 논해보건대, 예부터 큰 공이 서생에게서 나온 것이 어찌 한량이 있겠습니까. …… 함풍 신유년 제가 열하를 건널 때를 기억해보면 사람들이 모두 위험하다고 여겼기 때문에 제가 발탁된 것입니다. 크게 웃고 용감하게 나아갔으니 무얼 생각하고 무얼 근심했겠습니까?[21]

이상의 내용을 통하여, 박규수가 담대한 책임의식을 가졌을 뿐만 아니라, 중국이 영불연합군에 의해 유린되었던 상황에 대해 깊이 동정을 표하고 아울러 분명 중국이 장구한 문화를 저력으로 이 곤경에서 벗어날 수 있을 것이라고 진심을 다하여 기원했음을 쉽게 확인할 수 있다. '평소 꿈에서도 천자의 나라를 그리워했다(平生夢想帝王州)'는 그의 말에서도 그가 중국에 대해 앙모하는 마음을 가졌음을 볼 수 있다. 바로 이러한 까닭에 박규수는 다른 사람들이 매우 위험하다고 생각했던 연행사의 임무를 받았을 때, 크게 기뻐하며 용감히 나아갈 수 있었으며, '오늘 아침 문을 나서매 매우 기쁘다'라는 감회가 있을 수 있었던 것이다.

사실 그가 흔쾌히 사신의 임무를 받아들일 수 있었던 것은, 결코 우연이 아니다. 이미 도광 12년(1832) 「증인입연(贈人入燕)」이라는 글에서 이와 비슷한 생각을 밝힌 바 있다.

큰 도시에서 많은 사람들의 행동을 살펴보면, 붉은 슬갑과 교각(膠角)을 만났을 때 돌아보는 이는 분명 활을 잘 만드는 장인일 것이고, 감수(鑑燧)와 오금(五金)의 배합을 돌아보는 이는 분명 훌륭한 대장장이일 것이며, 구슬과 비단, 깃 장식과 화려한 병풍을 돌아보는 이는 분명 의복 꾸미기를 좋아하는 사람일 것이다. 이렇게 되는 이유는 다른 것이 없다. 어떤 일에 익숙한지, 어디에 뜻이 있는지, 기호가 어떠한지가 사람마다 다르기 때문이다. 백공들이 물건을 모으는 것도 이와 같고 문장을 지을 때 여러 책들 중에 재료를 가려내는 것도 이와 같으며, 널리 관광하고 멀리 유람하면서 산천과 인물에 대한 논평을 쓰는 것도 또한 이와 같다. 부류에 따라 모이고 나누어지니, 그 취미가 제각기 달라 성향이 비슷한 것을 찾게 된다.

그대가 떠날 적에 형색을 보니 들떠서 기쁨을 주체하지 못하는 듯하였다. 나는 이것이 의무여산(醫巫閭山)의 옥돌을 찾고자 해서인지, 유주(幽州)와 병주(幷州)의 예리한 칼과 활, 수레를 찾고자 해서인지 알지 못하겠다. 그래서 말을 할 수가 없었던 것이다. 군자는 집에서도 천리 밖의 일까지 논할 수 있어야 한다. 하물며 그대는 천하의 사대부들이 모이는 제왕의 도읍을 유람하게 되지 않았는가? 나는 그대가 무엇을 보고 무엇을 가슴에 간직할지 알지 못하겠고, 누구를 만나고 누구와 인연을 맺을지도 알지 못하겠다. 그대가 돌아오면 자세히 물어볼 것이니, 지금 빈말을 남길 수가 없노라.[22]

이상을 통해 본다면, 박규수가 제왕의 도읍(북경)에 가게 된 이에게 당부하고 싶은 핵심은 무엇을 보고 올 것이냐 하는 것이었다.

'하물며 그대는 천하의 사대부들이 모이는 제왕의 도읍을 유람하게 되지 않았는가?'라고 질문한 것이 박규수의 생각을 분명하게 보여 준다.

그의 조부 박지원이 건륭(乾隆) 45년(1780)에 연행사의 수행원으로 북경을 다녀온 경험과 중국 사대부들과 서로 영향을 주고받은 것을 반추해볼 때, 박규수가 부사로 임명되는 기회를 얻자 정치적 임무 외에도 마음속에 특별히 기대하는 바가 있었을 것이다. 그래서 그는 사신을 떠나는 길에 '강 너머의 산들을 보내 시야가 확 트이네. 일찍이 보아오던 광경이 아님을 느끼니, 마음과 안목이 날로 새롭구나. 마음이 상쾌하다.'[23]라는 소회를 남겼던 것이다.

북경에 도착하자 박규수가 기대하던 바가 실현되었다. '사은겸동지사(謝恩兼冬至使)'의 정사이자 그의 벗이었던 신석우(申錫愚)의 소개로 심병성(沈秉成), 왕헌(王軒), 왕증[王拯, 초명은 왕석진(王錫振)], 풍지기(馮志沂), 황운곡(黃雲鵠), 허종형(許宗衡) 등을 만나 함께 시와 술로 교제하며 두터운 우의를 다졌을 뿐만 아니라,[24] 고염무 사당의 회제에 참여할 기회까지 얻게 되어 대유 고염무의 인품과 학문에 대해 경모하는 마음을 갖게 된 것이다.

『고선생사회제제명제일권자(顧先生祠會祭題名弟一卷子)』를 참고해 보면, 이 해 왕헌(王軒)의 기록에 다음과 같은 내용이 있다.

3월 28일, 조선의 사신 박규수가 사당에 참례하길 원하여, 특별히 제사를 설행하였다. 박규수는 자가 환경으로 조선의 예부시랑을 역임하였다. 문안사의 부사로 사행에 포함되었다. 선생(고염무)의 학문을 앙모하였고, 석주(石州)가 찬술한 연보를 읽고는 더욱 경앙하게 되었다. 도성에 들어와 심중복(沈仲復), 동연추(董研秋)와 함께 교유하며 함께 사당에 참례하였다.

동인 중에 왕증[자: 정보(定甫)]과 황운곡[자: 상운(翔雲)]이 참여하였고, 왕헌(자: 하거하거)은 상중이라 제사에 참석할 수 없었다. 허종형, 동린(董麟), 풍지기는 오지 않았는데, 풍지기는 당시 여주(廬州)의 수령으로 임명되어서 부임하러 갔다가 아직 돌아오지 않았다.[25]

이상의 내용으로 당시의 회제 행사가 이전과는 다르게 박규수 등의 참여로 새로운 의의를 갖게 되었음을 알 수 있다. 실로 특례 중의 특례라고 할 수 있다[도광 24년 허한(許瀚)이 북경에 와서 과거를 보았을 때 특별히 설행하였으며, 도광 30년에 장목이 고염무 사당의 오른쪽 협실(夾室)에 신주를 설치하였을 때 특별히 설행하였다. 게다가 박규수 같은 외국인이 참여한 것도 처음 있는 일이었다].

박규수는 심병성, 동문환 등과 창화한 시에서 이번 연행의 이유와 소회를 밝히며, 특히 고염무에 대한 존경의 마음을 표현하였다.[26] 그리고 다음과 같이 기록하였다.

예전에 정림 선생이 북쪽을 유람하다가 북경에 이르렀을 때, 도성 서쪽의 자인사에 머문 적이 있었다. 후대의 학자들이 선생이 남긴 자취를 추모하여 도광 계묘년(1843)에 자인사의 서남쪽 모퉁이에 사당을 세워 선생을 제사하였다. 도주(道州) 사람 하군(何君) 자정(子貞, 何紹基)이 이 일을 처음 주관하였다고 한다. 나는 일찍부터 정림 선생의 학문을 사모하였는데, 함풍 신유년(1861)에 사신의 임무를 띠고 도성에 들어가 다행스럽게도 여러 벗들을 따라 선생을 참배하고 특별히 제사를 올릴 수 있었다. 물러나 자인사의 선방에서 음복하고 여러 벗들과 함께 고음(古音)의 정와(正訛)와 경학의 흥망성쇠를 논하였다. 모든 것이 감격스러웠고, 즐거움 또한 이루 다 말할 수 없었다.[27]

이에 대해서는 동문환도 박규수와 비슷한 소회를 밝혔다.

고찰에 관리들 모여서 늦은 봄 햇살 아래 나란히 서 있노라. 옛 현인을 기리는 연회에 술동이를 높이 쌓아두었네. 박군이 바다 멀리서 얼굴에 먼지를 뒤집어쓰고 건너왔으니, 새로운 벗을 만나게 되었고, 오랜 학문을 논하게 되었네. …… 고염무 선생의 사당을 참배하길 부탁하여 특별히 조치를 취하였네. 유림들이 평소 숭앙하던 분을 연보를 읽고 오래도록 마음에 사모하였네. (석주 장목 선생이 찬술한 고염무 선생의 연보를 읽고 박군이 예전부터 깊이 숭앙하였다.) …… 음복하여 신의 보살핌에 화답하니 그 자태 어제 뵌 것처럼 눈에 선하네. …… 지금 선현의 덕을 그리워하여 옛날을 떠올리며 아득한 마음 보내네. 그때 북경을 유람하면서 원기가 세상에 충만하였네. 아득한 세월이 가로막고 세상은 빠르게 변하였네. 동시에 훌륭한 이들을 잃었으니 서론은 누구에게 듣겠는가. 그대가 오니 늦게 만난 것을 탄식하여 밤새도록 감격의 눈물을 쏟았네. 인사는 몹시 혼란스럽고 천도는 날로 어두워지네. 다시 도성의 남쪽으로 유람하니 즐거움을 어찌할 수 없네.[28]

왕헌과 풍지기도 이와 같은 소회를 남겼다.[29]

이상의 여러 사람들의 술회와 같이 고염무는 그들에게 공통된 '학술적 우상'이었다. 때문에 그들은 고염무 사당의 회제를 하나의 매개로 하여 중국-조선 문화교류의 장을 열어간 것이다.

주목할 만한 것은 박규수가 고염무 선생의 학문에 대해 북경으로 연행을 오기 이전부터 이미 관심을 가지고 있었다는 것이다. 그가 철종(哲宗) 6년(1855)에 찬술한 「녹고정림선생일지록론화발(錄顧亭林

先生日知錄論畵跋)」이 하나의 증거이다. 이 발문에서 그는 "화도(畵圖)
는 예술의 하나이지만 실로 학문에 크게 관계되는데, 오늘날 사람들
은 매우 소홀히 대하니 어째서인가? 뜻을 묘사하는 법도만 발전하
고 사물을 표현하는 그림은 쇠퇴하였기 때문이다"[30]라고 하였다.

  이를 통해 보면, 그는 그림 그리는 것은 분명 작은 기술이지만, 학
문을 하고 세상을 다스리는 도에 보탬이 되는 것은 매우 크다고 여
겼다. 이는 "천고의 오랜 세월의 일과 사해 밖의 먼 세상의 일로 견
문이 미치지 못하고, 족적이 닿지 못하며, 말로 통하지 못하여 자세
하게 설명할 수 없는 것은 오직 화도만이 능히 전할 수 있고 기록할
수 있고 형용할 수 있으니, 그 쓰임이 어찌 문자의 신묘함보다 못하
겠는가?"[31]라고 생각한 것이다. 그래서 그는 산수, 인물, 누대(樓臺),
성시, 초목, 충어(蟲魚)에 이르기까지 오직 진경(眞境), 실사(實事)이
어야 실용에 귀속시킬 수 있고 화학이라고 할 수 있다고 하였다. 여
기에 그치지 않고 그는 다음과 같이 부연하여 설명하였다. "이른바
배움이라는 것은, 모두 실사이다. 천하에 어찌 실제가 없으면서 배
움이라고 이를 수 있는 것이 있겠는가? 진실로 이와 같이 생각하여
『주례』를 그림으로 나타내보면, 응로오문(應路五門)의 제도와 묘사시
조(廟社市朝)의 자리 등 복잡하게 보였던 것들이 완연하게 눈앞에 나
타날 것이다. 그리고 조회(朝會), 연음(燕飮), 관례(冠禮)와 혼례(婚禮),
거마(車馬), 사냥의 모습들이 『시경(詩經)』 「빈풍(豳風)·칠월(七月)」
의 그림에서 나타날 것이다. 이는 가슴속에 삼례의 모든 내용이 들
어가 있는 자가 아니면 능하지 못하겠지만, 당대에 이른바 화학가를
구하는 것은 '매우 쉽지 않은 것[심불이이(甚不易耳)]'이다."[32] 이러한
생각은 고염무 선생의 사상에 동의하여 수용하고,[33] 그것을 더 발전
시킨 것이라 할 수 있다. 그가 '배움은 모두 실사이다[학개실사(學皆實

事)]'라고 인식한 점은 그의 사상의 방향을 더욱 잘 드러내주는 것으로 그를 의심할 것 없이 '실학가(實學家)'로 인식하게 한다.

5. 박규수와 중국 문인들 간의 교류

박규수는 이번에 북경으로 사신을 떠나면서, '평소 꿈에서도 천자의 나라를 그리워했다[평생몽상제왕주(平生夢想帝王州)]'는 숙원도 풀었고, 심병성, 동문환 등과의 교유를 통해 고염무 회제에도 참여할 수 있어서 수확이 매우 많았다. 그리고 이후 오랜 세월 동안 벗들과의 서신 왕래를 통해 지난 추억을 회상하고 속내를 토로하고 학술과 인생을 논하면서 천리를 초월하는 우애를 쌓아갔다.

심병성에게 보낸 편지에서 박규수는 이러한 소회를 토로하였다.

우리 동국의 선비들은 태어나서 늙고 병들어 죽을 때까지 국경을 벗어나지 못한 채로 편협하게 한 선생의 말씀만 고수합니다. 그렇지만 한 고을의 훌륭한 선비가 없지 않아 함께 모여 강론하니, 진실로 학문으로 벗을 모으고 벗으로 인을 돕는 자들도 있습니다. 그러나 말세 이후로 이러한 도 역시 드물어져서 결국 명성과 명예를 보고 서로를 칭찬해주고, 권세와 이익을 보고 서로를 흠모하는 데 지나지 않게 되었습니다. 생각건대, 중국의 사대부들도 이러한 병폐가 없지는 않을 것입니다. 명성과 이익을 가지고 사귐을 논하는 것은 군자가 부끄러워하는 것이니 이러한 몇 가지 좋지 않은 것들을 제거해야지만 벗을 사귀는 도리가 드러날 수 있게 됩니다. 이것에 제가 평생 개탄하며 홀로 선 채 무리와 어울리지 않는 이유입니다.

그런데 지금 마침내 형들과 꿈에서도 이루지 못한 만남을 이루었다가,

산과 바다로 가로막힌 먼 곳에 떨어져있으면서도 마음을 다 털어놓으며 그리워하고 있습니다. 이는 응당 구해야 할 사람이 성기(聲氣)가 같은 자이고 기대하고 바라는 사람이 언행이 일치한 사람이어서, 저 다른 몇 가지 조건들은 조금도 신경 쓰지 않기 때문입니다. 그렇다면 저의 진정한 벗은 중국에 있고 여러 형들의 진정한 벗은 조선에 있는 것입니다. 형께서는 어떻게 생각하시는지요?[34]

박규수가 연행을 통해 중국과 조선의 학인 간에 기풍이 같지 않음을 느꼈고, 벗을 사귀는 도리의 참된 의미에 대해 깊은 깨달음이 있었다는 것을 알 수 있다. 박규수의 입장에서 이른바 군자의 사귐이란 마음과 뜻이 같고, 언행이 일치하는 사람을 찾는 것이며, 서로 명성과 영예를 치켜세우고, 권세와 이익을 기뻐하는 이와는 함께하지 않는 것이다. 이는 분명 지역적 차이와는 전혀 무관한 일이다.

'참된 벗[眞正朋友]'의 의미가 이러하였기 때문에, 박규수가 심병성 등의 사람들과 서신을 주고받으며 담론할 때, 자연히 특별히 부탁하고 기대하는 것이 있었다. 심병성에게 답하는 편지에서 박규수는 다음과 같이 말하였다.

우리는 모두 서생입니다. 평생토록 듣고 보고 생각하고 말하는 것이 몇 권의 경사(經史) 잔질(殘帙)에 불과합니다. 어리석은 마음으로 함부로 생각하는 것이 항상 큰 학문과 큰 사업에 있어 하나하나 몸소 실현해보려고 하나 어려서부터 늙을 때까지 보고 실천해보면 응당 그 불가함을 알 것을 알게 되어 과거의 생각이 사그라지고 저상(沮喪)됩니다. 다만 이상한 것은, 그 마음과 생각이 고질적으로 굳어져 돌아갈 줄 모르고, 말을 하고 일을 처리하는 것이 전혀 시의(時宜)에 합당하지 않아도 스스로 슬퍼하지 않고 그

력저럭 즐겁게 생각한다는 것입니다. 다행히 심성의 벗인 형 또한 이러한 병을 함께 갖고 있으니, 오도(吾道)가 외롭지 않다고 할 만합니다. 우습습 니다.[35]

이러한 소회는 비록 조금은 막막함과 서글픔의 감정을 띠고 있지 만 또한 그의 강렬한 자신감과 의연함도 나타낸다. 그는 또 다른 편 지에서 "우리가 다만 서로 연모하는 좋은 감정으로 평범하게 안부 의 말을 주고받는다면, 붕우지간의 즐거움에 다시 무슨 보탬이 있겠 는가?"라고 하였다. 이러한 생각에서 그는 다음과 같이 강조하였다.

지난해 올렸던 담초(談草)에 대해 여러 군자께서 기꺼이 답장을 보내주 신다면, 이는 천리 멀리 있는 벗을 마치 얼굴 마주하는 것처럼 느낄 수 있 는 바탕이 될 것이니, 평범하게 안부를 주고받는 것과는 같지 않을 것입니 다. 한 번 이러한 방식을 시작하면 경사와 도예를 질문하고 고변(叩辨)하는 것에 보탬이 적지 않을 것입니다.[36]

그리고 "군자가 때를 만났는지, 아닌지는 부귀, 빈천을 말하는 것 이 아니다. 도에 달려 있는 것이다. 관작이 높고 녹봉이 많다고 해도 끝내 배운 것을 써보고 뜻을 펼쳐보지 못한다면 은택이 만물에 미 치지 않을 것이니 이를 때를 만났다고 할 수 있겠는가? 아침에 도를 들으면 저녁에 죽어도 괜찮다고 한 것이 바로 성인께서 천하가 무도 하여 때를 만나지 못함을 서글퍼하신 탄식이 아니겠는가?"[37]라고 한 것을 보면, 바로 이러한 생각을 가지고 있었기 때문에, "매번 요즘의 종유하는 즐거움을 생각해보면 꿈속에서도 그대로여서 모두 행협 (行篋) 속의 편지들에서 나온 것과 같아서 얼굴을 마주한 것 같으니 백 번이고 열어봐도 싫증날 줄 모른다. 혹 나를 조롱하는 자 있으나 괘념치 않노라"[38]라고 할 수 있었던 것이다.

박규수는 심병성 등의 벗들과 구체적인 학문을 통해 교류하였다. 박규수는 왕헌의 학문 저술에 대해 깊은 관심을 가졌다. 여러 번 편지를 보내 그의 『공범통해(貢範通解)』에 대해서 물었고, 삼례를 공부하기 시작했는지, 어느 정도 진행되었는지, 한 번 읽어볼 수 있기를 희망한다는 내용 등을 전했다. "혹시 쓰신 원고를 멀리까지 보내줄 수 없다고 하더라도 몇 줄의 좋은 의론을 뽑아서 보여줄 수 없는지, 한 번 개발시키고 절차탁마하는 보탬이 될 것이니, 절승을 술회한 기사와 시문 같은 종류일 것입니다"[39] 라고 하였다. 또 면려하여 말하길, "우리가 힘으로 충분히 할 수 있는 것은 오직 글을 쓰는 한 가지 일일 뿐인데, 이 또한 크게 수가 있으니, 적합한 인재가 있어야 하고, 적합한 때가 있어야 합니다. 대충대충 느긋하게 세월을 보내서는 안 됩니다"[40]라고 하였고, "무릇 유자의 사업을 능히 자신의 몸에서 직접 실현시킨 자가 수천 년 세월 동안 몇 사람이나 있었습니까? 말과 행실을 독실하게 하여 끝내 지극하게 되어야 마침내 일컫기를 대대로 천하의 법이 되고 대대로 천하의 측(則)이 된다고 하니, 여기서 '세위(世爲, 대대로 된다)' 두 글자는 성현의 고심함이니 공부하는 사대부는 어찌할 수 없습니다. 글을 써서 후세에 종지를 남기는 것뿐입니다. 형께서는 힘쓰고 힘쓰십시오"[41]라고 하였다.

또 왕헌에게 보낸 편지에서 다음과 같이 말했다.

저의 벗 중에 상서(尙書)를 지낸 남규재(南圭齋)라는 사람이 있는데, 이름은 병철(秉哲)입니다. 형께서도 금천(琴泉, 신석우)을 통해 알고 계시리라 생각합니다. 경적(經籍)을 두루 통하고 경세제민에 뜻을 두었고, 아울러 주비가(周髀家)의 학설을 정밀히 이해하였습니다. 우연히 원화(元和) 사람 고광기[顧廣圻, 자: 천리(千里), 호: 간빈(澗蘋)]가 저술한 『사상재집(思適齋集)』을 읽었는데, 「개방보기후서(開方補記後序)」를 보고 『개방보기』는 양성(陽城)의 장고여(張古餘) 선생이 지은 것임을 알았습니다. 이 벗이 이 책을 매우 보고 싶어 하는데 형께서는 읽어보신 적이 있는지 모르겠습니다. 남군이 저를 통해 형께서 이 학문에 뜻을 두고 있다는 것을 듣고는 저에게 여쭈어주기를 요청했습니다. 만약 구해주시는 데 어려움이 없으시다면, 그 바람에 부응해주시면 정말 좋겠습니다.[42]

남병철이 세상을 떠난 후 박규수는 그의 학술을 표창하고, 심병성에게 편지를 보내 남병철이 지은 『해경세초(海鏡細草)』, 『해추보속해(解推步續解)』, 『의기집설(儀器輯說)』을 왕헌에 견주어 평가하여 얼마나 공력을 기울였고, 그 수준은 어떠한지 의견을 달라고 부탁하였다. 박규수는 또 그 아우 선수(瑄壽)의 『상서』, 『설문』 공부를 위해 벗에게 의견을 구하기도 하였다. 그는 왕헌에게 다음과 같이 편지를 보냈다.

연추[硏秋, 동문환(董文煥)]형이 보내 온 편지에서, 형께서 고전(古篆)을 힘써 공부하여 비록 노천(魯川, 풍지기)이라도 양보할 수밖에 없다고 하였습니다. 초막에서 즐겁게 담소를 나누었던 일을 생각하니 꼭 어제처럼 생생합니다. 제 아우도 이 학문을 하고 있는데, 전고가 꽤 있습니다. 종정(鍾鼎)과 이기(彝器)에 새겨진 글자들을 모두 모아 『상서』 몇 편을 써보고자 하는데, 만약 글자가 충분하지 않다면 편(偏)과 방(旁)을 붙여서 글자를 만들어도 괜찮을 것이라고 합니다. 어떻게 생각하시는지 여쭙습니다. 또 책한 권을 지어 『설문』을 보충하려고 하는데, 아우 또한 공무에 바쁘기 때문

에 아직 완성하지 못했습니다.[43]

또 말하였다.

아우 온경(溫卿)이 근래 『설문』과 소학[小學, 문자학(文字學)]을 공부하
길 매우 좋아하여 『설문해자익징(說文解字翼徵)』이라는 저술을 남겼습니
다. 이 책은 종정과 이기에 보이는 『설문』의 글자들의 같고 다름을 비교하
여 정오(正誤)를 변증한 책으로 경전을 충분히 보충할 수 있고, 선인들이
발명하지 못한 견해가 많이 있습니다. 아직 책을 탈고하지 않은 상태이지
만, 조만간 올려 드릴 수 있을 듯하니 서문을 부탁드립니다.[44]

물론 학문을 논하는 사이에 가벼운 주제도 주고받았다. 예를 들어
박규수가 동문환에게 보낸 편지의 내용이 흥미롭다.

고재[顧齋, 왕한(王軒)] 형의 『설문』 공부는 요즘 어떠한지요? 지난번 어
떤 벗에게 있는 그림 병풍을 보았는데 허숙중[許叔重, 허신(許愼)]이 수염
과 머리가 하얗게 세어 구부정하게 가고 있었습니다. 이양영(李陽冰), 서현
(徐鉉), 서개(徐鍇)부터 『설문』에 공이 있는 자들이라면 모두 허노인을 전
후 좌우에서 부축하여 가고 있었습니다. 그 형용이 사람을 포복절도하게
만들었습니다. 지금 고재형께서 마땅히 허(許) 노인의 팔 한쪽을 부축해야
하는데 로천형이 먼저 잡을까 걱정되니 크고 빠르게 걸음 하셔야 할 것입
니다. 농담입니다.[45]

주목할 점은 박규수가 심병성에게 보낸 편지에서 여러 번 고염
무의 학문에 대해 논했다는 것이다. 그중 다음과 같은 서신이 있다.

지난번 담소를 나눌 때 하거(霞擧, 왕헌) 형이 "그대가 고염무 선생을 존모한 것은 선생께서 한학과 송학을 하나로 통합해서인지요?"라고 물었습니다. 이때는 술자리라 경황이 없어 생각을 정리하지 못하고, "그렇습니다"라고 대답을 했습니다. 그러나 제가 선생을 존모하는 것은 다만 이 때문만이 아닙니다.

　　『음학오서(音學五書)』와『금석문자기(金石文字記)』등을 읽고는 선생의 도가 한유에 있다고 생각하고, 『하학지남(下學指南)』을 읽어보고는 선생께서 송현(宋賢)을 종주로 삼고 숭앙한다고 생각한다면, 이것은 바로 왕불암(王不庵)이 말한 '후학의 젊은이들은 박학다문한 스승을 추숭할 것이다'라는 것입니다.

　　그러나 선생께서 백세의 스승이 되신 것은 오히려 여기에 있지 않습니다. 저와 같은 미천한 후학이 밤낮으로 힘쓰고 가슴 속에 간직하여 잊지 않으려 하는 것은 「논학서(論學書)」의 "선비가 먼저 부끄러움을 말하지 않는다면, 근본 없는 사람이 된다(士而不先言恥, 則爲無本之人)"라는 말입니다. 자식으로서, 신하로서, 아우로서, 벗으로서의 몸가짐부터 출입 왕래하고 사양하고 받고 취하고 주는 것들에 이르기까지 모두 부끄러움을 아는 일입니다. 끝까지 이 말을 진실로 실천하여 허물이 없었던 사람은 오직 선생뿐입니다. 이것이 이른바 "글을 가르치는 스승[경사(經師)]은 쉽게 얻을 수 있으나, 사람의 도리를 가르치는 스승[인사(人師)]은 쉽게 만나기 어렵다"는 것입니다.[46]

또 다른 편지에서는 다음과 같이 말하였다.

　　정림(亭林) 선생의 『하학지남』은 다른 책들과 함께 간행되지 않았습니까? 이 책은 선생이 학문을 하는 정궤(正軌)인데 아직 읽어보지 못하여 한스럽습니다. 생각건대 분량이 많은 책은 아닌 듯하니 만약 부본이 있다면 보내주실 수 있으신지요? 그럼 매우 감사하겠습니다. (『시경(詩經)』〈녹명(鹿鳴)〉에서) "나를 좋아하는 사람은, 나에게 대도를 보여 줄지어다(人之好我, 示我周行)"라고 한 것처럼 해주신다면 먼 지방 학자의 다행일 것입니다.

『일지록집석(日知錄集釋)』을 지난번에 가져 와 자세히 읽어보았습니다. 황여성(黃汝成)은 진실로 고선생 문하의 공신이라고 할 만합니다. 그러나 그 주석은 간혹 산만하고 지나친 곳이 있습니다. 논자들은 어떻게 생각할지 모르겠습니다.[47]

아울러 한학과 송학의 대립에 대해서는 다음과 같이 말하였다.

어떤 사람이 책을 보여주었는데, 제목이 『전경당총서(傳經堂叢書)』라고 되어 있었고, 그 가운데 4책으로 된 것은 바로 능명개(凌鳴喈)의 『논어해의(論語解義)』였습니다. …… 그 책을 읽어보았더니, 경술을 밝히기 위해 지어진 책이 아니었습니다. 오로지 정주(程朱)를 욕하고 성인의 가르침을 곡해하려고 작정하여 주장을 전개하였는데, 허황되고 방자한 소리를 하는 것이 전혀 거리낌이 없었습니다. 한학과 송학 사이의 대립이 진실로 하루아침의 일이 아니지만, 욕하고 매도하는 것이 이처럼 심한 적은 없었습니다. 여러 선생들께서는 그 책을 보고 어떻게 생각하셨는지 궁금합니다.

그의 문호는 소산(蕭山)의 유파인 듯하니 그가 전수받은 것은 분명 근원이 있을 것입니다. 그런데 그가 추존하는 것은 정림 선생과 서하(西河) 선생[모기령(毛奇齡)]을 함께 거론하니, 매우 놀랄 일입니다.

정림 선생이 송현의 부족한 부분을 보충하고 미치지 못한 부분을 바로잡은 일은 있으며, 일의 근본을 따지고 실사구시를 추구하여 강학가의 말류의 폐단을 바로 잡은 일은 있습니다. 그러나 어찌 저들이 일컫는 서하 선생처럼 송현을 비난하고 공박하여 저들에게 추대를 받을 만한 일을 하였단 말입니까? 이는 고 선생을 사숙한 자로서 변론하지 않을 수 없는 일입니다. 여러 선생들께서는 어떻게 생각하시는지요?[48]

이상의 내용을 통해, 박규수가 고염무의 저술과 사상을 접하면 접할수록 그의 인식 속에서도 더욱더 숭상하는 마음이 더해졌음을 알 수 있다. 그는 고염무를 학문적인 측면에서 '글에 대한 스승(經師)'으로 존숭하기도 했지만, '사람의 도리를 가르치는 스승(人師)'으로 더욱 존모하였다. 이러한 기본적인 생각에서 그는 마침내 한학과 송학의 대립에 동의하지 않았고, 고염무 선생에 대한 여러 평가들을 바로잡아야 한다는 필요성을 느꼈던 것이다. 박규수의 인식과 주장이 타당한지 여부는 우선 논외로 하고, 그가 고염무 사상에 영향을 받고 인격에 깊이 감동했다는 것은 분명하다고 할 수 있다.[49] 이것이 바로 그가 뜻하지 않은 사행에서 얻은 가장 큰 수확이 아니었을까 한다.

6. 박규수의 두 번째 사행과 회제 참석

11년이 지난 동치 11년(1872) 박규수는 두 번째 사행의 의무를 띠고 북경으로 떠났다. 첫 번째 사행 때와는 상황이 조금 달랐다. 이번 사행은 동치 황제의 혼례를 축하하기 위한 것으로 박규수는 진하겸사은사(進賀兼謝恩使)의 정사(正使)로 임명되었다. 그리고 매우 공교롭게도 박규수는 이번 사행에서도 다시 고염무 사당의 회제에 참여할 수 있게 되었다.

박규수가 북경에 다시 도착하여 회제에 또 참석할 수 있었던 것은 분명 북경에서 회제를 주최하는 사람들에게 특별한 관심을 불러 일으켰다. 『고선생사회제제명제일권자』는 이 해에 진문전(陳文田)이 편찬한 것으로 이 행사에 대해 전문적으로 기록한 것이다. 이 기록에 다음과 같이 되어 있다.

> 9월 초하루 가을 제사가 있었다. …… 이 날 제사에 참여한 사람은 ……
> 외신(外臣)으로 제사에 참여한 사람은 조선의 판중추부사(判中樞府事) 박
> 규수[환경(瓛卿)], 호부시랑(戶部侍郎) 성이호[成彝鎬, 서재(敍齋)], 홍문관
> (宏文館) 교리(校理) 강문향[姜文馨, 난포(蘭圃)]이 있었는데, 환경은 함풍
> 신유년에 사당을 참배하여 끝까지 함께하였다. 다시 와서 제사에 참으로
> 좋은 일이다.[50]

대섭원(戴燮元)도 다음과 같이 특별히 술회하였다.

> 황제께서 등극하신지 11년 되는 가을 9월에 혼례를 거행하였다. 천하에
> 조령을 반포하자, 조선에서 부신(陪臣) 판중추부사 박규수, 호부시랑 성이
> 호를 각각 진하정사(進賀正使), 부사로 하고 굉문관 교리 강문형을 서상관
> 으로 하여 경사로 조회를 왔다. 이 달 그믐에 마침 고정림 선생 사당의 가
> 을 제사를 거행하였다. 학사(學士) 송설범(宋雪帆)이 제사를 주관하였고 18
> 명이 참여하였다. 이보다 앞서 중추부사 박환경(朴瓛卿)이 함풍 11년 선황
> 제의 행재소에 문안을 드리기 위한 부사로 경사에 온 적이 있었다. 사당에
> 참례하길 원하여, 동인들이 특별히 제사를 설행하였다.
> 지금 다시 와서 청하여 마침내 시랑(侍郎) 성서재(成敍齋), 교리(校理)

강난경(姜蘭卿)과 함께 제사에 참여하게 되었다. 제사가 끝난 뒤에 음복을 하고는 필담을 마음껏 나누었다.[51]

아울러 서로 시를 지어 나누기도 하였다.[52]

박규수가 다시 와서 제사에 참여한 것을 참으로 좋은 일이라고 한 것을 보면 경사의 여러 동인들이 박규수가 다시 제사에 참여한 것을 매우 중요하게 생각하고 열렬하게 환영했음을 알 수 있다. 특히 주목할 점은 이 행사가 끝나고 박규수가 『고선생사회제제명제일권자』에 중요한 글을 남겼다는 것이다. 그는 이와 같이 썼다.

동치 임신(壬申) 9월 조선의 진하정사 박규수가 다시 경사에 와서 부사 성이호, 서상관 강문형과 함께 사당에 인사를 올렸다. 마침 가을 제사인지라 회제에 참여한 여러 벗들과 우호를 다질 수 있었다. 참으로 즐거운 일이다. 그러나 신유년에 인사를 나누었던 여러 벗들이 혹은 멀리 벼슬을 떠나 있고, 혹은 이미 별세한 지 오래이니 격세지감을 금할 길이 없다. 박규수 적다.[53]

박규수는 분명 다시 고염무 사당의 회제에 참여하게 된 것이 매우 감개무량하였다. 그러나 박규수가 이번 사행에서 '새로운 벗들이 연회를 베풀어준 것이 즐겁지 않았던 것은 아니지만(不無新知作讌會爲樂)'[54] 첫 번째 북경에 왔을 때의 소회와 비교해보면 마음속에서 실로 쓸쓸함을 느꼈고, 심지어 조금은 실망도 하였다. 그 이유로는 다음의 몇 가지를 들어볼 수 있다.

첫째, 지난번 북경에서 우호를 맺었던 벗들이 혹은 먼 지방으로 벼슬살이를 떠났고, 혹은 이미 작고하여 다시 옛 벗들을 만나리라는 기대가 수포로 돌아갔다. 박규수는 왕헌에게 보내는 편지에서 유감스러움을 다음과 같이 표현하였다.

제가 이제 늙어서 멀리 갈 수가 없습니다. 오직 평소에 벗들을 그리워하여 형께서 혹 다시 도성문에 이르러 사신 온 저를 찾아와서 다시 성방(禪房)에서 글을 주고받을 수 있을까 생각했는데 이 뜻을 이루지 못했습니다. 비록 새로운 인연이 기쁘지 않은 것은 아니지만 끝내 서글픔을 달랠 길이 없습니다.[55]

심병성에게 보낸 편지에서도 다음과 같이 아쉬움을 드러냈다.

제가 다시 왔는데도 옛 벗들을 만나보지 못했으니 제 서글픔을 잘 아시리라 생각합니다. …… 저는 지금 머리는 다 벗겨지고 이는 반이나 빠졌습니다. 그런데도 삼천 리 길을 달려온 것은 오로지 벗들을 만나고 싶어서였습니다. 결국 이처럼 무료하기만 합니다.[56]

또 동문환에게 보낸 편지에서는 다음과 같이 말하였다.

제가 다시 도성에 들어왔는데 옛 벗을 한 명도 만나볼 수 없으니 이 쓸쓸함을 아실 것입니다. 형의 아우 운감[雲龕, 동문찬(董文燦)]은 비록 초면이었지만 교제함에 편안하였습니다. 함께 어울린 덕분에 적막하지 않았습니다. 함께 고염무 선생의 사당에 참배하고 자수불상(慈壽佛像)을 보았습니다. …… 고재형이 태화산(太華山)에 다녀온 일이 있다고 하는데, 아직 그 기록을 보지 못했습니다. 이 형이 저렇게 한가하게 있으면서 바다 건너 온 벗에게 북경의 시장에서 술 한 잔 마시게 못하니 원망을 품지 않을 수 없습니다. 형을 만나보지 못한 것은 형세가 그러해서입니다. 취중에 이런 소리를 하니 형께서는 벽을 마주한 것처럼 무시해주시길 바랍니다.[57]

아우 선수에게는 다음과 같이 말했다.

이번 사행은 유람을 위한 것이 아니라, 오로지 중원의 명사들과 우호를 맺기 위한 것이다. 그런데 예전에 사귀었던 벗들이 모두 경사에 있지 않고, 오직 연추(동문환)의 아우 동문찬만 있다.[58]

다시 옛 벗들을 만나서 술을 마시면서 회포도 풀고 학문도 논하고자 기대했으나, 그렇게 할 수 없었으니, 평소 벗들을 만나기를 늘 고대했던 박규수의 입장에서 쓸쓸할 수밖에 없었다.

둘째, 박규수는 당시 경사의 사풍을 자못 못마땅하게 생각했다. 그는 아우 선수에게 다음과 같이 말했다.

혹은 명성을 듣고 먼저 관사에 찾아와서 만나본 자도 있고, 혹은 그의 자리로 가서 만나본 자도 있어서 일면식 이상을 한 자가 모두 80여 명이나 되었으니 널리 교유했다고 이를 만하다. 그러나 요사이의 기풍을 보건대, 예전만 못하다. 노성한 자들은 모두 별다른 흥취가 없고 또 그중에 뜻이 있는 자들은 왕고재처럼 고향으로 돌아가 은거하였다. 연소한 신진들은 모두 문장과 글씨에 소질이 있을 뿐이지 특별히 남보다 나은 것도 없었다. 교유한 바가 많기는 하여도 다만 술과 음식을 주고받고 실없는 소리하며 즐거워하는 일뿐이었으니, 무슨 일에 의미를 부여할 수 있겠는가? 사행의 임무가 끝나지 않은지라 11월 초까지 머물러야 하는데 좌우의 사람들을 응대하고 쓸

데없이 오가느라 겨를이 없으니 참으로 곤란스러운 일이다.[59]

또 그는 만청려(萬靑藜)에게 보내는 편지에서 실망스러운 마음을 완곡하게 다음과 같이 표현하였다.

지난번 도성에서 한두 번 사사로이 뵈었을 뿐인데 절반은 사신의 일을 의논하였습니다. 학술과 경세제민의 일은 오래전부터 여쭙고 싶었던 것인데 미처 마음속 생각을 다 털어놓지도 못한 채 조선으로 돌아오게 되었으니 매우 서글픕니다.[60]

이와 같은 당시의 분위기는 박규수가 기대했던 것과 매우 차이가 있었다. 그러니 어떻게 실망하지 않을 수 있었겠는가?

셋째, 박규수는 원래 이번 사행을 통해 아우 박선수가 지은 『설문익징(說文翼徵)』을 북경의 벗들에게 보여주어 가르침을 청하고 간행도 부탁할 계획이었으나 뜻을 이루지 못했다. 아우에게 보낸 편지에서 박규수는 『설문익징』에 대한 자신의 계획을 말하였다. 그의 생각에 『설문익징』은 일찍이 천하에 없었던 저술이었다. 비록 스스로에 대해서는 "지난 십여 년 동안 중국의 선비들에게 보여줄 만한 글 한 편이 없다. 비록 있다고 하더라도 무슨 대단한 문장이 있겠는가"[61]라고 생각했으나, 이 책은 들고 북경에 들어갔으니, '이 책에 대해 마음속으로 생각하는 것이 있었다(有物默相)'고 할 수 있고, '가장 기이한 일(第一奇事)'이라고 할 만했다. 그래서 그는 신중하게 진행하기 위해 "직접 의논할 만한 사람을 한 번 만나보고 부탁을 해야지, 고재 등에게 멀리서 편지로 부탁해서는 안 된다"[62]라고 생각했다. 게다가 그는 자신만만하게 "이 책이 만약 간행되면 책장수는 큰돈을 벌 것이다"라고 생각했다. 그리하여 내가 "비록 이 책을 판각할

돈이 없어도, 뜻이 있는 사람과 이 일을 의논한다면 성공할 수 있을 것이다." 만약 그렇게 된다면 "아우는 비록 한때의 고독한 근심이 있고, 나는 비록 한때의 초조해하고 걱정하는 번뇌가 있지만 모두 신경 쓸 것이 아니다." 비록 이 사행이 "이 일 때문에 온 것은 아니지만, 이 책에 대해 마음속으로 생각하니, 반드시 이 보물을 천하에 전하고 싶은 마음이 생겨 저절로 용기가 솟아올랐다"[63]라고 생각했다.

그러나 일은 박규수가 기대했던 대로 흘러가지 않았다. 북경에 도착한 이후에 박규수는 동문환의 아우 동문찬을 알게 되었는데, 그가 육서(六書)를 힘써 공부하였기에 『설문익징』을 보여주었다. 동문찬은 잠시 살펴보고 그 범례를 다 보고는 "이 책은 완씨의 『적고관식(積古款識)』과 설씨의 『관식(款識)』을 수록한 것인데, 완씨는 전거를 상세히 들었으나 오자가 많고, 설씨는 필획에 오류가 많다"라고 하였다. 박규수는 문찬을 명민하다고 여기고, 이 책을 평가해줄 것을 부탁했다.

그러나 첫째로 왕헌이 북경에 없어서 그를 만나보고 가르침을 청할 수 없었고, 둘째로 온갖 물가가 급등하여 간행 비용이 매우 비쌌기 때문에 간행하려는 계획을 끝내 그만둘 수밖에 없었다. 이는 자신만만하게 별문제 없을 것이라 생각했던 박규수에게 당혹감과 깊은 아쉬움을 남기는 것이었다.[64]

비록 이러했지만, 박규수는 포기하지 않고 조선으로 돌아온 뒤에도 여러 번 중국의 벗들에게 이 일을 의논했다. 그가 왕헌에게 보낸 편지에는 다음과 같이 되어 있다.

저의 아우가 륙서를 힘써 공부하여 『설문익징』 14권의 저술을 지었습니다. 고명께 질정드리고자 하였으나 만나뵙지 못하였고, 책이 한 권 뿐이라 보내드릴 수가 없습니다. 이것이 매우 한스럽습니다. 나중에 다시 베껴서 보내드리겠습니다. 언제쯤 북경으로 돌아오시는지요?[65]

또 동문찬에게 보낸 편지에서 다음과 같이 강조하였다.

저의 아우의 『설문익징』은 아직 추보(追補)하지 못했습니다. 또 제가 있는 이곳은 책을 판각하기가 매우 어렵고 원래 서방(書坊)에서 책을 판각하는 것을 전문으로 하는 사람이 없습니다. 때문에 조만간 반드시 북경의 좋은 장인에게 부탁하고자 하는데 자금을 대는 것도 쉽지 않아 걱정입니다. 어찌해야 하겠습니까? 이 책은 식자들이 찾아볼지는 알지 못하겠지만 만약 항아리의 뚜껑으로나 쓰이고 만다면 참으로 애석할 것입니다. 만약 책장수가 가져가 판각한다면 새로운 진면목을 찾는 데 무방할 것입니다. 이것을 좋아하는 사람들이 반드시 찾아볼 것이니 어떻게 생각하시는지요? 아우가 완본을 정사(淨寫)한 이후에 고재 등의 옛 벗에게 올려 질정을 받고 싶습니다만, 이번엔 어렵겠습니다.[66]

오대징(吳大澂)에게 보낸 편지에서는 다음과 같이 말했다.

온경(溫卿)의 『설문익징』은 아직 추보하지 못했습니다. 그러나 폐방(弊邦)은 책을 판각하는 곳이 없으니 언제 판각할 수 있을지 모르겠습니다. 만약 항아리의 뚜껑으로나 쓰이고 만다면 참으로 애석할 것입니다. 북경에서 아침에 저술이 있으면 저녁이면 이미 판각 중인 것과는 다릅니다.[67]

그리고 만청려에게 보내는 편지에서는 더욱 자세하게 절박한 심정과 당혹감을 드러냈다.

어리석은 형인 저는 필묵을 놓은 지 오래되었습니다. 저의 아우는 이름은 선수, 자는 온경, 호는 온재입니다. 이부우시랑(吏部右侍郞)에 올랐고 나이는 금년에 54입니다. 어려서부터 분전(墳典)을 좋아하여 『설문익징』 십여 권을 저술하였습니다. 이 책은 종정고문(鍾鼎古文)으로 설문의 소전을 증명한 것으로 의심나고 잘못된 부분을 발명한 곳이 많습니다. 전거가 많아 전해도 걱정이 없습니다. 그러나 동방에서는 륙서, 소학을 하는 이가 매우 적어 중국의 선비들이 안목을 갖춘 것과 같지 않습니다. 그래서 항아리 뚜껑으로 쓰이지나 않을까 염려됩니다. 기필코 창사(廠肆)에서 판각하고자 하는데 자금이 얼마나 드는지도 알지 못하겠고, 이러한 일은 뜻이 있는 사람이 주관하지 않는다면 어찌 생각대로 잘 이루어지겠습니까? 원서를 아직 탈고하지 못하여 이번엔 여러 형들께 올려 질정하지 못합니다. 그러나 그 가부에 대해 의논해주신다면 다행일 것입니다. 어떠신지요?[68]

그리고 분연히 탄식하며 다음과 같이 말하였다.

육서의 학문은 궁리격물(窮理格物)하는 데 가장 중요한 일입니다. 그러나 그동안 이를 전문으로 연구하는 이들이 자질구레한 것을 완상하는 데 지나지 못했으니 안타깝습니다. 어떻게 생각하시는지요? 고명의 생각을 듣고 싶습니다.[69]

그러나 매우 유감스러운 것은 박규수가 비록 이렇게 많은 노력을 기울였지만 끝내 뜻 있는 사람을 찾지 못하여 결국 큰 아쉬움으로 남았다는 것이다. 1912년에 이르러서야 이 책은 김만식(金晚植)의 교열을 거친 후 한성 광문사에서 출판할 수 있었다. 이때는 이미 박선수가 세상을 떠난 지 13년이 된 때였다.[70]

　박규수가 두 번째로 북경에 갔을 때 비록 인사들을 사귀는 것과 기대한 바를 이루는 것들이 모두 원래 생각과 차이가 커서 자못 낙담을 하였다. 어떤 상황은 한스럽기도 했다. 그러나 그는 북경의 관원, 사인들과 함께 고염무 사당의 회제에 참여하여 교류하는 사이에 분명 나름대로의 수확을 거두었다. 예를 들어 오대징이 증국번(曾國藩)의 문초(文抄)를 선물하였는데 박규수는 귀국하여 읽어보고는 매우 존모하고 감복하여, "세상에 있을 적에 문하에 들어가서 천하의 견식을 두루하지 못한 것이 한스럽다", "평생토록 나라의 울타리에 갇혀 직접 이러한 훌륭한 사람에게 배워보지 못한 것이 한스럽다"는 등의 소회를 남겼다. 박규수가 이러한 아쉬움을 드러낸 것은 박규수는 증국번에 대해 "문장, 업적, 학술, 경세제민을 모두 갖추어 전대를 찾아봐도 이만큼 훌륭한 사람이 없었다. 하늘이 성인의 시대에 이러한 위인을 내시어 유자들을 위하여 기운을 발휘하게 하였다"라고 평가하였기 때문이다. 그리고 이를 계기로 증국번의 전집을 얻어 한 번 읽어보면 좋겠다고 생각했다.[71] 예를 들어 박규수가 만청려에게 보낸 편지에서 중국과 조선이 일본의 침입의 위협에 당면해있다고 논한 것을 보면[72] 그가 이번 사행에서 중국 사대부들과의 교류를 발전시키겠다는 뜻을 갖고 있었던 것이 분명하고 또한 강렬한 정치적 기대를 갖고 있었다는 것[73]을 쉽게 알 수 있다. 그러나 결과는 만족스럽지 못했다. 이는 두 번의 사행 사이에 중국의 동향과 정세가 변화했기 때문이다. 박규수의 마음속에 실망이 드러난 것이 결코 이상할 것도 없다. 그러나 세상의 풍파와 벼슬길의 시련은 글 읽는 관리의 입장에서 본다면 일종의 "허대학문(許大

學問) 허대사업(許大事業)"이라고 할 만하니 말하기가 쉽지 않다. 심병성 등의 사람들도 이와 같았으니, 박규수 등도 어찌 이러한 고난이 없다고 하겠는가.[74]

7. 맺음말

박규수는 열하문안부사로, 진하겸사은정사로 두 번 북경에 사신을 다녀왔다. 두 번 모두 청나라 조정이 내우외환을 겪던 시기였다. 이와 같은 정세에 당면하여 그가 어려움을 두려워하지 않고, 의연히 명을 받아 사행을 떠난 것은 분명 우연히 결정한 것이 아니라 실로 원했던 바였다. 이상에서 설명하였듯이 그가 바랐던 것은 첫째는 '평소 꿈에서도 천자의 나라를 그리워했다(平生夢想帝王州)'는 그의 숙원을 실현하는 것으로 조부 박지원 선생을 계승하여 직접 중국문화를 접하고 향유해보는 것이었다. 둘째는 더욱 중요한 것으로 이번 기회를 통해 사대부들과 교제하고 학문과 도를 논하고 의문 나는 것을 질문하고 특히 덕망 있고 경세의 재주를 지닌 벗을 찾는 것이었다.

대유 고염무가 마침 박규수의 이런 소망을 실현하기 위한 매우 얻기 어려운 인연을 제공해주었다. 이는 박규수가 북경으로 사행을 떠나기 전 이미 고염무 선생의 학문을 접하고 그 인품을 매우 존모했기 때문이다. 북경에 도착한 이후에 연행사였던 벗 신석우의 소개를 통해 심병성, 왕헌, 왕증, 황운곡, 풍지기 등과 교제할 수 있었고, 덕분에 고염무 사당의 회제에 참여할 기회도 얻었다.

이 기회를 통해 박규수의 고염무에 대한 숭모의 마음을 다 했을 뿐만 아니라 더 나아가 그 저술과 삶에 대해서도 깊이 이해하고 체득할 수 있었다. 그리고 심병성 등과 교제하고 이후 조선에 돌아온 이후에도 편지를 주고받으면서 오랫동안 바라오던 평생의 지기를 찾게 되었다. 박규수와 심병성 등의 벗이 연락을 주고받는 사이에 사람을 감동시키는 것은 그들이 교유한 개인적 즐거움뿐이 아니며, 중국과 조선 학인의 학술적 열정과 문화적 책임, 양국의 위기와 운명에 대한 우환의식을 보여주었다는 것이다. 얼마나 성공했고 어떤 위치에 있던지 간에 자기 한 몸의 이해득실에 마음이 쏠리지 않고 큰 학문과 큰 사업을 성취하는 인생을 추구했다. 이 또한 바로 대유 고염무 선생이 주장한 '경술', '치도', '박문'을 융회하는 학문과 정치의 큰 관건이며, 큰 정신이며, 큰마음이다. 바로 고염무 선생의 학문과 정신에 감동하였기 때문에 박규수와 심병성 등은 서로 알고 서로 교제하고 서로 이해할 수 있었다고 말할 수 있다. 그리고 그들의 천양(闡揚)과 전파를 통해 고염무의 학문과 정신도 더욱 드러나서 이름을 해외에까지 드날릴 수 있었다. 따라서 어떤 의미에서 고염무가 중국과 조선의 학인들에게 학술적 우상이 되어 흠앙되고 숭배될 수 있었던 것은 개인의 영예가 아니고 실로 분명한 문화 상징의 의미가 담겨있다고 할 수 있다.[75]

중국과 조선 양국이 오래도록 밀접한 관계를 지속할 수 있었던 것은 지리적으로 인접해 있었기 때문만은 아니었다. 역사적으로 매 시기 형성되었던 종번(宗藩)의 정치 구조가 기본적으로 있었고, 게다가 서로 문화적으로 교류하고 영향을 준 것이 밀접하여 불가분의 관계에 있었기 때문이다. 비록 그 사이에 어느 정도는 오해와 갈등도 있었다고는 하지만, 큰 흐름에서 보자면 중국 문화의 전통은 분명 양자 간에 유대감을 형성시켰고, 이로 인해 양국의 유자들 사이에 지속적이고 적극적인 교류와 인식, 상호작용을 도출할 수 있었다.[76] 박규수가 고염무 사당의 회제에 참여한 것이 바로 이러한 문화 현상의 전형이라는 것을 우리는 주목할 필요가 있다.

제2부

제도와 정치, 새로운 교류 공간의 형성

고려와 원의 정치적 통혼과 문화교류

우윈가오와(烏云高娃)

1. 머리말

고려 왕실과 원 공주의 정치적 통혼은 중한관계사에 있어 특수한 현상이다. 고려와 원은 특수한 종번관계(宗藩關系)를 통해 오랫동안 중원 문화의 영향을 깊이 받아온 한반도에 몽고문화의 영향을 크게 끼쳤다. 충렬왕(忠烈王)대부터 몽고 풍습이 고려 전반에 성행하였다. 특히 원 공주와 그 수행원이 고려에서 생활하게 되면서 몽고의 언어문화와 풍습이 고려에 전파되는 주요한 경로가 되었다. 이와 함께 여원(麗元) 인적교류가 밀접해지면서 원에 거주하는 고려인의 수가 많이 증가하였다. 고려 세자와 그 수행원은 원의 대도(大都), 상도上都), 강남(江南) 지역에서 활동하였다. 원에 귀부한 고려인은 원에 장기적으로 거주하며 대도와 심양 등지에서 활동하였다. 고려가 원의 일본 정벌을 도울 당시 고려에 주둔했던 원의 군관은 고려 여자를 부인으로 삼았고 원이 철수한 후 고려 부인을 원에 데려가 생활하였다. 고려 공녀제도의 영향으로 원 귀족과 고려 공녀 간 통혼이 이루어졌고 이는 고려의 풍습, 복식, 음식 문화가 원 대도에 크게 유행시키는 역할을 하였다.

여원의 정치적 통혼은 양국 간의 교통을 더욱 발전시켜 고려 사신과 상인이 원 역참을 이용해 원에 가는 것이 끊이지 않았다. 여원 간 정부와 민간 교류가 빈번해지면서 양국 문화가 상호작용하고 영향을 끼치는 양상이 만들어졌다. 몽고의 언어문화, 풍습, 음악, 복식, 수렵 활동, 음식 등 유목문화의 요소가 고려에 전해졌고, 고려 왕실에서 유행하였다. 원 잡극, 정주(程朱) 이학(理學) 등 역시 고려에 전파되었다. 양국 관계가 밀접해짐에 따라 인적교류가 빈번해졌다. 고려와 원 문인 간 왕래가 이루어졌으며 고려의 승려 또한 중국에 가서 불경을 베끼거나 명산고찰(名山古刹)을 여행하면서 불교, 서법, 회화 등 다방면에서 여원 문화교류가 절정에 이르렀다.

본고는 여원 간 문화교류라는 배경 속에서 문화교류의 구체적인 양상과 문화전파의 경로를 중심으로 여원 간 문화의 관용적 수용과 상호 영향에 대한 살펴보고자 한다.

2. 고려와 원의 정치적 통혼과 문화교류의 배경

여원 간 문화교류의 배경을 개관해보면, 첫 번째로 고려 왕실과 원 공주 간의 정치적 통혼이 양국 간 다양한 문화교류의 계기가 되었다.

여원의 왕실 통혼은 고려 충렬왕대에 시작되었다. 1269년 충렬왕은 세자 신분으로 인질이 되어 몽고에 갔다. 6월 고려 권신인 임연(林衍)은 천도를 반대하였고 원종(元宗)을 폐위하여 원종의 동생인 안경공(安慶公) 창(淐)을 왕으로 추대하였다. 이 사건으로 원종은 세

자를 대신해 몽고에 청혼(請婚)을 결심하게 하였다. 이는 몽고와 정
치적 통혼을 통해 원 제국에서 고려의 지위를 제고시키고자 한 것이
다. 1274년 5월 11일 고려의 세자 심(愖), 이후 충렬왕은 쿠빌라이의
딸인 제국대장공주(齊國大長公主) 쿠투루칼리미쉬(忽都魯揭里迷失)와
원 대도에서 혼인하였다. 『고려사』에 "세자 심[1]이 황제의 딸 쿠투루
칼리미쉬 공주에게 장가들었다"[2]라고 기록되어 있다.

　충렬왕 이후, 고려의 세자는 대대로 원의 공주를 부인으로 맞았
다. 충렬왕에서 공민왕에 이르기까지 7명의 고려왕 중 충목왕(忠穆
王)과 충정왕(忠定王)만 재위 당시 성년이 되지 않아 원 공주와 혼인
하지 않았다. 이를 제외한 나머지 왕은 모두 원 왕실과 통혼을 하였
다. 1296년 11월 27일 고려의 세자 원(謜), 이후 충선왕과 원 진왕
(晋王) 감마랄(甘麻剌)의 딸인 부타시리(寶塔實憐) 공주가 혼인하였다.
세자 원은 부타시리와 혼인하기 전, 몽고 여인 속진(速眞)을 부인으
로 얻어 의비(懿妃)로 삼았다. 속진과 언제 혼인 하였는지 정확히 알
수 없지만, 1294년 7월 7일 세자 원과 속진 사이에 왕도(王燾)가 출
생한 것으로 보아 적어도 1294년 전에는 혼인하였을 것이다. 세자
원은 부마시타와 혼인 전에 속진과 혼인한 것이다. 1316년 7월 8일
충선왕의 아들 충숙왕(忠肅王) 왕도는 영왕(營王) 에센티무르의 딸인
이린진발(亦憐眞八剌) 공주와 혼인하였다. 그런데 이린진발은 1319
년 9월 26일 고려에서 세상을 떠나고 만다.[3] 이후에 충숙왕은 위왕
(魏王) 에무게(阿木哥)의 차녀인 조국장공주(曹國長公主) 금동(金童)을
아내로 맞이하여 1324년 8월 5일 대도에서 혼례를 올렸다.[4] 1325년
5월 13일 충숙왕과 조국장공주가 고려로 돌아왔으며 백관이 등롱을
달고 비단띠를 매어 크게 환영하였으나 10월 20일 조국장공주는 죽
고 만다. 이후 충숙왕은 에무게의 딸인 경화공주(慶華公主) 백안홀도

(伯颜忽都)와 혼인하였는데, 언제 결혼했는지는 확실치 않다. 하지만 1333년 윤3월 4일 충숙왕과 경화공주가 대도를 떠나 고려로 돌아온 것으로 보아, 1333년 윤3월 4일 이전 혼인했을 것이다.[5] 1330년 3월 15일 충혜왕(忠惠王)은 원 관서왕(關西王) 초스발(焦八)의 딸인 이렌첸반(亦憐眞班)과 혼인하였다. 1349년 공민왕은 원에 인질로 가 있는 동안 위왕 에무게의 딸인 노국대장공주(魯國大長公主) 부타시리와 혼인하였다.[6] 여원의 정치적 통혼은 양국 문화교류의 중요한 정치적 배경이 되었다고 할 수 있다.

두 번째로, 고려 왕실과 원 공주의 정치적 통혼은 여원 간 인적 왕래를 긴밀하게 만들었으며, 문화교류를 활발하게 만들었다. 양국 인원이 상대방 국가에 정착하거나 장기간 거주하는 것은 쌍방 문화교류의 인문적 배경이 되었다.

원과 고려 왕실의 정치적 통혼이 이루어지면서 원 공주와 그 수행원은 고려에 정주하였으며 몽고문화가 점차 고려에 전파되었다. 이와 함께, 원은 고려의 세자가 인질로 원에 와 있길 요구하였으며 고려의 왕친(王親)이 몽고에 입조하길 요구하였다. 고려 세자와 명문가의 자녀들이 원에 인질로 가고 고려의 왕과 원 공주가 여러 차례 입조하면서 양국 인원의 왕래는 더욱 긴밀해졌다. 특히, 충렬왕과 충선왕 부자는 여러 차례 세자 신분 혹은 왕의 신분으로 원에 갔으며 오랜 기간 원에 거주하여 양국 문화교류에 상당한 영향을 끼쳤다.

고려 국왕과 원 공주, 세자의 수행원은 원에 자주 갔다. 특히 고려 충선왕 왕장(王璋)은 장기간 원에 머물렀으며 대도, 상도, 강남, 오대산 등을 여행하였고 원의 문인, 화가, 승려와 가깝게 지내 여원 간 선종문화와 회화예술 방면의 교류에 중요한 역할을 하였다. 충선왕의 수행원이었던 백이정(白頤正), 이제현(李齊賢), 안향(安珦) 등은 원에 머물면서 주자(朱子) 이학(理學)을 받아 들여 고려의 주자 이학 수용에 중요한 역할을 하였다.

징기스칸대 이래, 부속국은 몽고에 반드시 인질을 보내야 하는 규정이 있었다. 원 태종인 오고타이 때부터 시작하여 몽고는 고려에 왕친이나 세자를 인질로 보낼 것을 요구하였다. 1241년 고려 고종은 영녕공(永寧公) 준(綧)을 자기 아들로 삼아 인질로 보내 고려가 몽고에 항부한다는 뜻을 보였다. 1268년 몽고는 고려에 세자를 볼모로 보낼 것을 요구하였으며, 몽고의 요구에 따라 원종(元宗)은 세자 심(愖, 후에 충렬왕이 됨)을 뚤루게(禿魯花)로 보냈다. 세자 심은 1269년 4월 20일과 1271년 6월 7일 두 차례 걸쳐 뚤루게로 원에 갔다. 세자 심이 즉위하여 충렬왕이 된 후에는 원 공주와 여러 차례 원에 입조하였으며, 1278~1307년 사이 몽고에 간 횟수만 11차례에 달한다. 충렬왕의 아들 충선왕은 세자 신분으로 부모를 따라 여러 차례 원에 다녀왔다. 충선왕이 1287~1325년 세자와 왕의 신분으로 원에 다녀오는 동안 원에 거주했던 시간만 20여 년에 달한다. 이로 볼 때, 고려 충선왕은 여원 문화교류에 지대한 역할을 한 인물이라고 할 수 있다. 충렬왕과 충선왕 이후 충숙왕 왕도(王燾), 충혜왕 왕정(王禎), 충목왕 왕흔(王昕), 공민왕 왕기(王祺) , 소군(小君) 왕서(王湑), 서흥후(瑞興侯) 왕전(王琠), 심왕(沈王) 왕고(王暠) 등이 세자 신분으로 원에 다녀온 바 있거나 장기간 원에서 생활했었다. 이러한 배경하에 원의 수도에는 고려의 풍속이 유행하였고 주자학에서 음식 문화에 이르기까지 원의 문화가 고려에 전파되었다.[7]

세 번째로, 원 공녀 제도의 영향 아래 고려 공녀 중 기씨(奇氏)가 원 순제(順帝)의 두 번째 황후에 봉해졌으며 고려의 환관과 공녀가 원에서 한 세력을 형성하였다. 이 또한 여원 문화교류의 중요한 정치적 배경이 되었다.

원 공주는 고려 왕실에 시집을 온 후 그 수행원과 함께 고려에서 생활하였다. 이와 함께, 쿠빌라이는 여원의 통혼을 요구하였다. 원은 고려를 통제하는 수단으로 혼인한 공주를 이용하였고 통혼을 빌미로 고려 공녀제도를 강화하였다. 고려 공녀제도는 원 세조(世祖)대에 정식으로 확립되었다. 이로 인해 고려 공녀가 원에 보내졌으며 주된 목적은 혼인을 위해서였다. 충렬왕대부터 시작하여 고려 상층부 출신의 여자와 원 귀족 계층 간 통혼하는 사례가 늘어났다. 고려 충렬왕대부터 공민왕대에 이르기까지 고려 공녀는 끊임없이 원에 보내졌다. 그중 고려 도원수(都元帥) 김심(金深)의 여식이 공녀로 원에 보내졌으며, 이후 태정제(泰定帝)의 황후가 되었다. 고려 순비(順妃)의 딸은 인종(仁宗)의 황후가 되었다. 고려 총부산랑(摠部散郎) 기자오(奇子敖)의 딸 기씨는 원 순제의 두 번째 황후에 봉해졌다. 기황후를 시작으로 고려 공녀는 원 귀족과 통혼을 하여 원에서 비교적 높은 정치적 지위를 차지하였고 여원의 문화교류에 있어 광범위하고 깊은 영향을 끼쳤다.[8]

원대 대외 문화교류는 전례 없는 번영을 이루었다. 이는 원의 대외개방과 종교, 문화에 대한 관용정책과 밀접한 관계가 있다.[9] 원의 문화 개방 및 관용정책의 영향아래, 한반도에서 고려와 원의 문화교류는 절정에 이르렀다.[10]

3. 고려와 원의 정치적 통혼과 문화교류의 구체적 양상

고려 충렬왕과 충선왕은 원의 부마로 여원 문화교류에 깊은 영향을 끼쳤다. 충렬왕은 즉위 후 몽고의 풍습을 받아들이고 몽고의 말과 문자 교육을 중시하였으며 고승을 원에 파견하여 경전을 필사해 오도록 하는 정책을 펼쳐 여원 간 밀접한 문화교류의 기초를 마련하였다. 그의 아들 충선왕은 원 공주와 결혼 후 불화를 겪었을 때 원에 볼모로 갔다. 그는 원 체류기간 원의 문인, 고승과 가깝게 지내 여원 간 문화교류를 촉진했다. 특히, 고려의 정주 이학 수용에 중요한 역할을 하였다.

여원 문화교류는 다방면에 걸쳐 다원적으로 이루어졌다. 구체적으로 말과 문자, 풍습, 음악, 잡극, 서화, 불교 등 다방면에 걸쳐 긴밀하고 깊이 있는 교류가 이루어 졌다.

첫 번째 여원의 구체적 교류 양상으로 몽고의 언어가 고려에 상당한 영향을 끼쳤다. 고종과 원종대를 거쳐 충렬왕이 원 공주와 혼인에 이르는 시기는 고려의 군신에게 몽고에 대한 문화적 동질성이 생기는 과정이었다.

고려의 고종, 원종 재위 시기 영민한 아이를 뽑아 몽고어를 가르쳤다. 특히, 충렬왕대에는 고려인 중 몽고어를 배우는 자가 크게 늘었는데, 이들이 배운 몽고어는 쿠빌라이의 명으로 만들어진 몽고신자(蒙古新字)인 파스파 문자이다.[11] 원이 몽고신자를 만들기 이전, 고려와 원의 문서 교환은 한자 혹은 위구르 글자를 썼었다. 쿠빌라이대 파스파 문자가 만들어진 후 고려에 파스타 문자로 작성된 문서를 보냈으며, 몽고자교수(蒙古字敎授)도 파견하였다. 충렬왕 21년 원정(元禎) 원년, 1295 정월 임신(壬申)일 "원에서 몽고자교수 이망고대(李忙古大)를 보내어 왔다"[12]는 것을 볼 때, 고려에서 이미 파스파 문자를 배우기 시작했다는 사실을 알 수 있다.

지원(至元) 8년(1271) 원이 국내에 몽고자(蒙古字)를 공포하여 시행했을 때, 충렬왕은 고려 세자의 신분으로 대도에 있었다. 다음 해 고려로 돌아온 충렬왕은 몽고의 풍습에 따라 변발을 하고 몽고 복식을 착용하였다. 이로 인해, 충렬왕 즉위 후, 몽고의 말과 문자 그리고 풍습의 고려 내 전파가 더욱 중시되었다.

충렬왕은 몽고의 말과 문자, 풍습이 고려에 전파되는 것을 매우 중시 여겼다. 이는 원 공주가 고려 국왕에게 시집온 후 공주와 그 수행원이 고려에서 생활한 것과 일정한 관계가 있다. 원 공주는 고려에 오기 전 고려의 언어를 알지 못한 반면, 고려 국왕 혹은 세자는 원 공주와 혼인 전, 뚤루게로 원에서 일정 기간 생활을 했기 때문에 분명 몽고어를 배운 적이 있거나 알고 있었을 것이다. 하지만 몽고어 수준이 어느 정도였는가에 대해서는 사료의 기록이 없어 알 수는 없다. 충선왕대부터 시작하여 고려 국왕과 세자는 모두 몽고의 혈통에 포함되어 부친이나 모친으로 인해 몽고어를 당연히 알았을 것이다. 고려 국왕과 원 공주가 일상생활에서 소통할 수 있는 수준이었을 것이다. 그러나 원 공주가 정치에 참여하여 몽고어로 고려 대신과 교류할 수 없을 때는 반드시 통역을 통해야지만 소통할 수 있었다. 원 공주는 고려에서 통역을 전담하는 역관이 필요했다. 그래서 충렬왕대 몽고어와 한어에 정통한 역관이 적지 않게 나타났다. 조인규(趙仁規), 강윤소(康允紹), 원경(元卿), 류청신(柳淸臣), 류비(柳庇) 등은 몽고어에 정통한 인물로 충렬왕과 원 공주가 원에 갈 때 자주 수행하였다. 그들은 고려와 원의 교섭 과정에서 언어의 전달자로 중요한 역할을 하였다.

충렬왕대 고려 군신 내 퍼진 몽고 풍습 역시 여원 문화교류의 중요한 양상 중 하나이다. 몽고 복식을 입고 몽고식으로 변발하는 것은 충렬왕대 고려 군신들이 너나없이 따르던 유행이었다. 충렬왕은 즉위 후 고려 백성들 또한 몽고의 풍속을 따르고 몽고 옷을 입고 몽고식 변발을 하도록 명하였다. 특히, 원 공주가 혼인하여 공주와 수행원이 고려에서 생활한 것도 몽고 풍습의 고려 왕실 내 전파에 상당한 영향을 주었다.[13]

여원 관계 초기, 즉 고려 고종(高宗)과 원종(元宗)대 고려인은 몽고의 문화와 풍습을 경시하고 혐오하였다. 쿠빌라이는 즉위 후 고려에 칙서를 내려 고려는 자신의 의관과 풍습을 따르게 했으며, 반드시 몽고식으로 바꿀 필요가 없도록 하였다. 원종은 비록 몽고와 우호적 관계를 유지하였지만, 몽고식 변발과 몽고 풍습을 따르는 것에 적극적이지 않았다. 원종 재위 시절 인공수(印公秀)는 원종에게 원의 풍습을 따라 변발을 하고 호복을 입도록 자주 건의하였으나 원종은 이를 거부하며, "나는 차마 일조에 선조의 가풍을 바꿀 수 없으니 내가 죽은 후에 경들이나 그렇게 하라"[14]고 하였다. 비록 원종 본인은 변발을 거부하고 고려의 전통을 지켜나가길 원했지만, 결국에는 고려 군신이 점차 몽고화될 것이라는 사실을 알고 있었기에 그가 죽은 후 고려 군신이 변발하거나 몽고 풍습을 따르는 것을 반대하지 않았다. 원종대 여원은 긴밀한 관계를 유지하였지만, 원종대 몽고 복식과 몽고식 변발이 고려인 사이에서 유행하지는 않았다. 그러나 충렬왕이 세자의 신분으로 원에 갔다가 1272년 2월 고려로 돌아왔을 때 그는 이미 몽고 풍습에 따라 몽고 옷을 입고 몽고식 변발을 하였다. 충렬왕이 인질로 몽고에 갔을 때가 1269년 4월 20일이니 몽고에서 몇 년간 생활을 해서 몽고 풍습에 동질감을 느꼈던, 원의 통혼 요구 때문이든 간에 몇 년 동안 몽고 생활을 한 세자 심에게 있어 몽고 복식으로 차려입고 몽고식 변발을 하는 것은 아마도 일찍이 습관이 되었거나 쉽게 받아들일 수 있었을 것이다. 게다가 그는 쿠빌라이의 윤허에 따라 원 공주와 통혼하였다. 이러한 배경 속에서 세자였던 충렬왕은 그의 부친 원종이 세운 자신이 죽은 후에나 몽고 풍습을 따르라는 명을 어기고, 몽고 복식과 몽고식 변발을 한 채 고려에 돌아왔다. 당시 고려 사람들은 세자 심의 이러한 행동을 받아들이기 어려웠다. 『고려사』에 기록되어 있기를, "나라 사람들이 세자가 변발을 하고 오랑캐의 옷(胡服)을 입은 것을 보고 모두 탄식하였으며 심지어는 우는 사람까지 있었다."[15] 부왕인 원종 역시 어쩔 수 없이 이를 받아들일 수밖에 없었을 것이다.

충렬왕은 고종과 원종대의 상황을 바꿔, 고려 내에 모든 이가 변발을 하고 몽고 복식을 하여 몽고 풍습을 따르도록 명하였다. 고려 왕실의 복식과 머리 스타일은 모두 몽고의 풍습을 따랐으며 호례(胡禮)와 호악(胡樂)을 행하고 사냥 등 유목생활을 즐겼다.

1274년 5월 충렬왕은 쿠빌라이의 딸과 혼인했고, 원 공주는 고려에 와 생활하였다. 10월 19일 충렬왕과 신하들이 공주를 영접할 당시, 충렬왕은 이분희(李汾禧) 등 아직 변발을 하지 않은 대신들을 힐책하였다.[16]

『고려사』에 기록하기를, "원종 15년 10월 신유일에 왕이 서북면까지 가서 공주를 영접하였다. 순안공(順安公) 왕종(王悰), 광평공(廣平公) 왕혜(王譓), 대방공(帶方公) 왕증(王澂), 한양후(漢陽侯) 왕현(王儇), 평장사(平章事) 유천우(俞千遇), 지추밀원사(知樞密院事) 장일(張鎰), 지주사(知奏事) 이분희, 승선(承宣) 최문본(崔文本), 박항(朴恒), 상장군(上將軍) 박성대(朴成大), 지어사대사(知禦史台事) 이분성(李汾成)이 왕을 배행하였다. 왕은 이분희 등이 개체(開剃)하지 않은 데 대하여 책망하였다. 그들은 '저희가 개체하는 것을 싫어하는 것이 아니라 다만 여러 사람의 예(例)를 기다릴 따름입니다'라고 답하였다. 몽고의 풍속은 머리카락을 정수리에서부터 이마까지 내려깎고 그 모양은 네모나게 하였다. 그리고 가운데는 머리카락을 남겨두었다. 이것을 겁구아(怯仇兒)라고 하였다. 왕은 원에 갔을 때 이미 개체하였으나 나라 사람들은 아직 개체하지 않았기 때문에 책망한 것이었다. 갑자일에 이분성을 서울로 돌려보내며 '비빈들과 여러 궁주 및 재상의 부인들은 모두 다 나와서 공주를 영접하라'고 명하였다. 배행하던 신하들은 용천역(龍泉驛)에서 머물게 하였다. 다만 머리 깎은(開剃) 대장군 박구(朴球) 등만 데리고 갔다."[17]

몽고의 풍습인 변발은 이마에서 정수리까지 머리카락을 깎아 중간의 머리카락만 남기는 것으로 '겁구아'라고 부른다. 충렬왕은 세자 신분으로 원에 입시하였을 때 이미 변발을 하였다. 원 공주가 고려에 왔을 당시에 고려 사람의 대부분은 변발을 하지 않았기에 충렬왕은 변발을 하지 않은 일을 크게 힐책한 것이다. 공주를 영접할 때, 충렬왕은 변발을 하지 않은 대신은 용천역에 머물게 했고, 오직 변발한 대장군 박구 등만을 데리고 가 공주를 영접하였다. 이를 통해 알 수 있듯, 이 시기 고려에서는 아직 몽고 복식을 하는 등의 몽고 풍습을 따르지 않고 있었으며 단지 충렬왕과 소수의 수행원만 몽고 복장과 변발을 하고 몽고 풍습을 따랐음을 알 수 있다.

12월 15일 조정 대신들은 변발에 대해 논의하였다.『고려사』에 기록하기를 "정사(丁巳)일에 재상들이 의논하기를 '김시중(侍中)이 돌아온다면 반드시 곧 머리를 깎을 것이니 깎는 것은 매일반이라 왜 먼저 깎지 않겠는가?'라고 하였다. 이에 송송례(宋松禮), 정자여(鄭子璵)가 개체를 하고 조정에 나오니 나머지 사람들도 모두 그를 따라 하였다. 오직 초노(抄奴), 소유(所由), 전리(電吏)들만 이전대로 하고 있었다."[18] 대신들의 논의 끝에 변발하기로 결정하였고, 송송례, 정자여가 우선 변발을 하였으며 이후 다른 대신들이 이를 따라 변발을 하였다.

충렬왕이 몽고 복식과 풍속을 숭상하자, 이승휴는 충렬왕에 본국의 의관과 전례를 숭상할 것을 건의하였다. 충렬왕이 이를 듣지 않자 이승휴는 원에 표문을 올렸다.『고려사』에 이르기를 "승휴는 세자가 부마로 융복(戎服)을 입고 일한 지가 오래되었다고 여겼다. 그 복례(服禮)와 장세(章勢)를 스스로 판단하기 어렵다며 세자를 비판하였다. 본국의 복례와 장세의 전말에 대해 아뢰었다."[19] 이에 쿠빌라이는 "경은 이미 전왕(前王)의 관작을 계승하여 국왕이 되었으니 자기 나라로 가서 일로 보되 무릇 당신의 조상 왕들이 제정한 제도는 조금도 없애지 말고 이전대로 준행하도록 하라"[20]는 태도를 보였다.

1278년 2월 충렬왕은 고려인이 모두 몽고 복장을 할 것을 명했다.『고려사』에 이르기를 "충렬왕 4년 2월 전국에 명을 내려 모두 원 양식의 관을 착용하게 하였다. 또 개체를 시켰는데 개체란 몽고 풍속에 정수리로부터 이마에 이르도록 털을 깎아 그 모양을 네모지게 하고 그 가운데에만 머리카락을 남기는 것이다. 이때 재상부터 하급 관리에 이르기까지 개체를 하지 않은 사람이 없었다. 다만 대궐 안의 학관(學館)에서만 개체를 하지 않았다. 이에 좌승지 박항(朴恒)이 집사관(執事官)을 불러 타일러 학생들도 모두 머리를 깎게 하였다."[21] 이 사료를 볼 때, 재상에서 하급 관료에 이르기 까지 개체하라는 충렬왕의 명을 따랐다. 오로지 학관(學館)의 학생만 변발을 하지 않았으나 박항이 집사관을 불러 왕명을 전해 학생들 모두 변발을 하였다. 충렬왕은 원 공주와 혼인 후 고려의 군신과 백성이 변발을 하고 몽고의 풍속을 따르는 것을 매우 중시 여겼다. 쿠빌라이의 고려에 대한 회유 정책으로 볼 때, 고려는 자신의 풍속을 바꾸거나 복식을 바꿀 필요가 없었다. 충렬왕의 이러한 정책은 자연스러운 문화 동화의 과정에서 나온 것이다.

두 번째로, 여원 문화교류의 또 다른 양상은 충렬왕이 쿠빌라이의 딸과 혼인한 후, 고려 왕실의 몽고화를 가속화시킨 것이다. 몽고 풍습을 따른 것은 고려의 자발적인 요구였으며 고려와 원의 사대교린 사상의 양상 중 하나였다.[22]

예로부터 고려는 중국의 각 왕조와 "사대교린" 외교관계를 맺어 왔으며, 고려는 종번국으로 중국의 문화적 영향을 크게 받았다. 원 공주와 고려 왕실이 통혼하기 이전, 고려의 유목문화 수용은 극히 미비하였으나 여원이 통혼한 후 고려 왕실은 문화적으로 몽고의 영향을 크게 받았다. 이와 함께 원 공주와 고려 왕실이 대대로 통혼을 하면서 고려왕실의 몽고화는 필연적인 과정이었다.

충렬왕대부터 고려 왕실은 점차 몽고화되었다. 그 주요한 양상 중 하나는 고려왕과 몽고가 혈연관계를 맺게 되어 충선왕부터 공민왕에 이르기까지 고려왕이 몽고식 이름을 취한 것이다. 고려는 자고로 한자문화의 영향을 깊게 받아, 역대 고려왕은 모두 한자 이름을 지었다. 하지만 충선왕대부터는 한자 이름 외에 몽고식 이름을 지었다. 충선왕 왕장의 몽고명은 이지리부카(益知禮普花), 충숙왕 왕도의 몽고명은 아자눌특실리(阿剌訥忒失里)이다. 충혜왕 왕정의 몽고명은 보탑실리(普塔失里), 충목왕 왕흔(王昕)의 몽고명은 팔사마타아지(八思麻朶兒只), 충정왕(忠定王) 왕저(王胝)의 몽고명은 미스젠도르지(迷思監朶兒只), 공민왕(恭愍王) 왕기(王祺)의 몽고명은 빠이앤티무르(伯顏帖木兒), 심왕 왕고(王暠)의 몽고명은 완택독(完澤禿)이었다. 충선왕대부터 공양왕(恭讓王)을 제외한 모든 왕은 모두 몽고의 핏줄을 지니고 있었다. 이것은 고려왕이 몽고명을 지은 주요한 원인 중 하나이다. 충선왕과 충목왕은 모두 원 공주에게서 태어났으며, 충숙왕 역시 몽고 여인에게서 태어났다. 충혜왕과 공민왕은 부계가 모두 몽고 혈통을 지니고 있었다. 이 밖에도, 몽고화된 고려왕실의 또 다른 특징은 고려왕이 호상(胡床)에서 잠을 자고 호악(胡樂)을 들으며 원 잡극을 봤다는 것이다. 그리고 몽고식 관직명을 채용하고 원을 본 따 역참과 응방(鷹房)을 만들었다.

세 번째 고려와 원의 구체적인 문화교류 양상으로 고려 문인과 승려가 원의 불교 행사에 빈번하게 참석하였다. 이는 양국 간 문화교의 깊은 영향을 끼쳤다. 이밖에도 여원 문인 간 시가와 서화 방면의 교류가 매우 긴밀하였다.

고려 왕실과 원 공주의 정치적 통혼은 양국의 인적교류와 인문교류에 큰 영향을 끼쳤다. 원 공주의 수행원 중에는 몽고인 인후(印侯), 회회인(回回人) 장순룡(張舜龍)이 있었다. 그들은 공주를 따라 고려에서 살면서 고려에 몽고와 이슬람의 문화적 요소를 전했다. 이와 동시에 빈번하게 원에 사행을 다녀와 고려와 원의 인문교류에서 중요한 역할을 하였다. 충렬왕과 충선왕 그리고 그 수행원은 원의 문인과 깊은 우정을 나눴다. 특히 충선왕은 오랫동안 대도에서 머무르면서 당시 원대 문인인 염복(閻複), 요수(姚燧), 조맹부(趙孟頫), 우집(虞集) 등과 교류하였다. 충선왕이 대도에 머문 기간 만권당(万卷堂)을 지어 원의 문인과 같이 학문을 토론하고 시가를 주고받았다. 『고려사』에 기록되어 있기를 "충숙왕 원년에 황제가 왕이 원의 서울에 체류할 것을 승인하였으므로 왕이 연저(燕邸)에 있는 사택 안에 만권당(萬卷堂)을 지어 당시의 저명한 선비들인 염복, 요수, 조맹부, 우집 등을 초청하여 교유하며 학문을 연구하였다."[23] 충선왕의 원 체류 기간에 그 수행원 백이정, 이제현, 안향 등은 원 문인과 가깝게 지냈으며, 그 교유는 이학이 고려에 전파되는 데 큰 공헌을 하였다.

충선왕과 원 문인의 교류가 활발했던 것 이외에도 양국 승려의 왕래가 있었다. 그들은 원의 각종 불교활동에 적극적으로 참여하였다. 원대 고려 승려가 경전을 필사하기 위해 원에 가는 것이 빈번하였으며, 『대장경』 필사가 매우 유행했었다. 충선왕은 대도에 머물던 시기, 각지의 사찰에 필사한 『대장경』을 보냈다. 1305년 원 대도의 경수사(慶壽寺)에도 『대장경』을 한 부 보냈다.[24] 1312년에는 항주에 사람을 파견해 해인사에 보낼 『대장경』 50부를 인쇄하였으며, 사원을 지었다. 1318년 원 인종(仁宗)은 충선왕의 요구에 따라 해인사를 보호하는 조서를 반포하였다.[25] 1307년 불교의 성지 오대산과 1319년 절강 보타사(普陀寺)에서 강향(降香)하였으며 항주 부근의 천목산(天目山)에 도착했을 때는 중봉명본(中峰明本)을 찾아가 만났다. 항주를 지날 때 원의 저명 화가인 진감여(陳鑒如)를 불러 수행원인 이제현의 초상화를 그리도록 하였다.[26] 이와 같이 충선왕은 고려와 원의 불교, 서화, 시가 등 문화교류에서 중요한 역할을 하였다.

고려 승려는 원을 빈번하게 드나들면서 불교 교류와 문화교류에 있어 광범위한 활동을 하였다. 원에 들어간 고려 승려의 수가 많았을 뿐만 아니라 원 조정은 그들을 중시하였다.[27] 여원의 통치자는 숭불정책을 펼쳐 중한 간 유례없는 불교 교류의 전성기를 이루었다. 여원 간 두드러진 불교 교류는 양국 승려의 상호 왕래가 예전에 비해 빈번해졌으며 특히 고려 승려가 중국에 매우 많이 갔다는 사실에서도 드러난다. 고려 승려들은 중국 각지를 돌아다니며 배움의 길을 찾았고, 중국 불교 내 각 종파의 정수를 본국으로 가져가 고려 불교의 번영에 지대한 공헌을 하였다.[28]

원대 이전 중국을 찾던 고려 승려는 주로 배움의 길을 찾는 것이었으나, 원대 중국을 방문하던 고려 승려는 원 황실을 위해 불경을 필사하거나 사찰을 관장하고 주지를 맡았으며 본국의 사찰을 위해 원에서 자금을 모으는 임무도 있었다.[29] 고려 충렬왕대 경전을 필사하러 승려가 원에 자주 파견되었다. 1290, 1297, 1302, 1305년에 고려는 경전 필사를 위한 승려를 원에 보냈다. 원 조정은 고려의 승려를 초청해 사찰의 주지를 맡기거나 관리하도록 하였다. 원 순제대에 고려는 사람을 파견하여 기황후를 설득해 고려의 승려가 원에 들어가 고려 사찰의 재건을 위한 자금을 모집하도록 하였다.

요컨대, 고려가 경전 필사를 위한 승려를 원에 보낸 것, 고려 승려가 원에서 사찰을 관리한 것은 양국 간 문화교류의 특수한 현상이다. 이것은 승려 집단이 여원 불교문화 교류에 있어 큰 역할을 했음을 보여준다.[30]

4. 고려와 원의 정치적 혼인과 문화전파의 경로

여원의 정치적 혼인은 양국 간 인적교류를 활발하게 만들었다. 원은 고려 국왕이 친히 입조하고 세자를 인질로 보내도록 하였다 고려 국왕과 원 공주가 매번 원에 갈 때마다, 그 수행원은 수십에서 수천 명에 이르렀다. 이러한 인적왕래는 양국 문화교류에서 중요한 역할을 하였다.

여원의 정치적 혼인 이전 양국 문화교류는 단일 경로를 통해 이루어졌는데, 주로 사신 왕래를 통해서였다. 여원이 정치적 통혼을 하면서 양국 간 문화교류 경로는 다원화되었다. 공적 및 민간 문화교류가 매우 원활하게 이루어졌다. 공적 문화의 전파는 주로 국왕,

세자, 사신의 입조와 그를 따르는 수행원의 원에서 활동, 고려 공녀 및 환관의 원 거주 등을 통해 이루어졌다. 민간 문화의 전파는 주로 고려 상인이 장사를 위해 원에 가거나 귀순한 고려인의 대도, 요양, 심양에서의 정주, 고려 문인 및 승려의 명산고찰 여행 등과 관련이 있다.

첫 번째로, 여원 간 사신 왕래는 양국 문화교류의 중요한 통로 중 하나였다. 특히, 여원의 정치적 통혼 이전, 사신 왕래는 양국 문화교류의 중요한 경로였다. 고려 사신은 원에서 황제와 태후를 알현하고, 표문과 조공품을 진헌하는 임무를 마친 후, 관반(館伴)의 동반하에 연회에 참석하거나 연극 구경, 사찰 관람 등을 하였다.

원으로 사행을 가는 고려사신이 매우 많았으며, 그중 문장이 뛰어난 자가 많았다. 그중에서 이장용(李藏用), 이승휴(李承休), 이제현(李齊賢) 등 문인은 국왕이나 세자, 왕족이 입조할 때 수행하여 원 문인과 교유하였다. 이들은 모두 양국 문화교류에 영향력을 가진 사신이었다.

1264년 6월 원종이 상도에 도착 해 쿠빌라이가 아릭부케(阿里不哥)의 난을 평정한 것을 경축하였다. 이때 이장용은 원종을 배행하여 사행을 떠났다. 이장용은 1261년 충렬왕이 세자 신분으로 원에 입조할 당시 세자를 수행하여 원에서 문인과 학사 등과 교유하였고, 그의 문풍이 중국에 알려졌다. 이후, 몽고에 다시 갔을 때 원종(元宗)과 왕악(王鶚) 등이 그를 중히 여겼다.

『가정집(稼亭集)』에 이르기를, "지원 원년 조칙(詔勅)을 내려 '올해에는 왕공(王公)과 군목(群牧) 모두 상도에서 모일 것이니, 왕은 역마를 타고 입조하라'고 명하였다. 이때 문진(文眞): 이장용의 시호이 평장(平章)의 신분으로 당시 왕세자였던 충렬왕을 따라 입근(入覲)해서

남다른 총애를 받았다. 이로부터 문진의 덕업과 문장이 중국에 알려지게 되었다. 당시에 우승상이었던 동평(東平) 충헌왕(忠憲王)이 문진을 매우 큰 그릇으로 여겨 특별한 예로 대우하면서 앉을 때는 반드시 오른쪽 자리를 비워 두다. 한림(翰林) 왕학사(王學士) 등 제공도 그 풍도를 흠모하여 모두 교제하기를 원하였다. 그리하여 임금의 아름다운 명을 선양하는 동시에 본국의 이익을 도모하고 해를 제거하여 백성들이 지금까지도 그 덕을 입게 하였다.”[31]

1261년 6월 10일 이장용 등 18명은 세자 심(諶)을 수행해 몽고에 도착했으며, 몽고에서 관반과 문신 등과 함께 연극을 관람하고 연회에 참석하였다.

『중당사기(中堂事记)』에 기록하기를 “중통(中統) 2년 6월 10일경자 …… 고려 세자 심이 내조하였다. 황제가 명하여 세자와 그 수행원 18명을 도동교관사(都東郊官舍)에 머물게 하였고 풍모가 단정하고 분별이 있으며 문채가 뛰어난 필도치(必闍赤) 장대본태원 출신, 자 중서(仲端)를 관반으로 삼았다. 이어 한림승지(翰林承旨) 왕악(王鶚), 낭중(郎中) 초비경호위(焦飛卿犒慰)에게 명하여 다음날 성(省)으로 와 도성의 관원과 고려 사행단 사람들이 같이 연극을 관람하라는 명이 있었다. 11일 신축, 추(醜) 도당(都堂)은 연회를 열었고 세자 심 등은 서쪽 앞쪽에 있었다. 연경에 억류된 자들이었다. 우승상사공사천택(右丞相公史天澤), 좌승상홀로불화(左丞相忽魯不花), 왕평장왕문통(王平章王文統), 장우승장역(張右承張易), 장좌승장문겸(張左承張文謙), 양참정양과(楊參政楊果), 요선무요추(姚宣撫姚樞), 가낭중가거정(賈郎中賈居貞), 고성거(高聖舉)가 서쪽 탁자의 남쪽 앞줄부터 시작하여 동북쪽 구부러지는 곳까지 앉았다. 장기(掌記) 왕운(王惲), 통역사(通譯事) 이현조(李顯祖)는 모두 서쪽을 향해 앉았으며 고려 세자와 참정

(參政) 이장용자(李藏用字) 현보(顯甫), 상서(尚書) 이한림(李翰林), 직
학사(直學士) 남탑좌(南楊坐) 또한 서쪽을 향했다. 또 용서원(龍舒院)
서장(書狀) 등 관원이 6명 있었고, 상서 이하 3명은 버선으로 자리
에 올라와 차례로 앉았다. 술잔이 오가고, 말이 통하지 않아 서로 글
을 써서 보여주었다."³² 이 사료로 볼 때, 이장용 등 고려 사신이 몽
고에 도착한 이후, 원 조정은 문장이 뛰어난 필도치 장대본을 관반
으로 삼았다. 한림승지(翰林承旨) 왕악(王鶚), 낭중 초비경(焦飛卿) 등
이 사신을 동반하여 연극을 관람하였으며 연회를 베풀어 환대하였
다. 몽고 측에서 참석한 이로는 우승상 사천택, 좌상승 홀로불화, 평
장 왕문통, 우승 장역, 좌승 장문겸, 참정 양과, 선무 요추, 낭중 가거
정, 고골거, 장기 왕운, 통역사 이현조 등이 있었다. 연회에서는 필도
치와 통역관은 반드시 자리에 있어야 했지만, 양국 사신은 말이 통
하지 않아 필담을 통해서야 교류할 수 있었다. 이로 볼 때, 고려 사
신은 몽고에 있는 동안 문장이 뛰어난 관반, 문인, 학사 등과 교류했
음을 알 수 있다. 이장용은 왕악과 우정을 나누었으며, 우승상사천
택의 총애를 받았다.

이장용은 몽고에서 문인과 교유한 것 이외에도 황제의 스승인 파
스파(八思巴)와 불경에 관해 토론하였으며, 쿠빌라이와 파스파의 인
정을 받았다.『동안거사집(動安居士集)』에 기록되어 있기를, "문장과
가세가 조정의 으뜸이었고, 황각(黃閣)의 청풍(淸風)은 바다 구석까
지 흘렀다. …… 공이 세자를 모시고 상국에 입조하니, 중국의 집정
승상 왕악과 말 한 번으로 친해져 친구가 되었다. 또 황제 처소에서
전(闡) 법사(法師)에게 사사했는데, 여러 경전의 중요한 뜻을 묻자 공
은 일일이 비판하였다. 법사는 탄복하였고 이로 말미암아 세자가 황
제의 총애를 얻었다."³³

이장용은 사신 신분으로 원의 문인과 긴밀하게 교류하였으며, 그 문채를 중국에 떨쳤다. 이장용 이외에도 이승휴 또한 사신은 원의 관반, 문인, 승려와 교우하였으며, 여원 문화교류에 중요한 역할을 하였다.

1273년 3월 13일 쿠빌라이는 황후와 태자를 책봉하였다. 중서의 우승상 안동(安童) 등을 보내 차브이(察必) 황후가 옥책과 옥보를 받도록 하였고, 백안(伯顔) 등을 보내 진금(眞金) 태자가 옥책과 금옥을 받도록 하였다.[34] 같은 해 5월 21일, 원은 고려에 사신을 파견하여 황후와 세자를 반포하는 조서를 보냈다. 윤6월 9일 원종은 그의 아들인 순안후(順安侯) 종(悰)을 파견해 원의 책봉을 경하드렸다. 『고려사』에 기록하길, "원종 14년 5월 갑신일, 원이 황후와 태자를 책봉하였고, 반조사를 파견하였다." 또 이르기를, "윤 6월 기미일에 순안후(順安侯) 왕종(王悰), 동지추밀원사(同知樞密院事) 송송례(宋松禮)를 원에 파견하여 책봉을 축하하였다."[35] 이승휴는 서장관 신분으로 고려 사신단을 따라 원에 갔다. "왕이 순안공 왕종을 원에 파견하여 황후와 태자를 책봉한 것을 축하하게 하였다. 양부에서는 이승휴를 서장관으로 임명하도록 추천하였다. 이승휴가 고령으로 사양하였으나 왕이 말하기를 '경오(庚午)년에 내가 그대의 성명을 벼루 갑에다가 써둔 것이 지금까지 책상 위에 놓여 있다. 나는 그대를 잊지 않았으니 그대는 힘써 거행하라'고 하면서 백금 3근을 주어 원에 보냈다."[36] 고려가 몽고에 사신을 보낼 때, 부사는 왕족이나 재상이 맡았으며 서장관은 능력이 뛰어난 인물을 뽑거나 문인과 유생 중 충당하였다.[37]

8월 4일 이승휴 등 고려 사신단이 원조에 도착하였을 당시 쿠빌라이는 상도의 행궁에 있었다. 고려 사신은 비로 인해 상도로 가 쿠빌라이를 알현할 수 없자 여정을 바꿔 바로 대도로 갔다. 중서성 선사(宣使), 총관(總管) 등이 나와 사신단을 영접하였으며, 사신단은 총관중도성(總管中都城) 사택에 안배되었다. 한림학사 후문현(侯文賢)과 현충병(顯忠秉)이 관반으로 임명됐다.[38] 고려 사신이 원에 도착한 이후, 원 조정은 문장이 뛰어난 유생이나 학식 있는 이들을 관반으로 삼아왔다.[39] 이승휴 등 사신단은 원 대도에 도착한 이후, 5일 동안 관반의 동행하에 지냈다. 6일째 되는 날 사신은 만수산에 있는 편전에서 황후를 알현하였다. 쿠빌라이가 대도로 돌아오기 전 이승휴 등은 천복사(薦福寺)와 노구교를 유람하였으며 원의 학사들과 시를 주고받았다. 『동안거사집』에 기록되어 있기를, "중추절 다음 날 정 시랑의 기신에 부의를 하느라 천복사에 놀러 갔더니, 노숙(老宿)께서 끈질기게 시를 요구하였다. 그래서 책상 위에 놓여 있는 『목암선사어록(木庵禪師語錄)』을 보고 『산당 · 신흥(山堂 · 晨興)』을 펼쳐 차운하여 주었다. 노숙께서 이 어록을 나에게 주며 말하기를 '내가 바로 제자요'라 했다."[40] 이승휴가 천복사에서 우연히 만나 그에게 시를 부탁한 노숙은 목암선사(木庵禪師) 성영(性英)의 제자일 것이다. 유효(劉曉) 선생은 『순천부지(順天府志)』와 『신중국출토묘지(新中國出土墓志)』에 기록된 "천복사눌암겸공선사지탑(薦福寺訥庵謙公禪師之塔)"이라는 탑명을 통해 노숙은 목암선사의 제자인 눌암겸공(訥庵謙公)이라고 추정하였다. 몽케 칸 재위 시기(1251~1259), 도겸(道謙)은 천복사의 주지를 맡고 있었다.[41] 도겸이 이승휴에게 간절히 시를 청했다는 것으로 보아 그는 스승인 목암성영(木庵性英)과 마찬가지로 시승(詩僧)이었을 것이다.

『동안거사집』에 이르기를, "이달 21일 후랑(侯郎)을 배행하여 여강(灑江) 석교에 놀러갔다. 후 학사가 시를 한 수 남기라고 권하여 그 다음 날 고시를 한 편 지어 주었다."⁴² 8월 21일 순안후(順安侯) 종(悰)을 배행하여 노구교에 놀러 갔고, 관반 후우현은 시를 남기길 청했다. 22일 이승휴는 고시 한 편을 지어 후우현에게 보냈다.

8월 24일 쿠빌라이가 상도에서 대도로 돌아왔고, 25일 고려 사신단은 쿠빌라이를 배알하였다. 『고려사』에 기록하길, "원 황제가 축하를 다 받고 난 뒤에 연회를 베풀어주고 옷을 하사하였다. 이승휴가 그에 대한 감사의 글을 올렸는데 그 내용이 웅장하고 아름다웠다. 매일 관반(館伴)으로 있던 한림학사 후우현(侯友賢)과 함께 시를 지어 주고받았다. 후우현은 다섯 살 때 오경(五經)에 통달하였고 황제가 학사로 임명한 신동(神童)이라고 일컫던 사람이었다. 그는 이승휴가 시로써 지은 표문(表文)을 보고 진심으로 감복하여 매양 그것을 외웠다."⁴³ 이 사료로 볼 때, 이승휴는 서장관으로 표문을 작성하였고, 이를 쿠빌라이에 진헌하는 책임을 지고 있었다. 게다가 후우현은 관반으로 사신을 인도하였으며, 그 표문을 낭독하는 직책을 맡고 있었다. 나머지 시간 동안 두 사람은 시를 주고받고, 서로 토론하며 감상하였다. 이로 알 수 있듯이, 이승휴와 같은 고려사신이 후우현처럼 문장이 뛰어난 원의 학사와 시가(詩歌) 방면에서 교류를 하고 토론하는 것은 일반적인 현상이었다. 이승휴의 『동안거사집』에 기록된 상세한 내용은 고려 사신과 원의 관반, 무인, 학사 간 이루어진 문화교류 연구에 진귀한 자료를 제공해 준다. 특히, 문집의 상세한 기록처럼, 이승휴는 쿠빌라이를 배알하고 하례 참석과 표문 및 방물 진헌하는 것 외에도 자주 관반과 시를 지었다. 사찰이나 교외를 유람할 때, 관반이나 문인, 학사와 시를 주고받았다. 연회와 유람할 때 이루어진 문화교류는 매우 흥미롭고 주목할 만하다.

두 번째로, 여원의 정치적 통혼에 따라 고려의 세자가 인질로 입조하고 국왕이 친히 원에 입조하였으며 그 수행원은 원의 문인과 학사와 교유하였다. 이는 중요한 문화 전파의 중요한 경로가 되었다. 고려 문인은 원에서 점차 한문화의 영향을 받았으며, 원 시사, 서법, 회화, 종교, 이학 사상 등 문화 예술이 고려에 전해져 자국 문화의 발전을 촉진했다.

1314년 충선왕은 원 대도에 만권당을 세웠고, "경사에 문학지사는 천하에서 선발된 이들인데, 내 집에 이들이 없다는 것은 나의 수치"⁴⁴라고 여겼다. 그래서 이제현을 원 대도로 불러들였다. 이제현이 원 대도에 도착한 후, 충선왕을 따라 원 대도와 상도에 활동하였으며 서촉(西蜀)과 강남에 가서 강항(降香)하였다. 이제현은 대도에서 원대 문인 원명선(元明善), 우집(虞集), 조맹부(趙孟頫), 장양호(張養浩) 등과 친밀하게 왕래하였으며 자주 시를 주고받았다. 1316년 이제현은 아미산(峨眉山)에 가서 강항(降香)하였으며, 조맹부, 원명선, 장양호 등은 이제현에게 송별시를 지어 주었다. 조맹부는 "금성(錦城)에서 너무 즐거워하지 말고, 일찍 돌아오는 것이 좋을 거야"⁴⁵라는 시구로 이제현이 일찍이 돌아오길 바라는 마음을 전했다. 원명선은 "아미산 푸른빛 꿈속에 들어오더니, 계림(雞林)에서 보낸 사신 금성(錦城)으로 들어오네"⁴⁶라는 말로 송별의 정을 표현했다. 장양호는 "삼한의 문물이 전성기인데, 눈을 비비고 높은 곳을 다시 보니 또 그 현인이네"⁴⁷라는 시구로 이제현의 뛰어난 문장을 흠모하는 정을 드러냈다. 이제현은 각각 『이릉에서 일찍 떠나다(二陵早發)』, 『학사 원복초의 증별시에 화답하다(奉和元複初學士贈別)』, 『시랑 장희맹이 '강호장단구' 한 편을 보이기에 이 시로 사례하다(張希孟侍郎見示江湖長短句一篇 , 以詩奉謝)』라는 시로 화답해 송별의 정을 나눴다. 이제현은 "따뜻한 봄 전정(殿庭)에서 붓을 가지고, 시 한 편 휘둘러 써서 금포를 빼앗네. 시신(侍臣)들 눈을 씻고 그 풍모를 보면서, 본래 이는 남조에 제일인이라네. 영화 풍류 부질없이 생각나니, 한묵에 남긴 자취 많이 변했네"[48]라는 시구를 통해 조맹부의 뛰어난 문장과 서법을 크게 칭찬하며 높이 평가하였다.

1319년 3월, 충선왕은 "황제에게 어향(御香)을 유명한 절에 전하길 청했다. 이에 남쪽의 강소(江蘇), 절강(浙江) 지방을 유람하고 보타산(寶陀山)까지 갔다가 돌아왔다. 이때 권한공(權漢功)과 이제현 등이 수행하였다."[49] 충선왕이 원 인종에게 청하여 보타산에 강향을 하러 갔을 때 이제현은 수행해서 강남에 갔던 일원이었다. 이때, 원의 저명 화가인 진감여(陳鑒如)가 이제현의 초상화를 그렸다. 그뿐만 아니라, 이제현은 주덕윤(朱德潤)에게서 『연산효설도(燕山曉雪圖)』를 얻었으며, "그대는 못 보았으리, 오중(吳中) 주생이 만든 절세의 그림"[50]이라는 시구를 통해 산수화에 뛰어난 주덕윤의 재능을 높이 평가하였다. 이로 볼 때, 이제현은 원에 체류하는 동안 원의 저명화가, 서예가 등과 친밀하게 교류하였다는 사실을 알 수 있다. 이제현은 귀국한 후, 원의 시가, 서법, 회화 예술을 고려에 전파하는 데 크게 힘써 여원 간 문화교류에 누구와도 비교할 수 없는 큰 역할을 하였다.

고려의 국왕, 세자, 그 수행원은 원에 도착한 후 대형 연회에 참석하거나 하사품을 받았다. 이는 여원 간 음악, 춤, 음식, 유목문화 전파의 통로가 되었다.

1296년 11월 27일 고려세자 원(謜)은 원 진왕(晉王)의 딸인 부타시리 공주와 대도에서 혼례를 거행하였다. 『고려사』에는 "충렬왕 22년 11월 임진일에 왕과 공주가 대궐로 나갔으며 세자는 백마를 예물로서 황제에게 드리고 황제는 진왕의 딸을 그에게 시집보냈다. 이날 연회에서는 모두 본의 유밀과(油蜜果)를 사용하였다. 여러 왕과 공주

들 및 여러 대신이 모두 황제를 따라서 이 연회에 참가하였다. 연회
는 저녁 늦게까지 계속되었는데 술이 한창 돌아가게 되자 왕이 본국
의 악관(樂官)으로 하여금 황제의 은혜를 감시하는 곡조를 연주하게
하였다. 연회를 파하고 왕과 공주가 융복궁(隆福宮)으로 가니 태후가
모전(毛氈) 장막을 치고 연회를 베풀어 주었고 밤이 되어서 파연하
였다"[51]라고 기록하였다. 이 기록으로 볼 때, 고려 세자와 원 공주의
혼인은 백마를 진헌하고 몽고 파오에서 술을 마시는 등의 몽고 풍속
을 그대로 보여줄 뿐만 아니라, 고려 음식과 음악 등 문화적 요소가
풍부하게 가미되어 있다. 충렬왕은 몽고 풍속에 따라 원 황제에게
백마를 진헌하였고, 혼례식 때 원의 관원들은 고려의 유밀과를 맛보
았으며 고려의 악관이 연주하는 음악을 감상하였다. 이에 충렬왕과
공주는 태후가 마련한 파오에서 술을 마시며 경축하였다. 1297년
충렬왕과 원 공주가 고려로 돌아가기 이전 성종은 충렬왕과 공주가
거처하는 관저로 잠행해 "술자리가 흥겹게 되자 공주가 노래를 부
르니 왕은 일어나 춤을 추었다."[52] 이로 볼 때, 충렬왕은 몽고에서 연
회에 참석하였으며, 공주와 함께 노래를 부르고 춤을 추는 등 몽고
풍속의 영향을 깊게 받았다는 것을 알 수 있다. 3월 9일 충렬왕과 공
주는 대도를 떠났다. 성종은 충렬왕에게 활과 화살, 말안장, 금단의
(金緞衣)를 하사하는 것 외에, 충렬왕의 수행원에 활을 하사하고 종
인 10명에게는 말안장을, 3품 이상 종인 20명에게는 금단의를 하사
하였다. 고려 국왕과 그 수행원이 받은 원의 하사품은 유목생활 물
품으로 양국 유목문화 교류에 큰 역할을 하였다.

1300년 충렬왕이 입조할 때, 상도에서 열린 지손연(只孫宴)에 참
석하였다. 원 황태후가 죽자, 4월 13일 충렬왕은 장례에 참석하기
위해 원으로 떠났으며 대장군 송방영(宋邦英), 송영(宋英) 등이 수행

하였다.[53] 6월 8일 충렬왕은 대도에 도착하여 성종에게 방물을 진헌하였고 성종은 지손연을 열어 충렬왕이 참석하도록 하였다. 제후왕과 부마 중 충렬왕은 4번째 줄에 앉았다. 이는 고려 왕실과 원 공주의 통혼으로 고려에 대한 원의 대우가 매우 높아졌다는 것을 보여준다. 지손연은 질손연(質孫宴)으로 불리기도 하며 속칭 사마연(詐馬宴)이다. 원은 조회, 경전, 책봉 등 큰 행사가 있을 때마다 연회를 베풀었다. 지손연의 특징은 연회에 참가하는 이들이 모두 같은 색깔의 옷을 입어야 했다.[54] 고려 국왕, 세자, 그 수행원은 원의 연회에 참석하고 하사품을 받는 과정 중 점차 유목문화를 이해했을 것이고, 원에서 한문화의 영향을 받는 동시에 듣고 보고 느끼며 유목문화 중 음식, 음악, 기마 문화, 활과 화살 등에 물들어 갔다고 할 수 있다.

세 번째로, 원 공주와 그 수행원이 고려에 정주하고 원에 귀부한 고려인이 원에 거주하는 것, 고려 공녀, 환관이 원에 사는 것 그리고 고려문인 원의 과거시험을 통해 출사하는 것 역시 여원 문화교류의 중요한 통로가 되었다.

제국대장공주 쿠투루칼리미쉬는 충렬왕과 혼인한 후 고려에서 생활하면서 유목문화의 풍속을 지켜갔다. 1274년 황제는 탈홀(脫忽)로 하여금 공주를 호송하게 하였다. 탈홀은 고려에 도착해 가장 먼저 "궁려(穹廬)를 가설하고 흰 양의 기름으로써 액막이하는 제사를 지냈다."[55] 1275년 9월 30일에 공주는 원(謜)을 출산하였고, 이때 문무백관이 몽고 풍속에 따라 경하를 올리길 요구하였다. 『고려사』에는 "9월에 이궁(離宮)에서 원자(元子)를 낳았으니 그가 바로 충선왕이다. 여러 왕족들과 모든 관리들이 모두 축하하러 갔더니 공주의 사환꾼들이 문 어구에 서서 들어오는 사람들의 옷을 모두 벗겼는데 이른바 세비르(設比兒)이었다."[56] 세비르는 몽고 말로 공주가 원자를 낳은 후 그 수행원은 문무백관이 경하를 왔을 때 옷을 모두 벗어야 문에 들어올 수 있도록 하였다. 이는 사악한 기운이 실내에 들어오는 것을 막고자 하는 몽고의 풍속이었다.[57] 원의 공주가 고려에 온 후 말을 타고 고기를 먹는 등 몽고풍을 유지하였다. 원의 공주와 그 수행원은 고려에서 생활하면서 파오, 기마, 육식 생활 등 풍속을 유지했다. 이는 원의 통자인 몽고인의 유목문화, 풍속, 음식 습관 등이 고려에 상당한 영향을 주었다.

원 대도에 귀부한 고려인과 많은 고려 공녀가 살고 있었다. 그들은 유목문화와 그 풍습을 받아들이고 적응함과 동시에 고려의 음악, 춤, 음식, 요리 등을 원에 전파하였다. 원의 관원이 고려 여인과 혼인하는 것이 성행하였으며, 고려의 여성 복식은 원에서 크게 유행하였다.[58] 고려 공녀는 양국 간 문화교류에 교량이 되었다고 할 수 있다.

고려 문인 중 적지 않은 이들이 원의 과거에 합격하여 출사하였다. 그중 이곡(李穀), 이색(李穡) 부자는 원의 과거시험 제2갑(第二甲)에 급제하여 원 대도에서 관직을 맡았다. 이 부자는 원과 고려의 문화교류에 공헌하였다. 이곡의 『가정집(稼亭集)』과 이색의 『목은집』은 이곡과 이색이 원 문인과 교류한 내용이 상세히 기록되어 있고 고려 승려의 원 생활에 관한 기록이 있어 매우 진귀한 자료이다.[59] 이곡과 이색 부자는 이제현의 문하로 원에서 정주 이학을 고려에 전파하는 데 큰 역할을 하였다. 특히 이곡은 원 황제가 양도(兩都), 상도와 대도 순행 시 수행원이었으며 그의 문집인 『가정집』에는 대도에서 상도에 이르는 여정이 기록되어 있다. 그는 여원 간 문화교류에 지대한 역할을 하였다.

고려가 원에 사람을 파견해 서적을 사 오게 한 것 역시 양국 간 유교 문화, 정주 이학, 몽고의 말과 문자, 풍속의 고려 전파를 촉진하는 역할을 하였다. 1314년 충숙왕은 강남에 사람을 파견해 책을 구하도록 하였다. 『고려사』에 기록되어 있길, "애초에 성균제거사(成均提擧司)에서 박사(博士) 유연(柳衍)과 학유(學諭) 유적(兪迪)을 강남에 보내 서적을 사들이게 하였는데 가는 도중에 배가 파선되어 유연 등이 빈 몸으로 상륙하게 되었다. 마침 판전교시사(典校寺事) 홍약(洪瀹)이 태자부(太子府) 참군으로 남경에서 체류 중이었으므로 그가 보초(寶鈔) 150정(錠)을 유연에게 주어 경적(經籍) 1만 8백 권을 사들 가지고 돌아오게 되었던 것이다."[60] 이 밖에도 고려 상인이 원에서 서적을 구입하였는데, 유교 경전뿐만 아니라 문학 작품, 정주 이학 등과 관련된 서적을 구입하여 여원 문화교류에 중요한 역할을 하였다.

5. 맺음말

여원의 정치적 통혼은 고려와 원 문화교류의 중요한 정치적 배경이 되었다. 이러한 배경 아래에 여원 간 인적교류가 더욱 빈번해졌으며 양국 문화교류는 다원화되고 다각도 되어 더욱 심도 있는 방향으로 발전하였다. 원 공주와 그 수행원은 고려에 정주하며 몽고의 유목문화가 고려에 전파되도록 하였다. 이와 동시에, 고려 국왕, 세자, 수행원, 사신, 문인, 승려, 환관, 공녀는 원에서 장기 체류하거나 정주하면서 고려의 음식, 복식, 음악 문화 등을 원 대도에 유행시켰다. 고려와 원 사람들은 상대방의 언어, 습속 문화 등을 받아들이고 적응해 나갔고, 여기에는 문화의 충돌과 절충이 있었다. 끊임없는 문화 융합과 상호 영향을 끼치는 과정을 통해 13, 14세기 양국 문화교류는 절정기에 달했다.

책봉체제하에서의 '국역(國役)'
—조선왕조 재정 시스템의 특징과 관련하여

손병규

1. 머리말

동아시아사 논의는 역사적이고 지리적인 공통성을 발견하는 목적에서가 아니라 각 지역의 고유한 역사경험의 축적에 근거하여 비교사적으로 관찰함으로써 각 지역의 차이점을 발견하는 데에 주의를 기울이고 있다.[1] 동아시아 역사과정에서 각 지역 역사의 그러한 독자성이 각각 집권적 통치 형태를 형성하면서 국제관계 운영시스템의 주체로 활동하게 했을 것이다. 본고는 산업화 직전 단계에 전통 동아시아 각국의 일국적 통치·재정 시스템이 갖는 비교사적 특징을 '책봉체제(冊封體制)'라는 국제관계 시스템상의 위상과 관련하여 관찰하고자 한다. 특히 조선왕조를 활동의 주체로 하여 '국역(國役)' 체계를 중심으로 비교 분석할 것이다.

  '책봉체제'라 함은 '조공체제(朝貢體制)', 혹은 '조공책봉체제(朝貢冊封體制)'라는 기왕의 국제질서 개념을 가리킨다. 단지, 여기서는 국제무역을 중심으로 논의되는 '조공체제'라는 용어보다는 국가통치체제와 국제정치질서에 관심을 두고 그 연관성에 주목하기 위해 '책봉체제'라는 용어를 사용했음을 미리 밝혀둔다. '조공책봉체제'는 종주국에 대한 종속적인 지배체제로의 관점이 비판되어왔는데, 최근의 연구는 국제정세와 관련하여 동아시아 국제질서의 획일화할 수 없는 역동적 실체를 밝히고 있다.[2] 동아시아의 조공책봉체제는 중국 중심의 절대적 가치로 인식되기 쉽다. 이에 대해 중심과 주변의 상호작용과 중심의 가변성이라는 관점에서 재고할 것이 요구되고 있다.[3]

중앙집권적인 전제국가(專制國家)의 재정 시스템에서 볼 때, '국역'은 '군역(軍役)'을 위시하여 개개인에 대한 국가의 노동력 징발—소위 '노역(勞役)'—을 통틀어서 지칭하는 것이 일반적이다.[4] 여기서는 그 가운데 특히 조선왕조에는 지속해서 중앙재정 충당을 위한 징수부분으로 남아 있던 '군역'에 주목하여 동아시아 각국의 재정 시스템의 특징을 관찰하기로 한다.

중국 고대사회에는 농민을 전쟁에 병사로 동원하는 병농일치(兵農一致)의 '군역제(軍役制)'를 시행하고 있었는데, 일찍이 당(唐) 말기 이후 전문 군대를 양성하기 위한 재원을 농민으로부터 징수하는 병농분리의 재정체계를 시행하게 되었다. 이후 재정의 중앙집권화를 진행하면서 명·청대(明·淸代)를 통하여 지방에서 요역(徭役)을 동원하는 것 이외에 대부분의 부세가 토지세로 일원화되어갔다. 일본은 중세에서 에도시대(江戶時代)라는 근세로 전환하면서 농촌으로부터 무사(武士) 계급이 특화되어 병농이 분리되었으며, 농민은 토지세를 부담했다.[5] 그런데 각 지역 영주를 비롯한 무사 계급이 영지인 번국(藩國)을 단위로 집권적 권력에 의한 '군역' 동원에 부응했다. 전문군인의 '군역' 동원으로, 중국 고대의 병농일치 제도의 '군역'과는 다소 의미를 달리한다. 그런데 조선왕조는 농민이 군사적인 업무에 동원되는 병농일치의 '군역제'를 유지했다.

　조선왕조는 왜 명·청이나 에도막부(江戶幕府)와 달리 재정 시스템 상에 군역제에 기초한 징발, 징수를 지속적으로 유지했을까? 이러한 '국역', 특히 '군역'은 각 국 재정 시스템의 어떠한 구조적 특징을 형성하는가? 그리고 '국역'을 매개로 하는 재정 시스템의 차이는 또한 각국을 아우르는 국제질서로서의 책봉체제와 어떻게 관련되어 있는가? 본고는 재정 시스템의 비교 분석을 통해 동아시아 국제관계를 바라보는 또 하나의 시각을 제기해보고자 한다.

2. '조공책봉체제'에 대한 문제인식

서구중심적 세계사 인식에 대한 비판으로부터 중국사, 동아시아사를 재인식하고자 하는 연구경향이 일반화되었다.[6] 케네츠 포머런츠(Kenneth Pomeranz)는 중국 양자강 하류 델타 지역의 생활수준이 산업화 초기의 서유럽 선진 지역과 비교해서 그리 뒤지지 않는다는 사실을 밝힌 바 있다.[7] 그의 논지는 중국의 높은 인구 압력에도 불구하고 높은 노동생산성을 유지할 수 있는 사회경제학적이고 생태학적인 근거에 기초해서 제기되었다. 노동을 인구나 가족 단위당 소득으로 계산하거나 생산을 위한 자원의 사용과 소비 측면에서 절약적인 관례, 그로 인해 소득이 갖는 상대적 가치를 고려하여 생활수준을 측정한 듯하다. 그는 "유럽은 자유, 중국은 전제(專制)"라는 전제하에서 비교하는 서구 중심의 역사인식을 비판하여, 국가나 그보다 광범위한 국제체제를 단위로 경제발전을 비교하는 것을 부정하는 데에서 논의를 출발한다. 중국의 여러 지역을 국지적으로 관찰하여 중국을 벗어난 다른 지역들과 '동등하게' 비교하고 통합적으로 생각하기를 제안했던 것이다.

그러나 일국의 전제주의적 통치체제나 주변의 몇몇 국가를 포함하여 조공책봉체제로 관계하는 국제질서의 특질을 벗어나서, 혹은 그것을 경시하고서, 중국이나 동아시아에 대해 이해하는 것이 가능할지는 의문이다. 또한 중국 내부의 다양성을 인정하더라도, 그것을 광범위하게 지배할 수 있는 일국적 집권성에 대해 그것이 서구역사와 다른 고유한 특성임을 부정할 수 없다. 특히 조선왕조의 경우는 중국 내 다양성의 한 유형으로 인식될 수도 있으나 결코 중국의 일부로 흡수되지 않고 독립된 왕조로서의 국제관계를 견지해왔다. 동아시아 전통사회로부터 중앙집권적 국가 규정성이나 '평화주의적' 국제질서의 형성이 갖는 특질이 도외시되기는 어렵다는 말이다.

단지 포머런츠는 이 책의 일본어판 서문에서 '동아시아' 인식에 새삼스럽게 대답하면서, 국가재정 및 조공책봉체제와 관련하여 서구와 동아시아를 비교하는 견해를 다음과 같이 밝히고 있다.[8] 자본시장에서 큰 부분을 차지하는 재정의 측면에서 관찰할 때, 서구의 정부지출에 압도적인 비중을 차지하는 것은 전쟁을 위한 지출이다. 이것은 그다지 건설적이지 못한 소비에 해당하는 것으로 평가되었다. 이 '군사비'는 유럽의 자원조달이나 시장개척을 위한 원거리무역을 보호하기 위해 지출되었다. 이에 반해 19세기가 되기 전까지 중국이나 일본의 군사비는 일시적이어서 임시 징세로 보전이 가능할 뿐만 아니라 부의 축적도 가능했다는 것이다. 포머런츠는 재정의 지출과 축적이 노동생산성을 제고했을 뿐 아니라, 민의 생활수준에 긍정적인 영향력을 끼친 것으로 이해한다.

포머런츠는 하마시타 타케시(濱下武志)의 논지를 받아서 중국 중심의 '조공무역'에 대해 언급하고 있다. 조공무역은 국가가 조직한 의례적인 것이지만, 실제로는 사무역(私貿易)에 기반을 제공하여 간접적으로 지원했다는 것이 그것이다. 그것에 더해 중국 '화상(華僑)' 상인 네트워크는 서구 중상주의제국처럼 국가와의 공생관계로 발전하지는 않았지만, 비무장 해역(海域)을 포괄하는 효과적인 네트워크 구축에 성공하여, 일본의 초기 공업화에 기여했다는 하마시타의 논지를 소개한다. 상업자본이 동아시아 사회의 변화를 초래하는 주요 인으로 제시될 수도 있다는 말이다. 국가재정과 조공책봉체제에 대한 포머런츠의 이해는 강남 델타 지역의 높은 생활수준을 논함에 있어 국가와의 경제적 관계를 동아시아 범위에서 제시한 것이라 할 수 있다.

그런데 명청대의 천자(天子)의 군대와 이민족들의 빈번한 침입에 대비하는 변방지역의 둔민에 들어가는 군사비용, 에도 일본의 각지 영주들의 사병조직과 도쿠가와막부(德川幕府) 산하의 군대에 드는 군비와 비교하면, 조선왕조의 '군역'제도로 운영되는 군사체계는 월등히 적은 군비를 요할 뿐이다. 여기에 조선왕조의 군역체계와 관련하여 조선왕조의 재정 목적과 운영체계의 속성을 비교해볼 필요성을 느낀다.

포머런츠는 서구중심적 이데올로기를 비판하면서도 결국 유럽이 주도하는 세계경제 시스템에 편입되는 변화로 논의를 귀결시킨다. 그것이 불가항력인가에 관심이 머물지 않는다면, 그러한 변화 가운데 일정 지역이나 국가의 역사적 고유성이 어떻게 유지되면서 상호 관계성을 어떻게 변화시키는지에 대한 이해도 요구된다. 그 이해는 오히려 '귀결적' 변화 이전부터 각 지역의 독자성과 각각의 차이로 인해 형성되었던 동아시아 '조공책봉체제'의 역사경험에 근거한다.

최근 중국의 정치강론 가운데 '중화(中華)' 전통의 계승이 강조되고 있음을 볼 수 있다. 서구 중심적 세계사 인식에 대한 중국 중심적 역사인식의 발로로 여겨지지만, 중국의 일국사적이고 민족주의적인 정치이념으로 사용되는 경향이 있지 않은가 우려된다.

본래 전통시대에 '중화'의 통치원리는 천자(天子; 皇帝)가 의례(儀禮) 이념에 기초하여 중국의 국내 및 국외의 인민에게 영향력을 발휘하는 구조를 갖는다. 하마시타 다케시는 '조공체제'라는 관점에서 중국 중심적 통치체제에 대해 비판적 인식을 다음과 같이 제시했다.[9] 우선, 국내적으로 각 성(省)의 '총독(總督)'과 '순무(巡撫)'는 황제에 대해 독립된 '상주권(上奏權)'을 가지며, 재정권에 있어서도 중앙의 '호부(戶部)'가 제도상의 중심에 있었지만 운용면에서는 지방 관부의 재량에 맡겨져 있었다. 대외관계는 기본적으로는 이러한 중앙집권과 지방의 독자적 운용이라는 통치원리가 외연으로 확대되는 형태를 보였다. 변경의 이민족에 대해서 재지의 유력자를 중국의 관리로 임명하여 중화질서화하며, 조선과 일본을 비롯한 주변 조공국에는 당지의 국왕을 인정하는 책봉을 행하며, 더 확대해서는 '호시관계(互市關係)'에 의한 교섭관계를 유지하는 여러 단계의 형태를 통해 주변 세계가 포섭되었다고 하는 것이다.

하마시타의 설명에 따르면, 조공체제는 '조공(朝貢)-회사(回賜)'라는 중국과의 양자 관계로 중국을 중심으로 하면서도 상호 경합의 관계에 있는 복합적 시스템을 가지고 있었다. 가령 조선왕조는 중국에 조공국임과 동시에 일본과 사절을 왕래시키는 관계에 있는 것이다. 조공은 그 이념이 '공납(貢納)'이라는 국내의 재정운영체제와 동일한 원리에 있는 한편, 그 자체가 양국의 상업거래 행위로 행해져 국제적 통상도 '조공무역관계'를 매개로 확대되었다. 조공국으로 중국과 가장 긴밀한 관계를 갖는 조선의 경우에도 조공물품에 대해 답례가 주어져서 실질적으로 대가의 지불로 조공무역이 이루어졌음을 알 수 있다.

그런데 하마시타가 말한 바와 같이 조공무역은 중국 국내시장의 은유통의 확대와 가격변동에 연동하여 행해졌다. 조공무역이 의례적 관계에 기초함으로써 그로 의한 시장은 어디까지나 국가적 통제 하에 있다고 할 수 있다. 국외로는 사무역에 기회를 제공했다고 하나 사무역의 주체는 화교이며, 중국 주변으로 형성되는 경제권도 그들의 지역적 확대과정과 병행했음에 주의할 필요가 있다. 사무역의 주 활동자인 화교에 대해서는 중국 정부가 정책적 간여를 하지 않았지만, 조공무역은 여전히 중국 중심적인 것으로 이해되고 있다.[10] 따라서 '조공체제'라 하면, 중국을 중심으로 한 국가 간 교역과 시장발달이라는 측면에 경도될 염려가 없지 않다.

조선왕조도 동아시아 은 교역에 대한 역할이 적지 않았던 것으로 밝혀져 있다. 16세기까지 명에 대한 조공물품에 은의 비중을 줄이기 위해 국내 은의 생산과 소비를 억제해왔다. 명청 교체기에 일본 은이 대량 유입되자 은을 대청 무역에 적극적으로 활용하여 일본 생산과 중국 소비의 중개적 역할을 수행했던 것이다. 18세기에 일본 은의 생산이 감소하면서 은의 생산과 유통이 다시 억제되었다.[11] 이렇게 시장이 미발달하고 국가에 의해 주도되는 조선왕조는 동아시아 은유통 체제에 연동하고 있었지만 중국의 은수요에 일방적으로 끌려다니지는 않았다고 할 수 있다. 중국 중심의 경제권에 흡수되어 국가 재분배를 실현하고자 하는 관주도 시장경제의 독립성을 상실할 위험으로부터 보호하고자 했던 것이라 여겨진다.

'중화'는 중국 내부 각지에 대한 중앙정부의 일국적 통치이념일

뿐만 아니라, 주변국을 포함하여 국가 간의 국제관계로 설정되는 '책봉체제'의 이념이기도 하다. 그것은 오히려 평화적 국제질서를 장기에 걸쳐 유지하기 위해 주변국에서 제기되고 상호 동의를 획득한 것으로, 어쩌면 주변국이 주체적으로 주도하는 국제질서를 가정할 수도 있다. '중화'를 중국만의 고유성으로 이해하는 현대 중국의 세계사 인식은 재고를 요한다.

'책봉체제'와 그 이념인 '중화'의 설정은 고대사회부터 중국의 일국적 통치영역에 한정되지 않았다. 이후 지방통치의 중앙집권화를 위한 '군현제(郡縣制)'가 일국적으로 실시되는 반면, 책봉체제는 동아시아 국제질서를 유지하기 위한 것으로 존속되었다. 그러나 광범위한 지역에 대해 중앙집권적인 군현제를 실시하는 한편으로 행정구획의 설정과 동시에 확보되는 자율성, 그 '봉건제적(封建制的)' 속성의 존속이 고려될 수도 있다. 군현제 확립을 통한 중앙집권화는 지방관부의 각 관할구역 내 자율적 통치권 보장에 근거를 두고 있기 때문이다.[12]

여기서는 중국과 주변의 정치외교적 관계와 조공무역 내지 광범위한 지역 간의 경제교류를 포함하는 책봉체제를 동아시아 각국이 일국적 통치제도에 어떻게 통일적으로 체계화하고 있는지에 관심을 두도록 한다. 특히 동아시아 각국의 재정체제에 주목하여 그 차이점을 책봉체제와 관련하여 관찰하고자 한다.

조선왕조는 건국 초기에 명으로부터 책봉을 받을 당시에 조선의 토지세 징수와 군사제도에 대한 명조 사신(明朝 使臣)의 질문에 당면하게 된다. 특히 명 사신은 농민이 수시로 군병으로 차출되는 병농일치의 군역제도(軍役制度)에 대해 만족하고 돌아간 것으로 여겨진다.[13] 이후 1590년대에 책봉체제의 '원지(遠地)'에 '주연(周緣)'으로 존재하던 일본이 조선을 침공하자, 그에 대한 명의 원병이 파견되었다. 이때에 조선왕조의 군대조직은 부재에 가까웠으며 소수의 관군(官軍)만이 동원되고 민간에서 구성된 '의병'이 그 빈 자리를 메우고자 했을 뿐이다.[14]

임진왜란으로 인한 명의 지원은 책봉체제에 대한 평가를 요구하는 문제이다. 중국의 입장에서 군사적 '지원=개입'은 책봉체제의 국제관계를 유지하기 위한 종주국으로서의 당연한 의리이며, 그것을 통해 자신의 국방도 지켜지는 것이었다.[15] 그런데 천자의 군대만 존재하고 책봉국의 군대는 부정되는 책봉관계가 조선왕조의 입장에서 전적으로 종속적이거나 불리한 측면에서만 이해되어서는 안 된다. 이 문제는 조선의 재정 시스템과 함께 상세히 후술하기로 한다.

곧이어 에도 도쿠가와막부와의 강화가 맺어지고, '차왜(差倭)'와 '조선통신사(朝鮮通信士)'의 왕래가 19세기 초까지 이어졌다. 일본 측은 책봉체제를 이중적으로 활용하면서 막부의 '쇼군(將軍)'과 채결하는 국제관계로 대응했다. 1627년에 '후금(後金)'은 조선을 침공하여 서로 '형제의 맹약'을 맺는 데에 그쳤지만, 1636년에 재침공하여 '군신의 의(義)'로 개약(改約)하기에 이르렀다. 명의 멸망에 대신해서 淸朝와의 책봉체제가 형성된 것이다.

1885년의 천진조약(天津條約)은 조선의 갑신정변(甲申政變) 후, 조선 주둔 청일 군대 철병 및 파병에 관한 청일 양국의 조약 체결이다. 그런데 1894년에 동학농민군 봉기를 진압하기 위해 조선정부가 청의 원병 파견을 요청하고, 이에 대해 일본군이 파병됨으로써 청일전쟁이 발발하였다. 내적으로 일본군에 대한 조선 동학군(東學軍)의 항쟁이 병행되었지만, 외적으로 책봉체제에서 연유하여 책봉체제가 붕괴되는 과정이기도 했다.

조선왕조의 군사제도는 병사의 동원과 군사재정을 '군역'이라는 '국역' 징수체제의 일환으로 조달하는 한편, 책봉체제에 의지하여 중국의 파병을 요청함으로써 국제적 전란에 대응한 셈이다. 조선왕조는 양인(良人)에게 국가의 공공업무 수행을 의무화한 '국역'를 재구성하여 인민 통치를 위한 기반으로 삼았다. '국역'은 일반적으로 '병농일치(兵農一致)'의 원칙에 따른 '군역'의 부과를 위시하여 각종 관직과 '정역(定役)'을 설정하고 개개인에게 그것들을 '직역(職役)'으로 부여한 것을 가리킨다. 그러나 여기서는 '국역'의 의미를 조선왕조의 재정운영체계로서, '책봉'이라는 동아시아 국제질서와 관련하여 이해하고자 한다.

3. 18세기 동아시아 각국의 군비지출 비중

1) 청의 군비지출

청조 중앙재무기관인 호부의 1766년도 재정지출을 보기로 하자.[16] 총 세출액(歲出額)은 은으로 약 3,460만 량에 이른다—조운(漕運)을 위한 소량의 곡물 재원을 제외하고 대부분 은납화되었다—만한병향(滿漢兵餉)'이다. '만한관군(滿漢官軍)'은 만주족 전통의 팔기군(八旗軍)에 몽골족, 한족 등을 더하여 형성된 황제 직속부대와 청 정예부대를 가리킨다. 20만의 병사에 가족을 포함하여 100만 명의 둔민으로 형성되어 있었다. 중앙재정 가운데 50%에 육박할 정도의 높은 비중으로 군비가 지출되었던 것이다. 기타 관직자 및 노역자 인건비가 대부분을 차지한다. 지방에 남겨둔 '각성유지(各省留支)' 인건비

[표 1] 청대의 세출구조(歲出構造) (1766년)

[표 1] 청대의 세출구조(歲出構造) (1766년)

(단위: 銀兩, %)

내역	액수	%
滿漢兵餉	1,700만+	49%
王公百官俸	90만+	3%
外藩王公俸	12만	0%
文職養廉	347만	10%
武職養廉	80만	2%
京官各衙門公費飯食	14만	0%
內務府工部等 祭祀賓客 費用銀	56만	2%
採辨顔料木銅布銀	12만	0%
織造銀	14만	0%
寶泉寶源局工料銀	10만	0%
京師各衙門胥役工食銀	8만	0%
京師官牧馬牛羊等芻秣銀	8만	0%
東河南河歲修銀	380만+	11%
各省留支驛站 祭祀儀憲官俸役	600만+	17%
食料場廩膳等銀	120만	3%
更走漕船	(漕米)	
합계(銀에 한해서)	약 3,460만	100%

출전: 『淸史稿』권125, 3707~3708쪽.

도 600만 량 이상이다.

그러나 그것이 군비의 전부가 아니었다. 1714년도에 산서성(山西省)에서 호부에 보고한 회계책인 『주소책(奏銷冊)』에 정액(正額)으로 징수되는 지정은(地丁銀) 295만량 가운데 지방의 재정지출 내역을 살펴보자.[17]

　一, 給協解陝西甘肅 五十三年 兵餉銀 660,000兩

　　　欽奉上諭案內撥給甘肅 兵餉銀 207,742兩

　一, 給解部銀 500,478兩

一, (虧空, 未完地丁等) ……

一, 存剩地丁等銀 484,161兩

　여기에는 첫째로 '협향(協餉)'이라 하여 합서성(陝西省)과 감숙성(甘肅省) 등의 다른 성(省)에 군사비, 군향(兵餉)으로 보내는 66만 량, 그리고 그 외에도 특별요청으로 지급하는 병향 20만 량 정도가 기록되었다. 도합 86만 량으로 지방재원 전체의 29%에 해당한다. 다음으로 '경향(京餉)'이라 하여 호부의 정규예산으로 상납된 은이 50만 량 정도이다. 지정은의 잉여분에는 성재정(省財政) 경비도 포함되나 원칙상으로 호부에 납부하게 되어 있는 '경향'으로 48만 량 정도이다. 도합 98만 량으로 전체의 33%에 해당한다. 끝으로 지방에서 세수가 미납되거나 유용된 공김인 '훼공(虧空)'과 징수를 완수하지 못한 상납세가 있다. 사실상 성재정이나 내부 군현의 경비로 할애되는 유지분(留支分)인데, 지정은 총액으로부터 계산하면 110만 량으로 전체의 37%에 해당한다.

　중앙으로 상납되는 호부의 정규 재원 가운데 반이 군사비용이었는데, 여기에 중앙으로 상납되지 않고 바로 변방의 군사비용으로 옮겨지는 부분이 더해져야 하는 것이다. 전시가 아니더라도 일국적 국방을 위해, 나아가 책봉체제에 도전하는 변방민족에 대해 항상적으로 경비태세를 갖춘 군대가 필요했다. 하나의 국가로 독립되어 있는 주변국에 대해서도 책봉체제에 들어와 있는 한, 외부의 침입으로부터 보호해야 할 의무를 지녔던 것이다.

2) 에도막부(江戶幕府)의 재정지출

[표 2] 에도막부 세출의 항목별 비율(1730년, 1843년)

(단위: %)

세출항목	1730년(享保 15년)	1843년(天保 14년)
切米 · 役料	42%	28%
役所經費	20%	23%
米賣上	14%	6%
奧向費用	8%	6%
日光參社費用		7%
기타 비용	16%	30%

출전: 江戶文化歷史檢定會, 『江戶博覽强記』改定新版, 小學館, 2013, 32쪽

　　18세기 초와 19세기 중엽의 막부재정 세출 내역 비중을 비교해보자.[18] 18세기 초에는 막부의 군비지출로서 무사에 지불하는 봉록인 '절미(切米) · 역료(役料)'가 42%에 이른다. 강호성을 비롯한 직할지 관청의 경비(役所經費)가 20%, 미가 상승으로 인해서 수요량 만큼 구매할 때에 발생한 차액을 보전하는 '미매상(米賣上)'비용이 14%, 장군과 다이묘(大名)의 가족 거소에 드는 '오향비용(奧向費用)'이 8%에 해당하며, 나머지 기타 잡비가 16%다.

　　에도막부가 성립하기 전까지 각지의 영주들이 개별적으로 군대를 보유하고, 관할하는 영지 내에 군수물자를 수송하기 위한 노동력을 '인별장(人別帳)' 조사를 통해 파악하는 동안에는 군사비용이 절대적인 비중을 차지했을 것이다.[19] 전쟁을 피하기 위한 책봉체제에 의지하지 못하고 봉건제적인 자치성을 확보하는 데에는 필연적인 비용일 것이다. 이에 반해 막부재정은 직속 가신단의 군사력과 농민의 연공(年貢) 납입을 재정 기반으로 집권적 권력을 형성했다. 그러나 통일된 이후라 하더라도 막부의 권력을 유지하는 방편으로 군사

비용이 지출되었으니, 지방 번주(大名)와 가신 등의 무사에 대한 재정지출이 막부재정의 군비에 해당한다. 즉 에도막부의 군비지출은 무사를 정점으로 하는 신분제를 유지하기 위한 재정지출이라 할 수 있다.

그러나 무사계급을 억제하여 중앙집권적 통치체제를 추진하면서 신분제적 군비지출을 지속해야 하는 점에 막부재정의 모순이 내재해 있었다. 에도막부는 18세기 초부터 여러 차례의 개혁을 통해 재정의 중앙집권화를 추진했다. 18세기 초에는 검약령(儉約令)으로 무사계급의 재정지출을 억제하고, 다이묘 출미(出米)를 내도록 했다. 신전개발(新田開發)을 장려하여 토지세인 연공(年貢) 수입을 증대시키고자 하는 한편, 연공 수입을 안정화하기 위해 정액화를 추진하기도 했다. 세수의 증대가 어려운 현실에서 18세기 말에는 긴축재정을 더욱 강행하는 한편, 19세기 초에는 농업 재생산을 위한 기근책을 마련하고 새로운 재원을 확보하기 위한 상업통제가 이루어졌다.

19세기 중엽의 막부재정 변동을 살펴보면 군비에 해당하는 절미·역료가 28%로 현격히 감소했음을 발견할 수 있다. 막부의 중앙집권 정책이 진행된 결과인 반면, 무사계급의 몰락과 반발이 예상되었다. 항상적인 재정지출로 역소경비(役所經費) 23%, 미매상 6%, 오향비용 6%가 분배되어 있는 한편, 새로운 재정지출항목으로 도쿠가와가(德川家) 묘지 참배를 위한 닛코 참사비용(日光參社費用)이 7% 정도 책정되었다. 막부의 집권화와 더불어 막부의 권위를 높이기 위한 지출이 늘어났던 것이다. 기타 재정도 30%로 증가했는데, 이 항상적이지 않은 비용지출 가운데에는 농민과 무사들의 반발에 대응하는 군사비용도 포함되었을 것이다. 무사의 몰락은 강호막부의 몰락을 재촉했다.

3) 조선왕조의 군비지출

조선왕조 중앙재정의 세출내역을 1867년도의『육전조례(六典條例)』
에서 확인하도록 하자. 이 시기의 세입·세출 규모는 18세기 중엽에
재정징수의 '총액제'가 실시된 이후 큰 변화는 없는 것으로 판단된
다. '국역'에 연유하여 노동력으로 징발되는 동원방법도 지속적으로
유지되었지만, 많은 부분이 물납(物納) 징수와 인건비 지출로 전환되
었다. 중앙재정으로 수입되는 세입에는 각종 기관이 개별 분산적으
로 획득하는 재원과 재무기관으로부터 이전받는 재원이 모두 합해
져 있다. 국가기관들 가운데 '병전(兵典)'에는 병조(兵曹), 훈련도감
(訓鍊都監), 어영청(御營廳), 금위영(禁衛營), 총융청(摠戎廳) 등의 군사
기관이 속해있다. 이 병전의 세출은 19%에 그치는데, 주로 수도경
비를 위한 재원이 대부분을 차지하고 있어 국방경비와는 의미를 달
리하고, 또한 기관을 유지하기 위한 자체 경비도 포함되어 '군비'라
고 단정하기가 망설여지는 부분도 있다.[20]

　조선왕조는 군병을 군역의 노역 동원에 의지하여 전문군대가 존
재하지 않았다. 그런데 1590년대 일본의 침공을 받고 훈련도감의
포수(砲手)·사수(射手)·살수(殺手) 등을 전문군인으로 육성하게 되
었다. 이들을 훈련시키고 관리하기 위한 재원은 이들의 각 보인(保
人)들이 훈련도감에 납부하는 재원과 지세화하여 호조(戶曹)에 납입
토록 한 삼수량미가 전부다. 호조에 납입되는 삼수량미는 5,420석
으로 호전조(戶典條)의 1%에도 미치지 못한다. 중앙재정에서 군비에
해당되는 물납 재원의 비중이 20% 이하라 한다면, 이것은 청조나
강호막부의 중앙재정 가운데 차지하는 군비의 비중에 한참 못 미치
는 수준이다.[21] 중앙재정에서 군비에 해당되는 물납 재원의 비중이

20% 이하라 한다면, 이것은 청조나 강호막부의 중앙재정 가운데 차지하는 군비의 비중에 한참 못 미치는 수준이다.

[표 3] 1867년 중앙재정의 세입과 세출

米換算(石)

	歲入	歲出(%)	
吏典	50,357	54,999	3%
戶典	907,524	968,177	60%
禮典	127,549	127,242	8%
兵典	324,598	310,724	19%
刑典	3,792	4,304	0%
工典	38,439	36,280	2%
其他	119,907	119,907	7%
計	1,572,168	1,621,633	100%

김재호, 2010년 논문, [표2-11]에서 재구성

지방 군현의 재정 지출 내역을 18세기 말의 『부역실총(賦役實摠)』에서 확인해보자.[22] 지방 군현에서 중앙에 소재하는 국가기관으로 상납되는 부분이 경사상납(京司上納)으로 중앙재정에 해당한다. 지방 군영과 왜관 등으로 지출되는 재원은 '영읍봉용(營邑捧用)'이다. 이 부분에 지방에 소재하는 도(道) 단위의 병영(兵營), 수영(水營), 감영(監營) 소속의 지방군의 점검을 위한 군사비용이 포함될 것이나 이 재원들은 항상적인 경비나 그것을 위한 재정지원이라기 보다는 군영과 감영 그리고 산하 군사기구의 자체경비로 사용되는 경우가 많았다. 이 부분은 중앙으로 상납되는 재원의 20% 정도를 차지한다.[23] 이것은 청조의 성재정 가운데 타지방으로 이전되는 '협향(協餉)'의 군사비용보다 적은 편이다.

『賦役實摠』 충청도 忠州의 기재사례(항목선별)

【京司上納秩】
戶曹 田稅米 1168石6斗2升9合, 雜費米 162石12斗6升. ……
三手糧米 889石8斗2升5合, 雜費米 50石8斗4升9合. ……
奴貢錢 28兩, 雜費錢 4兩2錢. ……
淑敬公主房免稅米 43石7斗4合, 雜費米 5石12斗. ……
宣惠廳 大同米 5247石14斗9升9合, 雜費米 1024石4斗7升2合. ……
均役廳 結錢 5662兩1錢6分, 雜費錢 113兩2錢4分
選武軍官錢 840兩, 船稅錢 39兩5錢 春秋分納. ……
訓鍊都監 砲手保木 8同33疋, 雜費錢 86兩6錢
硫黃保木 1同9疋, 雜費錢 11兩8錢. ……
糧餉廳 屯稅米 70石10斗5升8合, 雜費米 7石1斗1升. ……
禁衛營 保米 390石, 雜費米 9石11斗2升5合. ……
京畿監營 驛復米 19石4斗9升4合.

【營邑捧用秩】
(監營) 雙樹山城別軍官除番米 21石. 別武士除番米 11石9斗. ……
兵營 待變軍官除番錢 12兩. 新選錢 696兩 春秋分納, 雜費錢 69兩6錢. ……
水營 水軍錢 492兩, 雜費錢 73兩8錢
忠州鎭 需米 49石13斗8升. 紙筆墨價米 2石12斗2升. ……

【本官(捧用秩)】
官需米 400石. 油淸價米 66石10斗. 公事紙價米 12石. 使客支供米 100石. ……
雜役詳定米 1447石4斗5升6合, 火粟田 869兩6錢6分. 21處 場市稅錢 583兩.
……
食鼎 10坐 春秋分納於店人. 柳器 每朔8部式 收捧於匠人. ……
式年成籍時 每戶錢6分式 合錢 1070兩3錢4分. ……
進上藥夫保錢 20兩, 鄕校保錢 240兩, 樓巖書院保錢 120兩. ……

전문군인인 훈련도감의 포수·사수·살수를 제외하고 중앙 및 지방 군병은 모두 농민 군역자이다. 군역은 노동력 동원되는 정군(正軍)과 그것에 대신해서 물납하는 보인으로 구분되며, 재정 회계상 수치는 보인의 군역가 납부에 의한 것이다. 또한 조선왕조 경상도 상납재원 가운데 왜관이 있는 동래부(東萊府)로 '하납(下納)'되는 재원이 큰 비중을 차지하는 사실이 눈에 띈다. 평안도에도 중앙으로 상납되는 재원은 제한되고 많은 부분이 지방유치분으로 사용되었는데, 여기에는 연행(燕行)을 위한 지출의 일부가 포함되었다. 국제질서 유지를 위한 비용이 별도로 책정되어 감소하지 않았고 고정되어 있었는데, 외교비용도 중앙재정의 일부를 현지에서 조달하는 방식을 취했다.

그리고 군현의 지방관아 자체의 경비가 '본관봉용(本官捧用)'인데 이 부분은 보고 책자에 모두 기재되지는 않은 것으로 여겨진다.[24] 더구나 18세기 말 당시에 물납이 아니라 인적 재원으로 동원되는 부분도 적지 않았다. 그러나 군현의 지방관은 군대를 가질 수 없으므로 여기에는 군비가 책정되어 있지 않다.

4. 동아시아 각국의 '국역'과 재정 시스템

동아시아 전제국가에 대한 분석으로 14~16세기 이후 각지에서 지향되는 공통 요소로서의 통치체제와 군사제도의 비교사적 관점이 제시된 바 있다.[25] 명은 '관료제'의 통치체제에 기초하여 토지와 호구 및 조세 관련 대장을 작성, 국가재정과 군제의 기초를 확립했다.[26] 청도 명대 후기의 체제를 계승했는데, 18세기에 중앙 군사기구를 강화하고 북경을 중심으로 중국 각지에 파견된 '팔기(八旗)'와 지방 각성(各省) 자체의 '녹영(綠營)'으로 군대를 편성했다. 한편 일본의 강호막부는 중국이나 조선과 같은 집권적 국가 형태가 아니라 무사계급 내에서 상하관계를 갖는 영주가 토지와 인민을 분할 영유하고 각자 독자의 군제를 갖추는 '봉건적' 체제 위에 성립했다.[27]

군사제도 측면에서 청 '팔기'의 병사와 일본 막부제의 무사는 토지지급, 특권부여, 군역부과가 시행된 측면에서 유사하나, 전자는 연령과 인원수에 따라 일률적으로 군역이 부과되는 데에 반해 후자는 영지마다 토지세징수 기준으로 정해진 '영지고(領知高)'에 따라 군역이 부과되었다. 청 녹영의 병사는 민간에서 모집되어 민으로부터 징수한 군향으로 유지되었다.[28] 청의 병사와 일본의 무사는 전문화되어 농업에 종사하지 않는 '병농분리(兵農分離)'의 원칙에 기초하고 있었다고 할 수 있다. 그러나 조선의 경우는 군사전문의 병사가 아니라 농민이 군사기관에 동원되는 '병농일치(兵農一致)'의 군역제로 징발되었다.

중앙집권적인 전제국가의 재정 시스템상, '군역'은 본래 개개인의 '노역' 징수만이 아니라 토지세나 공물과 같이 재화로 상납되는 부분을 포함하여 모든 국가재원의 징수를 의미하는데, 그것은 모든 징수 항목이 '노역' 제공에서 유래한다는 점에서 그러하다.[29] 토지세는 세납곡을 생산하는 경작지에 대한 농업경영 호(戶)의 노동력 제공으로 시작되었으며, 공납(貢納) 물품의 채집 및 제작, 수송납입도 그 일이 부과된 —분정(分定)된—호의 노동력 제공에 근거한다. 이렇게 국가재원 납부의 의무라는 의미에서 '국역'을 거론한다면, 재원징수의 방법으로 호구조사에 기초한 '요역(徭役)-혹은 잡역(雜役)'의 징발도 '국역'에 대한 상대적인 부분으로, 혹은 그것에 포괄되는 것으로 이해할 수 있다. '요역'도 '노역'으로 징발될 뿐 아니라 재정과정의 일부이기 때문이다.

이렇게 본다면 재정 징수 자체가 모두 국가에 대한 의무로서의 '국역'이라 할 수 있지만, 조세—혹은 지대— 납부 형태가 노동력-현물-화폐로 다양한 가운데 물적 재원이 아니라 인적 재원을 지칭하게 되었다. '국역'은 '군역'이나 '요역'과 같은 인적 재원의 동원에 한정해서 인식되었던 것이다. 동아시아의 재정시스템은 이 '국역'이 토지세 징수로 전환되어 군비로 지출되거나 여전히 인적 재원을 직접 동원하여 노동력을 제공하도록 하는 등의 운영체계를 유지하기도 했다. 특히 '군역'은 '군사'라는 공공업무를 수행함으로써 납세자가 직접 노동력을 제공하는 부세 납부방법을 말하는 것이다.

'군역'은 농민을 전쟁에 병사로 동원하는 병농일치의 군사제도로, 중국 고대의 전제국가가 설정한 재정 시스템의 한 구조였다. 일찍이 당(唐) 말기 이후 농업 소경영의 발달로 집약적인 농법을 통해 토지 생산력을 증가시키던 농민은 농사에 집중함으로써 군사 동원에 대신하는 재원을 납부하게 되었다. 이 재원은 빈번한 전쟁에 대응하여 형성된 전문 군대를 양성하는 비용으로 충당되었다. 군역제를 파기하고 병농이 분리되는 재정체계를 시행하게 된 것이다. 이것은 관직 및 군역과 같은 전제국가의 공공업무 수행을 기준으로 이루어진 신분제를 파기하는 과정이기도 했다.

이후 재정의 중앙집권화가 진행되면서 명·청대를 통하여 지방에서 용역을 동원하는 것 이외에 대부분의 부세가 토지세로 일원화되어갔다. 명·청대의 재정은 재정 중앙집권화의 단계별 결과라 할 수 있는 '정액화(定額化)', 즉 세물의 징수와 분배 액수에 대한 '원액주의(元額主義)'의 시도를 경험해왔다.[30] 명말 16세기에 각종 요역을 토지세로 일원화하는 '일조편법(一條鞭法)'의 시행이 보급됨과 더불어 지방관부의 재정 계획서인 『부역전서(賦役全書)』가 전국적으로 편찬되기 시작했다. 이 제도는 명말 당시의 군사비 지출증가로 인한 재정 궁핍을 벗어나기 위해 시도한 조세개혁으로 평가되기도 한다.[31] 그렇지만 각종 부세, 특히 요역의 토지세화, 상납수단의 화폐화 등은 재정의 중앙집권화 과정을 현저히 촉진하는 것이었다. 이 제도개혁은 청대에도 '인정(人丁)'에 부과되는 요역을 토지세로 일원화할 뿐 아니라 납부 형태를 은으로 통일하는 '지정은(地丁銀)' 제도로 이어졌다.

　그러나 지방의 모든 징수 재원이 정규의 재정 부분으로 공식화되었던 것은 아니다. 지방재정운영에는 여전히 정규화되지 않은 요역 징수가 잔존하여 재생산되고 있었다. 청대 초기는 군사비지출을 비롯하여 전국적으로 만성적 재정적자를 기록하던 명말과 달리 재정적으로 안정을 찾은 양상을 보인다. 이때에 중앙정부는 지방에 소재하는 재원총액을 전반적으로 파악하고 그 처리 여부에 대한 결정권을 가지고 있었던 것으로 추측된다. 그러나 정액재정 가운데 여전히 지방경비가 가장 많은 비중을 차지하고 사전에 정해진 중앙상납은 낮게 책정되어 있었다. 그리고 지방의 수요를 채운 뒤에 남는 것이 있다면 그 재원을 중앙 상납재원으로 첨가하는 데에 그쳤다.[32]

　중국 재정 시스템은 중앙집권적인 관리체제를 지향하는 법정적인 조세나, 그러한 정세(正稅) 수입에 의한 법정적 예산 내의 정규 재정에 대하여, 부가적·추가적 징수와 노역동원을 자원으로 하는 별도의 비정규 재정이 지속적으로 재생산되어 병존하는 재정의 이중구조를 특징으로 했다.[33] 정규의 군사조직을 유지하고 전쟁에 동원하는 데에 드는 비용은 호부의 중앙재정에서, 혹은 인근 군현의 정규 재원 가운데 일부를 이전함으로써 충당되었다. 그러나 그러한 정규 재정을 안정적으로 확보하여 책봉체제의 종주국으로 존재하기 위한 재원이 지방재정운영상에서 '국역'의 다른 한 부분인 '요역'의 징발로 가능했다고 할 수 있다.

　일본의 중세와 근세를 구분하는 대표적인 지표로 '병농분리', '석고제', '쇄국'을 드는 것이 일반적이다.[34] 이것은 일본의 중세와 근대의 사이에 설정된 '일본 근세사회'의 특질을 규정하는 문제이기도 하다. 강호시대로의 전환을 알리는 것으로써 '병농분리'란 '사농공

상(土農工商)'이라는 동아시아 전통의 신분구분 가운데 '무사'와 '농'이 분리되는 것을 말한다. 동시에 이런 신분적 분리는 무사의 도시 집거와 농민의 농촌 긴박이라는 지역적 분리를 의미하며, '상공(商工)'이 무사와 함께 도시에 거주함으로써 그들과 농민의 분리가 그것에 부차적으로 뒤따르게 된다. 주로 '봉건제도' 전개의 역사과정으로 인식한다. 따라서 봉건적 토지 소유와의 관련으로부터 '다이코 켄치(太閤檢地)'를 병농분리의 획기로 본다.

다이코 켄치는 일본을 통일한 도요토미 히데요시(豊臣秀吉)가 조세를 일률적으로 징수하기 위해 시도한 토지조사를 가리킨다. 등급별 토지마다 생산량을 계산하여 마을 단위로부터 영주 다이묘의 영지 단위에 이르기까지 일정 비율의 조세인 '연공(年貢)'을 책정했다. 이것은 지역의 조세부담일 뿐 아니라 유사시 영지 단위의 '군역'— 중앙권력에 대한 영주의— 동원을 위한 기준이 되었다. 영주 이외의 무사들에게는 토지 소유가 인정되지 않고 그들이 영주로부터의 봉록으로 생계를 유지하는 '병농분리'가 시행된 것이다.[35] 하급무사들은 막번체제하의 '무사단'을 형성하게 된다.

토지조사에 기초하여 책정되는 석고제는 병농분리의 결과로서 영주가 자신의 영지의 연공부담능력을 파악할 필요에서 시행되었다. 쌀로 환산되는 석고의 수량에 대한 여러 가지 평가가 있으나, 거기에는 현물지대라는 측면과 군역부과기준이라는 측면이 존재하고 그러한 관점에서 '군역론'이 전개되었다.[36] 어떠한 평가와 논의가 있든 여기서는 '병농분리'와 '군역'이 동일한 결과물로 인식되고 있으며, 그것이 통일정권의 성립과 관련된다는 점에 주목하고자 한다. 일본 근세는 재원 징수와 군역 징발은 중앙정부에 의해 소경영 농민을 직접적인 대상으로 시행되는 것이 아니라, 막부에 의해서 지방 영주를 대상으로 이루어졌다는 동아시아 비교사적인 특징을 가지기 때문이다.

　통일정권 성립 후의 막번체제에서 지방은 에도—지금의 도쿄—에 자리 잡은 도쿠가와막부와 각지의 영주가 지배하는 '번국(藩國)'으로 구성된다. 중앙정부로서의 조정(朝廷)을 상징하는 것으로 교토(京都)의 천황이 추대되어 있었지만, 실질적인 권력은 에도막부의 쇼군에게 집중되었다. 지방 영지 단위의 재원 징수는 물론, 군역 징발이 '번국'을 단위로 이루어졌으며, 이에 대한 권한은 사실상 막부의 쇼군에게 있었다.[37] 농민으로부터 분리된 무사가 번 단위로 국역의 의무를 수행하는 것을 '군역'으로 이해한 것이다. 이러한 군역의 징발은 전국 통일과 왜란에 군사력을 동원하는 특수한 경우에 지나지 않았다.

　명·청대의 재원징수가 지세화, 은납화로 일원화되는 경향을 보이는데, 조선왕조도 재정의 중앙집권화 정책으로 그와 유사한 경향을 띠어간다. 그러나 여전히 중앙재정에서 '국역' 체계에 근거한 군역 징발이 존속되고, 호구조사에 근거한 요역의 할당이 지방재정운영의 중추적 역할로 존재했다. 조선왕조 재정체제에서 '국역'의 존속은 국가재정 규모를 최소화하여 '절용이애인(節用而愛人)'이라는 '덕치(德治)'의 정치이념을 실현하기 위한 방편이었다.[38]

　'노역'의 동원은 납역자가 직접 와서 노동력으로 봉사하므로 재정과정에서 징수와 운송납부에 드는 비용을 필요로 하지 않는다. 납역자의 입장에서 반드시 재화의 납부로 대신하는 것보다 부담이 더하다고 할 수는 없다. '국역'에 근거한 인적, 물적 재원은 여러 수요처로 분산되어 직접 납부되는 것이 일반적이다. 재정의 중앙집권화 정책으로 중앙재무기관인 호조로 모든 재원이 수렴되었다가 수요처인 각종 국가기관과 왕실로 재분배되는 체제가 지향되었다. 하지만, 국역 징수는 재원의 이동 과정에서 지불되는 부가적 소비를 줄일 수 있었다.

조선왕조의 '국역'은 중국 당대(唐代)에 이르는 고대사회의 국가 경제체제에서 배운 바가 많다. 그러나 중국 고대사회 말기부터 소경영 발달과 군사 전문화로 인한 '병농분리'가 진행되어, '국역' 체계가 붕괴되었다. 그럼에도 불구하고 조선왕조에 이르기까지 한국사는 '병농일치'의 국역 체계를 버리지 않았다. 특히 조선왕조는 신분을 '양천(良賤)'으로 구분하고 양인에게 '직역(職役)'의 국가 공공업무 수행을 의무화하는 '국역'을 더욱 체계화했다. 그것은 귀족적 지배를 부정하고 왕조의 중앙정부가 '양인'을 집권적으로 파악하는 통치 방법으로 유용했다. '양인'에 반해 국역을 부담하기 어려운 인구와 가족들은 국역 부담을 면하는 대신에 개인이나 개별 국가기관에 귀속되어 그들에게 '노비신공(奴婢身貢)'의 '역(役)'을 부담했다. 양인에 대한 '국역' 징수는 이들 奴婢에 의한 지원으로 안정성을 확보할 수 있었다.

특히 군역체계에 근거하는 재원은 직접 소속된 국가기관으로 분산적으로 징발되어 재원의 징수에서 재분배에 이르는 재정과정을 생략함으로써 중간의 잡비가 최소화되었다. 그러나 18세기 전반기에 걸친 군역의 정액화와 18세기 중엽의 일부 군역부담의 지세화를 통해 최대한의 중앙집권화가 추진되었다.[39] 각 국가기관은 군역 재원을 경쟁적으로 확보해갔으며 그로 인해 지방의 군역부담을 가중시켜갔다. 현실적으로 모집 인원수에 미달하는 군역 징발에 그치므로 기관마다 소속 군역자의 정족수를 하향 고정화했다. 또한 그와 더불어 노역징발에 대신해서 물납되는 보인의 역가를 반감하고 대신에 토지에 추가로 부과하여 중앙재무기관이 일률적으로 징수하는 조치(均役法)가 취해졌다.

국역체제는 1894년의 '갑오개혁(甲午改革)'으로 소멸되기에 이르렀다.[40] 지세화에서 벗어나 노역봉사로 존속되던 국역도 호구조사에 기초하여 중앙재무기관에 의해 호세(戶稅)로 일괄 징수되었다. 재정 운영에 관한 지방 군현의 자율성을 완전히 부정하고 중앙재무기관에서 일률적으로 재원을 징수, 재분배하는 중앙집권적 재정체제를 완성하고자 했다. 이것은 기왕의 책봉체제를 부정하고 개별 국가의 '독립'을 주장하는 시도와 동시에 진행되었다.

5. 맺음말

전쟁이 회피되고 장기에 걸쳐 왕조가 지속되는 '동아시아의 평화'는 '책봉체제(冊封體制)'에 기초한 국제질서의 유지에서도 그 이유를 찾을 수 있다. 전근대 동아시아의 국가예산은 왕권의 권위와 관련된 재정지출 이외에 군사비용이 가장 큰 부분을 차지한다. 그러나 조선왕조는 책봉체제하에서 전문화된 별도의 군사조직을 가질 수 없었다. 원칙적으로 '천자'의 나라만이 군대를 통솔하여 전쟁에 동원할 수 있었다. 조선왕조의 국방은 안으로는 농민이 수시로 상번(上番)하여 수도경비를 수행하는 국역 체계와 바깥으로는 중국 천자의 군사적 보호를 배경으로 하는 '책봉'의 국제질서에 의지했다고 보여진다. 이것은 조선왕조가 '덕치'의 정치이념을 실현하는 기반으로 '절약재정(節約財政)'을 견지하기 위해 군사비용의 절감을 주체적으로 해결하는 방법이었는지도 모른다.

명·청과 조선은 모두 중앙집권적인 전제주의(專制主義) 재정구조를 가지고 있으나, 군비지출에 주목하여 동아시아 삼국의 재정구조를 관찰할 때에 각각 다른 성격을 발견할 수 있다. 명과 청은 '중화(中華)'를 이념으로 하는 책봉체제의 중심으로 천자의 군대를 유지하기 위한 군비지출이 큰 반면에 조선은 그것이 극도로 억제되어왔다. 청(淸)은 19세기에 들어 백련교도나 태평천국의 난에 대응하기 위한 군비지출이 증가하여 중앙의 호부재정이 급격히 축소되고, 진압에 동원되었던 민간자위집단(團練)에서 기인하는 임시군대가 조직되어 지방재원을 임의로 소진했다.[41] 그러한 재정상황에서 기왕의 책봉체제의 중심을 유지하기는 어려웠다.

　에도막부는 각지의 번주 및 직할지의 대명과 무사에 대한 재정지원을 축소시키며 중앙집권적인 재정체제를 추구했으나 그것은 메이지정부(明治政府)에 의해 완성을 보게 되었다.[42] 메이지유신(明治維新)은 막부체제에 대신해서 천황이 중앙집권적으로 통치하는 왕정부고의 성공이면서, 스스로 책봉체제의 또 다른 중심임을 천명하는 '소중화(小中華)'의 성공이라 할 수 있다. 이후 폐번치현(廢藩置縣)으로 무사계급을 소멸시키고 무사군대에 대신하는 농민군대의 형성을 위해 徵兵令이 내려졌으며, 근대열강의 '부국강병' 경쟁에 동참하기에 이르렀다. 명치정부는 책봉체제의 중심임을 천명하면서 일국적인 영역 확대를 꾀하는 모순으로부터 식민지를 확대해가는 제국주의 일본을 선택하게 되었다.

　조선왕조는 청일전쟁 이후 '대한제국(大韓帝國)'을 건립하여 천자국과 동격의 황제국을 주장함으로써 아이러니하게도 책봉체제로 유지되어온 기왕의 국제질서를 부정했다. 모든 재원을 중앙재정으로 일원화하는 궁극적인 중앙집권적 재정체제를 완수하고자 하였으나 노역 동원을 근간으로 하는 지금까지의 절약적 재정체제를 벗어나지는 못했다.[43] 그것으로 인한 국가재정의 빈약함은 '부국강병'의 경쟁을 견뎌낼 기반이 되지 못했다. 조선왕조 재정체제의 붕괴는 동아시아 국제질서가 책봉체제에서 제국-식민지체제(帝國-植民地體制)로 전환되는 계기를 마련했다. 일본에 의한 조선의 제국-식민지체제 성립은 양국 간의 평화주의적 관계가 아니라 식민지 조선의 '일본화'라는 일국적 확대에 지나지 않았다. 그러나 책봉체제하의 소정부주의적인 재정체제는 현대국가의 복지적 재정과 평화주의적인 국제관계의 형성에 맞닿아 있음을 느낀다.

19세기 후반 함경도 주민들의 연해주 이주와
트랜스내셔널(Transnational)한 공간의 형성

배항섭

1. 머리말

〈조로수호조약〉이 체결된 1884년 이후 조선과 러시아 간에는 공식적인 교류가 시작되었다. 이후 조로관계는 양국의 대외정책, 서구 열강의 동아시아정책, 조청, 조일관계 등과 복잡하게 얽히면서 전개되었다.[1] 그러나 공식적인 수교가 이루어지기 이전인 1860년 이후부터 두만강 하구의 변경 지역에서는 양국 관민 간의 비공식적 교류가 활발히 진행되었다. 연해주 지역은 1858년까지는 청나라의 훈춘령 소속이었으나, 1858년 아이훈(愛琿: Aigun)조약 이후 러시아와 청국이 공동으로 관리하였으며, 1860년 북경조약에 따라 완전히 러시아 영토로 귀속되면서 국경이 연접하게 되었기 때문이다. 이 시기의 교류는 연해주 지역 러시아 관리들에 의한 통상 및 협력 요구에 따른 것도 있었지만, 중심을 이루는 것은 주로 함경도 주민들의 범월 이주와 관련된 문제였다.

　러시아와 국경을 접하게 되는 1860년대는 대외적 위기의식이 고조되던 때였기 때문에 정부에서도 변경지역에 대한 통제와 방비를 더욱 강화하였다. 그럼에도 불구하고 두만강을 건너 러시아령 연해주 지방으로 범월하는 조선인들은 오히려 증가되어 갔다. 이들은 범월하다가 체포되면 처형된다는 사실을 잘 알면서도 도강 범월을 감행했다. 러시아로 이주하는 주민들은 주로 함경도 변경 주민이었다.

　이글에서는 먼저 변경 주민들이 러시아 땅으로 이주해가는 실상의 대략을 알아보고자 한다. 조선인들의 연해주 이주에 대해서는 이미 적지 않은 연구가 축적되어 있으며,[2] 최근에는 조선인 이주민들의 생활상에 대해서도 몇 편의 논문이 발표된 바 있고,[3] 조선인 이주민의 생활상을 트랜스내셔널한 시각에서 접근한 글도 있다.[4] 이러한 연구성과를 토대로 이 글에서는 먼저 논의의 단서를 마련하는 선에서 이주의 추세와 러시아 당국의 이주민 대책 그리고 조선정부의 대응책 등을 살펴보고자 한다. 다음으로 이주과정이나 배경을 살피고 그 속에 내포된 변경 주민들의 의식을 민중사의 입장에서 접근해보고자 한다. 조선인들의 러시아에 대한 인식과 관련해서도 이미 적지 않은 연구가 제출된 바 있다.[5] 그러나 그 대부분은 공로의식을 비롯한 지배층의 러시아 인식이 주조를 이루고 있으며, 민중이나 변경 주민들의 인식에 대한 연구는 없다. 이글에서는 정부에서 금지하는 범월을 목숨까지 걸어가며 어겨야 했던 이주민들의 의식세계를 당시 변경 주민들이 가졌던 조선의 정치나 사회, 그리고 러시아에 대한 인식과 관련하여 살펴보고자 한다. 다루는 시기는 〈조로수호조약〉이 체결되는 1884년까지로 국한하였다. 이후에는 러시아 당국의 이민 정책에 따라 이주의 양태나 이주민의 지위에 커다란 변화가 오기 때문이다.

2. 이주민의 증가와 조선정부의 대응

1) 이주의 시작

조선인이 연해주 지역으로 건너가 정착 생활을 하기 시작하는 시점에 대해서는 자료에 따라 1853년, 1857년, 1858년, 1860년, 1863년, 1864년 등으로 기록되어 있다.[6] 이 가운데 정착 이주 기점을 가장 이른 시기로 적시한 것은 조선총독부에서 펴낸 『만주급서비리아지방(滿洲及西比利亞地方)에 있어서 조선인사정(朝鮮人事情)』이다. 이에 따르면 이미 1853년에 함경도의 농민 한일가(韓一歌)가 남부 우수리의 푸시에트 지역에 건너가 농경에 종사하였다고 한다.[7] 한국인이 쓴 기록 가운데 함경도 주민이 최초로 연해주로 이주한 사례에 대해서는 뒤바보[계봉우]가 쓴 「아령실기(俄領實記)」에 가장 구체적으로 적기되어 있다. 아령실기에 따르면 "갑자(甲子) 춘(春)에 무산 최운보, 경흥 양응범 2인이 가만히 두만강을 건너 혼춘(琿春)을 경유하야 지신허(地新墟: 此는 烟秋 等地)에 내왕하야 신개간에 착수하니"라고 하여 1864년 최운보 등이 훈춘지방을 거쳐서 연해주로 간 것이 최초인 것으로 기록하고 있다.[8] 또 러시아 측 기록에 처음으로 나타나고, 또 지금까지 대체적인 통설로 받아들여지는 것은 1863년설이다. 1860년 포시에트 만에 건설된 노보고로드스키(Novgorodskiyt) 항의 책임자 레자노프(Rezanov) 중위에 따르면 1863년 연해주 지역에서 이미 그 지방에서 몇 년째 살아왔던 한 명의 조선인에게 가족과 같이 지신허강(the Tizinhe River) 지역에서 거주할 수 있도록 허락하였다고 한다. 같은 해 11월 30일에 레자노프는 연해주의 군지사(軍知事)인 카자케비치(Kazakevich) 해군 소장에게 "몇 명의 조선인이 지신허 강의 분지에 20여 가구의 거주 허가를 요청하였다"고 보고하였다. 이때 이들은 "조선인들을 살해하는 중국인들을 방어하기 위해 5명의 군인을 이주 장소로 파견해줄 것"을 동시에 부탁하였으며, 그 외에도 100호가 더 이주할 준비가 되어 있다고 하였다.[9]

그러나 레자노프(Rezanov) 중위의 보고서에서 "그 지방에서 몇 년째 살아왔던" 조선인에게 가족과 같이 거주할 수 있도록 허락하였다고 한 데서 알 수 있듯이 연해주 지역에 조선인이 정착하여 농사를 지은 것은 1860년 이전부터였을 것으로 보인다.[10] 그러한 사정은 다음과 같은 몇 가지 사례를 통해서도 미루어 짐작할 수 있다. 1870년 영의정 김병학의 보고에 따르면 경원부 농포사(農圃社)의 주민 이동길(李東吉)은 후춘으로 넘어간 지 이미 30여 년이 되었으며, 연변의 백성을 끌어들이고, 비류(匪類)를 불러 모아 때때로 인근 마을을 노략질하고 있었지만, 후춘 사람들은 안면에 구애되어 감추고 보호하고 있다고 하였다.[11] 그는 경원개시에서 매매가 금지된 녹용을 구입하였다가 발각되자 월경한 후 농사나, 의술로 생계를 이어갔으며, 몇 차례나 경원으로 와서 부모와 동생을 데리고 갔고, 범월한 조선인들을 받아들여 동거하고 있었다고 한다.[12] 1870년의 기사이므로 이동길이 월경한 것은 1840년경으로 추정되며, 후춘은 연해주와 접경한 지역이었다.

또 「아령실기」에 따르면 조선인 최초의 이주자도[13] 훈춘을 경유하여 연해주 포시에트만 인근의 지신허에 도착하였다. 이러한 점으로 미루어볼 때 이 지역으로 범월한 사람들이 연해주 쪽으로 흘러 들어갔을 개연성을 배제하기 어렵다. 또 1895년 12월부터 1896년 1월까지 경흥에서 출발하여 원산까지 남하하며 조선을 여행한 육군 중령 알프탄의 기록에 따르면 자신이 방문한 홍원 군수가 러시아로 건너가 27년간 카멘 볼로프 근처에서 평범한 농부로 살았다는 말을 들었다.[14] 당시 홍원 군수는 김홍익(金鴻翼)이었다.[15] 김홍익이 처음으로 관직에 진출한 시기는 전환국(典圜局) 위원으로 임명된 1888년 10월이다.[16] 관직에 진출하기 직전까지 러시아에 체류하였다고 가정할 경우 김홍익이 러시아에 이주한 것은 1888년으로부터 27년 전인 1861년이 된다. 김홍익의 사례로 미루어 보더라도 최초의 이주자가 1863년이었다는 견해는 무리인 것으로 보인다.[17]

1860년 러시아령이 된 두만강 건너편 지역은 18세기 무렵에도 두만강변 6진 지역의 주민들이 수시로 건너가 땔감과 집짓는 데 필요한 재목을 베어 왔고, 이를 금지시킬 경우 생활이 불가능할 정도였으며,[18] 19세기 중엽까지 조선 변방 주민들이 춘경추귀하며 농사를 짓던 곳이었다.[19] 또 연해주와 인접한 간도 지역으로 범월하는 사례도 19세기 후반부터 급증하였다. 19세기 전반까지는 땔감이나 식량을 구하기 위한 일시적 범월이었으나, 중반부터는 집단으로 월경하고 마을을 형성하여 장기간 거주하는 형태로 변화해갔다.[20] 이러한 사실로 미루어볼 때 두만강 일대의 변경 지역 주민들은 1860년 이전부터 수시로 연해주 지방으로 월경하고 있었던 것으로 보인다.

2) 러시아의 유인책과 이주민의 증가

주로 두만강 연안에서 가까운 함경도 주민들로 구성된 조선인 이주자들은 러시아와 국경을 마주한 1860년 직후부터 급격히 증가하기 시작하였다. 특히 조선과 러시아 간 수교가 이루어지기 이전부터 조선인의 연해주 이주가 격증해나간 데는 연해주 지역을 개발하려는 러시아의 식민정책과 그에 따른 러시아 정부의 호의적인 태도가 중요하게 작용하였다. 1858년 5월 러시아와 청국 간에 체결된 아이훈 조약에 따라 흑룡강 좌안이 러시아로 편입되었으며, 1860년 11월에는 북경조약이 체결되면서 연해주가 러시아 영토로 편입되었다. 연해주가 러시아에 할양될 무렵 유즈노-우스리스크 지방에는 정착 생활을 하던 중국인 외에도 선주민이 있었고, 우수리강 주변에서 유목생활을 하던 따즈이족이나 오로치족이 있었다. 이들은 여름에는 어로에, 겨울에는 수렵을 통한 모피업에 종사하였다.[21] 중국인들은 주로 도망온 범죄자이거나 상업, 흑담비 수렵, 미역, 해삼 채집, 금광채굴 등에 종사하며 판자로 만든 가옥에서 생활하고 있었으며,[22] 선주민은 주로 수렵에 종사하고 있었다.[23] 초기의 조선 이주민들이 선주민들과 어떤 관계를 맺고 있었는지에 대해서는 확인되지 않는다.

어째든 수백 명에 불과한 중국인이나 일부의 선주민만으로는 광활한 연해주를 개발하는 것이 사실상 불가능하였다. 이에 따라 러시아 정부에서는 이 지역에 대한 식민정책을 추진하기 시작하였으나,[24] 당시 극동지역의 인구는 개발을 추진하기에는 턱없이 부족하였다. 러시아 참모본부의 나다로프(Nadarov) 중령의 증언에 의하면, 1860년에 우수리스크(烏蘇里) 지역에는 872명의 중국인이 살고 있었다. 이 가운데 341명은 초가집을 소유한 자들이었고, 나머지 531명은 그들의 직공이나 친척들이었다.[25] 더구나 17세기 후반부터 청국과의 갈등을 이미 경험했던 러시아는 중국인들을 애당초부터 정치적으로 불신하고, 중국 인구의 증가를 인위적으로 억제하려 하였다.

이외에 흥안(興安: Stanovoi)산맥 지역에 퉁구스 계통의 오로촌(Orochon) 등의 부족들이 살았는데, 순록의 사육, 수렵 등을 생업으로 하는 그들이 농지를 개간 · 경작하여 러시아 군인들에게 식량을 공급할 능력을 가졌을 리 없었다. 당시 제정 러시아 당국은 정치 군사적으로 정부로부터 가장 신뢰를 받아 왔던 카작(Cossack)이라는 세습적 기마 농병(農兵) 계통의 연해주 이민을 처음부터 제일 바랐다. 이 카작 이민은 1858년에 이미 시작되었으나, 1869년까지 우수리 지역에 정착한 카작인들은 761호(5,310명)에 불과하였다.[26]

그러자 러시아 정부는 1861년 3월 알렉산더 2세에 의해 단행된 농노해방에 따라 한 치의 땅도 가지지 못한 농민들이 대규모로 형성되자, 이들을 활용하기 위해 〈제1차 이민법〉을 제정하였다. 1861년 4월 제정되어 1882년까지 시행되었던 이 법은 외국인들에게도 개방되었으며, 아무르 지방으로 이주한 사람에게는 1데샤티나(3,000평 정도)당 3루블을 내면 가구당 100데시아까지 소유할 수 있고, 10년간의 징집면제와 20년간의 지세가 면제되는 특전이 제공되었다.[27]

이후로도 러시아 정부는 식민사업을 적극 추진하였고 여러 가지 이민에 관한 법령을 발포하여 이민자를 유도하였으나 러시아인들에게는 그다지 효과를 거두지 못하였다. 이주문제를 연구한 부세(F. F. Busse)에 의하면 1863~1870년 동안 유즈노-우수리스크로 총 2,266명(1863년에 361명, 1864년에 382명, 1865년에 95명, 1866년에 732명, 1867년에 230명, 1868년에 360명, 1869년에 252명, 1870년에 651명)의 러시아인이 이주하였으며, 1871년에서 1882년 사이에는 불과 632명만 이주하였다. 1882년 연해주 총 인구는 8,385명이었다.[28]

이런 상황에서 러시아 당국은 관리들의 수탈과 기근을 피해 범월해 오는 조선인들을 반갑게 받아들이지 않을 수 없었다. 무엇보다 조선인들의 전통적 농업기술이 연해주에 주둔하던 러시아 군대에 식량 공급을 가능케 할 것으로 믿었기 때문이다. 러시아 당국은 조선인들의 이민을 의도적으로 유도하지는 않았지만, 처음부터 월경하는 이주민들을 적극적으로 받아들이려는 자세를 취하였다.[29] 다음의 보고서는 그러한 사정을 잘 보여준다.

〈조선인의 러시아 이주에 대한 보고서〉

총독은 해군소장 카자케비치에게 "남부 연안 지역에 많은 원주민이 이주할 의향이 있으나 식량 부족 때문에 정착하지 못하고 있다"고 밝혔습니다. 총독은 생필품을 국고에서 조달하고 이 과정에서 발생한 비용을 임시 지출하여 국가에서 처리해야 한다고 생각하였습니다. 그 후 총독은 조선 이주민의 성공적인 농사 활동에 대한 보고를 받고 농사에 능한 조선인의 이주를 중요하게 생각했습니다. 그래서 총독은 1865년 1월 14일 공문 No. 13에서 조선인을 러시아 농민으로 등록함으로써 조선 관료의 횡포로부터 보호하기로 제안하였습니다. (중략)

지금까지 러시아로 이주한 조선인의 인원 및 조선인의 농업성과에 대한 정확한 통계가 없습니다. 러시아 지방정부는 조선인의 고급 농사인력을 활용하여 하루빨리 곡식 농사를 활성화하려고 노력하였습니다. 지방정부는 이주한 조선인을 러시아인(결혼한 군인, 유형자 등)의 마을로 편입시키려고 계획하였습니다. 이러한 조선인의 거주 지역에서 생필품 및 식량을 자체적으로 조달할 수 있을 것으로 예상하였습니다.[30]

앞서 언급한 레자노프 중위의 보고 내용 가운데 "중국인들을 방어하기 위해 5명의 군인을 이주 장소로 파견해줄 것을 요청하였다"고 한 데서도 알 수 있듯이 아직까지 이 일대에는 중국의 "비적"들이 출몰하여 조선인들을 괴롭히고 있었다. 그러나 러시아 측의 호의적인 태도와 결부되면서 기근과 학정으로 고통을 받던 조선인 이주자의 수는 증대되어갔다.

레자노프 중위의 보고에 대해 연해주 군무지사 카자케비치는 1864년 5월에 내린 지시에서 조선인들이 "완전한 자유(自由)와 러시아법의 보호를 누릴 수 있"도록 "안전과 치안에 관한 가장 강력한 조치들을" 취하도록 지시했다. 지신허강(地新墟江) 유역의 신거주지에는 60여 명의 조선인들이 채소밭과 농경지, 가축을 소유한 채 살고 있었다. 카자케비치는 레자노프 중위에게 중국인들의 공격을 막기 위해 조선인 거주지에 초소를 세워주도록 지시하였고 초소는 1865년에 세워졌다. 또 레자노프는 이주민들이 종자와 식량 때문에 "라"라는 중국인에게 진 빚을 갚도록 보조금 200루블을 지급해줄 것을 카자케비치에게 요청하였다.[31]

러시아 측 기록에 따르면 1864년에는 130가구 정도가 정착해 살고 있었다. 이들은 가축을 몰고 오기도 했으며, 남다른 열성으로 밭일과 주택 건설을 시작했으며, 여름이 끝날 쯤에는 생활이 안정되었다. 뿐만 아니라, 성공적으로 봄 식량을 준비하고 파종하여, 많지 않은 양이지만 메밀의 판매를 제안하기도 했다. 이에 대해 연해주 당국자는 "우리 정부가 거의 아무런 지출 없이 남부 항구들에 배치된 우리 군부대를 위해 단기간에 식량을 공급할 수 있는 훌륭한 농부를 획득할 수 있다는 점을 특별히 고려할 경우, 그렇게 짧은 시간에 거둔 그런 결과는 그 이주자들을 특별히 평가하지 않을 수 없게 한다"라고 하였다. 이에 따라 이주민들의 지위를 보장하기 위한 일부 대책을 반드시 수립해야 한다고 판단하였으며, 특히 "자국의 농민으로 입적시키려는 조선과 중국 당국의 트집으로부터 이주 한국인들을 보호"하도록 하였다.[32]

1865년에는 중대 병참부 식량에서 약 100뿌드[1뿌드는 16.38kg]의

밀가루를 조선인 이주자들에게 대여해 주었다. 첫 추수 후 상환한다는 조건이었다.[33] 1865년 7월에는 이주 희망자 10명이 레자노프에게 찾아와 자신들의 친척 5명이 체포되어 사형당할 처치라며 군인을 경흥에 파견하여 체포된 사람들을 석방하게 해줄 것을 요청하기도 했다. 이에 따라 레자노프는 4명의 장교와 5명의 군인을 파견하였다.[34] 이 사례는 범월 이주자들의 목소리가 조선정부의 변경정책에서 영향을 미치기 시작했음을 시사한다. 1865년 12월까지 러시아에 정착생활을 하고 있는 조선인 이주민은 360명이었고, 연해주로 들어와서 농사짓는 사람은 그보다 훨씬 많았다. 대다수의 조선인은 농사철에는 포시에트에서 거주하지만 추수를 마친 다음에는 귀국하고 있었기 때문이다. 정착민들의 대다수도 친척 방문을 목적으로 잠시 귀국하곤 하였다.[35]

조선인 이주자들은 1864년에 지신허를 시작으로 북상하면서 마을을 만들어 정착하기 시작하였다. 1867~1869년에 걸쳐 조선을 여행하면서 연해주로 이주한 조선인 마을에도 방문했던 러시아 지리학자 프르제발스키는 1862년에 12가구가 이주해 온 이래 1867년경에는 지신허, 얀치혜(煙秋, 노보키에프스크), 시지미 3개 마을에만 하여도 1,800여 명이 정착해서 살고 있다고 하였다.[36] 이 마을의 주민들은 거의 대부분이 경흥, 경원, 원산, 회령 출신이었다.[37]

한편 러시아가 조선인에 대해 이러한 정책을 계속 추진해나갈 수 있었던 것은 이주 이후 조선인들이 보여준 근면한 생활태도와 밀접한 관련이 있었다. 조선인 이주민들은 게으르고 나태한 알코올 중독자인 유형자들로 구성된 러시아 이주민들과 크게 대조적이었다. 조선인은 그들이 보기에 교육 수준이 낮았지만, 뛰어난 모방성과 추진력을 가지고 있었으며, 러시아의 당국자 입장에서는 다양한 문화를 흡수할 뿐만 아니라 러시아 정교까지도 받아들이는 점도 고무적이었다. 무엇보다 "농업 분야에서 큰 발전을 이루"어서 이미 1864년 겨울부터 자체적으로 식량을 조달하였고 심지어 새로 이주한 사람에게도 식량을 제공할 수 있을 정도였다는 점이 높이 평가되었다.[38]

앞서 언급한 프르제발스키가 관찰한 바에 따르면 조선인 가정의 일상생활은 중국인과도 완전히 반대되는 근면과 청결로 구별된다고 하였다. 조선인들이 즐겨 입는 흰색 의상 자체가 이미 청결에 대한 애호를 보여준다고 하였으며, 싹싹함, 예의바름, 근면함을 조선인들의 특징으로 지적하기도 했다.[39] 좀 뒤의 기록이기는 하지만, 1894년 가을 연해주를 여행하며 조선인 정착촌을 방문했던 영국인 비숍은 그들에게는 "의심과 나태한 자부심, 자기보다 나은 사람에 대한 노예근성이 없고, 주체성과 독립심이 아시아인의 것이라기보다는 영국인의 것에 가까운 터프한 남자다움으로 변했다. 활발한 움직임이 양반의 거만함과 농부의 낙담한 빈둥거림을 대체했다"고 하였다. 이러한 관찰 결과 그녀는 "한국에 있을 때 나는 한국인들을 세계에서 제일 열등한 민족이 아닌가 의심한 적이 있고 그들의 상황을 가망 없는 것으로 여겼"지만 이주민들의 생활 모습을 보며 그 견해를 수정할 상당한 이유를 발견하게 되었다고 하였다.[40]

조선인들의 이주 행렬은 조선에 기근이 들 때 급증하였다. 특히 1869년 대기근이 들었을 때는 대규모 유민이 발생하여 6월부터 12월 사이에만 하여도 연해주로 들어간 조선인이 6,500명에 이르렀다.[41] 이와 같이 대규모 이주민이 두만강을 넘어 오자 러시아 당국에서는 이 무렵부터 이주자를 제한하고자 하였으며, 이에 따라 그 이전과 달리 비우호적인 태도를 드러내기도 했다. 예컨대 1869년 12월에는 러시아 병사들이 두만강을 건너 국경 초소에 도착한 이주민

14명 가운데 여성들을(7명) 희롱하자 그에 대항하는 이주민을 모두 살상하는 사건이 발생한 것도 그러한 분위기와 관련이 있었다.

이와 같이 러시아 당국의 정책에 따라 조선인 이주민의 수는 증감이 있었지만 꾸준히 증가하였다. 1869~1870년에는 등록된 정착민이 3,750명에 이르렀고,[42] 1880년대 초기에는 매년 3,000명씩 상인 날품팔이 노동자 수공업자들이 함경도에서 연해주로 이주하였다.[43] 이에 따라 1882년 당시 연해주에 거주하는 조선인은 10,137명으로 이 지역 전체 인구의 10.9%를 차지하였다.[44]

그러나 이러한 숫자는 러시아 당국에 등록된 조선인을 토대로 조사한 결과였기 때문에 등록되지 않은 조선인을 합할 경우 이보다 훨씬 많았을 것으로 추정된다. 그것은 「아국여지도(俄國輿地圖)」를 통해 엿볼 수 있다. 「아국여지도」는 조선인 관리 김광훈과 신선욱이 국왕의 명을 받고 연해주 일대를 시찰하고 돌아와 쓴 기록이다. 이들은 러시아와 수교하기 이전인 1882년 9월 25일부터 11월 5일까지 연해주 일대를 시찰하고 돌아와서 「강좌여지기(江左輿地記)」를 쓴 바 있으며, 수교 직후인 1885년에 재차 연해주를 방문하고 돌아와서 「아국여지도」를 썼다. 여기에는 이 시기 연해주에 이주해 있던 조선인의 생활상은 물론 조선인 거주 마을 명과 마을별 호수와 구수가 잘 정리되어 있다.[45]

「아국여지도」에 따르면 1885년 당시 연해주 일대에는 29개의 조선인 이주마을이 형성되어 있었으며, 총 호수는 2,640호, 20,313명이 살고 있는 것으로 조사되어 있다.[46] 물론 여기에는 일정 기간 동안만 러시아에 머물며 농업이나 상업활동을 하던 사람들도 포함되었을 것으로 보인다.[47] 이로 미루어볼 때 1860년대에 들어 본격적으로 이루어진 조선인의 연해주 이주는 이후 지속적으로 증가하였으며, 조러수호조약이 체결된 1884년 직후에는 일시적인 체류자까지 포함하여 2만여 명을 상회하고 있었을 것으로 추정된다. 당시 연해주 전체 인구의 10%를 훨씬 상회하는 규모였다.

초기에 이주한 조선인들은 대부분 경흥·경원·원산·회령 출신의 농민들이었으나,[48] 점차 함경도 이외의 지역에서도 이주해 오는 사람들이 생겨났으며, 서울이나 충청도, 멀리는 부산에서 이주해 온 사람도 생겨났다.[49] 또 이들 가운데는 20여 명의 가족과 노복을 거느리고 이주한 한인국이나,[50] 김인승과 같은 전직관리나 지식인들도 있었고,[51] 호군(護軍)이나 초시(初試) 경력자 등 "독서하고 충의를 아는 사람(讀書知忠義之人)"도 있었으나, 가난한 사람이 대다수를 차지하였으며, 대체로 족당(族黨)들 간에 연줄이 닿아 이주해 왔다.[52] 경흥에 살던 평산 신씨 집안처럼 수십 호가 집단으로 이주하여 한 마을을 이루어 사는 곳도 있었다.[53] 마을마다 촌장 격인 노야(老爺)가 있어서 마을일을 맡아서 처리하고 주민들 간의 분쟁을 해결해주고 있었다.[54] 환곡제도와 유사한 제도를 운영하며 어려울 때를 대비하고 있었으며,[55] 큰 마을에는 대체로 러시아군의 초소가 있었고, 러시아인이 가르치는 학교가 있었으며, 아이들은 이미 러시아어를 능숙하게 쓰고 말할 줄 알았다.[56] 러시아 초소가 있는 것은 중국의 향마적이 자주 출몰하였기 때문이다.

또 이들은 조선으로 돌아가고 싶지만 돌아갈 수 없는 이유로 러시아가 막기 때문이라거나, 범월자를 죽이는 정사(政事), 경영한 지 이미 다년(多年)이 되었기 때문이라는 점 등을 들었다.[57] 1876년(고종 13) 12월에 종성, 경흥, 경원 등지에서 러시아 경내로 이주했다 되돌아온 수십 명의 유민들에 대한 조사에서도 주로 러시아인들의 방해와 형륙(刑戮)을 들었지만, 이미 친척(族戚)들이 모여 살고 있기 때문이라고 진술한 사람도 있었다.[58] 이러한 진술은 이주민들이 이미 정착촌을 중심으로 새로운 생활기반과 생활공동체를 꾸리고 거기에 깊숙이 뿌리내리고 있었음을 보여준다.

3) 조선 정부의 대응

1860년은 조선 조야에서도 북경함락으로 인한 대외적 위기의식이 고조되어가던 시기였고, 이미 서양 선교사들에 의해 서학교도들 간에는 공로의식이 유포되고 있을 때였다. 병인사옥(1866)에 연루되어 처형된 베르뇌 주교는 이미 1850년대 말부터 천주교도들에게 공로의식을 전파하여 왔다. 이에 따라 천주교도들은 러시아가 곧 조선을 병탄하리라는 것, 러시아인은 "재물을 탐내고 여색을 좋아하며 모질고 사납기가 막심한" 것으로 인식하였다.[59] 이러한 러시아 인식은 한편으로 조선후기 관료나 지식인들이 가지고 있던 부정적 러시아관과 겹치는 부분이 있었다. 조선후기의 러시아관은 주로 연행시에 직접 러시아 정교의 선교사나 사절을 만난 경험, 그리고 중국 조야의 지식인들을 통해 형성되었으며, 대체로 화이론적 세계관에 입각한 것이었다.[60]

그러나 이러한 관료나 지식인의 러시아 인식과 달리 변경지역 주민들은 당국의 눈을 피해 러시아와 수시로 교류하고, 이주까지 감행하고 있었음은 앞서 살펴본 바와 같다. 조선정부가 조선과 러시아의 국경이 연접하게 된 사실을 알게 된 것은 1861년 8월이었지만,[61] 이에 앞서 1854년에 전함 팔라다호가 거문도와 함경도 영흥 등지를 찾아 온 적이 있다. 그 과정에서 서로 총격을 가하는 충돌도 있었다. 두만강을 통한 접촉은 1860년 4월(러시아력)에는 러시아 장교가 두만강 하구를 통해 조선 땅으로 건너온 것이 최초의 사례였다. 이 때 이들은 조선인 주민들과 접촉하며 다양한 정보를 수집해갔다. 같은 해 10월에는 〈가이다막〉과 〈모르쉬〉호가 교류를 목적으로 조선을 방문하기도 했으며, 1864년 2월에도 러시아 관원과 통역 등 5명이 경흥부로 건너와 통상을 요구하는 서한을 전달하기도 하였다. 이후에도 러시아 관원은 거의 매년 두만강을 건너와 지속적으로 교역을 요구하였다.[62] 또한 병인양요 이후에도 범월자들이 끊이지 않았고, 1866년 12월에는 러시아 사람들이 경흥부 두만강변 국경 근처에 집을 짓고 교역을 하겠다는 통보를 하였다.[63]

이와 같이 국경을 연접한 직후부터 러시아 측의 통상요구는 지속되었다. 그 과정에서 물리적인 위협이 동반되지는 않았지만, 1860년의 북경함락 이후에는 "양이(洋夷)"들이 여세를 몰아 조선을 공격할지도 모른다는 소문이 돌았기 때문에[64] 러시아의 통상요구는 조선 정부에도 적지 않은 위기감을 초래했다. 이에 따라 대원군은 이러한 위기에 대한 대책을 마련해나갔다. 우선 조선인들의 범월이 러시아가 분쟁을 일으키는 빌미를 제공할까봐 적극적으로 금압하였다. 범월죄인을 효수하거나, 두만강을 건너지 못하도록 배들을 없애기도 하였고, 범월하다가 발각되어 사살된 사람도 적지 않았다.[65] 니콜라이 2세의 명에 의해 곤닷쩨 총독의 주재로 행해진 흑룡답사대의 보고서에는 이 무렵 두만강 하구 일대의 살풍경에 대해 다음과 같이 기록하고 있다.

임의로 탈출하는 사람은 법률에 의거하여 사형으로 처벌한다 하였음에도 불구하고 조선인은 무리를 이루어 극동변경으로 쇄도하게 되었다. 또한 조선인의 탈출을 방지하기 위한 특종의 목적으로 국경에 배치시킨 조선 초

병선(哨兵線)도 이러한 자연의 이동을 방지할 수 없었다. 자국 초병의 무자비한 박해를 입은 조선인은 노국(露國) 국경 가까이에서 과감히 최후를 마쳤고 방기된 수천의 시체는 두만강 조선연해에 흩어져 있었다. 그러나 이러한 참사도 실권(失權)과 기아 때문에 절망에 빠진 조선인의 이주를 억지할 수는 없었다.[66]

이 기록은 아마 1869년 대기근 당시의 상황을 묘사한 것으로 보이지만,[67] 목숨을 걸고 조선을 탈출하려는 변경 주민들의 모습이 그대로 드러나 있다.

한편 정부에서 범월 이민자들을 막으려는 이유는 길주 군수 남치원이 1889년 조선을 여행한 육군 중령 베벨리에게 한 다음과 같은 솔직한 표현을 통해 엿볼 수 있다. "만일 우리가 주민들의 이주에 그어떤 반대 조치도 취하지 않는다면 곧 모든 조선인들이 당신들 땅으로 갈 것이고, 그렇게 되면 조선에는 관리할 백성이 없는 조정만이 홀로 남게 될 것이다."[68] 지배층은 변경 주민들의 대규모 탈출을 보고, 그것이 자칫 파국적 사태를 초래할 수도 있다는 위기의식을 가지고 있었던 것이다.

1868년에는 북병사가 러시아 지역으로 범월하는 자들을 방비하기 위해 현상금을 내걸기까지 하였다.[69] 1866년 12월에는 북병영(경성)의 진상품인 녹용과 사향을 탕감하여 북방 백성들의 고통을 덜어주기도 하였다. 관리들의 수탈과 조세부담을 경감함으로써 러시아 경내로 이주하는 조선인을 막기 위한 의도와 관련이 있었을 것으로 보인다. 이외에도 대원군은 북병영 산하와 그 주변 요해처에 무기와 군량미를 보내고 포군을 설치하는 등 군사력을 강화하는 일련의 조치를 취하였다.[70]

그러나 이러한 조치에도 불구하고 범월 이주행렬이 그치지 않았다. 연해주에 주둔하던 러시아군은 조선에서 수입한 소로 식량을 조달하였기 때문에 조선인들도 공식적인 허가 없이 국경을 넘어가서 조선인 정착촌에서 자유롭게 교역활동을 하였다.[71] 1865년에는 지신허의 이주민들이 또 다른 이주자들을 안내하기 위해 두만강변으로 나갔다가 조선 관군과 총격전을 벌여 관군 1명이 사망하는 사태까지 일어났다.[72] 이와 같은 변경 주민들의 월경과 탈출 행렬은 정부의 정책 기조에 변화를 초래하기도 했다. 우선 1869년 12월 대규모 이주민이 발생하자 이주민을 제한하는 조치를 취하고, 일부 이주민을 조선으로 돌려보내려 했던 연해주 군무지사 프루겔름은 국경경비대 사령관 트루베츠코이 공작을 경흥에 파견하여 이주했다가 귀국하는 조선인에 대한 박해 및 처벌을 금지하고, 조선 정부가 귀환 보조금을 지급한다는 조건으로 조선인을 귀환시키는 문제에 대해 협의하도록 하였다. 이에 대해 경흥부사 이교봉은 러시아 측의 요구를 순순히 들어주겠다고 약속하였다는 약정서를 써 주었다. 이에 따라 프루겔름은 새로 도착한 이주민 642가구를 설득 내지 추방하겠다고 협박하며 조선으로 돌려보내고자 했다. 그러나 조선인들은 경성부사의 약속을 믿을 수 없고, 특히 이미 머리를 단발한 사람들은 사형에 처해질 것이므로 차라리 러시아 군대에 의해 죽임을 당하는 편이 낫다고 하며 귀환을 거부하였고, 프루겔름 역시 값싸고 양질인 조선인 노동력이 러시아 주민에게 도움을 줄 것이라고 판단하여 그들의 정착을 허용하였다.[73]

한편 약정서의 효력이 얼마나 있었는지는 확인하기 어렵지만, 1870년 중반 무렵부터 조선정부의 대책에 변화가 보이기 시작했다. 1870년대 중반까지도 조정에서는 여전히 오가작통 등을 통해 "이거

(移去)하는 경우는 어느 읍수(邑水) 어느 동(洞)으로 옮겨 가는지, 이래(移來)하는 경우는 어느 읍수 어느 동에서 옮겨 왔는지, 과객(過客)의 경우는 성은 무엇이며 언제 몇 시에 와서 어느 동의 아무개 집에 숙박하며 어느 곳으로 가는지 등을 알리도록"하는 등 범월에 대해 단속하고자 하였다.[74] 그러나 1876년부터는 관료들 사이에서도 몰래 월경하여 교역활동을 하거나, 범월하는 행위가 모두 살아가기 위한 계책이고, "이익이 나는 구멍이 있어서 그런 것"이므로 "백성들의 정상"이나 "형편"상 금지하기 어렵다는 의견이 제기되기 시작했다.[75]

이러한 과정을 거쳐 1876년 범월자들에 대한 정책기조에 커다란 변화가 일어났음을 보여주는 고종의 윤음이 발표되었다. 8월에 특별히 함경도민을 대상으로 내린 윤음의 핵심은 처벌보다는 범월의 원인을 없애고 범월한 이주민을 귀환시키는 데 있었다. 국왕은 변경 주민들이 러시아로 이주하는 것은 기근과 부역 때문임을 지적하였으며, 탐오한 관리들에 대한 처벌과 "개혁할 만한 것은 반드시 고치도록 하고, 감면할 만한 것은 반드시 방법을 강구하여 감면하겠다"는 점, "이미 국경을 넘어간 백성들은 친척과 보갑호(保甲戶)에서 서로 통보하여 기한 안에 돌아온다면, 잘못과 죄를 용서하여 특별히 널리 은혜를 베풀고 위로하며 모아들여서 안정된 생활을 하게 하여 나라에서 함양해주는 혜택을 볼 수 있도록 할 것"임을 약속하였다.[76] 이어 김유연(金有淵)을 북관안무사(北關按撫使)로 보내어 범월하는 폐단과 부세와 관련된 폐단, 영고합(寧古塔)과 러시아의 거리와 지형을 자세히 조사하고, 범월자들을 환집시키도록 하였다.[77] 그 결과 144명이 귀환하였으며,[78] 이들에게는 매 사람마다 정곡(正穀) 1석을 포함하여 곡식 2석과 목(木) 1필씩 지급하여 겨울을 날 수 있도록 하였으며, 호환(戶還)과 역신포(役身布) 및 새로 개간한 토지의 전세를 5년간 면제해주었으며, 공채(公債)와 사채도 탕감해주었다.[79]

이와 같이 조선 정부가 처벌 위주의 범월금지 정책을 공식적으로 포기한 것은 기실 변경지역에서 이루어지고 있던 주민들의 월경행위, 변경 관리들까지 사실상 묵인 내지 심지어 방조하고 있던 변경지역의 실정을 어쩔 수 없이 수용한 것이었다. 이미 윤음이 내리기 전부터도 변경지역에서는 월경과 귀환이 사실상 자유롭게 이루어지고 있었으며, 그에 대해 관에서도 묵인하고 있었기 때문이다. 그것은 1874년(고종 11)에 함경도 암행어사 조병세가 작성한 〈홍원이북수사록〉에 기록된 집사(執事) 김복건의 사례를 통해서도 확인할 수 있다. 김복건은 그의 아버지가 몰래 국경을 넘어 들어가 장사를 하다가 발각되어 체포된 뒤 처형되었으나, 그 뒤 처를 거느리고 러시아 지역에 들어가 살다가 근래에 다시 돌아왔으며, "장임(將任)을 맡으려 도모하며 관가에 나타나고 있다"고 하였다.[80] 이에 대해 "사람들이 모두 탄식을 토하고 있다"고 하였으나, 사실상 관에서도 그의 러시아 범월 사실을 전혀 문제 삼지 않고 있었음을 보여준다.

1881년 1월 고종은 함경감사 김유연에게 범월했던 사람 가운데서 러시아 사정을 잘 아는 사람을 통리기무아문에 추천할 것을 지시하였다[81] 이는 한편으로 수신사로 일본에 갔던 김홍집이 가져온 "방아(防俄)"를 위한 "친중 결일 연미"를 강조하는 『조선책략』을 둘러싼 논란이 시작되던 시기였다는 점에서 러시아에 대한 좀 더 자세한 정보를 획득하기 위한 고종의 의도도 작용하였겠지만, "나라를 배반하는 행위"로 규정되어 금압의 대상이 되었던 범월문제가 "먹고 살기 위한" 변경지역 주민들의 집요한 노력에 의해 금압의 대상에서 벗어나 오히려 관직 등용의 계기가 되기 시작했다는 점에서 의미가 있다. 1884년 윤5월에 조로조약이 체결된 이후 범월 이주문제는 조약에 의해 규정되고 관리되어 갔지만, 조선 정부에서는 이 전과 다른 특별한 정책을 제시하지는 않았다. 러시아의 정책에 따라 시기별로 차이가 있었지만, 오히려 공식 비공식적인 이주와 교류는 더욱 활발해져 갔다.

3. 이주의 원인과 인정(仁政) 원망(願望)

1) 기근과 식량부족

함경도 변경 지역 주민들의 범월은 당시 지식인이나 관리들의 러시아관에 비추어볼 때 전혀 다른 사회적 사상적 배경에서 나온 행위였다. 앞서 언급하였듯이 조선후기 이래 관료나 지식인들은 화이론에 입각하여 러시아에 대해 부정적으로 인식하고 있었다. 러시아와의 구체적 접촉이 시작된 1860년 이후에도 지식인이나 관료들의 러시아 인식은 부정적인 것이었다.

우선 개화파 계열이나 다수의 관료들은 공로의식에 사로잡혀 있었다. 1876년 무렵부터 일본과 청으로부터 러시아의 위협론이 전달되었고, 1880년 말 일본에 갔던 수신사 김홍집이 주일 청국공사관 참사관 황준헌이 쓴 조선의 외교방략, 곧 "조선의 급무는 방아(防俄)이고, 그것을 위해서는 친청국(親淸國)·결일본(結日本)·연미국(聯美國)이 필요하다"는 내용을 담은 『조선책략』을 가져왔다. 개화파 지식인들은 척사파와 달리 만국공법을 수용하였고, 최우선 과제로 여기고 있던 청으로부터의 "독립"을 위해 영국이나 프랑스는 물론 러시아도 끌어들여야 한다고 판단하였기 때문에 러시아에 대해 비교적 객관적인 이해에 한발 다가가 있었고, 러시아와의 수교를 추구하였다. 그러나 『한성순보』의 논조나 고종의 특사로 러시아에 파견되었던 백춘배의 사례에서[82] 알 수 있듯이 공로의식을 벗어나지 못하고 있었다.

척사파들은 『조선책략』의 정세인식, 곧 공로의식에 대해서는 반대하였다. 예컨대 출신 홍시중은 방아를 강조하는 『조선책략』의 논리에 반박하며, 러시아의 침략 의도를 믿으려 하지 않았다. "우리와는 수만 리 바다 너머에 있어서 전혀 무관한 지역"이며, "토지를 개척하고 인민을 얻으려는 데 있는 것이 아니므로, 노서아와 비리는 모두 군대를 동원하여 피를 흘려 가며 싸울 이치가 없기" 때문이라고 하였다. 또 "다만 노서아가 현재 세력이 조금 강해지고 포학해서 여러 양이들이 두려워하고 꺼리기 때문에 저들이 항상 노서아라는 존재로 겁을 주어 맹약하는 하나의 큰 칼자루로 이용하고 있는 것"이라고 주장하여 공로의식을 유포하는 열강의 의도를 간파하는 모습도 보였지만, 러시아도 역시 "태평양 밖에 있는 서이(西夷)의 일종"임을 지적하고, 시베리아와 러시아를 다른 나라로 보는 등 정세에 대한 인식이 어두웠음을 보여준다.[83] 다만 고종의 경우 청·일의 러시아 위협론을 그대로 받아들이지 않고, 밀사의 파견 등을 통해 독자적인 러시아관을 형성해가며 러시아와의 수교를 타진해나가고 있었지만, 역시 범월에 대해서는 "부모의 나라를 배반하고 다른 나라의 백성이 되어 다른 나라의 옷을 입고 다른 나라의 땅에서 난 곡식을 먹"는 "크나큰 죄악"으로 인식하고 있었다.[84]

지식인 관료들의 부정적 러시아관, 그리고 앞서 언급했듯이 범월은 목숨을 걸어야 할 정도로 무거운 처벌이 따랐음에도 불구하고 변경 주민들의 범월행위가 그치지 않는 중요한 이유 가운데 하나는 기근이었다. 19세기 후반에는 기근이 심각하였다. 1864년의 경우 오랜만에 흉작을 면하여 20년 만의 풍년이라는 보고가 올라올 정도였다.[85] 특히 함경도의 경우 기사년(1869, 고종6)과 경오년(1870, 고종7), 병자년(1876, 고종13)과 정축년(1877, 고종14)의 큰 흉년까지 당하였다.[86]

이주민들의 진술에서도 흉년과 기근은 범월의 중요한 이유 중의 하나로 지적되고 있다. 1882년과 1885년 두 차례에 걸쳐 연해주 일대를 시찰한 김광훈(金光勳)과 신성욱(申先郁)이 남긴 「강좌여지기」와 「아국여지도」에는 이 시기 연해주에 이주해 있던 조선인의 생활상은 물론 조선인 거주 마을 명과 마을별 호수와 구수가 잘 정리되어 있다.[87] 김광훈 일행이 파악한 바에 따르면 이들이 월경한 중요한 이유로 조선에 흉년이 들어 먹고살기가 어려웠다는 점이 지적되고 있다.[88] 1883년 단천부사 이용익이 보고한 기록에 따르면 7월 8일 두 척의 배가 정박하여 남녀노소 114명을 내려놓았는데, 이들은 모두 연해주로 월경하여 5~6년, 혹은 10여 년을 고용살이로 연명하다가 되돌아온 자들이었다. 이들이 이주한 중요한 원인 가운데 하나가 흉년에 따른 기근이었다.[89]

이미 굶주림에 지친 사람들은 이주의 대열에 합류하더라도, 정착지에 미처 도착하지 못하고 죽어갔다. 연해주 지역에 이주해 생활하던 조선인 마을을 직접 여행한 비숍은 1869년 기근 때 4,500명의 조선인이 두만강을 건너갔으며, 이 가운데 3,800명은 굶어 죽었다고 기록하였다.[90] 조선인 이주문제를 연구한 A. 라고자는 1871년 거주지에 등록된 이주민 수와 실제 이주한 자 사이에 4,000명 정도의 차이가 있으며, 이 차이에는 만주로 떠난 일부도 포함되지만, 쇠약하

고 병들고 굶주린 사람들이 이주 장소에 도착하지도 못하고 죽었기 때문이라고 지적하였다.[91]

2) 학정(虐政)으로부터의 탈출

이주가 풍흉에 관계없이 꾸준히 이어졌다는 데서 알 수 있듯이 범월 이주에는 더 근본적인 요인이 있었다. 그것은 무엇보다 인정(仁政)을 배반한 관리들의 학정이었다. 앞서 언급한 「강좌여지기」에는 이주민들이 직접 밝힌 이주 요인으로 기근과 함께 방백곤수자목의 탐람(貪饕), 원납전(願納錢)이나 원조전(願助錢), 무고하게 죄로 육친이 죽임을 당한 일, 변방 읍속들과 병영의 군속들이 무고하게 월변 죄인으로 몰아간 것 등 관리들의 탐학과 횡포가 나열되어 있다.[92] 역시 전술한 단천부사 이용익의 보고에도 귀환한 사람들이 이주한 원인으로 기근과 함께 "정사가 가혹하고 국역이 번다하다(政苛役繁)"를 지적하였다.[93]

당시 함경 지역 관리들의 학정과 부패상은 1883년 서북경략사로 임명되어 함경도에 가서 북방의 큰 폐단을 바로 잡고 온 어윤중을 다시 보내줄 것을 요청하는 함경도 유생들의 상소에서도 잘 드러나 있다. 이들은 "근년 이래로 수령은 부렴(賦斂)을 무겁게 하는 것을 능사로 삼고 관예(官隷)는 백성의 살갗을 벗기는 것을 기량으로" 삼았으며, "간리(奸吏)들이 난민(亂民)에게 부탁하여 구례를 회복할 것을 감영과 고을에 소청하고, 혹 어리석은 백성을 꾀고 위협하여 환곡을 거두어들이기도 하고, 산협의 백성과 바닷가의 백성을 공갈하여 호전과 가결(加結)을 욕심내기도 하며, 서리의 숫자는 그대로 남아 있는 것이 자못 많고, 향임을 파는 일은 전례대로 남아" 있다고 하였다. 이러한 사정에 대해 "대개 백 년 동안 깊어진 폐단이 마치 불치의 병을 앓으면서 죽지 않고 잠시 양의(良醫)를 만났다가 양의가 떠나면 재발하는 것과 같다"고 표현하였다.[94]

이와 관련하여 1898년 10월 15일부터 3일에 걸쳐 『독립신문』에 연재된 유진률의 「개탄론」이 주목된다. 유진률은 1869년 흉년 때 연해주로 이주한 인물이다.

그때에 대한에 권력 있는 사람들이 권력 업는 사람들을 천대하며 때리며 욕 하며 부리기를 금수같이 부리며 심지어 한 나라 임군의 적자요 동포이었마는 형제를 종이라 하고 매매하며 벼슬하는 관인들은 시골 사람이 힘을 들여 농사를 지어 1년에 자기의 식구 먹을 만큼 만들어 놓으면 어진 법률로 생명 재산을 보호할 생각은 추호도 업고 이런 사람을 큰 죄인으로 알고 탐재할 생각만 배속에 가득차서 각색 죄를 잡아 불효라고도 하며 불목이라고도 하며 난류라고도 하며 윤기를 범한다고도 하여 잡아다가 가두기도 하며 으르기도 하며 주리도 틀며 불로 지지며 여러 가지로 몹쓸 악형을 하여 나중에는 그 사람들이 탕패가산하도록 만들어주며, 또 양반은 돈 있는 사람들을 불러다가 돈을 취하여 쓰고는 갚을 생각은 전혀 아니 하고 만일 빚을 재촉할 지경이면 도로혀 이심히 여겨 원이나 어사에게나 관찰사에게나 부탁하고 그 사람을 기어이 거지를 만드니 돈푼 있는 사람은 다른 사람이 곤욕당하는 것을 보고 저도 당할가 하여 각기 위태함을 면할 길을 찾을 새 혹 서울 와서 재상에게 돈을 주고 등을 대어 만일 이런 화단을 당하면 구언하여 달라하며 혹 압제 받은 사람들은 천냥 생기는 원을 3만냥도 바치고 하여 충군애민할 생각은 전혀 없고 모두 탐관오리뿐이라. 그것을 본받아 기어이 원수를 갚으려고 다른 동포에게 해를 끼치니 어찌 백성이 벌기를 위하며 부자 되기를 원하리오. 그런 양반과 구습이 갑오 이후에 나라 법률이 경장하였다 하여도 오늘날까지 밑뿌리가 썩지 아니하고 있음에 백성들이 도탄에 들어 본국에서는 압제를 견딜 수 업어서 생도 길을 찾을 새 혹은 청국으로도 가며 혹은 아라사에서 새로 얻은 땅으로 가는 지라.[95]

유진률은 조선인들이 이주하는 것은 무엇보다 관리들과 양반들의 부당한 수탈과 횡포 때문이었다고 하면서 관리와 양반들의 학정과 수탈과 부패상을 자세히 그려놓고 있다. 이러한 사실은 정부에서도 잘 알고 있었다. 무엇보다 고종은 범월 주민들의 심정에 대해 다음과 같은 의견을 피력하였다.

백성들이 국경을 넘어가는 것이 어찌 즐거워서 그러는 것이겠는가. 친척이 있는 고향을 떠나고 부모의 나라를 떠나면서까지 법을 어기고 몰래 달아나는 것은 상정(常情)으로 헤아려보면 그럴 리 없을 것 같으나, 백성들이 가지고 있는 억울함과 고통을 어디에도 호소할 곳이 없어서 그러는 것이다.[96]

백성들이 어려움을 당해도 "억울함을 호소할 길이 없는" 현실을 범월 이유로 지적하였다. 이는 곧 인정의 실종을 의미하였고, 이에 대해서도 역시 고종 스스로 잘 알고 있었다.

지금 해마다 큰 흉년이 들어 누런 황무지에 말라 버린 풀이 끝없이 거칠게 펼쳐 있고 누더기를 걸치고 비쩍 말라 야윈 채 굶어 죽은 시체가 곳곳마다 있는데도, 관리들은 상관이 없는 듯이 보아 넘겨서 이미 진휼하고 먹여주지 않을 뿐 아니라 세금 독촉을 더 하고 가혹한 요역을 마음대로 부과하며 사람 수를 헤아려서 세금을 긁어모으고 있다. 금광은 나라에서 캐내는 것을 금지하고 있는데 몰래 그 길을 열어주고는 세금을 함부로 부과하여 끝내는 백성을 빠뜨리는 함정이 되었으며, 녹용 진공은 본디 회감(會減) 하였는데 진공을 빙자하여 억지로 빼앗아가 도리어 백성을 찍는 도끼가 되었다. 관청의 붉은 칠한 문서와 흰 형장(刑杖)으로 혹독하게 형벌을 가하고 마음대로 학대하니, 울부짖으며 이곳저곳으로 돌아다니지만 달아나 숨을 곳이라곤 없다. 이에 저 사람들이 속이고 꾀는 말을 달콤하게 들어 친척이 이별하여 나뉘는 것을 돌아보지 않고 황급하게 물고기처럼 놀라고 새처럼 숨어버리니, 이른바 예의, 경법은 생각이 미칠 겨를이 없는 것이다. 이것이 내가 우려하고 탄식하며 슬퍼하고, 나아가 애통해 마지아니하는 까닭이다. 그렇다면 나라의 법으로 용서할 수 없는 죄인을 처벌하는 율은 당연히 먼저 그 지역을 책임지고 있는 관리들에게 먼저 시행해야만 하고, 불법적으로 남의 나라 국경을 넘어 들어간 어리석은 백성들에게만 시행해서는 안 된다.[97]

진휼을 비롯한 인정을 방기하고 가혹한 수탈과 형장만 일삼는 관리들의 행태를 그대로 잘 보여주고 있다. 고종은 "근래에 와서는 기근에 모대기고 부역(賦役)에 시달려 죽지 못해 러시아로 들어가는 사람들이 몇천몇백 명이나 되는지 헤아릴 수도 없다"고 하여 "마음대로 징수하여 백성들을 못살게 구는 학정" 등으로[98] 표현되는 학정과 인정의 방기가 변경 주민들을 국경 너머로 탈출하게 만든 근본 원인임을 정확히 지적하고 있었다.[99] 이러한 사정은 바로 1862년 삼남지역 농민들이 민란을 일으킨 이유와 동일한 것이었다. 영의정 이유원은 월경하는 자들이 꼬리를 물고 이어지는 이유를 "어리석은 백성들이 자그마한 이익을 보면 자기도 모르게 법을 범하게 되어 차츰차츰 몰래 국경을 넘는 것"에서 찾았다.[100] 그러나 1869년 기근 때 두만강을 건넌 4,500명 가운데 3,800명은 정착지에 도착하기도 전에 굶어 죽었다는 비숍의 기록이 극단적으로 보여주듯이 이유원이 말한 이익이란 것도 대부분의 변경 주민에게는 살기 위한 생존 수단에 불과하였다. 역시 조선 정부에서도 잘 파악하고 있었듯이 특히 1869년과 1870년의 흉년 이후 두만강 건너편 연해주 쪽 강변에는 쌀시장이 곳곳에 형성되어 있었기 때문에 밤을 틈타 몰래 넘어가 교역하는 사람들이 많았다지만, 이 역시 "진실로 삶을 도모하려는 방책에 연유한 것"이었다.[101]

변경 주민들의 탈출은 "살기 위한" 것이었고, 민중이 민란을 일으킨 것도 살기 위한 몸부림이었다. 민란을 일으키며 저항하는 민중이나 국경을 넘어 러시아로 탈출하는 변경 주민들이 처한 가장 절박한 문제는 생존이었다. 다만 민란의 민중들은 스스로의 힘으로 인정을 회복하고자 하였으며, 변경 주민들은 국경을 넘어 탈출한 점에서 차이가 났다. 저항과 탈출을 방지하기 위해서는 무엇보다 고종이 지적한 바와 같은 학정과 수탈을 없애고 인정을 회복해야 했다. 그러나 이후 1894년의 농민전쟁이 발발한 원인에서도 명확히 드러나듯이 국왕 역시 학정의 실상을 지적만 하면서 관리들만 탓하고 있었을 뿐, 인정을 회복시키지는 못했다. 학정의 근본 원인 가운데 하나는 바로 그 자신에게 있었기 때문이다.

3) 인정(仁政) 원망(願望): 러시아에 투사된 유토피아

앞서 살펴보았듯이 두만강 건너편 연해주 강안에는 쌀 시장이 곳곳에 형성되어 있었다. 또 연해주로 넘어가 정착한 이주민들이 정착해나가는 과정에서도 많은 생활필수품들이 필요하였다. 우선 초기부터 러시아는 이주한 조선인들에게 토지개간은 허용했으나 경작에 필요한 소나 쟁기, 종자 등은 지원하지 않았다. 따라서 정착한 조선인 이주민들은 개간과 정착에 필요한 물품을 자신의 고향에서 공급받아야 했다.[102] 또 이주생활을 위한 다양한 생활필수품 역시 조선에서 공급되었다. 이에 따라 함경도 주민과 연해주 이주민 간에도 적지 않은 교역이 이루어졌으며, 그 품목은 생활필수품을 비롯하여 매우 다양하였다.[103]

이러한 사정도 많은 사람들을 월경하게 하는 중요한 요인이었지만, 상업 활동은 일시적으로 월경하였다가 다시 돌아오는 경우가 대부분이었기 때문에 정착을 위한 월경 사유와 동일하지는 않았다. 연해주를 향하는 이주민들이 쇄도한 데는 앞서 살펴본 바와 같이 자연재해에 따른 기근도 있었지만, 무엇보다 지나친 수탈과 횡포로 대변되는 학정으로부터 탈출하려는 의도가 크게 작용하였다. 이 역시 누구보다 조선 정부에서 잘 알고 있었다. 함경도 주민들의 월경문제를 논의하는 자리에서 함경감사 김세균은 고종에게 "국경을 넘어간 초기에는 의복과 먹을 것뿐 아니라 농사짓는 사람이 있으면 이내 조세를 징수하지 않는다"라고 답변하였다.[104] 이는 관리들에게도 러시아의 조선인 이주민 대책이 잘 알려져 있었음을 보여주고 있지만, 중요한 것은 러시아의 이주민 대책이 조선인들이 국경을 넘어 탈출하게 된 사유와 정반대의 성격을 가지고 있었다는 점이다. 진휼을 비롯한 인정을 외면하고 백성들을 도끼로 찍는 도끼와 같은 조세수탈과 달리 러시아에서는 의복과 양식을 제공하였고, 조세를 거두지 않았기 때문이다.

탈출하는 변경 주민들은 누구보다 이러한 사정에 대해 잘 알고 있었다. 때문에 학정으로부터의 도피처인 러시아의 이미지도 학정을 일삼는 조선의 이미지와는 반대였다. 조선인 이주민들이 러시아에 대해 가지고 있던 이미지를 가장 극적으로 보여주는 것은 러시아 황제에 대한 인식이다. 흥미로운 점은 당시 조선인들 사이에는 '강력한 백제(白帝)', 곧 러시아 황제가 "모든 불행의 구원자"이자 "포악하고 탐욕스러운 통치자들의 거칠고 무서운 전횡으로부터 그들을 구원하는 자"라는 소문이 떠돌았다는 사실이다.[105] 러시아 황제가 하나의 메시아로서 인식되고 있었음을 보여준다. 이러한 인식은 물론 절망적 현실이 빚어낸 것이다. 변경 주민들을 밀어낸 요인이 "학정"이라면 러시아는 메시아적 황제가 "인정"을 베푸는 "약속의 땅"이었다. 절망적 현실로부터 벗어나고픈 욕망이 이와 같은 유토피아에 대한 환상으로 발전한 사례는 1870년 전후 압록강 건너편 중국 땅으로 이주하였던 주민들 사이에서도 발견된다.

1872년(고종 9) 5월 30일부터 7월 11일까지 후창 군수의 밀명을 받고 압록강 건너편 봉금 지대로 들어가 조선인 이주민의 생활을 조사한 최종범(崔宗範) 등 탐객(探客) 3명이 기록한 『강북일기(江北日記)』에는 이 시기 범월이나 이주민의 생활과 관련한 많은 정보를 제공해 준다.[106] 탐관 최종범이 조사한 바에 따르면 이주민 가운데는 특히 무산사람이 많았는데 그 이유는 두 가지였다. 하나는 1867년 무산부사로 부임한 마일행의 가혹한 수탈 때문이었다. 다른 하나는 마침 그때 압록강 이북 어딘가에 일종의 이상향이 있다는 풍문이 유포되었기 때문이다.[107] "위서(僞書)"를 통해 유포된 풍문의 내용은 압록강 건너 어딘가에 나선동(羅善洞)·양화평(楊花坪)·옥계촌(玉鷄村)·철포성(鐵鋪城) 등지에 별세계가 있고, 그 곳에 채선생·곽장군·갈처사·김진사 등 영웅들이 살며 민인을 모취(募聚)한다는 것이다. '위서'의 작자는 이름이 밝혀져 있지 않지만 무산사람인 김유사로 1864~1865년경에 월경하였다가 다시 건너오면서 이 위서를 만들었다고 한다. 많은 사람들이 1864~1865년 무렵부터 자성군에서 유포되기 시작하여 마침내 서북 양도, 심지어는 서울에까지 전파된 '위서(僞書)'에 속아 월경하였다고 한다.[108] 이 풍문은 가혹한 수탈로 인한 절망적 현실이 이상사회에 대한 강한 원망(願望)과 결부된 것으로, 특히 변경 주민들의 삶의 조건이 극단적으로 절박하였음을 보여준다. 그러나 위서는 거짓인 것으로 드러났고, 새로 부임한 무산 수령이 좋다는 말을 듣고 일부는 귀향하였으며, 또 가을걷이가 끝나는 대로 귀향하려는 사람도 다수라고 하였다.[109]

그러나 러시아 황제와 관련된 유토피아적 이미지는 이와 달랐다. 무엇보다 이주민들이 직간접적으로 경험한 "러시아"와 결부되어 있었기 때문이다. 앞서 살펴본 바와 같이 러시아 당국에서는 비록 자신들의 정책적 고려에 따른 것이기는 하지만, 이주민들에게 토지를 제공했고, 종자나 식량까지 빌려주었으며, 중국인에게 진 빚을 갚도록 보조금을 지급해주기도 했다. 심지어 범월하다가 체포된 자신의 친척들을 도와달라고 요청했을 때도 장교와 병사들을 파견해 주었다. 중국인들이 초기에 이주한 조선인들이 처한 어려움을 이용하여 식량을 비싸게 팔고 그것을 악용하여 중국인의 채무자나 고용인으로 전락하지 않도록 도와주었다.[110] 이러한 당국자들의 태도는 자신들이 조선에서 경험한 것과 정반대였다. 비숍의 여행기에도 조선인 이주민들의 정착촌에는 "만다린이나 양반의 착취가 없었다. 안락과 어떤 형태의 부도 더 이상 관리들의 수탈의 대상이 되지 않았"고, 이 때문에 이주민들은 "번창하는 부농이 되었고 근면하고 훌륭한 행실을 하고 우수한 성품을 가진 사람들로 변해갔다"고 하였다.[111]

이에 따라 조선인 이주민들은 자신들이 러시아 정부의 보호를 받고 있으며, "책임자와 함께 우리는 만족스럽게 살 수 있는 상황을 신에게 감사드립니다. 우리는 러시아 정부에게 하늘의 높이와 바다의 깊이만큼 감사"한다고 하였다.[112] 러시아말도 못하면서 개종할 정도로[113] 이주민 가운데서 일찍부터 러시아 정교로 개종하는 사람들이 많았던 것도[114] 러시아에 대한 이러한 인식과 무관하지 않았을 것으로 보인다.

역시 앞에서 인용한 유진률의 「개탄론」에서도 조선과 대조되는 러시아에 대한 인식이 잘 묘사되어 있다. 조선의 관리들이 "어진 법률", 곧 인정을 외면하고 수탈만 일삼는 데 반해 러시아 관인들은 이주해온 조선인에 대해 "그 정상을 불쌍히 여겨 정부에 말하고 군량을 흩어 주린 백성들을 살리며, 우마를 사주며 농업을 시키며 동몽을 교육시키며 인민을 층하 없이 대접하고 어진 법률로 다스리며", 유진률은 이러한 러시아 정부의 정사(政事)에 대해 "인민이 요순적 풍속을 다시 만난 것" 같다고 표현하였다.[115] 과장된 표현인 것으로 보이지만, 이주민들이 러시아 생활을 "요순시대"에 비견할 만큼 그들이 경험한 양국의 정사가 대조적이었음을 보여준다. 그것은 유진률의 표현에 따르면 "몹쓸 악형"과 "어진 법률"의 차이, 곧 "학정"과 "인정"으로 대별될 만한 차이였다.

이러한 러시아 인식에 따라 적지 않은 이주민들은 자신들의 정체성을 조선의 신민이 아니라 아라사의 신민으로 인식해가고 있었던 것으로 보인다.

1891년에 아라사 황제께서 대한 인민들에게 칙령을 내리오사 본국으로 돌아가자 하는 사람들은 돌아가고 아라사에 입적할 자는 아라사에 있으라 하신즉 대한 신자의 마음이 되어 어찌 고국으로 돌아가서 다시 국은을 입어 성상폐하께 충군애국하는 마음과 선영분묘를 돌아볼 마음이 아니 나타

나리오마는 관인에게와 세력 있는 양반들에게 압제와 의협을 받을까 두려
워하며 한편으로는 아라사 황제의 은덕을 많이 입었는지라 거개 아라사 백
성이 되고자하는데, 혹은 말하되 본국에서도 구미각국 문명을 힘써 진보
가 된다하니 필경 구습은 버리고 어진 법률로 인민을 다스릴 터이니 본국
에 돌아가 오백 년 선영에서 섬기던 임군의 신민이 되리라 하고 50여 호쯤
대한으로 돌아왔다가 불과 2, 3년 동안에 관인들에게 탕패가산하고 본국에
돌아온 일을 애탄히 여기고 다시 아라사로 돌아갔다.[116]

이러한 정체성의 변화는 생활 속에 형성되어 간 구체적인 관계망
과 그 속에서 이루어진 다양한 경험들과 밀접한 관련을 가지는 것이
지만, 1880년대 초까지 조선인 이주민들이 대체로 스스로를 조선국
왕의 신민으로 인식하고 있던 점과 대조된다. 물론 본격적인 이주가
시작된 지 20여 년이 지난 1880년대 초반이 되면 특히 집단적 이주
가 시작되는 초기에 정착한 사람들 가운데는 러시아 정교로 개종한
사람, 러시아 말을 능숙하게 구사하는 말을 구사하는 사람들이 적지
않았다. 예컨대 지신허의 촌장 최운극(표르트 세묘노프)은 1860년대
후반에 이미 러시아 정교를 받아들였으며, 러시아식외투, 러시아식
으로 깎은 머리를 하고 있었고, 러시아식 농가를 짓고 살았다.[117] 그
러나 이주민 사회의 대체적인 분위기는 스스로를 조선의 신민으로
인식하고 조선의 예법을 지키고자 노력하는 모습이었다.
러시아 당국에서는 이주하는 조선인들에게 단발할 것을 요구하
였고, 국경에서 머리채를 잘라버리기도 하였으나,[118] 유교경전을 가
르치고 복제를 고수하고자 노력하고 있었다.[119] 또 대지안현의 서숙
(書塾)에서는 경원부에서 이주해온 초시 서병묵이 아이들을 가르치
고 있었다.[120] 먹고 살아야 하기 때문에 어쩔 수 없이 청나라나 러시

아 사람에게 시집가는 사람이 있지만, 그 아들과 딸들은 한복을 입게 하고, "아인(我人)"의 서숙(書塾)에 들어가 공맹을 공부하게 하고 청음과 양서를 배우지 못하게 한다고 하였으며,[121] 장성한 뒤에는 아인의 자식들에게 "아법(我法)"에 의해 혼례를 올린다고 하였다.[122]

이주민들은 김광훈 일행을 아관(我官)이라고 불렀으며, 모두 본국으로 돌아가고 싶으며, 성조(聖朝)의 세상을 다시 보고 싶다 하였다. 또 추풍 지역의 어느 마을에서는 각 집마다 조총과 말을 가지고 있으므로 국가에 어려움이 닥치면 즉시 달려가는 것이 소원이라고 하였으며, 어떤 사람들은 서양총을 잘 모방하여 "아국(我國)"이 불우의 일을 만날 때를 대비하라고 하면서 18연발 양총을 1자루를 주기도 했으며,[123] 나라가 어려움에 처할 때에는 보국(輔國)하겠다거나, 만약 화륜선이 필요할 때면 즉시 함께 힘을 써서 마련해주겠다고 약속하기도 했다.[124] 또 이들 가운데는 본국에서 관직을 하는 것이 소원이라는 사람도 있었고,[125] 국왕의 유문을 읽어주자 마을 사람들이 증장(等狀)을 올려 "배국월변(背國越邊)"한 사실에 대해 청죄(請罪)하기도 했다.[126] 실제로 이들은 1893년까지도 상평통보를 통용하였고,[127] 1884년에는 신국희(申國熙)라는 사람이 경원부사로 임용되기도 했고, 박영휘(朴永輝), 성상준(徐尙俊) 두 사람이 과거를 보기 위해 일시 귀국하기도 했다.[128] 이러한 사례들은 1880년대 중반까지만 하여도 이주민들이 스스로를 조선의 신민으로 인식하고 있었음을 보여준다.

이상에 살펴본 바와 같이 변경 주민들의 탈출과 러시아 인식은 "먹고 사는 문제"가 전제가 된 경험과 생활감각에서 비롯된 것이다. 척사파들의 화이론적 세계관, 문명개화론에 매몰되어 영국과 일본, 청나라에 의해 주조된 러시아관을 그대로 수용하여 조로수교 이후까지도 공로의식을 가지고 있던 개화파 계열 인사들의 러시아 인식과도 거리가 크게 먼 독자적 인식이었다. 그것은 한마디로 인정을 향한 염원이었다고 할 수 있다. 조선 관리와 지배층의 학정이 초래한 절망적 현실은 러시아 당국이 보여준 호의에 대한 직간접적 경험과 결부되면서 러시아 황제에 대한 이미지에 인정원망을 투사하면서 급진적으로 이상화하고 있었다. 그러한 인식과 소문은 변경 주민들의 탈출을 더욱 부추기고 있었던 것이다.

4. 맺음말

조선이 러시아와 전면적이고 공식적인 교류를 시작한 것은 〈조로수호조약〉이 체결된 1884년 이후였다. 이후 양국의 대외정책, 서구 열강의 동아시아정책, 조청, 조일관계 등과 복잡하게 얽히면서 전개된 양국관계에 대해서는 잘 알려져 있다.

그러나 1860년 이후 두만강 하구의 변경 지역에서는 양국 관민간의 비공식적 교류가 활발히 진행되었다. 연해주 지역은 1858년까지는 청나라의 훈춘 소속이었으나, 1858년 아이훈(Aigun)조약 이후 러시아와 청국이 공동으로 관리하였으며, 1860년 북경조약에 따라 완전히 러시아 영토로 귀속되면서 국경이 연접하게 되었기 때문이다. 이 시기의 교류는 연해주 지역 러시아 관리들에 의한 통상 및 협력 요구에 따른 것도 있었지만, 중심을 이루는 것은 주로 함경도 주민들의 범월 이주와 관련된 문제였다.

러시아와 국경을 접하게 되는 1860년대는 대외적 위기의식이 고조되던 때였기 때문에 정부에서도 변경지역에 대한 통제와 방비를 더욱 강화하였다. 그럼에도 불구하고 두만강을 건너 러시아령 연해주 지방으로 범월하는 조선인들은 오히려 증가되어갔다. 이들은 범월하다가 체포되면 처형된다는 사실을 잘 알면서도 도강 범월을 감행했다. 러시아로 이주하는 주민들은 주로 함경도 변경 주민이었다.

1884년 러시아와 수교하기 이전 시기에 이주한 조선인들 가운데는 전직관리나 지식인들도 있었으나, 대부분은 가난한 농민들이었다. 특히 변경지역 관리들이나 정부의 대책이 처벌위주로 이루어지던 1870년대 중반 이전 시기의 월경 이주는 목숨을 건 행동이었다. 그러나 변경 주민들 사이에는 러시아 황제에 대해 "모든 불행의 구원자"이자 "포악하고 탐욕스러운 통치자들의 거칠고 무서운 전횡으로부터 그들을 구원하는 자"라는 소문이 떠돌면서 이주민이 줄을 이었다. 이러한 행동과 인식은 당시로서는 정부의 정책에 반하는 것이었으며, 화이론적 세계관에 입각한 척사파의 러시아 인식, 인정을 배반하고 학정만 일삼으면서도 영민(領民)에 대한 지배 욕망에 사로잡혀 월경을 엄금하던 관리층의 태도와는 거리가 멀었다. 또 문명개화론의 늪에 빠져 영국을 비롯한 서구열강과 일본, 청국이 자국의 이익을 위해 유포한 공로의식에 포박되어 있던 개화파와는 다른 독자성을 가지고 있었다.

이러한 러시아 인식의 독자성은 절박한 경험과 생활감각에 입각한 것이었고, 실종된 인정(仁政)에 대한 희구와 원망이 투사된 결과였다. 그에 따라 변경 주민들은 러시아를 급진적으로 이상화하는 동시에 러시아 황제를 "구원의 통치자"로 인식하였던 것이다. 또한 이러한 인식에 입각하여 변경 지역 주민들은 왕조 정부가 그어 놓은 금단의 선을 넘나들며, 새로운 생활공간을 창출해나가고 있었다. 이 주민들 가운데 조선으로 돌아가고 싶지만 "경영한 지 이미 다년(多

年)이 되었기 때문"이라든가, "이미 족척(族戚)들이 모여 살고 있기 때문"이라고 한 사실은 인정을 희구하며 찾아 나선 이국땅에서 완전히 새로운 생활공동체를 꾸려나가고 있었음을 의미한다.

한편 주로 1900년 이후 블라디보스톡을 중심으로 한 연해주 지역 조선사회를 트랜스내셔널(Transnational)한 시각에서 접근한 이채문은 조선인 이주민들의 종교적 관습과 언어 사용, 조선으로의 송금, 연해주 영내에서의 "민족적 사업", 경제적 교류, 신문 발간, 이민자 모임 등을 통해 이주민들의 트랜스내셔널한 생활상을 그려내고 있다.[129] 앞서 살펴보았듯이 러시아 국적으로 등록된 조선인 이주민들이 수천 명을 상회하게 되는 1880년대에 들어서도 대부분의 조선인들은 스스로를 조선의 신민으로 인식하는 등 트랜스 내셔널한 정체성을 보여주고 있었다. 조선인 이주민들은 러시아 땅에 생활 기반을 두고 생산활동을 하면서도 수시로 국경을 넘나들며 함경도 변경 주민들과의 인적 물적 교류를 이어갔다. 또 러시아 정교를 받아들이는가 하면 여전히 문벌을 따졌고, 대부분이 조선식 집을 짓고 살았다. 또 어떤 사람들은 러시아 대학에 진학하기도 하였고, 조선말은 거의 못했지만, 러시아어를 잘하여 관청에 취직하거나 통역사로 일하기도 했으며, 반대로 조선의 과거시험을 보기 위해 귀국하는 사람도 있었다. 나아가 조선 정부에서도 필요할 때마다 이주민 가운데서 통역관 등 필요한 관원을 특채하여 썼으며, 러시아와 중국 땅으로 이주해 가서 살고 있는 러시아인이자 "조선의 신민"들을 위해 경흥군에 문무과를 특설하기도 했다는 사실은[130] 연해주에 이주해 생활하던 조선인들의 트랜스내셔널한 정체성과 조선인 이주민 사회의 트랜스내셔널한 성격을 잘 보여준다.

그러나 트랜스내셔널한 독자적인 생활공간을 만들어가던 이주민들의 앞길은 순탄하지 못하였다. 끝내 그 공간은 국가권력에 의해 파괴되었고, 이주민들의 인정 원망은 다시 한 번 배반당하고 말았다. 조선인들이 이주하여 정착한 연해주는 1860년까지 중국 영토였을 뿐만 아니라, 중국 만주지역과는 긴 국경선으로 서로 접경을 이루고 있었다. 또 연해주는 그 주도의 명칭이 "동방에 대한 지배"라는 의미를 가진 블라디보스톡이라는 데서도 알 수 있듯이 러시아가 추진한 동아시아정책의 전진기지였다. 또 이 시기는 러시아가 1861년 농노해방과 함께 근대국가를 만들어가는 과정이었기 때문에 이제 막 새로운 영토로 편입한 연해주는 시급한 "식민"의 대상 지역이었다. 따라서 "식민정책"에 따라 연해주에 정착한 조선인들의 법적 지위나 경제활동은 러시아의 정책에 따라 커다란 영향을 받을 수밖에 없었다.

러시아의 동화정책은 이주 초기인 1860년대부터 꾸준히 시도되었고, 그에 따라 적지 않은 이주민들이 국경에서 멀리 떨어진 곳으로 재차 이주되기도 했다. 이주민들은 러시아인으로 등록되었더라도 그들의 국가적 정체성을 끝없이 시험받아야 했고, 그때마다 황제의 충직한 신하로서, 혹은 소련의 애국적 인민으로 군인임을 과장되게 드러내어야 했지만, 그러면서도 "러시아를 위해 싸울 놈들이 아니다"거나, 일본의 첩자라는 의심으로부터 벗어나지 못했다. 이러한 고통을 받고 있던 조선인 이주민들에게 "강력한 백제(白帝)"를 대신한 사회주의 러시아의 스탈린은 또 다른 디아스포라(Diaspora)를 준비하고 있었다. 1937년 이주민들은 자신들의 의사와 전혀 관계없이 중앙아시아로 강제이주되었다. 스탈린의 강제이주는 인정과 유토피아를 향한 열망이 불러 온 자발적 디아스포라와 달리 강요된 것이었다. 그것은 인정이 실현되는 유토피아를 찾아 스스로 디아스포라한 조선인 이주민들의 꿈에 대한 배반이었고, 그들이 만들어나가던 트랜스내셔널한 독자적인 생활공간과 삶은 완전히 파괴되고 말았다.

제3부

열린 공간, 해양에서의 소통

산동반도 초기 해양문명과 춘추전국 시기 한중일 삼국의 해양 실크로드

왕전중(王震中)

1. 머리말

보통 고대 중국의 문명은 크게 황하(黃河)와 장강(長江) 유역을 중심으로 한 농업문명과 북방 초원지역 유목문명의 두 문명으로 구성되어 있다고 여긴다. 그러나 이는 해양 문명을 간과한 것으로, 중국문명은 자고로 농업문명과 유목문명, 그리고 해양문명의 삼대 부분으로 구성되어 있다고 해야 한다. 현재 중국은 해양 발전 전략을 추진하고 있다. 중국 해양 문명에 대한 연구 또한 이에 발맞추어 중국 문명을 연구하는 데 있어서 중요한 구성 요소가 되어야 한다. 해양문명과 관련된 해상 교통과 해외 무역은 현재 '해양 실크로드'로 형상화 되어 있다. 역사적으로 현재 중국의 산동성(山東省) 교동반도(膠東半島)에서 출발하는 해양 실크로드는 한(漢)나라 이후에 크게 발달하게 된다.[1] 그러나 교동 지역이 해양 실크로드의 기점으로 역할을 시작한 것은 이보다 훨씬 이른 춘추전국 시기로 거슬러 올라간다. 이 시기는 육상 실크로드의 시작보다도 훨씬 이른 시기이다. 따라서 교동지역의 초기 해양 실크로드와 해양 문명에 대한 연구는 다방면에서 의의를 지닌다고 할 수 있다.

2. 산동반도의 초기 해양문화

중화문명사에서 교동지역은 줄곧 농업문명과 해양문명이 결합되어 나타나는 특징을 띠고 있다. 이에 대해 왕즈민(王志民) 선생은 『산동 구역문화통람(山東區域文化通覽)』 총서(總序)에서 다음과 같이 지적한 바 있다.

> 산동의 지형은 복잡하고 다양하다. 지리 환경은 대해(大海)와 고산(高山)의 휘영(輝映)이 체현되어 있으며, 반도와 내륙이 결합되어 있다. 산동 지역은 대체로 산동반도와 산동 중남지역 산지, 산동 서북지역 평원의 삼 대 지역으로 나뉜다. 한편, 지리환경과 지역문화발전을 종합한 역사적 고 찰을 통하여, 산동지역은 문화적으로 다음의 네 지역으로 나눌 수 있다. 교 동반도 문화권(靑島, 煙臺, 威海를 포함한), 유수(濰水)와 치수(淄水) 유역을 위주로 한 산동 북부 문화권(濰坊, 淄博, 濟南, 濱州, 東營 등의 도시를 포함 한), 문수(汶水)와 사수(泗水), 기수(沂水)와 침수(沭水) 유역을 위주로 한 산동 중남 문화권(泰安, 萊蕪, 濟寧, 臨沂, 棗莊, 日照 등의 도시를 포함한), 명 청(明淸) 운하 연안을 위주로 한 산동 서부 문화권(지금의 德州, 聊城, 菏澤 및 濟寧과 棗莊의 일부분을 포함한)으로 나눌 수 있다. 그 가운데 교동반도 문화권에는 황해와 발해를 둘러싼 길고 구불구불한 해안선, 수많은 항만이 존재한다. 도서(島嶼)에는 뾰족한 산들이 기복을 이루고 있어 높은 산봉우 리와 깊은 산이 펼쳐져 있다. 이를 바탕으로 산과 바다가 결합된 생산 양식 적 특징을 형성했을 뿐만 아니라, 어업과 임업, 그리고 목축업을 발달하게

하였으며, 선명한 해양적 특색을 띠고 있는 문화, 큰 바다에 대한 경외와 숭배가 잘 드러나 있는 민속은 이 지역에서 해양 신선 전설이 성행하게 되는 배경이 되었다. 이곳의 백성들은 근면함을 중시하였고, 각고의 인내력을 갖추었으며, 험난함을 피하지 않는 용감한 탐험정신을 구비하였다. 곧 역사적으로 전형적인 제나라 사람들의 특징으로 교동 사람들은 대체로 이러한 특징을 모두 갖추고 있었던 것이다.[2]

필자는 왕즈민 선생이 교동지역 사람들의 해양 문명적 특징을 훌륭하게 개괄하였다고 생각한다.

교동문화는 신석기시대부터 농경문화와 해양문화가 결합된 특징을 띠었다. 산동성 옌타이시(煙臺市) 즈푸구(芝罘區) 바이스촌(白石村) 유적의 이름을 딴 백석촌문화(白石村文化)는 교동지역에서 가장 이른 신석기문화로 이는 산동 북신문화(北辛文化)에 상당한다. 옌타이의 바이스,[3] 웨이하이(威海) 롱청시(榮成市)의 허코우촌(河口村),[4] 칭다오(青島) 즈모(即墨) 베이쳰(北阡) 등의 유적[5]은 모두 이 유형 문화에 속하는 것이다. 바이스촌 문화는 농업문화와 해양 어렵문화가 결합된 특징을 띠고 있다. 그 생산 공구 및 음식물의 생산지, 그리고 신앙 숭배 등 여러 방면에 모두 이러한 특징이 반영되어 있다. 이곳에서 출토된 생산 공구를 보면, 대체로 농업 생산 공구, 어렵 생산 공구 및 수공업 생산 공구로 나뉘는데, 그 가운데 어렵공구로는 석구(石球), 돌그물추, 골촉(骨鏃), 아촉(牙鏃), 도탄환(陶彈丸) 등이 있었다. 음식물 가운데는 좁쌀과 기장 등의 농작물을 재배한 것 외에도,[6] 또한 흑돔과 참돔, 그리고 농어 골격 및 각종 대량의 패각(貝殼)이 쌓여 있었다. 이를 통해 당시 사람들은 해안선에서 멀지 않은 곳과 토양이 비교적 비옥했던 고지대에 거주하면서 농경과 어렵 및 채집 경제생활에 종사했던 것으로 보인다. 해양에서는 각종 심해어류를 포획할 수 있었고, 또한 풍부한 패류를 획득할 수 있었다. 한편 즈모시 베이쳰 유적의 무덤에서 큰 패각이 대량으로 발견되기도 했는데, 이는 이 일대 사람들에게 이미 최초의 해양문화 숭배가 나타났다는 것을 설명해주는 것이다.[7]

교동지역의 조개무지 문화 또한 초기 해양문화의 특징을 반영하고 있다. 이른바 조개무지 문화라는 것은 유적지에서 발견된 대량의 패각 퇴적물로 인해 얻어진 이름으로, 어떤 유적의 패각 퇴적물은 두께가 150cm에 달하기도 한다. 이는 교동지역의 바이스촌 문화와 대문구(大汶口) 초기 문화 유적지 등에도 나타난다. 조개무지가 생긴 원인은 무엇일까? 이는 바로 이곳의 자연환경 및 당시 사람들의 식생활과 밀접한 관련이 있다고 할 수 있다. 6000~7000년 전 해심이 얕은 바다와 간석지 면적의 확대, 그리고 온난 습윤한 기후로 인해, 이곳은 해양 생물을 포함한 각종 동식물이 번식하고 생장하는데 유리하였다. 따라서 사람들은 얕은 바다와 근해의 풍부한 물고기와 새우 및 각종 패류를 쉽게 획득할 수 있었고, 아울러 해안선을 따라 거주하면서 장기간 패류를 식용할 수 있었기 때문에 대량의 패각이 산처럼 퇴적된 것이다. 조개무지는 5000년 전의 대문구문화 초기에도 나타나는데, 이는 교동 연해 지역의 원시 농업이 아직 발달하지 않았기 때문에, 당시 사람들은 여전히 해양에서 생존방식을 찾았기 때문인 것으로 보인다.

대문구문화 중후기부터 용산문화(龍山文化) 시기에 이르기까지, 교동지역은 찬란하게 꽃피운 문화 속에서 농업이 크게 발달되었고, 연해의 조개무지는 점차 사라지게 되었다. 이 당시는 농경과 어렵이 병행되었는데, 이는 연해 유적지에서 그물추와 어구 등 어획 공구가 많이 출토되는 것과, 내륙 유지에서는 석촉, 골촉 등 수렵 공구가 많이 나타나는 것을 통해 알 수 있다. 이는 교동지역의 생태적 특성을 반영하는 것이기도 하다. 이 밖에 대량의 흑도(黑陶)와 단각도(蛋殼陶)를 통해서 알 수 있는 이 지역의 훌륭한 제도(製陶) 기술은 교동지역 및 하이다이(海岱) 기타 지역의 대문구문화, 용산문화와 마찬가지로 선사시기 제도업의 아름다운 걸작이라 할 수 있다. 이는 동이족(東夷族)과 관련된 고대 전설 가운데 이른바 '유우시상도(有虞氏尙陶)'의 설을 인증하는 것이라 할 수 있다.[8]

고고학적 발견을 통해 대문구문화 시기의 웨이하이와 옌타이는 이미 항해를 통하여 대외적인 교류를 진행했다는 것을 알 수 있다. 이 지역에서는 주로 요동반도의 문화와 교류했던 것으로 보인다. 요동반도에서 출토되는 관형정(罐形鼎), 규(鬶), 화(盉), 우(盂) 및 채도(彩陶) 등은 모두 옌타이 베이좡(北莊) 유적지와 양자췐(楊家圈) 유적지에서 출토되는 것과 유사하다. 이는 해상 교통을 통한 요동반도와의 교류를 통하여 서로 영향을 주고받은 결과라 할 수 있다. 게다가 요동반도는 또 미야오다오(廟島) 군도(群島)의 영향을 어느 정도 받았다.[9] 용산문화 시기에 이르러 옌타이와 요동반도 사이의 항해와 교류는 더욱 진전되었다. 뤼순(旅順) 라오티에산(老鐵山) 적석묘(積石墓)에서는 대족규(袋足鬶), 두(豆), 배(杯), 권족기(圈足器)가 출토되었고, 스핑산(四平山) 적석묘에서도 대족규, 두, 배, 삼족배(三足杯), 쌍이배(雙耳杯), 단이배(單耳杯) 등이 출토되었는데, 이는 교동 용산문화의 유물과 별 차이가 없었다. 단지 소수의 관과 호에서 지방문화적 특색을 띠었을 뿐이다.[10]

『산동구역문화통람(山東區域文化通覽)·연대권(煙臺卷)』과 『위해권(威海卷)』의 저자들은 모두 옌타이와 웨이하이가 신석기시대부터 바닷길을 통해 한반도와 문화적 교류를 시작했을 것으로 생각하였다.[11] 그렇다면 어떠한 교통수단으로 교류를 했을까?[12] 현재 고고학적 발견에 따르면 적어도 독목주(獨木舟)는 이미 해상 교통수단으로 사용되고 있었다고 할 수 있다. 1982년, 웨이하이 송궈자촌(松郭家村)에서는 용산문화 시기의 독목주가 발견되었다. 이 배의 잔해를 보면, 길이는 3.9m인데, 지금도 보편적으로 사용되고 있는 수밀격벽술(水密隔壁術)을 이용해 제작된 것으로 판단된다. 수밀격벽술이란 배에 두 개의 격벽(隔壁)을 설치해 공간을 셋으로 나누는 기술이다.[13] 비록 독목주이기는 하지만, 또한 밀봉격창(密封隔艙) 기능이 구비되어 있었다. 이는 선체의 강도를 증강시켜 해상 항해를 위한 안정성을 제고시킨 것이다. 산동반도와 한반도는 바다를 끼고 서로 마주보고 있다. 웨이하이 룽청 스다오만에서 한반도 인천(仁川)까지는 94해리에 불과하기 때문에, 순풍이 불 경우 독목주를 타고서도 하루 만에 한반도에 도달할 수 있었다. 이러한 기술적 조건과 지리 환경적 조건을 놓고 봤을 때, 교동지역과 한반도는 신석기시대에 이미 해로를 통해 교류했을 가능성이 크다. 그렇다면 이 둘 사이에, 누가 더 큰 영향을 끼쳤을까? 필자는 이 두 지역의 교류에서 교동반도의 한반도에 대한 영향이 주요했다고 생각한다. 곧 교동지역의 원고시기 해양문화가 한반도에 영향을 끼쳤다는 것이다. 이에 대해서는 다음 장에서 추가로 논의하도록 하겠다.

고대 전설에 반영된 원고시기 교동반도의 해양문화적 특색은 '일출양곡(日出暘谷)'과 '십일신화(十日神話)'에도 나타나 있다. 『상서(尚書)』「요전(堯典)」에 이르길, "희중(羲仲)을 따로 명하여 동쪽 바닷가 [우이(嵎夷)]에 살게 하니, 곧 양곡(暘谷)이란 곳으로, 해가 뜰 때 경건히 빈례(賓禮)를 드리고 봄 농사를 고루 다스리게 하였다."[14] 라 하였다. 이를 설명하면, 동방 우이의 땅에 양곡이라 불리는 곳이 있었는데 바로 해가 뜨는 곳으로 여겨졌다. 제요(帝堯)는 희중을 명하여 바로 이 양곡에 거하게 하면서 매일 일출에 대한 빈례의 제사를 주관하게 하고, 때에 따라 농사를 짓게끔 백성들을 독촉하게 하였다.「요전」에서 말하는 '우이양곡'에 대해 공안국(孔安國)은 "동표(東表)의 땅을 우이라 일컫는다"고 하였고, 동한(東漢)시기 마융(馬融)도 또한 '우이'를 "우, 바다 모퉁이다. 이는 래이(萊夷)이다"라고 해석하였다.

'일출양곡'과 관련되는 것으로는 유명한 '십일신화'가 있다. 이와 관련된 기록을 살펴보도록 하자. 먼저『산해경』「해외동경(海外東經)」에 다음과 같은 기록이 보인다.

> 양곡(湯谷)에 부상(扶桑)이 있는데, 열 태양이 목욕하는 곳으로, 흑치(黑齒)의 북쪽에 있다. 물 가운데 큰 나무가 있어, 아홉 태양은 아래 가지에 거하고, 한 태양은 위 가지에 거한다.[15]

다음으로「대황남경(大荒南經)」의 기록을 보도록 하자.

> 동남쪽 바다 밖 감수(甘水) 사이에 희화(羲和)의 나라가 있다. 이름을 '희화'라 하는 여자가 살고 있는데, 감연(甘淵)에서 태양을 목욕시킨다. '희화'는 제준(帝俊)의 아내로 열 태양을 낳았다.[16]

다음으로『초사(楚辭)』「천문(天問)」편이다.

> (태양)이 양곡(湯谷)에서 나와 몽사(蒙汜)에 자리하네. 밝아질 때부터 어둑해질 때까지 몇 리나 운행하는가?[17]

다음으로 『회남자(淮南子)』「천문훈(天文訓)」이다.

　　태양이 양곡(暘谷)에서 나와 함지(咸池)에서 목욕하고 부상(扶桑)을 지나는데 이를 일러 '신명(晨明)'이라 하고, 부상에 올라 운행을 시작할 때를 일러 '비명(朏明)'이라 하며, 곡아(曲阿)에 이른 때를 일러 '단명(旦明)'이라 하고, 증천(曾泉)에 이른 때를 일러 '조식(蚤食)'이라 하며, 상야(桑野)에 이른 때를 일러 '안식(晏食)'이라 하고, 형양(衡陽)에 이른 때를 일러 '우중(隅中)'이라 하며, 곤오(昆吾)에 이른 때를 일러 '정중(正中)'이라 한다. 오차(烏次)에 이른 때를 일러 '소천(小遷)'이라 하고, 비곡(悲谷)에 이른 때를 일러 '포시(餔時)'라 하며, 여비(女紀)에 이른 때를 일러 '대천(大遷)'이라 하고, 연우(淵虞)에 이른 때를 일러 '고용(高舂)'이라 하며, 연석(連石)에 이른 때를 일러 '하용(下舂)'이라 한다. 비천(悲泉)에 이르면 수레를 모는 여인을 멈추게 하고 말을 쉬게 하는데, 이를 일러 '현거(縣車)'라 한다. 우연(虞淵)에 이른 때를 일러 '황혼(黃昏)'이라 하고, 몽곡(蒙谷)에 이른 때를 일러 '정혼(定昏)'이라 한다. 태양은 우연(虞淵)의 물가로 들어가 몽곡의 나루에서 밤을 지새운다. 이렇게 태양은 구주(九州)와 칠사(七舍)를 지나면서 5억 1만 7,309리를 운행한다.[18]

　　여기의 '탕곡(湯谷)'은 곧 '양곡(暘谷)'으로 고적(古籍)에 따라 부르던 명칭이 달랐다. 「대황남경」에서는 이 양곡(湯谷) 혹은 양곡(暘谷)이라 불리는 지역의 태양이 목욕하는 바닷물을 '감수'와 '감연'으로 일컫기도 하였다. 앞에서 인용한 '십일신화'는 두 가지를 반영하고 있는데, 하나는 해가 뜨고 지는 것을 태양이 회전하여 운행한다는 우주관과 연관시켜 설명하는 것이고, 다른 하나는 육십갑자(六十甲子)로 날짜를 세기 전에 열흘을 '일순(一旬)'으로 세는 방법이 있었다는 것이다.

매일 동방의 큰 바다에서 떠오르는 태양은 부상에 있는 열 개의 태양 가운데 가장 높은 가지에 있던 태양이라 여겼고, 물에서 목욕을 하고서 나온 것으로 인식하였다. 이 태양이 양곡(탕곡)에서 떠오르는 것을 '신명'이라 일렀고, 이후 태양이 동쪽에서 서쪽으로 운행하면서 정오에 곤오에 이르는 것을 '정중'이라 일렀으며, 태양이 서방의 우연과 몽곡(몽사)에 들어가는 것을 각각 '황혼'과 '정혼'이라 일렀으며, 일몰 후 태양이 땅에 들어가 '아래로 땅을 밝게 비춘다.'[19]고 하였다(『회남자』「추형훈(墜形訓)」). 밤중에 태양은 지하의 황천에서 동쪽으로 운행하여 양곡에 이르렀다가 해수면에 모습을 드러낸다. 태양이 하루 밤낮을 순환 운행하는 것을 당시 사람들은 해수에서 목욕하는 10개의 태양이 순서대로 하루에 하나씩 운행하는 것으로 여겼던 것이다. 10개의 태양이 한차례 다 운행하는 것을 하나의 주기로 삼아 '순(旬)'이라 불렀다. 갑골문에는 열흘 동안의 일을 묻는 '복순복사(卜旬卜辭)'가 아주 많이 보인다. 예컨대, "계유일(癸酉日)에 복하니, 대(大)가 묻기를, 열흘 동안 화가 없겠습니까? 1월(癸酉卜, 大貞, 旬無禍？一月)"(『合集』26543),[20] "계사일(癸巳日)에 복하니 출(出)이 묻기를, 열흘 동안 화가 없겠습니까? 3월(癸巳卜, 出貞, 旬無禍？三月)"(『合集』26581) 등등이다. 이러한 '복순복사'의 존재는 갑골문에서 60갑자로 날짜를 세기 전에 열흘을 '일순'으로 삼아 날짜를 세는 데 사용했다는 것을 말해준다. 이러한 순환반복적인 우주관과 천문역법상의 성과 및 습속은 당시 동방 방국 문명 가운데 해양 지리적 환경을 반영하는 것이라 할 수 있다.

춘추전국 시기에 이르러 교동 해양 문명 가운데 나타난 해상 신선 문화는 새로운 시대적 특징을 구성하였다. 해양 신선 문화는 특수한 지리적 환경과 신기루적인 특이한 자연 현상의 산물이었다. 교동반도 동단에 위치한 옌타이, 웨이하이, 칭다오 등에서는 동쪽 바다에 우뚝 솟아 있는 섬과 산봉우리가 보인다. 매년 봄에서 여름으로 바뀔 무렵, 비가 내리고 난 후 운무(雲霧)가 자욱할 때, 이곳에서는 몽환적인 장면이 연출되곤 한다. 혹 성곽과 산천 같은 것이 보이기도 하고, 혹 누각과 초가집 같은 것이 보이기도 한다. 『산해경』에서는 이를 바다 위의 '삼선산(三仙山)'이라 불렀다. 『열자(列子)』 「탕문(湯問)」에 보면 동쪽 바다에 '방장(方丈)', '영주(瀛州)', '봉래(蓬萊)' 등의 신선이 사는 섬이 있는데, "그 섬의 대관(臺觀)은 모두 금옥(金玉)이요, 그 섬의 금수는 모두 순백의 빛깔이며, 주옥의 나무들이 무성하고 그 꽃과 열매는 모두 맛이 있는데 이를 먹는 자는 모두 늙지도 않고 죽지도 않는다. 그곳에 사는 사람들은 신선이요 성인이라"[21]고 하였다. 곧 해양 신선문화는 특수한 해양 환경과 신기루 속에서 나타난 것이라 할 수 있다.

해양 신선 문화는 제나라와 연나라처럼 바다를 접하고 있는 곳에서 방사와 선도가 흥성하게 하였다. 제위왕, 제선왕, 연소왕은 사람을 바다로 보내 장생불로의 약을 구해 오게 하였고, 진시황과 한무제는 동쪽 지방을 순수할 때 대대적으로 신선을 찾기도 하였다. 이를 『사기(史記)』 「봉선서(封禪書)」는 다음과 같이 기록하고 있다. "제나라의 위왕(威王)과 선왕(宣王), 연나라의 소왕(昭王) 시절부터 사람들을 바다로 내보내 봉래, 방장, 영주를 찾도록 하였다. 이 삼신산은 전설에 따르면 웨이하이(渤海) 가운데 있어 그 거리는 멀지 않으나, 신선들이 배가 도착하는 것을 걱정하여 바로 바람을 일으켜 배를 산에서부터 밀어낸다고 한다. 일찍이 어떤 사람이 이곳에 가본 적이 있었는데, 여러 선인들과 불로장생의 약이 모두 그곳에 있었다고 하

였다. 그곳의 물체와 새, 짐승들은 모두 백색이고, 궁전은 황금과 백
은으로 지어졌다고 한다. 그곳에 도달하기 전에 그곳을 바라다보면
마치 한 자락의 백운과 같고, 도달하기 직전에서 보면 삼신산은 도
리어 바닷물 아래에 있는 듯하다. 그리고 막상 배를 대려고 하면 매
번 바람이 밀어내어 결국은 도달할 수 없게 된다. 세상의 군주들은
그곳에 관심을 가지지 않은 자가 없었다. 진시황이 천하를 통일하
고, 해상에 도착하자 이 전설에 관해 말하는 방사들이 헤아릴 수가
없을 정도로 많았다. 진시황은 친히 바다에 나갔다가 삼신산에 도착
하지 못할 것을 두려워하여 사람들로 하여금 부정이 타지 않은 동
남동녀를 목욕재계시키고 이들을 데리고 바다로 들어가서 삼신산을
찾도록 하였다."[22] 이처럼 교동지역의 신기루적인 특수한 해양경관
이 신선문화를 만들어 냈다고 할 수 있다. 곧 교동반도는 신선문화
의 발상지이고, 해상 신선문화는 교동반도 해양문화의 가장 큰 특징
인 것이다.

3. 해양 실크로드의 시작

해선문화의 문화적 배경 속에서, 곧 동쪽 바다의 방사와 선도 문화
적 배경 속에서, 춘추전국 시기의 교동반도는 한반도 및 일본과의
교류를 통한 대외무역이 발전되었다. 이것이 바로 초창기의 해양 실
크로드라 할 수 있다.

춘추전국 시기, 이미 교동반도를 점유하고 있던 제나라는 고조선
과 해상 무역을 하였다. 그중 제나라는 조선으로부터 당시 아주 유
명했던 '문피(文皮)'라 불리는 호랑이 가죽과 표범 가죽 및 모피로

제작한 의복을 수입하였다. 『관자(管子)』 「규도(揆度)」의 기록을 보면, "환공(桓公)이 관자에게 묻기를 '해내의 옥폐(玉幣) 가운데 칠협(七筴)이란 것이 있다고 합니다. 어떤 것인지 들을 수 있습니까?' 하니, 관자가 대답하였다. '음산(陰山)의 연민(礝珉)이 일협(一筴)이고, 연 땅의 자산백금(紫山白金)이 일협이며, 발과 조선의 문피가 일협이고, 여수(汝水)와 한수(漢水)의 우구황금(右衢黃金)이 일협이며, 강양(江陽)의 주보가 일협이고, 진명산(秦明山)의 증청(曾靑)이 일협이며, 우씨(禺氏) 변산(邊山)의 옥이 일협입니다'"[23]라고 하였다. '협(筴)'은 '협(愜)'과 통하는 말로, 크게 만족한다는 뜻이다. 발은 맥인(貊人)으로 한반도 북부 및 랴오동반도 동부 일대에 분포하고 있었다.[24] 문피는 꽃 문양이 있는 짐승의 가죽으로 주로 호랑이 가죽과 표범 가죽을 가리킨다. 이 단락은 제환공이 관중에게 천하에서 가장 좋다는 일곱 가지를 물은 것으로, 관중의 대답을 통해 발(發)과 조선의 문피가 다른 지역에서 생산되는 주보와 옥기 같은 진귀한 물건과 함께 천하의 가장 좋은 일곱 가지 상품으로 여겨졌다는 것을 알 수 있다.[25]

조선의 '문피'가 천금의 가치가 있다는 것은 '문피'가 제나라와 조선의 무역에서 중요한 위치를 점하고 있었다는 것을 말해준다. 게다가 이는 관중이 제환공에게 건의한 중요한 외교정책의 대상이 되기도 하였다. 『관자』 「경중 · 갑(輕重 · 甲)」의 예를 들어보도록 하자. "환공이 말하였다. '사이(四夷)가 복종하지 않아 그들이 우리 정부를 거스르고 천하를 돌아다니며 과인을 상하게 할까 두렵습니다. 과인이 이를 위해 정책을 행하려 하는데 방도가 있습니까?' 관자가 대답하였다. '오나라와 월나라가 조회하지 않으면 거기서 나는 진주와 상아를 화폐로 삼으면 되고, 발과 조선이 조회하지 않으면 거기

서 나는 문피와 털옷[타복(毤服)]을 화폐로 삼으면 되며…… 천금의
가치가 있는 주보를 화폐로 삼으면 8천 리나 떨어져 있는 오와 월
이 조회할 것입니다. 표범 가죽의 가죽 한 장의 가치를 인정해 주
면 8천 리나 떨어져 있는 발과 조선이 조회할 것입니다.'"[26] 이를 통
해 제나라에서 오월과 조선 등을 효과적으로 통제하고 내조(來朝)하
게 하는 가장 좋은 방법으로, 그들의 특산품을 제나라의 화폐로 삼
는 방안을 거론하였는데, 여기에 조선의 '문피'와 '모피'도 포함되어
있었다. 이는 제나라가 자국의 물산을 오월의 진주 · 상아 및 조선의
'문피' · '모피'와 교환하는 무역을 했음을 짐작케 한다. 교동반도 초
기의 해양 실크로드는 바로 이러한 정치 경제 및 무역의 형세 속에
서 전개되었던 것이다.

　　호랑이 가죽과 표범 가죽 무역 외에도, 바이윈샹(白雲翔)의 연구에
의하면 한국(韓國) 상림리(上林里)에서 출토된 동주(東周) 시기 '중국
식동검(中國式銅劍)'(오월식동검(吳越式銅劍)을 통해 오월지역의 주검
(鑄劍) 공장(工匠)이 한반도로 건너왔던 해상 교통 노선이 있었다는
것을 증명해준다고 한다. 이 노선은 곧 항저우만(杭州灣) 혹은 창장
하구(長江河口) 일대에서 황해(黃海) 서안의 해안선을 따라 북쪽으로
이동하다가 하이저우만(海州灣)을 거쳐 산동반도 북단의 봉래와 미
아오다오 군도에 이르러 발해해협(渤海海峽)을 가로질러 라오동반도
남단에 이르고, 황해의 조선만(朝鮮灣)에 이르러 다시 남하하여 강화
만(江華灣)을 거쳐 한반도의 서남부 연해 지역에 이르는 것이다.[27] 오
월과 한반도를 연결해주는 해양 실크로드는 제나라와 조선 사이의
해상 교통 노선과 상당히 중복된다. 따라서 1975년 한국 상림리에
서 출토된 '중국식동검'[28] 26점은 춘추전국 시기 교동반도를 점유한
제나라와 한반도 사이의 해양 실크로드를 간접적으로 증명해준다고

할 수 있다.

춘추전국 시기 교동반도와 일본의 문화적 교류는 일본에서 출토된 구리 방울[동탁(銅鐸)]으로 증명할 수 있다. 해양 실크로드를 연구하는 천옌(陳炎) 교수는 다음과 같이 지적하였다. "일본의 서쪽 해안에서 발견된 중국 춘추 시기의 청동 구리방울 350건은 조선에서 출토된 것과 완전히 같다. 이는 2700년 전 중국 항해의 '선구자'가 이미 산동반도에서 출발하여 한반도를 거쳐 다시 일본으로 건너가는 항로를 개척한 사실과 중국의 문화를 조선과 일본에 전파한 사실을 설명해 준다."[29] 이와 대체로 일치하는 견해를 밝힌 일본 학자도 있었다. 1955년 모토미야 야스히코(本宮泰彦)은 『일중문화교류사(日中文化交流史)』라는 책에서 일본에서 출토된 구리 방울에 대해 다음과 같이 말하였다. "구리방울의 형상이 선진시기 종과 비슷하다는 것을 통해, 특히 최근 한국 경상남도 경주 입실리(入室里)에서 발견된 일본척(日本尺)으로 약 4촌 길이의 작은 구리 방울과 반원지변(半圓棱邊)의 세문경[細紋鏡, 1918년 일본日本 야마토쿠니 가쓰라기군 누쿠모리노쿄(大和國 葛城郡 吐田鄉)에서 발굴된 것과 같다]을 통하여, 중국에서 구리방울의 제조 기술을 전수받았다는 것을 알 수 있다. 먼저 고대에 흥기했던 진한(辰韓)에서 받아들였고, 그 이후에 일본에까지 전해진 것이다. 그렇다면 어떤 노선을 통하여 일본까지 전해진 것일까? 필자가 생각하기에, 이 노선은 대체로 일본의 해역 환류로와 관련 있는 것으로 보인다. 곧 일본의 산인(山陰)과 호쿠리쿠(北陸) 지역에 먼저 전래되었고, 이후 점점 내지로 전파된 것이다. 우메하라 스에지(梅原末治)의 구리방울 조사(출토지명) 일람표를 보면, 동쪽으로는 가가(加賀), 에치젠(越前), 미노(美濃), 미카와(三河), 도토미(遠江)까지 분포하고 서쪽으로는 이와미(石見), 아키 사누키(安藝贊岐), 아와(阿波), 도사

(土佐) 지역까지 분포되어 있다는 것을 알 수 있다. 대다수의 학자들은 양식이 비교적 오래된 형태가 작고 유수문(流水紋)이 있는 구리방울은 산인과 호쿠리쿠 일대 및 기내(畿內) 지역에 분포되어 있고, 양식이 비교적 새롭고 형태가 크며 얇은 가사수대문(袈裟袖帶紋)을 띤 것은 기내에서 동쪽 바다와 남쪽 바다 사이에 많이 분포되어 있다고 하는데, 이는 앞에서 필자가 말한 것을 증명해주는 것이라 할 수 있다."[30]

해양 실크로드에서 항구의 중요성은 말할 필요도 없다. 선진 시기 교동반도의 낭야항(琅琊港)은 사서에 기록된 가장 오래된 항구이다. 춘추 시기 남방의 오월과 북방 제나라 사이의 해상 교통은 이미 아주 번성하였다. 『사기』「오세가(吳世家)」와 「제세가(齊世家)」의 기록에 의하면, 오왕 부차(夫差)는 육로를 열어서 제나라 남쪽의 낭야에 이르렀고, 11년(기원전 485) 해로를 통해 제나라를 공격하였다. 『오월춘추(吳越春秋)』의 기록을 보면, 월왕(越王) 구천(句踐)이 오나라를 물리치고 패자가 된 이후 낭야에 관대를 세우고 동쪽 바다를 바라보았고, 결사대 8천 인과 병선 300척을 바라보았다고 한다.[31] 일본 학자 후지타 도요하치(藤田豊八)은 『중국남해고대교통총고(中國南海古代交通叢考)』에서 "교주만(膠州灣)의 지역 가운데, 사서에 기록된 항해는 낭야로부터 시작된다. 오월이 북상하기 전, 이미 항해를 위하여 선박을 준비했을 것이다."[32] 낭야라는 지명은 제공경(齊景公), 기원전 547~490) 시기에 보인다. 『맹자』「양혜왕하」편에 보면, "내가 전부산(轉附山)과 조무산(朝儛山)을 둘러보고 바닷가를 따라 남쪽으로 가서 낭야에 이르고자 하오. 내가 어떻게 하면 선왕의 유관(遊觀)에 비견할 수 있겠소?"[33] 라고 하였다. 이는 제경공이 전부와 조무의 두 산을 유람한 이후에 바다를 따라 남하하다가 낭야에 이를 수 있다는 것을 설명해주고 있다.

낭야의 항구로서의 중요성은 진시황이 세 번 제 땅을 순유하면서 낭야에 이르렀다는 것을 통해서도 볼 수 있다. 『사기』「진시황본기」의 기록을 보면, 진시황은 28년, 29년, 37년, 제 땅을 세 번 순유하면서 모두 낭야와 즈푸에 이르렀다고 한다. 그중 진시황 28년에는 "낭야에 올라 크게 기뻐하면서 석 달을 머물렀다. 이에 검수(黔首) 3만 호를 낭야대로 이주시켰다"[34]고 한다. 한편 진나라는 천하를 통일한 이후 군현제를 실시하면서 전국을 36군으로 나누었다. 진나라가 제나라를 멸망시킨 이후, 제 땅에는 제군(齊郡)과 낭야군을 설치하였는데, 제군은 제나라의 국도(國都)였던 린즈(臨淄)에 설치한 것이라 할 수 있지만, 낭야를 군으로 승격시킨 것은 그 교통 전략적 지위를 고려한 것이라 할 수 있다. 춘추전국 시기의 낭야는 항구로써 남북 해로를 연결하는 중추적 역할을 하면서 큰 호황을 누렸다. 제나라 시기의 낭야 또한 제나라에서 방사와 해선(海仙)의 문화가 발달한 지역 가운데 하나이다. 낭야의 사례 또한 해양실크로드와 해선문화(海仙文化) 사이의 연관성을 증명해주는 것이라 할 수 있다.

4. 맺음말

교동반도의 해양 실크로드는 춘추전국 시기에 시작되었다. 이는 한나라 때 발견된 육상 실크로드보다 시기적으로 이르고, 그 지속된 시간 또한 길었다. 이것이 중국 해양 실크로드의 중요한 특징이다. 교동반도의 해양 실크로드는 그 해양 문명의 주요한 구성 부분이었다. 그러나 교동지역 해양 문명이 형성된 시기는 이보다 이른 것으로 보고 있는데, 심지어 교동 지역의 선사 해양문화에서 기원한 것으로 확인되고 있기도 하다. 우리는 민풍과 민속 그리고 사상관념을 포함한 하이다이 연해 지역에 대한 연구를 할 때, 이 지역의 독특한 지리환경 및 농경문명과 해양문명이 결합된 시각 속에서 고려해야 할 것이다.

13세기 동아시아의 전쟁과 무역

고은미

1. 머리말

13세기 송(宋)과 일본 간의 무역상황을 보여주는 사료로 자주 인용되는 것이 오잠(吳潛)의 상소문[1]이다. 즉 1258년 명주장관(明州長官) 및 연해제치사(沿海制置使)를 겸임했던 오잠은 상소문에서 다음과 같이 서술하고 있는 것이다. 일본 상인은 매년 내항하여 대량의 무역을 행하는데, 그들에게서 관세를 징수하고 물품의 일부를 구매하는 역할은 명주시박무(明州市舶務)가 담당한다. 일본과의 무역품 중에 송의 재정에 유익한 것은 목재(木材)와 유황(硫黃)뿐으로, '왜금(倭金)'은 교역량이 적어 국가의 재정에는 그다지 도움이 되지 않는데다, 목재·유황이 일본의 '국주(國主)·귀신(貴臣)'의 물건인데 반해, '왜금(倭金)'은 상인 자신들의 물건으로 몇 냥을 가져오는 데 지나지 않는다고.

송에서는 무역선이 도착하면 무역관리기구인 시박사(市舶司)[2]가 화물을 점검하여, 그중 일부는 관세로 징수하고 일부는 관에서 매입한 후 나머지에 대해서는 민간무역을 허용했다. 12세기 말 이후 고

려 · 일본과의 교류는 주로 명주(明州)[3]를 통해 이루어졌으므로,[4] 오
잠의 이러한 서술은 송과 일본의 전반적인 무역 상황을 반영한 것
이라고 할 수 있다. 그러나 오잠의 상소문이 자주 인용되는 데 비해,
그가 이러한 상소문을 작성한 의도와 그 배경에 대해서는 자세히 검
토되지 않았다. 따라서 본고에서는 그에 대해 살펴보고자 한다.

오잠이 해당 상소문을 작성한 직접적인 목적은 일본 상인이 소량
만 가져와 판매하는 데 지나지 않는 '왜금(倭金)'에 대한 관세와 관
의 매입을 면제할 것을 청하는 것이었다. 오잠에 따르면 '왜금(倭金)'
은 무역규정에 따라 관세와 매입의 대상이 되지만, 일본 상인은 시
박무에 신고하지 않고 밀무역을 행하는 경향이 있었다고 한다.

즉 송의 중개상인은 일본 상인이 시박무에 신고하기 전에 접근하
여 밀무역을 제안했는데, 이를 믿고 '왜금(倭金)'을 맡기면 악질적인
중개상인은 쉽게 그 금을 횡령했다. 그러나 일본 상인은 밀무역을
시도했다는 약점이 있었기 때문에, 송의 관청에 호소하지도 못하고
원한을 가진 채 귀국하였다. 이에 오잠은 매년 시박무가 '왜금(倭金)'
에서 얻는 이익은 많아야 2 · 3만관(萬貫) 정도에 지나지 않는데, 그
작은 금액 때문에 일본인의 마음을 잃고 있다고 주장하며, 앞으로는
연해제치사(沿海制置司)가 수입이 가장 많았던 해의 액수를 대납하는
대신에 '왜금(倭金)'에 대한 관세와 강제매입을 면제할 것을 제안했
던 것이다. 송 조정은 그의 요청을 받아들여 연해제치사가 매년 '3
만 656 관문(貫文)'을 부담하는 대신에 '왜금(倭金)'에 대한 관세 등
을 면제하였다.[5] 이처럼 오잠의 신청은 일본 상인에게 유리한 무역
조건을 마련하려는 의도에서 나온 것이었다.

그렇다면 연해제치사가 '왜금(倭金)'에서 나오는 수입을 대납하면
서까지, 일본 상인을 우대하는 정책을 실시한 이유는 어디에 있었을

까? 이를 검토하기 위해서는 ①연해제치사가 어떤 역할을 하는 기관인가, ②연해제치사와 일본을 포함한 외국과의 관계, ③오잠이 연해제치사의 장관인 연해제치사(沿海制置使)에 임명된 당시의 급무(急務)는 무엇이었고, 이를 위해 오잠은 어떤 정책을 실시했는가를 살펴볼 필요가 있다. 이하 본문에서는 이를 차례로 검토한 후, 남송의 이러한 정책이 어떤 효과를 거두었는지에 대해 생각해보고자 한다.

2. 연해제치사(沿海制置司)의 역할

남송은 금(金)과 회수(淮水)를 경계로 삼고 있었기 때문에, 양자강의 흐름은 중요한 방어선이었다. 또한 수도 항주(杭州)가 해양을 접하고 있어 절강(浙江)·복건(福建)의 해안도 방어할 필요가 있었다. 따라서 양자강과 그 지류(支流) 및 운하(運河)의 요소, 동남 해안일대에는 수군이 설치되어 육군과 함께 군사방어를 담당하고 있었다.[6]

1161년에 남송은 금의 대대적인 공격을 받았으나 그를 물리치고 정권을 유지할 수 있었던 것도 수군이 승리했기 때문이었다.[7] 당시 금의 수군을 회수이북의 해주(海州: 現在의 江蘇省 連雲港市)에서 저지했는데, 그 후에도 남송의 후반에 이르기까지 항주 주변의 해안이 침략을 받는 일은 없었다.[8] 이는 금과 마찬가지로 몽골군도 해전에는 약했기 때문이었다. 몽골군은 1250년대에도 사천(四川) 방면에서 남송과 교전할 때 종종 '피선(皮船)·혁주(革舟)'를 사용했을 정도였고, 금을 정복한 후에는 북방의 한인(漢人)이 다수 몽골군에 가담했다고는 하지만 그들의 해전 능력도 남송인과는 비교할 수 없었다.[9]

따라서 남송은 수군을 중시했는데, 수군은 크게 항주를 기준으로 북쪽 방면의 해안 및 양자강의 요소에 설치된 수군과 남쪽 방면의 해안 요소에 설치된 수군으로 나뉜다. 그중 복건(福建)·광동(廣東)의 수군은 해적을 대비해 설치된 측면이 강했기 때문에,[10] 직접적으로 금·몽골 등 북방에서의 침략에 대비해 설치된 것은 양자강의 요소와 항주 주변의 수군이었다. 특히 항주방어를 위해 소주(蘇州)에 허포수군(許浦水軍)을, 수주(秀州: 現在의 嘉興市)에 감포수군(澉浦水軍)을, 명주에 정해수군(定海水軍)을 설치하여 사방의 입구를 통제했다.[11]

수군은 연강제치사(沿江制置使)나 연해제치사(沿海制置使)의 지휘를 받거나 독립된 지휘관이 존재하는 등 그 지휘계통이 일정하지는 않았지만, 일반적으로는 제치사의 지휘를 받았다.[12] 명주의 입구인 정해현(定海縣)에 준둔해 있던 정해수군도 연해제치사(沿海制置司)의 관할하에 놓여져 그 장관인 연해제치사(沿海制置使)의 지휘를 받았다.

연해제치사(沿海制置司)[13]는 1132년 5월에 금군(金軍)의 해상 침입을 막기 위해 창설되었는데, 당초에 설치된 장소는 소주의 허포로, 그 방어 범위도 회동(淮東)·양절(兩浙)·복건을 포괄하여, 금과의 경계선에서 복건에 이르는 전 해안에 걸쳐 있었다. 그러나 같은 해 7월에 금의 수군이 항주를 공격할 수 있는 루트에는 해상에서 직접 명주의 정해현에 이르는 절동로(浙東路)와 연안을 따라 항주의 주변에 이르는 절서로(浙西路)가 있으므로, 제치사가 하나인 경우 긴급상황에 대응하지 못할 우려가 있다고 하여 연해제치사를 '회동·절서로(淮東·浙西路)'와 '절동·복건로(浙東·福建路)'의 두 개로 나누자는 의견이 제기되었다. 그 결과 9월에는 '절동·복건연해제치사(浙東·福建沿海制置司)'와 그 관할하의 수군이 정해현에 설치되고, 기존의 연해제치사는 '회동 · 절서로'를 관할하게 되었다.

그러나 같은 해 12월이 되자 '절동 · 복건연해제치사'는 폐지되어 다음 해인 1133년 정월에는 두 개로 나누어져 있던 연해제치사를 다시 통합했으나 그것도 6월에는 폐지되었다. 그 후 같은 해 9월에 연해제치사는 부활되는데, 그 관할구역은 '온주(溫州) · 태주(台州) · 명주(明州) · 월주(越州)[현재의 소흥시(紹興市)]'로 한정되었다. 즉 항주만에서 복건에 이르는 해안지역을 관할하에 두고 정해수군을 지휘하여 수도 주변의 해상을 방어한다고 하는, 이후에 보이는 연해제치사의 특징은 이 시기에 시작되었다고 할 수 있다.

그 후 1141년에 휘하의 수군과 함께 폐지되었다가, 1163년에 해적 진압을 위해 다시 설치되었다. 당시 명주장관 겸 연해제치사(沿海制置使)에 임명되었던 조자숙(趙子繡)은 폐지되기 전과 마찬가지로 '온주 · 태주 · 명주 · 월주'를 관할하게 되었다. 이후 연해제치사는 상설되어 그 장관은 명주장관이 겸임하게 되었다.[14]

연해제치사가 다시 설치된 1163년에는 직속 수군이 없어, 조자숙은 명주에 주둔하고 있던 중앙 정규군 소속의 수군 2천 명을 이끌고 해적을 평정했다.[15] 이 2천 명은 해적의 진압이 끝나자 1163년부터 차례로 명주에서 철수하였다. 이에 조자숙은 명주가 수도에서 가깝고 수륙을 통제하는 요소여서 수군을 주둔시킬 필요가 있다고 상소했다. 그 결과 연해제치사의 수군 3천 명이 명주의 성밖에 주둔하게 되었다. 이 수군과는 별도로 정해현에는 수군통제(水軍統制) 풍담(馮湛)이 이끄는 수군이 주둔하고 있었던 것으로 보이나, 1169년에 풍담의 수군이 정해에서 소주의 허포로 옮기게 되면서, 명주의 성밖에 있던 수군을 정해현으로 이동시켜 방어를 담당하게 하였다. 그 후부터 연해제치사의 수군은 정해현에 주둔하게 되었기 때문에 정

해수군으로 불리게 된 것으로 보인다. 이 정해수군의 정원은 1171
년에는 3천 명에서 4천 명으로 증가하여 1225년경에도 동일한 숫자
였다. 이 숫자는 1256년경에는 6천 명이 되었는데 재정상 관할할 수
있는 병사는 5천 명에 그쳤고, 그중에서 노약자 및 병자를 제외한
실제 전력수는 4,500명뿐이었다고 한다.

　한편 명주의 연해지역에는 채(寨)라는 군사주둔시설이 설치되어,
정해수군은 '정해본채(定海本寨)'에 주둔하고 있었다. 그 외에 채에
는 지방군이 주둔하여 정해수군과 협력하여 해로를 경비하는 임무
를 맡았다.[16] 지방군이 주둔한 채는 시기에 따라 신설되거나 폐지되
기도 하여 그 수가 일정하지는 않으나, 주요한 것으로 '절동(浙東)·
대숭(大嵩)·명학(鳴鶴)·공당(公塘)·길기(鮨埼)·관계(管界)·해내
(海內)·백봉(白峯)·삼고(三姑)·잠강(岑江)·열항(烈港)·나두(螺
頭)·대산(岱山)' 등이 확인된다.[17] 그러나 수군 이외의 군사들은 해
상활동에 익숙하지 않아 해상경비는 주로 수군이 담당하였다.[18]

3. 연해제치사와 고려·일본의 관계

연해제치사의 관할범위가 항주만에서 복건에 이르는 해안지역이었
다는 점은 2장에서 지적했다. 그 범위를 해상까지 확대하면 서쪽은
양자강의 입구인 허포, 남쪽은 복건, 북쪽은 고려, 동쪽은 일본에 이
르는 광대한 해양이 포함되어, 정해수군은 해당 지역을 감시·순찰
하며 각지의 요소를 방어하고 있었다.[19]

　이러한 역할을 담당하면서 연해제치사는 당연히 고려 및 일본
의 동향에도 주목하지 않을 수 없었다. 웅연군(熊燕軍)은 연해제치사

의 군사적 임무에는 동남 연안의 방어, 수군의 훈련 및 민간방어를 조직하는 것과 함께 주변국에 대한 정찰도 있었다고 지적한다.[20] 그러면서 해당 사례로 1133년 3월에 오돈례(吳敦礼)라는 인물이 등주문학(登州文學)이라는 관직에 특임되었는데, 그것은 그가 연해제치사 곽중순(郭仲荀)[21]을 위해 평민을 파견하여 고려의 사정을 정탐시켜 그 정보를 가져온 것에 대한 보상이었다는 일례를 들고 있다.[22]

이를 통해 연해제치사가 스파이를 파견하여 고려를 정찰했다는 사실을 알 수 있는데, 동일한 사례가 1160년대에도 확인된다.

(乾道)五年(1169)服除, 八月再知明州, (中略)頃歲膠西大捷之後, 海波不驚, 而降者言, 始謀本欲直犯吾境, 或譌傳連結高麗者, 上下疑之, 王益治戰艦, 嚴閱習以張軍聲, 遣郡人徐德榮覘之, 得要領以歸, 遂寬東顧之憂, 六年陞學士,[23]

위의 사료는 명주장관 겸 연해제치사에 재직했던 조백규(趙伯圭)[24]의 이력을 기록한 「皇伯祖太師崇憲靖王行狀」의 일부인데, 이 중에서 밑줄 친 부분을 해석하면 다음과 같다. 1161년에 남송군이 교서(膠西: 現在의 山東省 膠西市)의 해전에서 금군에게 승리한 후, 최근에 해상은 평온했으나 항복한 금인(金人) 중에 금이 남송을 직접 공격하려 한다거나 혹은 고려와 연계하여 공격하려 한다는 거짓을 고하는 자가 있어 모두 놀랐다. 그래서 1169년 조백규는 전함을 정비하고 훈련을 강화하여 군의 사기를 높이는 한편, 명주 사람인 서덕영(徐德榮)을 파견하여 고려의 정세를 탐지하게 했다. 서덕영은 정보를 가지고 귀국하였고 결국 동방, 즉 고려에 대한 걱정은 완화되었다.[25] 이처럼 연해제치사는 군사적으로 필요한 경우 고려에 스파이를 파견하여 군사정보를 수집하였다는 사실을 알 수 있다.

한편, 조백규는 고려의 군사정보를 수집했을 뿐 아니라, 일본과 교섭한 사실도 확인된다.[26] 1172년 조백규는 당시 일본 조정의 실권자였던 타이라노 키요모리(平淸盛)에게 보내는 첩장(牒狀)과 함께 고시라카와법황(後白河法皇)과 타이라노 키요모리 앞으로 예물을 보냈고, 그에 대한 답례로 다음해 3월 일본 측은 타이라노 키요모리의 첩장과 함께 고시라카와 법황 및 타이라노 키요모리의 답례품을 보냈다.[27] 이러한 교류는 송 측의 사료에서도 확인되어 1173년 연해제치사가 파견한 선장 장대춘(莊大椿)·장수중(張守中) 및 수군사신(水軍使臣) 시윤(施閏)·이충(李忠) 등이 일본의 회첩(回牒)과 예물을 가지고 돌아왔다고 기록되어 있다.[28] 여기서 보이는 '사신(使臣)'이라는 것은 8·9품 무관(武官)의 총칭으로, 군에서 병사의 통솔·정찰·공문서 전달 등을 담당하였다.[29] 따라서 시윤과 이충은 정해수군의 일원으로, 일본에 연해제치사의 첩장을 전달하는 임무를 띠고 파견되었다고 보여진다.

이러한 교섭이 행해진 의도와 관련하여, 다카하시 마사아키(高橋昌明)는 문관의 직책인 명주장관이 아니라 해적 진압을 임무로 하는 연해제치사가 파견한 것으로, 해당 사항에 대한 보고도 중앙의 군사기관인 추밀원을 통해 행해지고 있는 점을 들어 군사·치안문제가 목적이었다고 지적하고 있다.[30] 선장과 함께 수군의 무관이 파견되었고 그들의 행위가 추밀원에 보고되고 있는 점에서, 다카하시 마사아키의 주장대로 이는 군사·치안과 관련된 행동이었다고 보인다. 다만 다카하시 마사아키는 일본과의 무역이 본격화되면서 무역선의 안전을 위해 일본의 근해 및 내해에서 해적의 소탕을 요구한 것이라고 추정하고 있으나, 일본 연안의 해적문제 때문에 해당 교섭이 행해졌다는 것을 보여주는 사료가 없기 때문에 그렇게까지 단정하기는 어렵다.

이처럼 연해제치사는 군사적 목적으로 고려 및 일본과 관계를 맺기도 했다. 또한 연해제치사는 방어지역을 순찰하는 임무도 맡고 있었기 때문에, 그 과정에서 금지품의 수출 및 밀무역을 금지하거나 표류상인을 구조하는 역할도 기대되었다.[31]

남송의 연안지역에는 해양을 출입하는 선박을 통제하는 순찰기관이 존재하여 무역선의 통행도 감독하고 있었다. 예를 들어 1217년 3월 1일에는 연해주현(沿海州縣)의 주민·부호가 수출금지품인 식량을 사들여 외국에 수출하는 일이 문제시되어, 그에 대한 대책으로 연해주에 칙령을 내려 관할 현진(縣鎭)에 등록된 선박이 무역을 위해 외국으로 나가는 경우에는, 먼저 선박에 적재된 상품을 신고하여 관의 허가서를 받고 관의 검사가 끝난 후에 출항하도록 하고, 순찰기관은 관의 허가서를 확인한 후 통과시키도록 명하고 있다.[32] 이처럼 선박에 무역허가서를 발급하고 화물을 점검하는 관청과는 별도로, 해상에는 순찰기관이 존재하여 출입하는 선박을 관리하고 있었던 것이다. 이 두 기관이 명주에서는 명주시박무와 연해제치사에 해당한다고 판단된다. 실제로 정해수군은 1249년에 출국하는 일본선을 추격하여 수출금지품인 동전 2만여 관을 몰수하고 있다.[33]

한편 1258년에는 정해수군이 고려의 표류선을 발견하여 보호한 후에 연해제치사가 표류민으로부터 고려의 정보를 캐낸 사례가 있고, 1259년에는 몽골에서 고려로 도망친 남송 출신 포로 3명이 고려로부터 송환되어 연해제치사가 그들을 심문한 사례도 확인된다.[34] 표류민·송환인의 보호는 주변국의 정보를 획득하는 것과 연관된 임무였던 것이다.

4. 몽골과의 대립과 오잠의 정책

남송은 초기부터 수군에 필요한 선박을 조달하기 위해 관선(官船) 이외에 민간 선박도 강제적으로 징발하고 있었는데, 그 징발 방식은 주현(州縣)에 등록된 민간 선박의 선적(船籍)을 바탕으로 윤번제를 실시하여 교대로 해상방어를 담당하도록 하는 것이었다.[35] 온주(溫州)·태주(台州)의 당번 선박이 정해에서 수군의 훈련을 받은 사실도 확인되어,[36] 연해제치사의 관할지역의 당번 선박은 주로 명주 방어를 담당하고 있었다고 보여진다.

그러나 금이 멸망하고 남송이 몽골과 직접 대치하게 되자, 연해제치사는 민간 선박을 동원하여 양자강의 요소도 경비하게 되었다. 원래 명주는 수도방어의 주요 거점인데, 바다와 접하고 있어 상선이 일본·고려를 왕래하고 적선(敵船)이 산동(山東)과 회북(淮北)에 출몰하였다. 따라서 가희년간(嘉熙年間, 1237~1240)부터 연해제치사는 명주·온주·태주의 민간 선박을 징발하여 정해와 함께 회동(淮東)의 경구[京口; 양자강 하류의 윤주(潤州), 현재의 진강시(鎮江市)]도 방어하게 되었다.[37]

민간 선박을 동원하는 구체적인 방식은 명주·온주·태주의 민간 선박 수천 척을 10개 그룹으로 나누어 매년 300여 척을 징발하여, 일부는 정해현의 요충지를 경비시키고 나머지 일부를 파견하여 윤주(潤州)를 방어하도록 하는 것이었다.[38] 가희년간은 남송과 몽골의 연합군이 금을 멸망시킨 후 남송이 그 기회를 이용하여 중원을 회복하려고 시도하여 남송과 몽골 간의 전쟁이 전면적으로 발발한 1236년 직후로, 몽골과의 긴장이 높아지는 상황에서 명주와 함께 양자강의 경비가 강화되었다고 판단된다.

다만 산동·회북지역에 출몰했다고 하는 '노주(虜舟)'의 실체는 몽골군이라기보다는 몽골 지배하에 있던 한족군벌이었다. 1256년의 오잠의 상소문에 따르면, 당시 회하를 건너 남송을 바로 공격할 수 있는 해주(海州)에 주둔하여 선박을 건조하고 좋은 조건으로 남송의 선원을 유인하고 있었던 것은 이송수(李松壽: 李璮)였다고 한다.[39] 그의 부친인 이전(李全)과 이송수는 몽골의 침략으로 금이 약화된 틈을 이용하여 산동·회북지역에서 거대 세력을 형성한 한족군벌로, 필요에 따라 남송 혹은 몽골에 복속하는 자세를 보였으나 독자적인 세력을 유지·확대하는 데 주력하여, 1262년에 이송수가 몽골에게 패배하여 멸망할 때까지 60여 년간 산동·회북지역을 지배하고 있었다.[40] 이전은 1227년에는 몽골에 투항하여 1230년부터 정식으로 남송과 대립하는 자세를 보이고 있으므로, 1230년대부터 산동·회북지역에서 남송을 위협하고 있었던 것은 이전과 이송수의 세력이었다고 판단된다. 특히 몽골군이 내륙의 사천(四川)·경호[京湖: 현재의 호북성(湖北省)]지역에 대한 공격을 본격화한 1250년대에, 이송수는 몽골군을 측면에서 지원하기 위해 남하하여 회해지역(淮海地域)에서 활발한 활동을 보이고 있다.[41]

이러한 움직임에 대응하기 위한 것이었을까? 1250년대부터는 정해수군을 나누어 회해(淮海)의 방어를 담당하게 하였다. 즉 1253년경부터 민간 선박과 정해수군 870명을 파견하여 해주를 방어하게 하고, 1253년 8월에는 관병 350명과 민병 150명을 태운 민간 선박 32척을 파견하여 양자강 입구의 해안인 요각[料角: 현재의 강소성 계동시(江蘇省 啓東市)]에 주둔시켰다.[42] 이처럼 1250년대가 되면 정해수군의 해안방어선이 양자강 이북으로까지 넓어져 연해제치사의 방어 범위가 확대된 것을 알 수 있다.

이러한 상황하에서 오잠은 1256년 4월 23일에 명주장관 겸 연해제치사로 임명되어 9월 9일에 명주에 도착했다.[43] 그는 당시의 급무였던 해상방어에 진력하라는 명령을 조정으로부터 받고 있었기 때문에, 그를 위해 다양한 정책을 실시했다.[44] 오잠은 사람들이 외적의 침략을 과도하게 걱정하지만 내부의 적이 없으면 외적을 끌어들이는 일도 없다고 보고, 내부의 적을 소탕할 필요성을 강조하였다. 그를 위해 자국의 군민을 단결시키는 것이 중요하다고 판단하여, 세금면제·민간선박 동원방식의 개선·정해수군을 포함한 관할 군에 대한 처우개선을 실시하였다. 오잠은 관할하 군민의 생활을 안정시켜 민심을 장악하는 정책을 편 것이다.

한편, 오잠은 해외에서 자국민이 몽골의 포로가 되는 사태를 염려하여, 무역선의 고려 왕래를 관리하고 고려를 통해 몽골의 정보를 탐지하고자 1256년에 다음과 같이 상소하고 있다.

이곳 명주의 선박은 무역을 위해 항상 고려에 가는데, 대체로 한 그룹의 선단 중에 갑번(甲番)의 3척이 고려에 도착하면 반드시 을번(乙番)의 3척이 돌아오는데, 병(丙)·정(丁)도 또한 같은 방식으로 운영되어, 경원(慶元: 명주)사람 중에 현재 고려에 출사하고 있는 자도 있다. 그러나 이러한 선박은 전부 조정의 관할하에 있기 때문에, 연해제치사는 그 왕래의 상황도 파악하지 못한다. 명주의 선박은 한척에 200~300명을 태우는데, 만일 고려가 나쁜 마음을 먹고 갑을의 선박을 모두 구금하여 몽골에 건네기라도 하면 상당히 우려할 만한 사태가 될 것이다. 따라서 조정이 시박무를 연해제치사의 관할하에 두고, 지금까지 시박무가 매년 납입한 액수 중 가장 높은 액수를 연해제치사에게 부담시키면, 조정의 수입이 주는 일 없이 출항을 관리하는 권한은 연해제치사가 가지게 되어 선박을 관리하는 일이 가능해진다. 선박의 출입을 관찰하는 것도 작은 일은 아니지만, 긴급한 시기에는 거대 선박을 조직하여 국가의 후방을 수비할 수도 있을 것이다. 또한 출항하는 선박에 군사정보에 통달한 자를 태워 상인으로 위장하여 고려로 보내 몽골의 정보를 탐지시키는 일도 가능하다.[45]

이를 통해 무역선의 왕래는 조정의 직할하에 있던 시박무가 관리하고 있어, 해로를 통제하고 있던 연해제치사에게는 관여할 수 없는 부분이 있었다는 사실을 알 수 있다. 당시 오잠은 고려가 표면상은 몽골에 항복하고 있었으나, 완전히 복속한 것은 아니고 여전히 몽골을 경계하고 있다고 판단하고 있었다.[46] 그러나 불상사가 발생할 여지는 존재하기 때문에, 고려가 몽골과 협력하여 남송을 배반하는 상황에 대비하지 않으면 안 되었다. 그를 위해 연해제치사가 고려를 오가는 상선을 파악할 필요가 있다고 판단하여, 시박무를 연해제치사의 관할하에 두자고 주장했던 것이다. 그 대신에 시박무가 조정에 납부하고 있던 금액은 연해제치사가 대납할 것을 제안했던 것이다.

그러나 이러한 제안은 받아들여지지 않은 것으로 보인다. 머리말에서 언급한 것처럼 1258년 오잠은 '왜금(倭金)'에서 얻는 수입을 연해제치사가 대납하는 대신에 '왜금(倭金)'에 대한 관세 등을 면제할 것을 요청하고 있는데, 위에서 언급한 제안이 받아들여졌다면 개별 품목의 수입을 대납할 것을 요청할 필요는 없기 때문이다. 결국 시박무가 연해제치사의 관할하에 놓이는 일은 없었기 때문에, 연해제치사가 무역선의 해외 왕래를 직접 관리할 수는 없었다.

그래서 오잠은 남송과 직접 접촉하는 고려인·일본인을 우대하여 양국을 송의 편에 서게 하려는 의도에서, 고려·일본의 표류민에 대한 구제책을 제안했다.[47] 1257년경 파도를 만나 표류하여 배를 잃은 일본인은 재산도 잃어 생계를 유지할 수단이 없었기 때문에 중개상의 집에 기숙하였다. 대부분 중계상에게 커다란 채무를 지게 된 그들은 배를 잃지 않은 일본인에게 돈을 빌려 자신의 채무를 변제하고, 같은 선단의 배가 일본으로 돌아가는 날을 기다려 동승하여 귀국하였다. 또한 고려 국내의 선박도 악풍을 만나 표류하여 온주·태주·명주·복건 등에 표착하는 경우도 많았다. 그래서 오잠은 이들 표류민이 귀국할 때까지 연해제치사가 백미 두되, 시박무가 1관 500문을 매일 지급할 것을 상소하면서, 양국의 표류민을 구제하는 것이 해상방어에도 도움이 된다고 주장했다. 몽골과의 전투가 계속되는 상황 속에서 주변국의 인심을 얻는 것이 자국의 안전과도 연관된다고 판단했던 것이다. 이 상소가 받아들여진 것은 조정으로부터 신청한 대로 허가한다는 공문서가 내려온 것을 통해 확인된다.[48]

한편, 오잠은 고려가 남송을 배신할 가능성도 감안하여, 일본 상인만을 대상으로 한 우대책도 주장하고 있다. 그것이 머리말에서 언급한 '왜금(倭金)'에 대한 우대책이다. 『개경사명속지(開慶四明續志)』에는 오잠이 그를 위해 작성한 '주장(奏狀)'·'신장(申狀)'·'재신(再申)'이 확인되어,[49] 조정에서 허락할 때까지 3번이나 상소를 되풀이했다는 사실을 알 수 있다.

그렇다면 그는 왜 그렇게까지 '왜금(倭金)'에 대한 우대책을 고집했던 것일까? 이 정책의 필요성에 대해 그는 '신장(申狀)'에서 다음과 같이 말하고 있다. '왜금(倭金)'에서 얻는 이익은 조정의 입장에서 보면 정말 보잘 것 없는데, 그 때문에 일본인의 원한을 사고 있다고 고려인은 전하고 있다. 천하가 평화로운 시기에는 그래도 상관없지만, 해상에 걱정이 산적해 있던 당시에는 절대로 그래서는 안 된다.[50]

또한 '재신(再申)'에서는 오잠 자신도 사실 관심을 끌려고 시박무의 수입감소책을 주장하고 있는 것은 아니다. 일본과 고려는 인접해 있는데, 고려는 이미 몽골에 복속하고 있다. 만일 몽골이 (고려의) 교활한 자들과 손잡고 송을 침략한다면, 그러한 풍문은 널리 퍼질 것이고, 거기에 일본까지 가담하게 되면 중국의 우려는 실로 가늠할 수 없다. 조금 우대하여 조정의 덕을 보이면 일본인은 점점 중국을 따르게 될 것이다. 이것은 바로 자신의 묘책이라고 주장했다.[51]

이러한 오잠의 발언에는 단지 일본과 고려가 지리적으로 가까울 뿐 아니라, 양자가 우호적인 관계를 형성하고 있어 고려의 동향이 일본에도 영향을 미칠 가능성을 염려하고 있는 측면이 엿보인다. 이는 일본의 입조(入朝) 임무를 고려에 맡겼던 몽골 측의 인식과도 일맥상통하는 측면이 있다. 1266년에 몽골은 고려왕에게 명하여, 몽골의 사자를 안내하여 일본에 가서 일본 측을 설득하여 몽골에 입조시키는 임무는 고려왕에게 있고, 파도 때문에 바닷길이 위험하다든지 이제까지 일본과는 통교하고 있지 않다든지 하는 변명을 해서는 안 된다고 미리 경고하고 있다.[52] 여기에서도 역시 일본과 고려는 통교하고 있어 고려의 노력 여하에 따라서는 일본을 몽골에 입조시키는 것도 가능하다는 인식을 엿볼 수 있다.

이러한 인식하에서 남송 측은 고려가 몽골에 완전히 굴복하면 몽골·고려·일본이 협력하여 공격해오는 사태를 상정하지 않을 수 없었을 것이다. 연해제치사의 입장에서 보면 이는 가장 두려운 상황으로, 오잠은 조금이라도 이러한 걱정을 완화시키기 위해 고심했다. '왜금(倭金)'에 대한 우대책은 이러한 의도에서 나온 것으로, 일본 상인의 보잘것없는 생업에서 세금을 거두는 것을 중지하여[53] 일본 상인을 통해 일본을 송의 편에 서게 하는 것이 목적이었다.

오잠은 1259년에는 명주장관 겸 연해제치사의 직을 떠나 재상에 취임하여, 당시 명주로의 천도까지 계획될 정도로 심각한 상황에 직면해 있던 몽골과의 전쟁상황을 타개하는 데 성공하였으나, 조정내의 권력투쟁에서 패배하여 1261년에 유배되고 그 다음 해에 유배지에서 독살되었다.[54] 그는 금이 멸망한 직후였던 1234년에는 무조건 몽골과 화평할 것을 주장할 정도로 현실적인 세력관계에 기반해 냉정한 판단을 내리는 인물이었는데,[55] 이러한 태도는 연해제치사로 재직한 시기의 정책에도 반영되었다고 보여진다.

5. 맺음말

일본이 몽골의 입조 요구를 거부한 이유 중 하나로 당시 몽골에 관한 정보를 승려나 상인 등을 통해 주로 남송으로부터 얻고 있었다는 점이 언급된다.[56] 일본과 남송은 장기간에 걸쳐 인적·물적 교류를 지속하고 있었으므로, 그러한 교류에서 얻은 정보가 일본의 대외정책에 어느 정도 영향을 미쳤다고 하더라도 이상할 것은 없다. 오잠이 제안한 표류민구제책이나 '왜금(倭金)'우대책 역시 그러한 효과가 기대되었을 것이다.

또한 남송은 그러한 간접적인 방법만이 아니라, 보다 직접적인 방법으로 일본이 몽골과 교류하는 것을 막으려고 했다. 1271년에는 세번째의 몽골의 첩장이 일본에 도착하는데, 이 첩장은 이전에도 여러 차례 첩장을 보냈으나 답장이 없으니 올해 11월까지 여전히 답장이 없으면 병선(兵船)을 준비하겠다는 내용이었기 때문에, 일본 측은 마침내 몽골에 사자를 파견하게 되었고 고려는 이를 조공사절이라고 인식하였다.[57] 그들은 1272년 2월에는 몽골에 도착하여 몽골 조정과의 교섭을 거쳐 같은 해 5월에는 일본으로 돌아왔는데, 그 직후에 남송의 밀사가 일본에 온 것이 확인된다. 즉 남송 측이 일본의 유학승이었던 경림(瓊林)을 파견하여 일본이 몽골과 통교하는 사태를 막으려고 했던 것이다.[58] 남송은 일본과는 항로상 근접한 거리에 있는 점을 특히 두려워했다고 하는데, 이를 통해 당시 동아시아의 해역이 밀접하게 연계되어 있어 남송은 몽골과 연계한 일본이 해상에서 공격해오는 사태를 염려했다는 점을 알 수 있다.

이처럼 남송은 승려나 상인이라는 양국 간의 교류담당자를 통해 상대국의 군사정책에 영향을 미쳐 남송을 둘러싼 군사적 긴장상태를 완화시키고자 했다. 이러한 정책이 어느 정도 효과를 거두었다는 점은 결국 일본과 몽골의 교섭이 결렬되어 1274년에는 전쟁에까지 이르게 되었다는 사실에서 엿볼 수 있다.

15세기 동아시아 해양체제 속에서 조선왕조의 이미지 형성

뤼중위(劉中玉)

1. 머리말

14세기 후반, 원14세기 후반, 원(元)나라가 통치했던 중국과 원나라가 간섭했던 한반도에서는 거의 동시에 변혁의 분위기가 무르익어 가고 있었다. 한편으로, 중국 역사는 기층 사회로부터 상층 귀족 사회의 왕조를 전복시키려는 움직임이 다시금 일어났지만, 한반도에서는 강력한 세력을 가진 권신(權臣)이 군주를 약화시키는 방식으로 세대교체를 완성했다. 다른 한편으로, 새로 건립된 명(明)나라는 승조[勝朝, 원조9(元朝9)]의 잔재를 청산하면서 인심을 안정시키고 새로운 외교적 기상도를 그릴 수 있었고, 새로 건립된 이씨 정권은 몽고에 신복했던 왕씨 고려와의 단절뿐만 아니라 명조의 승인을 통해서 정권의 합법성을 확립하고 정국을 안정시키려 하였다. 곧 14세기의 마지막 20~30년 동안, 관계가 밀접했던 두 정권은 모두 내정을 안정시키고 새로운 외교 정국을 확립하는 데 착수했던 것이다.

그러나 14세기 말에서 15세기는, 전 동아시아가 또한 동아시아 해양체제를 정식으로 형성하던 시기로, 이 해양체제는 아래 몇 가지방면으로 구현되었다. 첫째, 명나라는 중국을 중심으로 한 조공제도를 확립하여 예의질서로 주변 국가와의 관계를 결정지었고, 더 나아가 아시아 해양 지역에 통행되는 국제관계 체제를 형성하려 하였다. 둘째, 고려후기에 중국의 간섭을 받던 양상을 종식시킨 이씨 조선은 명나라와의 조공관계를 통해 안정적으로 통치할 수 있는 기제를 확립하였다. 셋째, 한편 유구(琉球)의 왕국 통일(1429)은 이후 1세기 이상 동아시아의 중계무역에서 중요한 작용을 하였다. 넷째, 조공체제의 영향으로 왜구의 침입이 점점 왕성해지면서, 명나라와 조선은 조공관계를 유지시키는 비용이 급격히 증가되었다. 이와 동시에 남양(南洋) 중국 상인을 대표로하는 민간 자본의 활약은 비공식무역(밀무역)을 점차 증가시키면서 동아시아 시장의 번영을 촉진시키는 데 중요한 작용을 하였다.

조선의 입장에서 보면 15세기는 국제관계를 구축하던 결정적인 시기로, 특히 정권의 합법성을 확립한 이후, 바다와 육지로부터 이중적인 압박을 받으면서 어떻게 주변과의 관계를 안정적으로 유지하고 발전시키는가(후술)와 더불어 중화문화의 수출자라는 이미지를 초월하여 어떻게 지역 정치 다툼의 통제자가 되는가 그 앞에 놓인 하나의 난제였다. 본문은 『혼일강리역대국도지도(混一彊理歷代國都之圖)』와 신숙주(申叔舟)의 『해동제국기(海東諸國記)』 및 이와 관련된 고고자료를 이용하여, 명나라에 대한 사대, 천하관의 정립, 조공체제의 모방 등의 측면에서, 15세기 조선의 동아시아 해양체제 하에서의 국가 이미지 형성에 대한 역사적 실정에 대해 분석해보고자 한다.

2. 명조(明朝)에 사대(事大): 정통 이미지의 확립

명나라 건립 후, 정식으로 인가된 한반도의 정권은 공민왕(恭愍王, 1330~1374)을 대표로하는 흔들리던 고려왕조였다. 1368년[홍무(洪武) 원년(元年)] 겨울, 명태조(明太祖) 주원장(朱元璋, 1328~1398)은 부보랑 (符寶郎) 설사(偰斯)를 파견하여 새서(璽書)를 전달해주면서, 왕씨 고려의 정통성을 승인해 주었다.[1] 그러나 1374년에서 1392년에 이르는 시기, 고려의 정국은 권신 이인임(李仁任, ?~1388)과 이성계(李成桂, 1335~1408)에 의해 좌지우지되다가 결국에는 이성계가 정몽주(鄭夢周, 1337~1392) 등의 정적을 제거한 후, 1392년 7월 왕위를 찬탈하면서 고려는 멸망하게 되었다.

　새로운 이씨 정권은 이렇게 피를 흘리면서 나라를 찬탈한 행위 자체가 유가적 정치윤리에 대한 도전이었기 때문에 그 합법성에 의문을 품게 하였다. 전례를 따르면 중국 왕조(명나라)의 양해와 승인을 얻어야, 특히 책봉(冊封) 새서를 얻은 후에야 정통적인 지위를 확립할 수 있었고, 민심을 어루만지고 시국을 안정시킬 수 있었다. 변란이 끝난 후 '권지고려국사(權知高麗國事)'로 왕을 대신하던 이성계는 즉위 후 명나라에 고려왕을 폐위한 사실을 알리기 위해 '국도평의사(國都評議司)'라는 명의로 조반(趙胖)과 경의(慶儀) 등을 사신으로 파견하였다. 주원장은 '중국이 다스리는 바가 아니다[非中國所治]'라는 이유로 '스스로 성교를 내라(從其自爲聲敎)'고 하였다. 곧 간섭하지 않겠다는 것이다. 다만 '동이의 백성을 편안하게 하고, 흔단을 발생시키지 않는다면(以妥東夷之民, 不啓邊釁)'이라는 전제조건이 붙었다. 주원장의 이러한 태도에 이성계는 감격하여 명나라에 감사의 뜻을 전하는 표를 올렸다. 아울러 신속하게 정도전(鄭道傳, 1342~1398)

을 필두로 하는 제2차 사절단을 명나라에 파견해 국호 변경을 주청하면서, 정식으로 책봉 승인을 받고자 하였다. 주원장은 이번 사절단이 온 까닭을 아주 잘 알고 있었다. 그러나 이성계가 사전 통보도 없이 명나라의 책봉을 받은 두 고려 왕씨(공민왕과 공양왕)을 폐출한 것에 대해 기분이 썩 좋지는 않았기 때문에 '그 사이에 있었던 숨은 곡절을 어찌 다 믿을 수 있겠는가?(其間事有隱曲, 豈可遽信)'라고 생각했다. 따라서 그는 일부러 이성계의 기대를 저버리고 '보류'한 채 지도적 의견만 제시하면서 동이의 호칭 가운데 '조선(朝鮮)'이라 부르는 것이 가장 아름답고, 또 먼 곳에서 왔으니 마땅히 그 국호를 더욱 '조선'이라 불러야 할 것이다[2]라고 할 뿐이었다.

이성계는 자연스럽게 명나라가 자신을 불신하고 있다는 것을 느낄 수 있었다. 게다가 이러한 불신임은 자신이 쫓아낸 공양왕(1345~1394, 1388~1392 재위) 및 왕씨 종실이 남아있었기 때문에 자신의 통치에 아주 큰 위협이 될 수 있다고 느꼈다. 따라서 그는 과감한 명령을 내려 공양왕 및 그 두 아들을 목 메달아 죽이고 아울러 왕씨 종실을 주멸하여 이러한 화근을 철저하게 제거하고자 하였다. 그러나 이와 같은 그의 잔폭한 행동은 주원장의 반감을 더욱 격발시킬 뿐이었고, 곧바로 이어진 요동(遼東)의 여진(女眞)문제(후술)로 인하여 주원장의 노여움까지 사게 되었다. 이로써 더욱 악화된 쌍방 간의 관계로 인하여 무역왕래와 사절단의 교류 또한 잠시 중단되기도 하였다. 게다가 내정 문제에 있어서 이성계는 왕자들 간의 후계자 다툼이 더욱 격렬해져 조정할 수 없는 지경에까지 이르게 되자, 결국 어쩔 수 없이 자리에서 물러나 혼란을 피할 수밖에 없었다.[3]

거의 같은 시기에, 명나라 또한 주원장이 죽은 후 격렬한 제위 다툼이 일어났다. 이 제위 다툼은 바로 조선과 명나라 간의 화해를 촉진시켰다. 1399년(건문 원년) 명나라는 조선에게서 중요한 군수물자의 하나인 마필을 얻으면서, 정종[定宗, 이경(李曔), 처음 이름 방과(芳果) 1357~1419, 1399~1400 재위]과 태종[太宗, 이방원(李芳遠) 1367~1422, 1400~1422 재위]에 우호를 표시하였고, 조선도 또한 건문제(建文帝)의 연호를 채택하였다. 1402년(홍무 35년, 즉 건문 4년), 성조(成祖) 주체(朱棣)가 제위를 찬탈한 이후, 조선에 사신을 파견하여 즉위한 사실을 알리자, 조선은 하륜(河崙, 1347~1416)을 대표로 하는 조하사(朝賀使)를 파견하면서 마필을 바쳤다. 이로써 양자 간의 사대관계가 정식으로 확립되게 되었다.[4] 어떻게 생각하면, 주체가 조선 정권의 합법성을 인정한 것은, 찬탈을 통해 정권을 획득했다고 하는 부정적인 반응을 가라앉히기 위한 것이라 생각해볼 수도 있을 것 같다. 10여 년의 시간을 끌던 사대관계의 건립은 이때에 이르러서야 마침내 안정되게 된 것이다. 이로써 이씨 정권의 정통적 이미지가 확립되었고, 국가도 또한 정상궤도에 진입하기 시작했다.[5]

3. 혼일강리(混一疆理) : 조선의 '천하관(天下觀)' 정립

명나라가 조선과 정식으로 조공관계를 확립한 1399년(건문 원년), 조선의 하등극사(賀登極使) 우정승(右政丞) 김사형(金士衡)이 남경(南京)에서 가지고 간 원나라 이택민(李澤民)의 『성교광피도(聲教廣被圖)』와 청준(清濬, 浚)의 『혼일강리도(混一疆理圖)』를 주목할 필요가 있다. 1402년, 당시 좌정승(左政丞)이었던 김사형과 우정승 이무(李茂)는 "이 지도를 참조하여 연구하고 검교(檢校) 이회(李薈)를 명하여 더욱 상세하게 교정하게 하여 하나의 지도로 만들게 하였다"고

한다. 그리고 요동이 빠져 있는 것을 보충하고, 조선과 일본 부분을 증보하여 새로운 지도를 만들었는데, 이것이 바로 『혼일강리역대국도지도』(그림 1-1, 1-2)[6]이다.

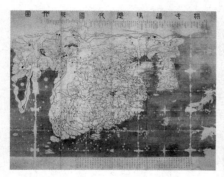
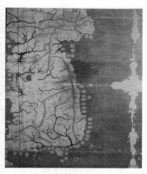

[그림 1–1] 『혼일강리역대국도지도』
(일본 용곡대학 도서관 소장본)

[그림 1–2] 『혼일강리역대국도지
도』의 일부분(현 용곡대학 소장)

이 지도는 조셉 니덤이 『중국과기사(中國科技史)』에서 아주 높은 평가를 한 이후 학계의 주목을 받게 되었다. 특히 지난 20년 동안, 『혼일강리역대국도지도』와 『대명혼일도』(그림 2)는 지리대발견 이전 동아시아 사회의 세계 지리에 대한 인식을 대표하고, 국제적 교류를 증명하는 중요한 자료로 이용되었다.

그러나 조금 더 깊게 생각해볼 필요가 있다. 이상의 여러 지도는 모두 14세기 원나라의 세계지리에 대한 지식의 유산으로, 지도의 제작자가 이택민이든 천태승(天台僧) 청준이든, '혼일천하(混一天下)'의 지도에서 원나라의 간섭을 받고 있던 고려 부분은 '삼한(三韓)'이라는 이름으로 간략하게 그리고, 일본 부분은 더욱 더 간략하게 표시했다는 것이다. 지순(至順, 1330~1333) 연간에 간행된 『사림광기(事林

[그림 2] 『대명혼일도』(현 중국국가당안관 소장, 출처: baidu(百度) 百科)

[그림 3] 『대원혼일도』
(『신편찬도증유군서유요사림엄기』,
원지순년간서원정사간본)

[그림 4] 『수동일기』 권 17
『광륜강리도』 일부

廣記)』에 기재된 『대원혼일도(大元混一圖)』(그림 3)에서도 고려와 신
라는 '요양행성(遼陽行省)'의 일부분으로 인식되어 바다 속에 외롭
게 떠 있는 섬으로 뭉뚱그려 처리되었다. 객관적으로 봤을 때 『사
림광기』에 수록된 『대원혼일도』는 원나라의 실제 강역을 그린 것이

고, 1320년[연우(延祐) 7년]에 주사본(朱思本)이 그린 『여지도(輿地圖)』와 1360년[지정(至正) 20년] 청준이 그린 『혼일강리도』[또한 『광륜강리도(廣輪疆理圖)』라고도 한다(그림 4)]는 역대의 전통적 지리 지식을 기초로 제작된 것이다. 약간 뒤에 그려진 이택민의 『성교광피도』는 여기에다 서방에서 유입된 지리적 지식을 융합한 것으로 조선반도 부분을 증보하였다. 그러나 권근이 "그 요수(遼水) 이동 및 본국(本國, 조선)의 지도가 이택민의 지도에서는 또한 많이 생략되었다"고 평가한 것을 봤을 때, 비록 『성교광피도』에서 조선반도를 그리기는 했지만, 조선 사람의 눈으로 봤을 때는 여전히 소략할 뿐이었다는 것을 알 수 있다. 따라서 이회는 새로운 지도를 그릴 때 조선과 일본 부분을 증보하면서, 의식적으로 '본국' 부분을 확대하여 여러 산천과 항구의 분포를 될 수 있는 대로 다 상세하게 표시한 것이다.

원나라 때 이처럼 동방을 간략하게 하고 서방을 상세하게 그리는 제도표준(製圖標準)은 사실상 당시 원나라의 해양을 중시하고 남방을 공략하고자 하는 전략적인 입장과 직접적인 관련이 있는 것이었다. 주지하다시피 유목민족은 무역을 통한 단일경제체제를 보완하여 칸의 권력을 공고히 하는 데 일가견이 있었다. 몽고족도 마찬가지였다. 칭기즈칸이 서정을 감행하기 전, 호레즘과 직통하는 상도(商道)를 원활하게 소통시키라는 명령을 내린 바 있고, 서정을 진행하고 나서는 킵자크 칸국 경내(불가르, 러시아의 여러 공국, 크림 반도, 볼가강 하류)를 관통하여 호라즘의 트란스옥시아나에 이른 다음, 다시 차가타이 칸국(부하라, 사마르칸트, 이리)과 오고타이 칸국(에미르, 霍博)을 지나, 카라코룸에 이르는 도로에 도착하면, 흑해 서안에서 돈강을 건너 사라이를 지나 아랄해와 카스피해 북부에 이를 수 있다. 그리고 또 시르다리야강 동안을 따라서 중앙아시아 알마티, 잠빌에 이르고,

일리강을 지나 곽박(霍博), 오소(烏蘇), 윤대(輪臺)를 거쳐 준가르 분지 주변의 짐사르 혹 호브드 계곡을 관통한 다음 북상하여 알타이산맥 북쪽 기슭과 항가이산 맥 남쪽 기슭을 지나 몽고고원의 중심인 카라코룸에 이르는, 당시 몽고인이 통제하고 있는 지역을 연결하였다. 한정(汗庭, 수도)을 남쪽으로 옮긴 후에는 중국의 지리적 특징에 따라 수로와 육로의 교통시설을 설치하였고, 양주(揚州)에서 대도로 직통되는 대운하를 준설하고 연결하였다. 이 밖에 정치적, 지리적인 면을 고려하여 세조(世祖) 쿠빌라이(1215~1294, 1260~1294 재위)는 참파(현 베트남 중남부)와 자바(현 인도네시아)를 원조가 직접 통제하는 물질집산지와 중개무역 거점으로 만들고자 하였다. 이를 위해 안남행성(安南行省), 정면행성(征緬行省), 점성행성(占城行省)의 기구를 미리 설치하는 한편, 안남, 미얀마, 점성, 자바에 대한 무력행사를 아끼지 않았다. 비록 너무 긴 전선과 원활치 않은 보급, 그리고 기후 부적응 등의 객관적인 원인에 의해 무력 정벌은 실패했지만, 남해 해상 교통을 장악한다는 목적은 달성하였다. 바로 일본학자 스기야마 마사아키(杉山正明)이 지적한 대로 "동중국해는 말할 것도 없이 남중국해를 통하여 인도양에 이를 수 있었다. 이 또한 대원 칸국 함대의 해역이 된 것이다. 이를 통해 서쪽으로 아라비아 해까지 갈 수 있었는데, 그곳은 일찌감치 일 칸국의 세력하에 있었던 곳이다."[7] 다시 말해 쿠빌라이 시대에 해로를 통해서도 당시 몽고 사람들이 통제하던 구역을 서로 연결할 수 있었던 것이다. 곧 몽고사람들은 해로와 육로를 통한 대대적인 동서 교통의 관통을 실현하였던 것이다. 이러한 시대적 배경 속에서 원나라 사람들의 서방 지리에 대한 인식은 기존의 인지를 완전히 초월하였고, 이는 자연스럽게 지도를 제작하는 데도 반영되었다.

이 밖에 주목해야 할 것은, 조선이 증보한 이 지도를『혼일강리역대국도지도』라 일컫는 까닭이, 중국의 역대 국도(참위정권 포함)를 지도 위쪽에 기록한 것과 직접적인 관계가 있다는 것이다. 지도에 열거된 대도(大都), 탁주(涿州), 창덕로(彰德路), 진영로(晉寧路), 기용로(冀寧路), 하중부(河中府) 등은 여러 행정구획 명칭(이 밑에 작은 글씨로 역대 국도를 표시하였다)은 사실 모두 원나라 시기의 명칭이다. 여기에 열거된 절강성(浙江省)의 건강(建康) 아래에는 작은 글씨로 '오(吳), 동진(東晉), 송(宋), 제(齊), 양(梁), 진(陳), 남당(南唐)의 도읍[吳東晉宋齊梁陳南唐所都]'이라 기록되어 있다. 건강로(建康路)는 원나라 문종(文宗)의 잠저(潛邸)가 있던 곳으로 1329년[천력(天曆) 2년]에 집경로(集慶路)로 개칭되었고, 1356년(지정 16년)에는 주원장이 집경로를 공략한 후 응천부(應天府)로 개칭하였고, 이후 여기에 도읍을 정하였다. 이 지도가 비록 건문 4년에 제작되었다고는 하지만, 옛 명칭을 고치지 않은 것을 통해 이회가 그린『혼일강리역대국도지도』는 1389년(홍무 22년) 마찬가지로 청준과 이택민의 지도를 기초로 제작되었던『대명혼일도』(이때 조선 팔도, 일본 열도에 대한 표식은 상대적으로 분명했다)를 참고하지 않았다는 것을 알 수 있다. 명나라 정부에서 제작한『대명혼일도』가 비록 당시 비밀문서는 아니었지만, 그렇다고 해서 일반 사람들이 쉽게 볼 수 있는 것도 아니었다. 따라서 김사형 등의 '외신(外臣)'은 이 지도를 열람할 수 없었을 것이고, 또 사여 혹은 구매 등의 방식으로도 얻을 수 있는 것이 아니었다. 이상의 분석을 통해 일본의 미야자키 마사카쓰가 "『혼일강리역대국도지도』는『대명혼일도』의 영향을 받아 그린 세계지도가 아주 분명하다"라고 한 것은 정확하지 않다는 것을 알 수 있다.[8]

필자가 봤을 때,『혼일강리역대국도지도』의 저본이 어떤 것인지

고찰하는 것도 중요하지만, 그보다 조선 정부가 지도 편찬을 주도한 정치적인 의도가 무엇이었는지를 탐구하는 것이 더 가치 있는 연구라 생각한다. 김사형과 이무는 각각 좌정승과 우정승의 신분으로 지도 제작을 감독하였는데, 그 의도는 세계지도 속에서 조선왕조의 존재를 강화하기 위한 것이 아니라 중화를 정통으로 하는 정부의 의식을 나타내는 것이 더 중요했던 것이다. 바꾸어 말하면, 명나라의 책명을 받은 것과 마찬가지로 세상 사람들에게 조선왕조의 합법성이 중화정통성과 일맥상통한다는 것을 보여주면서 '소중화의식(小中華意識)'이라는 것을 확립시키고자 했던 것이다. 일반적으로 천하관과 화이관은 중화의식의 가장 핵심적인 부분이라 하는데, 조선왕조의 '소중화의식' 또한 예외는 아니었다.

조선왕조 시기의 천하관에 대해서는 학계에 이미 많은 논문이 발표되었다. 이와 관련된 참고문헌은 논문 뒤에 덧붙이기로 하고 여기서는 췌언하지 않는다. 의심할 것 없이 지도는 조선 시기의 천하관을 가장 직접적으로 드러내고 표시하는 것이다. 김사형과 이무 등이 편찬한 『혼일강리역대국도지도』가 그 유일한 사례는 아니다. 여러 사료를 검토해본 결과, 조선 정부는 15세기에 수차례 지도를 제작하였고, 이를 합쳐서 천하총도(天下總圖)를 만들었다는 기록도 보인다. 그 중 몇 가지를 아래에 열거해보도록 하겠다.[9]

1434년(세종 16), 조선전도를 제작하기 위하여 각 도에 명하여 각지의 지도를 제작하게 하였다.

1463년(세조 9), 신숙주, 양성지(梁誠之)를 명하여 본국 지도를 제작하게 하였다.

1465년(세조 12), 민간에 소장되어 있는 지리서를 수집하고, 아울러 명

[그림 5] 『천하총도』, 1684년, 한국 이찬 『한국고지도』본(출처 『황시감문집 3』)

　나라에서 『지리대전(地理大典)』을 구입하게 하였다.

　1469년(예종 1), 세계지도인 『천하도(天下圖)』를 제작하였다.

　15세기에 제작된 『천하도』는 비록 일찌감치 실전되었지만, 아주 심원한 의의를 지니고 있었다. 이 지도는 『혼일강리역대국도지도』보다 더욱 심혈을 기울인 세계지도이다. 15세기 이후, 조선은 또 세계지도인 『천하도』를 여러 폭 제작하였는데, 현재 볼 수 있는 가장 오래된 『천하도』는 1684년에 원형으로 제작된 『천하총도』(그림 5)이다. 이는 의심의 여지없이 17세기 마테오리치가 북경에 가지고 온 세계지리에 대한 지식이 조선으로 전파된 것과 직접적인 관련을 맺고 있다. 전체적으로 봤을 때, 지도의 형식으로 '천하관' 사상을 나타내는 것은 조선왕조의 일반적인 방법이었다. 황시감(黃時鑒)은 조선의 이러한 천하관 사상에 대해 일종의 새로운 지도 제작 이념을 반영하는 것으로, 여기에는 세 가지 층차가 있다고 하였다. 첫째는 천하도(天下圖), 그 다음은 국별도(國別圖), 그리고 그 다음이 도별도(道別圖)이다. 이러한 지도체계는 중국의 대일통체계(大一統體系)와는 달랐고, 조선 자신의 대총체계(大總體系)와도 달랐으며, 오히려 서방 세계지도에 집약된 지도 층차와 아주 가깝다고 할 수 있다.[10] 그리고 이러한 체계의 사상적 근원은 바로 15세기 세종 시기의 개혁 분위기를 배경으로 나타난 것이다.

4. 교린빙문(交隣聘問): 조공체제의 모방

15세기 동아시아 해양 체제에서 명나라를 중심으로 한 조공체제가 주도적인 지위를 차지했다. 그러나 이는 단일 체제가 아니라 더욱 다양화된 양상을 띠었다. 조공체제하에서 명나라는 종번제도(宗藩制度)에 따라 조공국의 위계질서를 확정지었다. 조선과 일본의 위계는 친왕(親王)에 견주고, 월남(越南)과 유구(琉球)의 위계는 군왕에 견주었다. 종법제(宗法制)로 보면, 명나라 황제는 대종(大宗)이 되고, 조선 등 나라들은 소종(小宗)에 해당된다. 그러나 동아시아 해양체제에서 조선은 또 중화의 맥을 이은 대종으로 자처하면서 주변의 여진, 일본, 유구 등을 이(夷)로 여겼다. 이 사상은 15세기에 조선의 정통적 지위가 확립되면서 강화되었고 아울러 그 주변 부족 및 국가와의 외교 속에서 아주 효과적으로 추진되었다. 혹자는 이를 이중적 상하관계를 갖춘 '사대교린체제(事大交隣體制)'라 불렀다.[11] 바꾸어 말하면, 중국을 중심으로 한 틀 속(일본 제외)에서, 조선은 소중화(지역 중심)로 자처한 것으로, 동아시아 해양체제 속에서 조공체제를 '복제(複製)'한 것이다.[12]

구체적으로 말하자면, 요동과 여진 문제에서, 조선은 명나라가 실시했던 기미정책(羈縻政策)을 모방하여, 명나라와 여진의 여러 부족에 대한 통제권을 다투기도 하였다. 이 때문에 주원장의 원망을 사게 되었고, 쌍방 간의 무역에도 또한 큰 영향을 받게 되었다. 이것은 또한 홍무 정권이 조선에 대한 책명 승인을 정면으로 부정했던 주요한 원인이기도 하였다. 류구에 대해서 쌍방은 비정기적인 사빙(使聘) 왕래를 하였다. 일본 문제에 있어서는 더욱 복잡했다. 일본의 '도적질 하면서 통상을 촉진시키는' 책략의 영향을 받아, 조선은 당초의 피동적 방어태세에서 주동적 출격으로 전환하면서, 해군력을 강화하여 대마도(對馬島)의 왜구를 공격하여, 왜상과 화평통상조약(和平通商條約)을 체결하였다. 1419년 세종 때의 '기해동정(己亥東征)'으로 조선은 대마도 종가를 회복시켜 주었고, 이 때문에 이후의 『신해조약(癸亥條約)』(1443, 세종 25)을 체결하여 대마도에 대한 종주적 지위를 확립할 수 있었다. 이와 동시에 왜상을 안무(按撫)하여 웅천제포(熊川薺浦), 동래부산포(東萊釜山浦), 울산염포(蔚山鹽浦) 등 삼포(三浦)를 개방하여 이들과 무역을 하였다. 일본 정부를 대표하는 무로마찌(室町) 막부(幕府)와는 평등한 외교관계를 확립하여 서로 사절단(통신사)을 파견하기도 하였다. 이러한 외교의 주도적 사상과 책략은 당시 일본으로 파견된 사절단의 서상관(書狀官)을 맡았던 신숙주의 『해동제국기(海東諸國記)』(그림 6)에 기록되어 있다.[13]

신숙주(1417~1475)는 자가 범옹(泛翁), 호는 희현당(希賢堂), 보한재(保閑齋)이다. 세종, 문종, 단종, 세조, 예종, 성종의 여섯 왕을 섬기면서 관직은 영의정(領議政), 영춘추관사(領春秋館事)에 이르렀고, 일등좌리공신(一等佐理功臣)에 봉해지기도 하였으며, 죽은 후에는 문충(文忠)이라는 시호를 받았다. 실로 한 치 앞도 예측할 수 없던 당시 정

[그림 6] 대마도, 신숙주 『해동제국기』

계의 오뚝이였다고 할 수 있다. 『보한재집(保閑齋集)』, 『사성통고(四聲通考)』 등의 저술이 후세에 전해진다. 그는 또한 세종 때 훈민정음의 주요한 창제자 가운데 한 사람으로, 중국어와 일어에 정통했기 때문에 여러 차례 사절을 맡았다. 일찍이 1443년 서상관의 신분으로 정사 변효문(卞孝文), 부사 윤인보(尹仁甫)와 함께 무로마치 막부에 사신으로 가서, 당시 세상을 떠난 쇼군 아시카가 요시카쓰(足利義勝, 1434~1443)를 조언(弔唁)하고, 아울러 새로운 쇼군 아시카가 요시마사(足利義政, 1436~1490)의 즉위를 축하하였다. 성종 때에 이르러서는 명을 받아 일본을 다녀온 견문을 바탕으로 『해동제국기』를 정리하여 1471년(성종 2)에 간행하였다.

이 책의 서언에는 당시 조선이 지니고 있던 화이관이 그대로 드러나 있다. 예컨대, 신숙주는 직접적으로 일본을 이적이라 일컬었고, 아울러 대일방침을 말하면서, "이적을 대하는 도는 외양(外攘)에 있지 않고 내수(內修)에 있으며, 변어(邊禦)에 있지 않고 조정에 있으며, 병혁(兵革)에 있지 않고 기강(紀綱)에 있다"고 하였다. 이러한 방침을 지도적 이념으로 삼아 확립된 조빙통상원칙(朝聘通商原則)은

"그 정세에 따라 각각 경중을 정하게 한다"는 것으로, 곧 사절단의 선박 수를 정하고, 사자의 정례 및 선박의 크기를 확정하였으며, 선원의 숫자 등도 확정하였다. 구체적인 정례는 다음과 같다.

사선정수(使船定數): 국왕 및 여러 추장의 사신이 우리나라에 오면 접대한다. 대마도주는 한 해 동안에 배 50척을 보내기로 하였다. 혹 딴 일로 특별히 배를 보내게 되면 특송(特送)이라 일컬었다. (일정한 수가 없음.) 여러 주의 여러 추장은, 더러는 한 해 동안에 배 1, 2척만 보내기도 하고, (현재 합계가 40인인데 명단이 여러 주에 있음) 더러는 한 해 동안에 배 1척만 보내기도 하여, (현재 합계가 27명인데 그 명단이 여러 주에 있음) 모두 일정한 약속이 있다. 그 나머지 여러 추장은 혹 일이 있어 내조하기도 하고, 혹 사자를 보내기도 하는데, 모두 그 임시에 임금의 교명을 받아 응접하였다. 우리나라의 관직을 받은 사람은 한 해 동안에 한 차례 내조하고, 사람을 보내지 못한다. 국왕의 사신은 으레 부선(副船)이 있어 혹은 3척까지 되기도 하고, 추장의 사자는 다만 부선이 있고 그 나머지는 모두 배 1척씩이다. 여러 사자는 누구나 대마도주의 문인(文引)을 받은 다음에야 우리나라에 오게 된다.

제사정례(諸使定例): 여러 사자를 관대(館待)하는 4가지 예가 있으니, 국왕의 사신이 한 예가 되고, 여러 큰 추장[신추(臣酋)]의 사자가 한 예가 되고, (일본의 畠山·細川·左武衛·京極·山名·大內·小二 등이 큰 추장이 됨.) 구주절도사(九州節度使)·대마도주의 특송이 한 예가 되고, 여러 추장의 사자와 대마도 사람으로서 관직을 받은 사람이 한 예가 된다.

사선대소선부정액(使船大小船夫定額): 25척 이하가 소선(小船)이고, 26척에서 27척까지가 중선(中船)이며, 28, 29척에서 30척까지가 대선(大船)이다. 선부(船夫)는 대선이 40명, 중선이 30명, 소선이 20명이 정액(定額)

이 된다.

이상의 여러 세세한 규정들을 통해 조선과 대마도의 관계가 조공체제의 축소판과 별 다를 것이 없다는 것을 쉽게 알 수 있다. 그 경제적인 수익(개항 통상)을 대가로 하여, 정치적인 수익(종주권 확립)을 맞바꾼 것이다. 그러나 무로마치막부를 대할 때는 문화수출자로서의 우월감을 드러내면서 '화(華)'와 '이(夷)'로 서로를 구분하였다. 이와 더불어 조선국왕은 일본천황과 대등한 관계로, '국왕(쇼군)'은 한 등급 낮게 여겼다. 그러나 일본의 관점에서 봤을 때, 이는 부당한 것이었다. 일본은 영락(永樂), 선덕(宣德) 연간에 명나라와 조공무역을 실시하였는데, 곧 막부의 명의로써 명나라가 하사한 국왕의 인책도 또한 쇼군에게 돌아가는 것이었다. 따라서 조선 국왕은 명나라의 조공체제하에서 막부의 쇼군과 서열이 같고, 천황보다 한 등급 낮았다. 이 때문에 수백 년에 걸친 쌍방 간의 예의 분쟁이 전개된 것이다 (이와 관련해서는 학계의 논술이 비교적 많기 때문에 여기서 췌언하지는 않도록 하겠다).

5. 맺음말

종합해보면, 15세기부터 시작된 조선의 외부 정보의 흡수가 비록 적극적이고 주동적인 방식을 썼지만, 정보를 획득하는 루트는 기본적으로 간접적인 것이었다. 특히 서방의 지식을 이해할 때에는 주로 명나라의 정보를 수집하여 획득하였다. 그 축소판이라 할 수 있는 조공무역을 말하자면, 이 정책은 비록 명나라의 것을 본뜬 것이었지

만, 왜구의 압박을 받으면서 피동적으로 응대책략을 선택하였다. 조
공 그 자체로 보면, 조공을 받는 나라는 조공을 하는 나라에 기대하
는 만큼(혹은 기대 이상)의 무역 이익을 주는 동시에, 사절단이 도착
한 이후의 접대 및 전송 등에 드는 모든 비용을 지출해야 한다. 이러
한 지출은 명나라 정부에 아주 큰 부담이었기 때문에 조공의 횟수
와 규모를 줄이고자 했는데, 조선도 마찬가지였다. 오히려 더욱 힘
들었다. 따라서 세종에서 성종에 이르는 기간, 대일 접대 정례와 선
박의 크기, 선원의 정원 등을 수정하였다. 그 주된 목적은 바로 재정
적인 부담을 경감하고자 한 것이다. 그러나 무역이든 사신접대 능력
이든, 모두 무가로 지탱하는 일본 상단 세력을 만족시킬 수 없었기
때문에 결국 조선의 대일 외교정책은 왜를 효과적으로 통제하지 못
하고 오히려 화를 빈번하게 초래하고 말았다. 예컨대, 삼포왜란(三浦
倭亂, 1510), 경신왜변(庚辰倭變, 1544), 을묘왜변(乙卯倭亂, 1555)이 발
생하였고, 또 임진왜란(壬辰倭亂, 1592)과 정유재란(丁酉再亂, 1596) 등
국가의 근본을 뒤흔들었던 대재난도 발생했던 것이다. 다시 말해 조
선은 사대주의를 가지고 비록 천하세계 속에서 자신의 위치를 확고
히 하고자 했지만, 오히려 화이구조의 사유에서 벗어나지 못했다고
할 수 있다. 곧 한편으로는 소중화로 인정받고자 하는 허영을 탐하
면서, 다른 한편으로는 명나라의 대외정책을 따르면서, 특히 일치감
치 '중국 중심관'을 버리고 스스로 대외 체제를 형성한 일본을 대할
때, 예서 체계상의 우월한 지위를 지키지 못하고 일본과 유구에 대
한 무역 주도권을 점차 상실했으며, 심지어는 정치주도권까지도 상
실하고 만 것이다.

한국에서 출토된 '량(椋)'자 목간(木簡)으로 본 동아시아 간독문화(簡牘文化)의 전파

1   金昌錫, 「皇南洞376유적 출토 木簡의 내용과 용도」, 『新羅文化』 19, 2001, 43-52쪽; 李成市, 「韓國の木簡ついて」, 『木簡研究』 19, 1997; 李鎔賢, 「경주황남동376유적 출토 목간의 형식과 복원」, 『新羅文化』 19, 2001, 21-42쪽.

2   三上喜孝, 「韓国出土木簡と日本古代木簡—比較研究の可能性をめぐって」, 『韓国出土木簡の世界』, 雄山閣, 2007, 286-307쪽.

3   1999년 謝桂華 선생은 중국에서 출토된 魏晉 이후의 漢文簡紙文書와 城山山城에서 출토된 木簡을 대비하였고, 그 후에 한국 咸安城山山城에서 출토된 木簡의 일부 釋文을 바로잡았다. 謝桂華 저, 尹在碩 역, 「중국에서 출토된 魏晉 이후의 漢文簡紙文書와 城山山城 출토 木簡」, 『韓國古代史研究』 19, 1999 참고. 謝桂華, 「韓國鹹安城山山城木簡初探」, 『簡帛研究二〇〇一』, 2001. 2008년 李均明 선생은 中韓木簡의 形制 및 내용을 대비하는 연구를 하였다. 李均明, 「中韓簡牘比較研究」, 『木簡與文字』 1, 2008. 2009년 復旦大學의 한국 유학생인 李海燕은 慶州 雁鴨池와 咸安城山山城에서 출토된 木簡을 중심으로 한국에서 출토된 신라 木簡을 연구하였다. 李海燕, 『韓國出土新羅木簡研究—以慶州雁鴨池與鹹安城山山城出土木簡爲主』, 復旦大學碩士論文, 2009. 2010년 尹在碩과 楊振紅은 『韓半島出土簡牘及韓國慶州·扶餘木簡釋文補正』에서 慶州의 月城垓字와 夫餘 官北里 및 陵山里 절터에서 출토된 木簡의 일부 釋文을 바로잡았다. 尹在碩, 楊振紅, 「韓半島出土簡牘及韓國慶州·扶餘木簡釋文補正」, 『簡帛研究二〇〇七』, 2010 참고. 2011년 徐建新은 韓中日 3국의 古代木簡을 예로 들어 중국, 일본, 한

반도의 古代木簡의 발굴현황과 각 木簡들의 특징을 설명하고 분석하였다. 徐建新, 「出土文字資料與東亞古代史硏究—以中日韓三國古代木簡爲例」, 『古代文明』 2011-2 참고.

4   戴衛紅, 「近年來韓國木簡硏究現狀」, 『簡帛』 9, 2014. 戴衛紅, 「中 韓貸食簡硏究」, 『中華文史論叢』, 2015-1, 2015.

5   東國大學慶州校區博物館, 『皇南洞376遺跡』, 1994年 5月 現場說明會材料.

6   李鎔賢, 앞의 글, 2001, 35쪽.

7   高敏姬, 『新羅 月池 出土 在銘遺物에 對한 銘文 硏究』, 東亞大學碩士論文, 1993.

8   全南大學博物館 편, 『武珍古城I』, 全南大博物館, 1989. 李鎔賢의 논문 33쪽에서 재인용.

9   釋文은 孫煥一의 연구를 참고하였음. 孫煥一 편, 『韓國木簡字典』, 國立加耶文化財硏究所文化財廳, 2011, 260쪽을 참고하였음.

10 李炳鎬, 「扶餘 陵山里 出土 木簡의 性格」, 『木簡和文字』 1, 2008, 79쪽.

11 이 木簡에 관한 연구는 李炳鎬와 洪承佑의 연구를 참고하였다. 李炳鎬, 위의 글, 49-91쪽; 洪承佑, 「佐左官貸食記」에 나타난 百濟의 量制와 貸食制」, 『木簡和文字』 4, 2009, 38-39쪽.

12 『後漢書』 卷五二, 「崔駰傳」, 1721-1722쪽.

13 『漢書』 卷七六, 「趙廣漢傳」, 3203쪽.

14 汪桂海, 『漢代官文書制度』, 南寧, 廣西敎育出版社, 1999, 51쪽; 李均明, 『秦漢簡牘文書分類集解』, 北京, 文物出版社, 2009, 109-154쪽.

15 李均明, 위의 책, 112쪽.

16 필자는 「中、韓貸食簡硏究」라는 논문에서 中韓簡牘에 있어서 '記'의 의미적 변환이라는 문제에 대하여 고찰하였다. 또 秦漢魏晉南北朝 시기에 주로 상급자가 하급자에게 하달하거나 하급자가 상급자에게 상달하는 문서로 쓰이는 '記'가, 6~7세기의 百濟木簡 속에서는 인명수량을 기록하는 장부의 의미도 있었음을 밝혔다. 戴衛紅, 앞의 글.

17 戴衛紅, 「走馬樓吳簡中所見"直"、"稟"簡及相關問題初探」, 葡憲群・楊振紅 편, 『簡帛硏究二〇〇八』, 廣西師範大學出版社, 2010.

18 朴泰佑・鄭海浚・尹智熙, 「扶餘 雙北里 280-5番地 出土 木簡 報告」, 『木簡和文字』 2, 2008, 179-187쪽.

19 『周書』卷四九,「異域・百濟」, 北京, 中華書局, 1971, 886쪽. "王姓夫餘氏, 號于羅瑕, 民呼爲鞬吉支, 夏言幷王也……內官有前內部, 穀部, 肉部, 內掠部, 外掠部, 馬部, 刀部, 功德部, 藥部, 木部, 法部, 後官部. 外官有司軍部, 司徒部, 司空部, 司寇部, 點口部, 客部, 外舍部, 綢部, 日官部, 都市部."

20 梁春勝,『楷書部件演變硏究』, 北京, 線裝書局, 2012, 220쪽. 이 연구 자료에 대한 정보는 復旦大學 劉釗 선생께서 필자에게 제공해주셨다. 이 글을 빌어 깊은 감사를 표한다.

21 孫煥一,「백제(百濟) 목간(木簡)「좌관대식기(佐官貸食記)」의 분류체계(分類體系)와 서체(書體)」,『韓國思想與文化』43, 2008, 97-124쪽; 李鎔賢,「〈佐官貸食記〉와 百濟貸食制」,『百濟木簡』, 國立扶餘博物館, 2008; 盧重國,「백제의 救恤・賑貸 정책과 '佐官貸食記' 목간」,『白山學報』83, 2009, 209-236쪽; 三上喜孝,「古代東アジア出擧制度試論」,『東アジア古代出土文字資料の硏究』, 雄山閣, 2009, 267쪽; 鄭東俊,「"좌관대식기"목간의 제도사적 의미」,『木簡和文字』4, 2009, 1-10쪽; 洪承佑, 앞의 글, 35-57쪽.

22 戴衛紅, 앞의 글.

23 [晉]郭璞 注, [宋]邢昺 疏,『爾雅疏』卷九,「釋木・椋」, 淸嘉慶二十年南昌府學重刊宋本十三經注疏本, 168쪽.

24 四川大學歷史系古文字硏究室,『甲骨金文字典』, 成都, 巴蜀書社, 1993, 403쪽.

25 [淸]戴望,『管子校正』卷二四,「輕重丁」;『諸子集成』五, 北京, 中華書局, 1986, 412쪽.

26 [漢]史遊,『急就篇』, 四部叢刊續編本.

27 馬非百 撰,『管子輕重篇新詮・管子輕重十六・輕重丁』, 北京, 中華書局, 1979, 671쪽.

28 『西安半坡』, 45−48쪽.

29 중국 양식창고의 기원과 발전에 관한 상세한 내용은 杜葆仁의 연구를 참고하라. 杜葆仁,「我國糧倉的起源和發展」,『農業考古』1984-2, 1984;「我國糧倉的起源和發展(續)」,『農業考古』1985-1, 1985.

30 [漢]司馬遷 撰, [南朝宋]裴駰集 解, [唐]司馬貞 索隱, [唐]張守節 正義,『史記』卷四,「周本紀」, 北京, 中華書局, 1982, 126쪽.

31 『史記』卷三,「殷本紀」, 105쪽.

32 『漢書』卷二四上,「食貨志上」, 北京, 中華書局, 1962, 1130쪽.

33 馬怡 선생은 건축물의 형상을 바탕으로 倉, 廩, 困 등에 대한 연구를 진행하였다.
    馬怡,「簡牘時代의 倉廩圖: 糧倉ㆍ量器與簡牘—從漢晉畫像所見糧食出納場景說
    起」,『中國社會科學院歷史研究所集學刊』7, 北京, 商務印書館, 2011 참고.

34 [淸] 王念孫,『廣雅疏證』卷七上,「釋宮」, 江蘇古籍出版社, 2000, 209쪽.

35 [淸] 王先謙 撰,『荀子集解ㆍ榮辱篇第四』, 北京, 中華書局, 1988, 67쪽.

36 [淸] 王先謙 撰,『荀子集解ㆍ富國篇第十』, 194쪽.

37 [淸] 孫詒讓 撰,『周禮正義ㆍ地官司徒第二上ㆍ敘官』, 北京, 中華書局, 1987,
    682쪽.

38 [淸] 馬瑞辰 撰:『毛詩傳箋通釋ㆍ卷十魏風ㆍ伐檀』, 北京, 中華書局, 1989, 330
    쪽.

39 [淸]孫希旦 撰,『禮記集解ㆍ月令第六之三』, 北京, 中華書局, 1989, 474쪽.

40 [元] 王禎:『王禎農書』卷十六, 農器圖譜十,「倉廩門」, 淸乾隆武英殿刻本.

41 吳鎮烽,「陝西风翔高庄秦墓地发掘简报」,『考古與文物』1981-1, 1981.

42 段玉裁,『說文解字注』卷九篇下, 淸嘉慶二十年經韻樓刻本.

43 許愼,『說文解字』, 北京, 中華書局, 1963, 109쪽.

44 秦代의 糧食管理에 대한 연구는 蔡萬進의 논문을 참고하라. 蔡萬進,『秦國糧食
    經濟硏究』, 呼和浩特, 內蒙古人民出版社, 1995; 蔡萬進,「從雲夢秦簡看秦國糧
    倉的建築與設置」,『中州學刊』1996-2, 1996.

45 漢代의 倉庫에 관한 연구는 다음 논저들을 참고하라. 張鍇生,「漢代糧倉初探」,
    『中原文物』1986-1, 1986; 邵正坤,「漢代糧倉的類型及倉儲糧食用途試論」,『唐
    都學刊』2007-6, 2007;「漢代倉儲職官考述」,『蘭州學刊』2007-4, 2007;「漢代
    國有糧倉建置考略」,『首都師範大學學報』2005-1, 2005;「漢代邊郡軍糧廩給問
    題探討」,『南都學壇』2005-3, 2005;「論漢代國家的倉儲管理制度」,『史學集刊』
    2003-4, 2003; 冨穀至 저, 劉恒武ㆍ孔李波 역, 第三章"糧食供給及其管理—漢
    代穀倉制度考",『文書行政的漢帝國』, 南京, 江蘇人民出版社, 2013, 277-340쪽.

46 孫機,『漢代物質文化資料圖說(增訂本)』, 上海古籍出版社, 2011, 242-245쪽;
    內蒙古自治區博物館文物工作隊 편,『和林格爾漢墓壁畫』, 北京, 文物出版社,
    1978, 108쪽, 前室西壁壁畫.

47 高文ㆍ高成剛,『中國畫像石棺藝術』, 太原, 山西人民出版社, 1996, 11쪽.

48 安金槐ㆍ王與剛,「密縣打虎亭漢代畫像石墓和壁畫墓」,『文物』1972-10, 1972,
    53쪽; 中國畫像全集編輯委員會,「河南漢畫像石」,『中國畫像石全集』6, 河南美

術出版社・山東美術出版社, 2000, "圖版說明" 31쪽.

49 戴衛紅, 「長沙走馬樓吳簡所見孫吳時期的倉」, 『史學月刊』 2014-11, 2014.

50 甘肅省文物考古研究所, 『敦煌佛爺廟灣西晉畫像磚墓』, 北京, 文物出版社, 1998, 84・86쪽.

51 馬怡, 「簡牘時代的倉廩圖:糧倉、量器與簡牘―從漢晉畫像所見糧食出納場景說起」, 『中國社會科學院歷史研究所集學刊』 7, 北京, 商務印書館, 2011.

52 甘肅省文物考古研究所, 앞의 책, 86쪽에서는 이를 '상징적인 계단'으로 여겼다.

53 위의 책, 86쪽.

54 『南齊書』 卷五七, 「魏虜傳」, 北京, 中華書局, 1972, 984쪽. "什翼珪始都平城, 猶逐水草, 無城郭, 木末始土著居處. 佛狸破梁州, 黃龍, 徙其居民, 大築郭邑……僞太子宮在城東, 亦開四門, 瓦屋, 四角起樓. 妃妾住皆土屋. 婢使千餘人, 織綾錦販賣, 酤酒, 養豬羊, 牧牛馬, 種菜逐利. 太官八十餘窖, 窖四千斛, 半穀半米. 又有懸食瓦屋數十間, 置尚方作鐵及木. 其袍衣, 使宮內婢爲之. 僞太子別有倉庫."

55 張慶捷, 「大同操場城北魏太官糧儲遺址初探」, 『文物』 2010-4, 2010.

56 張弓, 『唐代倉廩制度初探』, 北京, 中華書局, 1986.

57 謝虎軍・張敏・趙振華, 「隋東都洛陽回洛倉的考古勘察」, 『中原文物』 2005-4, 2005; 河南省博物館・洛陽市博物館, 「洛陽隋唐含嘉倉的發掘」, 『文物』 1972-3, 1972.

58 『萬機要覽』의 자료는 한국고전종합DB에서 참고하였다. http://db.itkc. or.kr/index.jsp?bizName=KO&url=/itkcdb/text/nodeViewIframe. jsp?bizName=KO&seojiId=kc_ko_e001&gunchaId=av006&muncheId=02&finId=014&NodeId=&setid=37227&Pos=0&TotalCount=2&searchUrl=ok. "公私蓄積, 皆有倉庫, 蓋自上古有之. 而我東則高句麗時亦無大倉庫, 家家有小倉, 名爲桴京. 見今京而有各司, 各營之倉庫. 外而有自朝家命設之大倉及各邑之小倉, 而至於各邑倉以其糴糶之所, 邑皆有之. 然其小者便同桴京. 此不足書. 故只就命設之大倉書之."

59 朝鮮科學院考古學與民俗學研究所, 『遺跡發掘調査報告第3集―安嶽第三號墳發掘報告槪要』(中文, 餘致浩譯), 北京, 科學院出版社, 1958, 1-6쪽.

60 趙俊傑・馬健, 「試論集安地區高句麗新舊墓制的過渡時段」, 『東南文化』 2012-1, 2012.

61 [日]池田溫, 「中國歷代墓券略考」, 『東洋文化研究所紀要』 8-6, 東京大學東洋文化研究所, 1981.

62 武田幸男,「德興裏壁畫古墳被葬者的出自和經歷」,『朝鮮學報』130, 1989; 共同通信社,『高句麗壁畫古墳』, 2005.

63 趙俊傑·馬健, 앞의 글, 2012.

64 그림8과 그림9는「吉林輯安麻線溝一號壁畫墓」에서 인용한 것이다. 吉林省博物館輯安考古隊·方起東執筆,「吉林輯安麻線溝一號壁畫墓」,『考古』1964-10, 1964. 集安麻線溝1號墓壁畫에 관한 자료는 鄭春穎 女史께서 필자에게 제공해주셨다. 이 글을 빌어 깊은 감사를 표한다.

65 위의 글.

66 위의 글.

67 三上喜孝, 앞의 글, 2007, 286-307쪽에 수록되었다.

68 이 그림은 馬怡 선생께서 제공해주셨다.

69 奈良國立文化財硏究所·木簡學會,『木簡硏究』22, 275쪽.

70 奈良國立文化財硏究所·木簡學會,『木簡硏究』20, 229쪽.

71 何群雄,『漢字在日本』, 商務印書館(香港)有限公司, 2001, 173쪽.

72 西嶋定生,『古代東アジア世界と日本ヨ, 東京, 岩波書店, 2000年.

73 廣瀬憲雄,「倭國·日本史と東部—6~13世紀における政治的連関再考」,『歷史學研究』872, 2010; 山内晉一,「東アジア史再考—日本古代史研究の立場から」,『歷史評論』733, 2011.

74 金文京,『漢文と東アジア—訓讀の文化圈』, 東京, 岩波書店, 2010.

75 이 논문은 2015년 3월 17일 鄭州大學에서 개최한 '동아시아세계론과 한자문화권—出土文字의 데이터를 중심으로(東亞世界論與漢字文化圈—以出土文字數據爲中心)'라는 주제의 국제학술회의에서 이성시 선생이 발표한 것이며, 王素 선생이 논문에 대한 評議를 하였다. 필자는 王素 선생으로부터 관련 자료를 제공받았다.

76 李成市,「古代朝鮮の文字文化と日本」,『國文學』47-4, 2002.

77 韓昇,『東亞世界形成史論(增訂版)』, 北京, 中國方正出版社, 2015, 113-114쪽.

78 百濟와 六朝 간의 우호적 교류에 관해서는 다음 논문을 참고하라. 範毓周,「六朝時期中國與百濟的友好往來與文化交流」,『江蘇社會科學』1994-5, 1994, 84-90쪽; 韓昇,「蕭梁與東亞史事三考」,『上海社會科學院學術季刊』2002-3, 2002,

174-182쪽; 成正鏞·李昌柱·周裕興,「中國六朝與韓國百濟的交流」,『東南文化』2005-1, 2005, 24-30쪽; 周裕興,「從海上交通看中國與百濟的關系」,『東南文化』2010-1, 2010, 70-78쪽; 韓昇, 앞의 책, 2015, 113-127쪽.

79 『晉書』卷九,「孝武帝紀」, 235쪽.

80 『三國史記』卷二四,「百濟本紀·近肖古王」; 奎章閣圖書『三國史』5冊, 9쪽.

81 『宋書』卷九七,「百濟傳」, 2394쪽.

82 『南齊書』卷五八, 百濟傳」, 1010-1011쪽.

83 韓國文化財管理局編,『武寧王陵』(일본어), 1974. 이에 관한 문제는 수많은 학자들에 의해 논의된 바 있다. 韓昇, 앞의 책, 2015, 116-124쪽.

84 『梁書』卷五四,「百濟傳」, 北京, 中華書局, 1973, 805쪽.

85 韓昇, 앞의 책, 2015, 124쪽.

4~6세기 동아시아에서의 문헌의 유통과 확산

1 『皇淸職貢圖』의 제작 배경과 판본 및 연구 현황과 朝鮮에 유입된 경로에 대해서는 鄭恩主,「皇淸職貢圖 제작 경위와 조선 유입 연구」,『明淸史硏究』35, 2011, 참조.

2 「御製詩」의 번역은 임형택,「17~19세기 동아시아 상황과 연행·연행록」(『한국학의 동아시아적 지평』, 창비, 2014, 121쪽)에서 인용하였음을 밝혀둔다.

3 『史記』卷6,「秦始皇本紀」, 239쪽.

4 이성규,「고대 동아시아 교류의 열림[開]과 닫힘[塞]」, 한림대학교아시아문화연구소 엮음,『동아시아경제문화네트워크』, 태학사, 2007, 102-103쪽.

5 嶋定生,「漢字の傳來とその變容」,『倭國の出現-東アジア世界のなかの日本』,東京大學出版會, 175-176쪽;「東アジア世界の形成と展開」, (『西嶋定生東アジア史論集 第三集』, 岩波書店, 2002, 69쪽.

6 이러한 연구 경향의 내용은 최근 연구성과에서도 찾아볼 수 있다. 新川登龜男,『漢字文化の成り立つと展開』, 山川出版社, 2002; 大島正二,『漢字傳來』, 岩波書店, 2006; 大西克也·宮本 徹,『アジアと漢字文化』, 放送大學教育振興會, 2009; 冨谷 至 編,『漢字の中國文化』, 昭和堂, 2009; 高田時雄,『漢字文化三千

年』, 臨川書店, 2009; 東野治之, 『書の文化史』, 岩波書店, 2010 등을 참조.

7   주로 명청 시기 이후 문헌의 유통 및 출판 상황에 연구가 활발하게 진행되었
    다. 高橋 智, 「中國古籍流動史の確立を目指して」, 『中國古籍文化研究』第3號,
    2005-3期; 李瑞良, 『中國古代圖書流通史』, 上海人民出版社, 2000; 井上 進, 『中
    國出版文化史—書物世界と知の風景』, 名古屋大學出版會, 2002(→ 이동철 · 장
    원철 · 이정희 역, 『중국출판문화사』, 민음사, 2013); 羅樹寶, 『書香三千年』, 湖南
    文藝出版社, 2005(→조현주 옮김, 『중국 책의 역사』, 다른생각, 2008); 中國古籍
    文化研究所 編, 『中國古籍流通學の確立—流通する古籍 · 流通する文化—』, 雄
    山閣, 2007; 황지영, 『명청출판과 조선전파』, 시간의굴레, 2012 등을 참조.

8   이러한 연구 경향에서 2009년 9월 동북아역사재단에서 〈고대 문자 자료로 본 동
    아시아의 교류와 소통〉이라는 주제로 개최한 국제학술회의에서 발표된 논문 13
    편을 엮은 연구성과는 고대 동아시아 사회에서의 문자 교류를 학제적 측면에서
    분석하였다는 점에서 의미가 있다(동북아역사재단 엮음, 『고대 동아시아의 문자
    교류와 소통』, 동북아역사재단, 2011).

9   김경호, 「秦漢時期 書籍의 流通과 帝國秩序」, 『中國古中世史研究』 32, 2014.

10 『漢書』 卷30, 「藝文志」, 1781쪽, "大凡書, 六略三十八種, 五百九十六家, 萬
    三千二百六十九卷."

11 『左傳』(李學勤 主編, 『春秋左傳正義』, 北京大學出版社, 1999) 「昭公 2年」,
    1172쪽, "觀書於太史氏 見易象與魯春秋."

12 『左傳』 昭公 15年, 1,344쪽, "且昔而高祖孫伯黶, 司晉之典籍, 以爲大政, 故曰籍
    氏."

13 『國語』(宏業書局, 臺灣, 1980), 「楚語 · 上」, 528쪽, "問於申叔時, 叔時曰, 「敎之
    春秋, 而爲之聳善而抑惡焉, 以戒勸其心; 敎之世, 而爲之昭明德而廢幽昏焉, 以
    休懼其東; 敎之詩, 以疏其穢而鎭其浮, 敎之令, 使訪物官; 敎之語, 使明其德, 而
    知先生之務用明德於民; 敎之故志, 使知廢興者而戒懼焉; 敎之訓典, 使知族類,
    行比義焉."

14 『墨子』(『墨子校注』, 吳毓江 撰 · 孫啓治 點校, 中華書局, 1993), 「天志 · 上」,
    296쪽, "今天下士君子之書, 不可勝載."

15 『戰國策』([西漢] 劉向 集錄, 上海古籍出版社, 1985) 卷3, 「秦一 · 蘇秦始將連
    橫」, 85쪽, "夜發書, 陳篋數十."

16 『史記』 卷130, 「太史公自序」, 3,319쪽, "周道廢, 秦撥去古文, 焚滅詩書, 故明堂
    石室金匱玉版 圖籍散亂. 於是漢興, 蕭何次律令, 韓信申軍法, 張蒼爲章程, 叔孫

通定禮儀, 則文學彬彬稍進, 詩書往往閒出矣."

17　『漢書』卷30,「藝文志」, 1701쪽, "大收篇籍, 廣開獻書之路. ……求遺書於天下.";
　　『藝文類聚』([唐] 歐陽詢 撰, 上海古籍出版社, 1999),「漢武帝」, 231면, "劉歆七
　　略曰 孝武皇帝, 勅丞相公孫弘, 廣開獻書之路, 百年之間, 書積如丘山. 故外則有
　　太常太史博士之藏, 內則有延閣廣內秘室之府."

18　『漢書』卷8,「成帝紀」, 310쪽, "(河平三年) 光祿大夫劉向校中秘書, 謁者陳農使,
　　使求遺書於天下."

19　김경호, 앞의 논문, 103쪽.

20　『後漢書』卷79,「儒林傳 · 上」, 2545쪽, "昔王莽 · 更始之際, 天下散亂, 禮樂分
　　崩, 典文殘落."

21　『後漢書』卷79,「儒林傳 · 上」, 2548쪽, "初, 光武遷還洛陽, 其經牒秘書載之二千
　　餘兩, 自此以後, 三倍於前."

22　井上 進,『中國出版文化史—書物世界と知の風景』, 名古屋大學出版會, 2002,
　　40쪽(→ 이동철 · 장원철 · 이정희 역,『중국출판문화사』, 민음사, 2013, 59쪽).

23　『風俗通義』"光武車駕從都洛陽, 載素簡紙凡二千兩."

24　『後漢書』卷36,「賈逵傳」, 1239쪽, "令逵自選公羊嚴 · 顔諸生高才者二十人, 敎
　　以左氏, 與簡紙傳各一通."

25　王仲犖,『金泥玉屑叢考』,「漢代物價考 · 絹價」, 中華書局, 1998, 25쪽, "『九章算
　　術』, 今有素一匹一丈, 價直六百二十五, 今有錢五百, 問得素幾何? 答曰, 得素一
　　匹."

26　최근까지 출토된 간독의 정리 및 연구 현황에 대해서 상당한 연구성과가 있지만,
　　비교적 최근의 연구 성과인 李均明 · 劉國忠 · 劉光勝 · 鄔文玲,『當代中國簡帛
　　學研究(1949-2009)』, 中國社會科學出版社, 2011 참조.

27　『後漢書』卷78,「宦者列傳 · 蔡倫」, 2513쪽.

28　冨谷至 編,『流沙出土の文字資料』(京都大學學術出版會, 2001),「3世紀から4世
　　紀にかけるの書寫材料の變遷」, 479-486쪽.

29　甘肅省文物考古研究所,「甘肅敦煌漢代懸泉置遺址發掘簡報」,『文物』2000-5.

30　위의 논문, 14쪽에 근거하여 작성하였음.

31　冨谷至, 앞의 책, 2001, 485쪽.

32　『後漢書』卷64,「吳祐傳」, 2099쪽, "父恢 爲南海太守. 祐年十二 隨從到官. 恢欲
　　殺靑簡以爲寫經書 祐諫曰…(中略)…此書若成 則載之兼兩."

33 『後漢書』卷64,「延篤傳」, 2103쪽, "先賢行狀曰..「篤欲寫左氏傳, 無紙, 唐溪典以廢牋記與之. 篤以牋記紙不可寫傳, 乃借本諷之, 粮盡辭歸."

34 『藝文類聚』(上海古籍出版社, 1999) 卷31,「贈答」, 560쪽, "後漢崔瑗與葛元甫書曰, 今遺奉書, 錢千爲贄, 幷送許子十卷, 貧不及素, 但以紙耳."

35 『後漢書』卷79,「儒林列傳 · 上」, 2547면, "本初元年, 梁太后詔自曰…(中略)…是遊學增盛, 至三萬餘生."

36 김경호, 앞의 논문, 2014, 105-113쪽

37 『隋書』卷32,「經籍志 · 一」, 906쪽, "魏氏代漢…(中略)…大凡四部合二萬九千九百四十五卷."

38 『隋書』卷32,「經籍志 · 一」, 906쪽, "宋元嘉八年, 秘書監謝靈運造四部目錄, 大凡六萬四千五百八十二卷."

39 李瑞良,『中國古代圖書流通史』, 上海人民出版社, 2000, 118쪽.

40 侯燦 · 楊代欣 編著,『樓蘭漢文簡紙文書集成』, 天地出版社, 1999.

41 張華,『博物志』, "剡溪古藤甚多, 可以造紙, 紙名剡藤"; 製紙의 원료와 제지 기술의 방법에 관해서는 錢存訓,『中國紙和印刷文化史』, 3장「造紙的技術和方法」, 廣西師範大學出版社, 2004(→김의정 · 김현용 역,『중국의 종이와 인쇄의 문화사』3장「제지 기술과 방법」, 연세대학교 대학출판문화원, 2013, 106-158쪽 참조).

42 『晋書』卷72,「葛洪傳」, 1911쪽, "洪少好學, 家貧, 躬自伐薪以貿紙筆, 夜輒寫書誦習, 遂以儒學知名."

43 『晋書』卷92,「左思傳」, 2377쪽, "於時豪貴之家競相傳寫, 洛陽爲之紙貴."

44 潘吉星,「新疆出土古紙硏究」,『文物』1973-10.

45 『太平御覽』(中華書局, 1960) 卷606,「文部22 · 札」, 2,726쪽, "晋令曰郡國諸戶口黃籍, 籍皆用一尺二寸札, 已在官役者載名."

46 冨谷至, 앞의 책, 2001,「3世紀から4世紀にかけるの書寫材料の變遷」, 507~510쪽.

47 『太平御覽』卷605,「文部22 · 紙」, 2724쪽, "桓玄僞事曰 古無紙, 故用簡, 非主於經也. 今諸用簡者, 皆以黃紙代之."

48 『隋書』卷32,「經籍志」, 908쪽, "今考見存, 分爲四部, 合條爲一萬四千四百六十六部, 有八萬九千六百六十六卷. 其舊錄所取, 文義淺俗 · 無益敎理者, 並刪去之. 其舊錄所遺, 辭義可采, 有所弘益者, 咸附入之."

49 위진남북조 시기 도서의 총량에 대해서 李瑞良(앞의 책, 2000, 130쪽)은 楊家駱(「中國古今著作名數之統計」, 『新中華』復刊 第4卷 第7期, 1946)의 "三國 1,122部・4,562卷, 晋 2,438部・14,887卷, 南北朝 7,094部・50,885卷"이란 견해를 인용하여 위진남북조 시기의 도서 생산 총량을 소개하면서 양한 시기에 비하여 커다란 증가가 이루어졌다고 언급하였다.

50 呂思勉, 『秦漢史』(제19장 제6절), 上海古籍出版社, 1983.

51 『北史』卷29, 「蕭大圜傳」, 1064쪽, "開麟趾殿, 招集學士, 大圜預焉. 『梁武帝集』四十卷, 『簡文集』九十卷, 各止一本. 江陵平後, 并藏秘閣. 大圜旣入麟趾, 方得見之, 乃手寫二集, 一年并畢. 識字深嘆之."

52 『北齊書』卷39, 「祖珽傳」, 515쪽, "後爲秘書丞, 領舍人, 事文襄. 州客至, 請賣華林遍略. 文襄多集書人, 一日一夜寫畢, 退其本曰.「不須也」."

53 『隋書』卷34, 「經籍志・三」, 1009쪽, "華林遍略六百二十卷, 梁綏安令徐僧權等撰."

54 『後漢書』卷47, 「班超傳」, 1571쪽, "家貧, 常爲官傭書以供養."

55 『北堂書鈔』(文淵閣四庫全書, 臺灣商務印書館, 1982) 卷101, 「寫書 17」, 889-491쪽, "自伏寫書, 桓子新論云, 高君頗知律令, 自伏寫書, 著作郎哀其老, 欲代之, 不肯."; 889-491쪽, "賃書以養, 謝承後漢書云陳常字君淵, 晝則躬耕, 夜則賃書以養母."; 889-492쪽, "公孫寫書自給, 謝承後漢書公孫睡傳云, 睡到太學受尙書, 寫書自給."

56 賀巷超, 「漢代傭書業生產的歷史條件」(『遼寧大學學報(哲學社會科學版)』제34권, 2006-2)에서는 官私敎育의 발전이 傭書業을 위한 사회적 요구와 인력자원을 제공하였다고 주장하고 있으나, 남북조 시기와 비교하여 한대 용서업이 성립할 정도로 전문적인 傭書계층이 성립하였는지에 대해서는 의문시된다.

57 劉孝文・和艷會, 「古代傭書業發展及文化貢獻槪述」(『圖書情報論壇』2011년 第3・4期) 에서는 傭書業의 발전단계를 1)형성(漢代), 2)보급 및 발전(魏晋南北朝), 3)번영기(隋唐), 4)점진적 쇠락(宋元 이후)로 파악하고 있다.

58 賀巷超, 「魏晋南北朝時期傭書業的文化貢獻」, 『圖書館』2000-2期, 33쪽.

59 김경호, 앞의 논문, 2014, 112쪽; 楊立民・侯翠蘭, 「中國古代圖書市場流通論」, 『圖書館論壇』1998-5, 73쪽.

60 『拾遺記』(王嘉 撰, 中華書局, 1981) 卷6, 「後漢」, 143쪽, "家貧不得仕, 乃挾竹簡插筆於洛陽書肆傭書. 美於形貌, 又多於文辭. 來借其書者, 丈夫贈其衣冠, 婦人遺其珠玉. 一日之中, 衣寶盈車而歸. 積粟於廩, 九族宗親, 莫不仰其衣食, 洛陽稱

爲善筆而得富.”

61 『後漢書』卷80,「劉梁傳」, 2634쪽, "少孤貧, 賣書於市自資.”

62 『晉書』卷72,「葛洪傳」, 1911쪽, "冰平, 洪不論功賞, 徑至洛陽, 欲搜求異書以廣
其學.”

63 『梁書』卷26,「傅昭傳」, 393쪽, "隨外祖於朱雀航賣曆日.”

64 『魏書』卷24,「王遵傳」, 624쪽, "著作佐郎王遵業買書於市.”

65 『北史』卷47,「陽俊之傳」, 1728쪽, "多作六言歌辭, 淫蕩而拙, 世俗流傳, 名爲
『陽五伴侶』, 寫而賣之, 在市不絶. 俊之嘗過市, 取而改之, 言其字誤. 賣書者曰.
「陽五, 古之賢人, 作此『伴侶』, 君何所知, 輕敢議論? 俊之大喜.”

66 左華明은 東魏大將軍 高澄이 사람들에게 南朝 梁國에서 편찬한 『華林遍略』을
抄寫한 것은 北齊의 魏收 등이 남방 문학의 성과를 모범삼고자 한 것으로서 중
국문화의 多元一體 형태를 표명한 것이라 해석하였다(「魏晉南北朝時期圖書流
通 · 文化認同與國家統一」,『信陽師範學院學報(哲學社會科學版)』34-3, 2014,
130쪽).

67 甘于黎,「中國古代的"傭書"業與圖書流通」,『歷史教學』2012-12期, 43쪽.

68 周少川,「魏晉南北朝的圖書出版事業」(中國歷史文獻研究會 編,『歷史文獻研
究』27, 2008, 52-55쪽)에서는 위진 시기의 도서 사업의 발전단계를 제1단계(회
복 발전기): 三國西晉時期(220~316), 제2단계(완만한 발전 및 과도기): 東晉十
六國時期(317~420), 제3단계(전성기): 南北朝時期(420~589)로 구분하고 있다.

69 『隋書』卷32,「經籍志」, 907쪽, "梁武帝敦悅詩書, 下化其上, 四境之內, 家有文
史.”

70 金慶浩,「출토문헌『논어』, 고대 동아시아에서의 수용과 전개」· 윤재석,「한국 ·
중국 · 일본 출토『논어』목간의 비교 연구」· 윤용구,「평양 출토『논어』죽간의
기재방식과 이문표기」(→이상, 김경호 · 이영호 책임편집,『지상(紙上)의 논어 ·
지하(地下)의 논어』, 성균관대출판부, 2012에 수록). 이상 3편의 논문에 자세한
소개가 되어 있다.

71 『後漢書』卷58,「蓋勳傳」, 1,880쪽, "梟患多寇叛, 謂勳曰.「涼州寡於學術, 故屢致
反暴. 今欲多寫孝經, 令家家習之, 庶或使人知義」.”

72 甘肅省博物館,「甘肅武威磨咀子六號漢墓」,『考古』1960-5期, 11-12쪽. 관련한
석문은 甘肅省博物館 · 中國科學院考古研究所 編,『武威漢簡』, 中華書局, 2005.
아울러 석문의 정리와 연구에 대해서는 張煥君 · 刁小龍,『武威漢簡『儀禮』整理
與研究』, 武漢大學出版社, 2009 참조.

73   肅簡牘博物館 · 甘肅省文物考古研究所 · 甘肅省博物館 · 中國文化遺産研究院
     古文獻研究室 · 中國社會科學院簡帛研究中心 編, 『肩水金關漢簡(参)』, 中西書
     局, 2013 참조.

74   李成珪, 「漢代『孝經』의 普及과 그 理念」, 『韓國思想史學』 10, 韓國思想史學會
     編, 1998; 金慶浩, 「漢代 邊境地域에 대한 儒教理念의 普及과 그 의미」, 『中國史
     研究』 17, 中國史學會, 2002, 57-63쪽.

75   賀巷超, 「魏晋南北朝時期傭書業의文化貢獻」(『圖書館』 2000-2期, 33쪽)에서는
     '傭書'와 '販書' 외에 문헌유통범위의 확대는 1)互相借抄, 2)相互饋贈, 3)私人藏
     書의 外借 등에 의해서 진행되었음을 지적하고 있다.

76   김병준, 「낙랑군의 한자 사용과 변용」, 『고대 동아시아의 문자교류와 소통』, 동북
     아역사재단 엮음, 2011.

77   李成市, 「목간 죽간을 통해서 본 동아시아세계 한반도 출토 목간의 의의를 중심
     으로」, 김경호 · 이영호 책임편집, 앞의 책, 2012, 153-165쪽.

78   『三國史記』(李丙燾 校勘, 乙酉文化史, 1977) 卷18, 「高句麗本紀」 6, 小獸林王
     三年, 166쪽, "始頒律令". 그런데 그 전해(소수림왕 2년) "立太學 教育子弟"하였
     다는 기사가 보이는 까닭에 율령 반포 이전에 한자를 중심으로 한 교육을 시행한
     이후, 율령 반포라는 문서행정을 진행한 것으로 해석할 수 있다.

79   『三國史記』 卷4, 「新羅本紀」 4 法興王 七年 春正月, 36쪽, "頒示律令."

80   駕洛國史蹟開發研究院, 『譯註 韓國古代金石文』(한국고대사회연구소 편, 1992),
     제2권(신라1, 가야편), 「蔚珍 鳳坪碑」, 14-23쪽을 참조. 碑文의 4행 "前時王大教
     法"이나 5행 "太奴村貪共値口其餘事 種種奴人法" 등의 구절에서 법령이 집행되
     었음을 알 수 있다.

81   『漢書』 卷29, 「地理志 · 下」, 1658쪽, "然東夷天性柔順, 異於三方之外, 故孔子悼
     道不行, 設浮於海, 欲居九夷, 有以也夫!";

82   이성규, 「중국 군현으로서의 낙랑」, 『낙랑문화연구』, 동북아역사재단 연구총서20,
     2006, 20~36쪽.

83   『史記』 卷110, 「匈奴列傳」, 2899쪽, "(孝文皇帝) 使宦者燕人中行說傅公主. 說
     不欲行, 漢彊使之.…(中略)…於是 說教單于左右疏記, 以計課其人衆畜物."

84   『晋書』 卷97, 「東夷傳」, 2534쪽, "無文墨, 以語言爲約."

85   『舊唐書』 卷199, 「靺鞨傳 · 下」, 5358쪽, "俗無文字."

86   樓蘭 지역에서의 漢文簡紙文書의 발견은 이를 입증한다(侯爛 · 楊代欣 編著, 앞

의 책, 1999.)

87 『魏書』卷101,「高昌傳」, 2245쪽, "自以邊遐, 不習典誥, 求借五經 · 諸史, 幷請
國子助敎劉燮以爲博士. 肅宗虛之."

88 『梁書』卷54,「諸夷傳」, 811쪽, "(高昌)國人言語與中國略同, 有五經 · 歷代史 ·
諸子集."

89 『周書』卷50,「異域傳 · 下」, 915쪽, "(高昌國)文字亦同華夏, 兼用胡書, 有『毛
詩』·『論語』·『孝經』, 置學官子弟, 以相敎授. 雖習讀之, 而皆爲胡語."

90 靜永健,「漢籍初傳日本與馬之淵源關係考」,『中山大學學報』(社會科學版) 50,
2010-5, 76쪽.

91 『宋書』卷97,「倭國傳」, 2395쪽.

92 田中史生,「武の上奏文もうひつの東アジア」,『文字と古代日本2』(平川 南 · 沖
森卓也 · 榮原永遠男 · 山中章 編, 吉川弘文館, 2005), 197-207쪽.

93 『古事記』(靑木和夫 外 校注, 岩波書店, 1982)「應神記」, 214쪽, "又科賜百濟
國, 若有賢人者貢上, 故受命以貢上人, 名和邇吉師, 卽論語十卷 · 千字文一卷幷
十一卷, 付是人卽貢進."

94 『隋書』卷81,「東夷傳」, 1827쪽, "(倭國)無文字, 有刻木結繩, 敬佛法, 於百濟求
得佛經, 始有文字."

95 高句麗 · 百濟 · 新羅의 한자 및 중국 문화의 수용 및 발전과 관련해서는 기존의
연구를 참조하기 바란다(宋基豪,「고대의 문자생활비교와 시기 구분」,『강좌 한국
고대사 제5권, 문자생활과 역사서의 편찬』, 가락국사적개발연구원, 2002; 李成珪,
「韓國 古代 國家의 形成과 漢字 受容」,『한국고대사연구』32, 2003; 鄭在永,「百
濟의 文字 生活」,『口訣硏究』11, 2003; 동북아역사재단 엮음,『고대 동아시아의
문자교류와 소통』, 동북아역사재단, 2011 등을 참조). 본 글에서는 삼국이 한자
및 중국 문헌을 수용한 초기 단계의 상황만을 서술하여 중국 문헌의 외적 유통에
의한 공간적 확산에 그 의미를 부여하고자 한다.

96 『三國志』卷30,「魏書 · 東夷傳」, 851쪽, "桓靈之末, 韓濊强盛, 郡縣不能制, 民多
流入韓國."

97 손영종,「낙랑군 남부지역(후의 대방군지역)의 위치―'낙랑군 초원4년 현별 호
구다소ㅁㅁ'통계자료를 중심으로」(『역사과학』198, 2006, 30-33쪽);「료동지방
전한의들의 위치와 그 후의 변천(1)」(『역사과학』199, 2006, 49-52쪽); 尹龍九,
「새로 발견된 樂浪木簡―樂浪郡 初元四年 縣別戶口簿」(『韓國古代史硏究』46,
2007, 241-263쪽)을 참고. 낙랑목간 호구부의 석문 내용은 尹龍九,「平壤出土

「樂浪郡初元四年縣別戶口簿」研究」(『木簡과 文字』 3, 2009, 281-284쪽 참조).
金秉駿, 「樂浪郡 初期의 編戶過程과 '胡漢稱別'―「樂浪郡初元四年縣別戶口多
少口口」木簡을 단서로」(『木簡과文字』, 창간호, 2008);「樂浪郡初期의 編戶過程―
「樂浪郡初元四年 戶口統計木簡을 端緖として」(『古代文化』 61-2, 2009는 씨의
2008 논문을 수정 보완한 글) 사진은 『조선고고연구』 149, 2008-4의 뒤 표지 배
면에 '낙랑유적에서 나온 목간'이란 표제가 붙어 있다.

98 이성시 · 윤용구 · 김경호, 「平壤 貞柏洞364號墳출토 竹簡『論語』에 대하여」, 『木
簡과 文字』 제4호, 2009.

99 고구려가 문자를 사용한 '國初'의 정확한 시기는 불명하지만, 낙랑군의 호구부의
연대가 '初元4年(B.C. 45)'임을 고려한다면 한사군 설치 이후와 거의 동일한 시
기에 고구려에서는 한자가 사용되었다고 추정할 수 있다.

100 『三國史記』 卷24, 「近肖古王」, 221면, "百濟開國已來, 未有以文字記事, 至是,
得博士高興, 始有書記, 然高興未嘗顯於他書, 不知其何許人也."

101 『南齊書』 卷58, 「東夷傳」, 1010쪽.

102 『周書』 卷49, 「高麗傳」, 885쪽, "書籍有五經 · 三史 · 三國志 · 晉陽秋."

103 『宋書』 卷97, 「百濟國傳」, 2394쪽, "毗上書獻方物, 私假臺使馮野夫西河太守, 表
求易林 · 式占 · 腰弩, 太祖並與之."

104 『周書』 卷49, 「百濟傳」, 887쪽, "俗重騎射, 兼愛墳史, 其秀異者, 頗解屬文, 又解
陰陽五行, 用宋元嘉曆, 以建寅月爲歲首, 亦解醫藥卜筮占相之術."

105 『舊唐書』 卷199, 「東夷傳 · 上-百濟」, 5329쪽, "歲時伏臘, 同於中國, 其書籍有
五經 · 子 · 史, 又表疏並依中華之法."

106 『梁書』 卷54, 「東夷傳」 新羅, 806면, "無文字, 刻木爲信, 言語待百濟以後通焉."

107 『隋書』 卷81, 「東夷傳」, 新羅, 1820쪽, "其文字 · 甲兵同於中國."

108 李成市, 「한국의 문서행정 6세기의 신라」, 『함안 성산산성 출토목간』, 국립가야문
화재연구소, 2007, 212쪽(→李成市, 「六世紀における新羅の付札木簡と文書行
政」, 『咸安城山山城木簡』, 雄山閣, 2009, 122쪽에 수록됨).

109 盧鏞弼, 『新羅眞興王巡狩碑硏究』, 일조각, 제5장 「巡狩碑文에 나타난 政治思想
과 그 社會的 意義」, 1996, 130-163쪽에서 北漢山碑文의 기사인 "忠信精誠" ·
"覇主" · "建文大得人民" 등의 구절과 磨雲嶺碑文과 黃草嶺碑文에 보이는 "忠
信精誠" · "兢身自愼 恐違乾道" · "四方託境" 등의 구절을 통해 신라 중심의 세
계관을 지니면서 왕도정치 사상을 전개할 수 있는 사회 문화적인 배경으로는 불
교 수용에 따른 『仁王經』의 유포와 黃龍寺의 창건, 儒敎 및 老莊系列의 經典 수

용 등을 들 수 있다고 하였다.

110 『三國史記』卷10,「新羅本紀」, 100쪽, "(元聖王) 四年春, 始定讀書三品以出身, 讀『春秋左氏傳』, 若『禮記』若『文選』而能通基義, 兼明『論語』·『孝經』者爲上. 讀『曲禮』·『論語』·『孝經』者爲中. 讀『曲禮』·『孝經』者爲下. 若博通五經·三史·諸子百家書者, 超擢用之. 前祇以弓箭選人, 至是, 改之. 秋, 國西, 旱·蝗. 多盜賊. 王發使安撫之."

111 尹在碩,「韓國·中國·日本 출토 論語木簡의 비교연구」,『東洋史學硏究』114, 2011, 67-77쪽. 아울러 金海 鳳凰洞에서 발견된 논어 목간은 公冶長篇의 중반부에 해당하는 내용으로 원래는 28-30㎝였을 것이나 현존의 길이는 20.6㎝, 너비 1.52.1㎝이며 4면에 한 자당 평균 12.1-12.9㎜를 차지하는 글자가 모두 53-57자에 걸쳐 묵서되어 있고 이 중 판독이 가능한 글자 수는 각 면당 14-16자라고 밝히고 있다(釜山大學校博物館,『金海 鳳凰洞 低濕地遺蹟』, 釜山大學校博物館硏究叢書 33輯, 2007, 52-54쪽 참조). 또한 오면체인 인천시 계양산성『논어』목간 역시「공야장」의 일부 내용을 전하고 있다. 발굴보고서에 의하면 목간의 형태는 길이 49.3㎝, 너비 2.5㎝, 묵서된 부분의 길이 13.8㎝로서 이 목간 역시 '1章1觚'의 서사 원칙을 지켰다면 전체 길이는 대략 96㎝ 정도로 추정할 수 있다(鮮文大學校 考古硏究所·인천광역시 계양구,『계양산성발굴보고서』, 2008, 264-271쪽 참조).

112 『舊唐書』卷199,「東夷傳·上」, 新羅國, 5335-5336쪽, "春秋請詣國學觀釋奠及講論, 太宗因賜以所制溫湯及晉祠碑幷新, 撰晉書. 將歸國."

113 『三國史記』卷44,「金仁問傳」, 422쪽, "太宗大王第二子, 幼而就學, 多讀儒家之書, 兼涉莊老浮屠之說, 又善隷書射御鄉樂."

중화사상과 조선후기 사상사

1 하영휘,「柳重敎(1821~1893)의 춘추대의, 위정척사, 중화, 소중화」,『민족문학사연구』60, 2016, 163-189쪽; 하영휘,「柳重敎(1821~1893)의 춘추대의, 위정척사, 중화, 소중화」, 마인섭 편,『근대전환기 동아시아 전통지식인의 대응과 새로운 사상의 형성』, 서울, 성균관대학교 출판부, 2016, 105-130쪽.

2 근대 이후, 중화를 중국 중심주의, 또는 중국적 세계질서쯤으로 이해하는 일반적인 경향이 있는 것으로 보인다.

3   허태용, 『조선후기 중화론과 역사인식』, 서울, 아카넷, 2010, 246-247쪽.

4   하영휘, 앞의 글, 166-167쪽.

5   하영휘, 앞의 책, 107-109쪽.

6   이재석, 「성재 유중교의 척사사상」, 『지역문화연구』, 세명대 지역문화연구소, 2009.

7   하영휘, 앞의 글, 180-181쪽.

8   안정복, 『동사강목』 제7하, 문종30년(1076) 8월조, "秋八月遣使入朝于宋 工部侍郎崔思諒 奉使入宋 謝恩獻方物 宋以本國爲文物禮樂之邦 待之浸厚 題使臣下馬所曰 小中華之館 所至 太守郊迎 其餼亦如之."

9   徐兢, 『宣和奉使高麗圖經』 권3 「城邑」 "臣聞四夷之君 類多依山谷就水草 隨時遷徙 以爲便適 固未嘗知有國邑之制 西域車師鄯善 僅能築墻垣作居城 史家卽指爲城郭諸國 蓋誌其異也 若高麗則不然 立宗廟社稷 治邑屋州閭 高埠周屛 模範中華 抑箕子舊封 而中華遺風餘習 尙有存者 朝廷間遣使 存撫其國 入其境 城郭歸然 實未易鄙夷之也."

10 殷의 조세 제도. 백성의 노동력으로 公田을 경작하는 일종의 노역조세제도.

11 韓百謙, 『久菴遺稿』 상, 「箕田遺制說」 "關閩諸賢 俱以王佐之才 生丁叔季之時 慨然以挽回三代爲己任 收拾殘經 討論遺制 殆無所不用其至 而猶有懸空之歎 未得歸一之論 倘使當時足此地目此制 則其說先王制作之意 想必如指諸掌矣."

12 정약용, 『다산시문집』 권14, 「箕子井田圖跋」 "然箕子之必都平壤 本無明據 平壤若係箕子故都 則不應以王儉城得名也 句麗之亡 李世勣經理平壤 百濟之亡 劉仁軌經理南原 故兩地皆起屯田 其謂之井田者 好古之過也."

13 기자의 평양도읍 진위 여부는 논지를 벗어나므로 여기서는 따지지 않기로 한다.

14 崔岦, 『簡易集』 권9, 「洪範學記」.

15 宋時烈, 『宋子大全』 권131 「雜錄」 "我東本箕子之國 箕子所行八條 皆本於洪範 蓋大法之行 實與周家同時矣 孔子之欲居 亦豈以是也耶 沙溪金先生嘗建白于朝 欲尊崇箕子 同於孔廟 以報罔極之恩 而以垂無窮之敎."

16 송시열, 『송자대전』 권13, 「請神德王后祔廟箚 己酉正月二十六日」 "本朝自立國以來 三綱正五常明 一變勝國之胡俗 克升三古之大猷 故皇朝之人 每稱以小中華 斯眞實語也."

17 유중교,『성재집』권2,「除司憲府持平後陳情疏 1882년 9월」,"夫中華之所以
爲中華而異於夷狄者 以其有三綱之重 五常之大 禮樂文章之盛 道學淵源之
正也."

18 『맹자』,「滕文公上」.

19 舜이 禹를 경계한 말이다.『서경』,「大禹謨」.

20 유중교,『성재집』권36「燕居謾識」"且未論地形如何 凡物以心爲中 天地間初
頭出聖人之地 卽天地之心所在處 西人自謂遍踏海外萬國 不知那處那國 更
有那樣人 說出父子有親君臣有義夫婦有別長幼有序朋友有信五件事否 道破
人心惟危道心惟微惟精惟一允執厥中十六字否 只以此折之足矣."

21 논란의 여지가 있지만, 필자는 여기서 조선전기를 병자호란 이전까지로 본다.

22 김상헌,『청음집』,「請勿助兵瀋陽疏 己卯十二月」,"自古無不死之人 亦無不亡
之國 死亡可忍 從逆不可爲也."

23 송시열,『송자대전』권138,「皇輿考實序」"惜乎 以如此幅員之大 而皇朝乃有
甲申三月之變 何也 豈地廣大荒 故稂莠蛇蜒亦得以滋蔓卵育於其間而然歟
自是以來 輾轉推遷 以至於今日 則虞夏巡狩之國 孔朱講道之處 皆非疇昔之
舊 而臭敗腥羶矣 安得挽天河之水而一洗之也 惟我東方僻在一隅 故獨能爲
冠帶之國 可謂周禮在魯矣 使聖人而復起 想必乘桴而東來."

24 이 말은『左傳』昭公 2년 조에 나온다. 魯는 周公의 아들 伯禽의 封地다. 周의
문물과 전적을 잘 보존하여 평소에 '예악의 나라'로 불렸다. 춘추시대에 吳 公
子 季札이 노나라의 음악을 보고 감탄했고, 晉 대부 韓宣子도 노나라를 방문
하여 서적을 본 후 감탄하여 "周의 禮가 모두 魯에 있다"고 했다.

25 고대에 지금의 福建省과 浙江省 남부에 살던 일곱 閩族, 또는 그 지역.

26 송시열,『송자대전』권131,「잡저 잡록」"中原人指我東爲東夷 號名雖不雅 亦
在作興之如何耳 孟子曰舜東夷之人也 文王西夷之人也 苟爲聖人賢人 則我
東不患不爲鄒魯矣 昔七閩實南夷區藪 而自朱子崛起於此地之後 中華禮樂
文物之地 或反遜焉 土地之昔夷而今夏 惟在變化而已."

27 尹鳳九,「記述雜錄 尹鳳九 江上語錄」,『송자대전』부록 권19.

28 崔愼,「語錄4 崔愼 記錄 上」,『송자대전』부록 권17.

29 유중교,『성재집』권3,「往復雜稿」,上華西先生 己未六月"然河圖之位與數 又
不過因天地萬物之眞象以著之 以三才言則人爲天地之中 以天言則北辰爲中
以地言則中國爲中 以生民言則君爲中 以一人言則心爲中 以心言則不偏不
倚爲中 以其用言則無過不及爲中 以事物言則天然自有之直理爲中 推之萬

物 草木之有榦 鳥獸之有心 無往而無一物之中矣."

30 『맹자』,「公孫丑上」, 浩然之氣章에서 온 말로, 마음이 바르지 못한 데서 나오
    는 나쁜 말 네 가지 중 淫辭와 邪辭를 말한다. "치우친 말에서 마음이 가려
    져 있음을 알며, 지나친 말에서 마음이 빠져 있음을 알며, 부정한 말에서 마음
    이 道와 멀리 떨어져 있음을 알며, 회피하는 말에서 논리가 궁함을 알 수 있
    다.(詖辭知其所蔽 淫辭知其所陷 邪辭知其所離 遁辭知其所窮)"

31 유중교,『성재집』권2,「除司憲府持平後陳情疏 1882년 9월」"是以孔子作春秋
    其義莫大乎尊中華攘夷狄 孟子作七篇之書 其義莫大乎閑先聖放淫邪 是皆
    本之大易扶陽抑陰之道 而與大禹之抑洪水 武王之驅猛獸 同其功用矣 自二
    聖以後 夷狄之禍 日以益甚 淫邪之害 不一其端 而若宋之朱子及我國先正臣
    宋文正公時烈 各因其所值之變 推明春秋孟子之義 以做一治之功矣."

32 이항로,『화서집』권25,「闢邪錄辨」.

33 유중교,『성재집』권2,「除司憲府持平後陳情疏 壬午九月」"富國有道 務本抑
    末 量入爲出而已 強兵有道 培養忠孝 獎勵節義 使之親其上而死其長 則器
    械之不利 技藝之不精 非所憂也 豈有傳業於棄本逐末窮奢極淫之徒以爲富
    受教於背義徇私無父無君之類以爲強者耶."

34 유중교,『성재집』권2,「除司憲府持平後陳情疏 壬午九月」"不幸勢有所不敵
    君臣上下亦宜精白一心守止不撓 卒之以國殉道 則目前事形 雖有所屈 而其
    所伸於後者 將與日月同其光顯 天地同其久長矣 亦未爲大不幸也."

35 유중교,『성재집』권58「연보」「1879년 9월」"先生自漢浦時. 奉藏晦菴尤菴華
    西三先生遺像於精舍 每朔望 以幅巾深衣黑帶 率諸生展拜訖 受諸生拜 使諸
    生相揖乃坐 命誦白鹿洞書院學規 其北遷 旣以玉女之峰紫泥之陽 適符晦翁
    所居之地 又以朝宗巖之尤翁筆削 臥龍湫之華翁詩什 而不勝追慕 遂就精舍
    東 營書社 以爲徒友講學之所."

36 유중교,『성재집』권58「연보」「1881년」"此日此擧 足以使吾東人有辭於天下
    後世 李以先正之孫而 首倡此事 尤可貴也."

37 유중교,『성재집』권39「柯下散筆」.

38 유중교의 문집『省齋集』권11에는 최익현에게 보낸 편지 13통이 실려 있는데,
    질책하고 격려하는 내용이다.

39 유인석,『毅菴集』권37,「雜著 病狀記語」.

40 유중교,『성재집』권2,「除司憲府持平後陳情疏 壬午九月」"是以孔子作春秋
    其義莫大乎尊中華攘夷狄 孟子作七篇之書 其義莫大乎閑先聖放淫邪 是皆

本之大易扶陽抑陰之道 而與大禹之抑洪水 武王之驅猛獸 同其功用矣 自二
聖以後 夷狄之禍 日以益甚 淫邪之害 不一其端 而若宋之朱子及我國先正臣
宋文正公時烈 各因其所値之變 推明春秋孟子之義 以做一治之功矣"

41　유중교,『성재집』권36,「燕居謾識」"春秋大義數十, 衛王室討亂賊, 尊中華攘
夷狄, 爲君父復仇讎, 乃其尤大者也 後之受用其義, 以立人紀者, 漢之武侯,
宋之朱子, 我東之宋子是也 盖武侯得討亂賊之義者也, 朱, 宋二子皆兼攘夷
復讎之義, 而朱子復讐爲重, 宋子攘夷爲重."

42　朱熹,『晦庵集』권25,「答張敬夫書」"夫春秋之法 君弑 賊不討則 不書葬者 正
以復讎之大義爲重 而掩葬之常禮爲輕 以示萬世臣子 遭此非常之變則 必能
討賊復讎然後 爲有以葬其君親者 不則 雖棺椁衣衾極於隆厚 實與委之於壑
爲狐狸所食 蠅蚋所嘬 無異 其義可謂深切著明矣."

43　尹鳳九,「記述雜錄 尹鳳九 江上語錄」,『송자대전』부록 권19, "鳳九曰 聞淸愼
春諸先生 皆以大明復讎爲大義 而尤翁則又加一節 以爲春秋大義 夷狄而不
得入於中國 禽獸而不得倫於人類 爲第一義 爲明復讎 爲第二義 然否 曰 老
先生之意正如是矣."

44　앞 구절은 효종이 李敬輿의 상소에 대한 비답으로 내린 것으로, 북벌이 제대
로 추진되지 못하는 안타까운 마음을 표현한 말이다. 뒤 구절은 주희가 쓴 편
지에 나오는 말로, 金에 복수할 생각은 하지 않고 태평으로 지내는 조정의 고
관들을 질책한 말이다(朱熹,『晦庵集』권24,「與陳侍郎書」).

45　유중교,『성재집』권6,「上重菴先生辛未十一月二十三日」"盖當今之世 能篤
信朱子之眞爲孔子後一人 宋子之眞爲朱子後一人 離類獨復 竪立赤幟 自任
天下之義理 而以開喩群惑 偕之大道爲心 知無不言 言無不盡 如水臨萬仞 無
復凝滯."

46　유중교,『성재집부록』권1,「年譜」, 壬子(1852) 先生二十一歲 以華西先生命
修宋元華東史合編綱目.

47　유중교,『성재집』권17,「答姜景夏健善 甲戌十二月」"第有一事大彰明較著者
春秋尊華攘夷之義 實天地之本心 而生人之大情也 朱子繼往開來之學 乃質
鬼神無疑 而埃百世不惑者也 尊此信此而所造有淺深 不得盡爲大人者有之
矣 未有慢此侮此而能免爲小人 而不陷於夷狄禽獸之類者也."

48　위백규가 이 문제를 해명하는 글(魏伯珪,『存齋集』권17,「春秋大義辨」)을 쓴
것이 이런 관점이 많았다는 것을 반영한다. 이런 시각은 현재에도 많이 있다.

49　송시열,『송자대전』권173,「掌令洪公墓碣銘 幷序」"汗辭塞良久曰 汝旣首斥
和約 則其志必欲殲滅我類矣 大軍之出 何不迎擊 反爲我所擒乎 公曰 我之

所執者 只大義而已. 成敗存亡 不須論也."

학술적 우상과 중국-조선 간의 문화교류

1 劉爲,『淸代中朝使者往來硏究』, 哈尔滨, 黑龙江教育出版社, 2002 참고.

2 梁啟超 著, 夏曉虹·陸胤 校,『中國近三百年學術史』(新校本), 北京, 商務印書館, 2011, 68쪽. 이 책이 출간되기 전에 양계초 선생은『晨報副鐫』1924年 第43-47號(3월 2~6일)에서「淸學開山祖師之顧亭林」이라는 글을 발표하였다.

3 陳祖武,「高尙之人格: 不朽之學術—紀念顧炎武亭林先生四百年冥誕」,『文史哲』2014-2.

4 何紹基는「別顧先生祠」에서 다음과 같이 말하였다. "亭林先生祠, 小子始營繕 …… 落成奉遺像, 覽撲潔盟薦. 肅然道義容, 警我塵土賤 …… 溯惟明代末, 世苦龍蛇戰. 氣節誠乃隆, 兵將多不練. 小儒獨何爲, 俗學爭相煽. 語錄飾陋窳, 詞章鬥輕薄. 先生任道堅, 千古系後先. 硏窮經史通, 曠朗天人見 …… 經心執聖權, 首啟熙朝彥. 兵刑禮樂尊, 九數六書衍. 漢宋包群流, 周孔接一線 …… 自非菰中人, 孰開眾目眩 …… 儀征實後至, 草創『儒林傳』. 論學采源流, 全編有鳧弁 …… 先生冠儒林, 狂瀾植厓堰. 君親鑒吾身, 學行須貫穿. 願從實踐入, 敢恃虛談便."(龍震球·何書置 校點,『何紹基詩文集』, 長沙, 嶽麓書社, 1992, 183-184쪽). 葉昌熾은 다음과 같이 말하였다. "士大夫官於京朝祀其鄉之先哲, 以爲瞽宗禮也, 若夫亭林先生之有祠, 自何子貞, 苗仙麓諸公始, 則非一鄉之祀, 而學先生之學者, 屍而祝之, 以付於私淑之徒者也 …… 先生之學, 雖爲海內所宗仰, 而吾鄉之人尤宜有先河之義 …… 先生博貫天人, 講求經世, 遂開熙朝一代儒林之統."(王仁俊 輯,『顧亭林祠會祭題目弟二卷』,『正學堂雜著』本, 淸稿本, 15-16쪽). 또 陸心源은「擬顧炎武從祀議」에서 다음과 같이 말하였다. "聖人沒而微言絶, 七十子之徒各以所聞相授受, 其弊也, 沉溺章句, 大義茫然. 至五季而其弊極矣, 宋儒出而聖人之道複明 …… 其弊也, 空談心性, 不求實學, 甚則以聚徒爲市道, 以講學爲利階. 至明季而其弊極矣, 顧炎武出而聖人之道複明 …… 臣竊謂漢唐以來, 儒者或精訓詁, 或明性理, 或工文章, 各得聖人之一端, 若夫經行並修, 體用兼備, 求之往昔, 代不數人. 國初諸儒, 惟炎武可以當之. 皇上中興以來, 豐功偉烈, 半出名儒, 蓋炎武有以開其先也."(『儀顧堂集』卷3,『續修四庫全書』, 上海, 上海古籍出版社, 2002, 第1560冊, 406-407쪽).

5 고염무 사당과 회제에 대해서는 『顧先生祠會祭題名弟一卷子』, 『顧亭林祠會祭題名』(『正學堂雜著』本), 『顧祠小志』 등의 전문적 기록뿐만 아니라, 참여했던 인물들의 시문집과 연보에서도 많이 언급되었다. 학계에서도 이와 관련된 연구들이 지속적으로 발표되었다. 대표적 성과로는 王汎森, 「淸代儒者的全神堂—『國史儒林傳』的編纂與道光年間顧祠祭的成立」(『中硏院歷史語言硏究所集刊』第79本第1分), 魏泉, 『士林交遊與風氣變遷—19世紀宣南的文人群體硏究』(北京, 北京大學出版社, 2008), 段志强, 『顧祠—顧炎武與晚淸士人政治人格的重塑』(上海, 復旦大學出版社, 2015) 등이 있다. 고염무 사당의 낙성식과 처음 회제가 거행되었던 시기에 대해서는 『顧先生祠會祭題名弟一卷子』에 기재된 내용을 근거하였다. 그러나 張穆이 찬술한 『顧亭林先生年譜』 '康熙 七年 戊申 56세' 조목에서는 "道光二十三年夏, 何太史紹基勾貨爲先生建祠堂於寺西偏 …… 歲春秋致饗祀焉. 二十四年落成, 二月十四日辛亥公祭"(『顧炎武全集』第22冊, 上海, 上海古籍出版社, 2011, 53쪽)라고 되어 있어 앞의 내용과 차이를 보인다. 吳昌綬이 편찬한 『顧祠小志』에서는 두 설을 모두 인정했으므로, 여기서는 우선 전자를 따른다.

6 張穆, 『顧亭林先生年譜』 '康熙七年戊申 五十六歲' 注, 53쪽. 『顧亭林先生年譜』 卷首에는 다음과 같은 기록이 있다. "本朝學業之盛, 亭林先生實牖啟之, 而洞古今, 明治要, 學識咳貫, 卒亦無能及先生之大者 …… 穆乃不自揆度, 比而敍之, 綜兩譜之異同, 究大賢之本末, 世之景行先生者, 尚其有考於斯. 道光二十三年五月朔日."(1쪽). 『閻潛丘先生年譜』 題識 "癸卯夏, 穆改訂『亭林年譜』旣卒業, 念國朝儒學, 亭林之大, 潛丘之精, 皆無倫比, 而潛丘尤北方學者之大師 …… 爲『潛丘年譜』, 將以詒吾鄕後進, 興起其向學之心."(張穆, 鄧瑞 點校, 『閻若璩年譜』卷首, 北京, 中華書局, 1994, 1쪽).

7 孫衣言曰은 다음과 같이 말했다. "先生(指顧炎武—引者注)丁明之季, 其時已無可爲, 然未嘗一日忘天下, 常欲有所興革損益, 以軒輗於三代, 兩漢之盛, 其具於書者, 往往而可行也. 今國家多事, 雖不能如二十年前之易於有爲, 然自顧祠之初成道光癸卯, 甲辰之間, 世事之變, 固已萌枿其間矣. 使上之人怵惕惟屬, 以求賢才, 修政事爲心, 下之人發憤爲雄, 以崇廉恥, 知古今爲務, 至今二三十年, 而謂中國之聰明材力必不足以得志於天下, 誰其信之 …… 其事固非曠絕而不可幾, 我君我相, 其惡可不及時振屬, 而士之在下者, 其亦惡可苟焉以自恕也 …… 而衣言幸得從二三子拜先生之祠, 瞻仰先生之遺貌, 其當思所以無愧於先生, 豈徒以爲相從飲酒修飾故事而已哉!"[『顧先生祠會祭題名弟一卷子』, 光緖二十五年重裝影印本, 37-38쪽; 이 기록은 또 『遜學齋文抄』卷2 「亭林先生生日會客記」(『續修四庫全書』, 上海, 上海古籍出版社, 2002, 第1544冊, 277-278쪽)에 보인다]. 鄒福保는 光緖三十年九月 題顧祠會祭卷子에서 다음과 같이 강조했다. "經濟不從學術而出者, 其經濟不眞; 學術不由品節而來者, 學術亦訛. 今天下之士抵掌談時

務, 或援筆立言, 聽其議論娓娓然, 覽其所著書洋洋然, 未嘗不可振鑠一時, 而於世道人心之故, 則日滴而日壞. 嗚呼! 人事愈雜, 世變愈奇 …… 將思所以挽救於萬一, 則莫如式之以真有品節, 真有學術, 真有經濟之人! 余於先生(指顧炎武—引者注)之書, 服膺不勌, 家藏『日知錄』及亭林十種初印精本, 每手加丹黃, 時時展讀, 反復涵泳, 慨然想見其爲人, 而恒以不及執鞭爲恨."(王仁俊 輯,『顧亭林祠會祭題名弟二卷』,『正學堂雜著』第17冊, 淸稿本, 23쪽).

8   일반적으로 일 년에 세 번 거행하였다. 즉, 봄 제사(2~4월에 거행하였고, 3월에 하는 경우가 많았다), 생일 제사(5월 28일, 특별한 경우는 6월 6일로 연기, 광서 6년 이후 중단되었다가, 1919, 1920년 다시 거행되었는데, 5월 26일에 거행되었다), 가을 제사(9월 中上旬, 重陽日에 많이 거행되었다) 세 번으로 거행되었다. 특수한 경우에는 한두 번만 거행되기도 하였고, 혹은 특별히 거행하기도 하였다 (道光 24年, 道光 30年, 咸豊 11年). 참여한 사람의 수는 일반적으로 1~20명이었고, 가장 많을 때는 35명까지 되었다. 가장 적을 때는 4명이 참여하기도 하였다. 참석한다고 했으나 일이 있어 오지 못한 경우나 참석했으나 상중이라 제사에 참여하지 못한 경우는 계산하지 않았다.

9   王堃은 同治六年(1867)에 生日祭를 치른 후 다음과 같은 시를 지었다. "亭林先生古博学, 招提祠祀岁遍三. 慈仁高会此第一, 巡襟懷舊参伽蓝. 前辈鲍叔熟掌故, 胸期淵奧师庄聃. 冠缨角逐萬人海, 谁其嗜古能高谈. 经学于今少研究, 马郑遗义畴孳含. 拜公祠下钦公学, 文章经术成名堪. 展披画卷识遗像, 枕葄书史情沉酣. 大儒巾裾氣浩浩, 神仙眉鬢风毵毵. 卷中题名类贤俊, 吮毫嚟嚅心懷惭. 同人觞咏各有托, 我耽岩壑情尤甘. 追寻古欢联雅会, 词坛控纵谁为骖. 此卷庋藏不轻见, 情驰翰墨能忘贪. 经时记忆復赋此, 蘸笔长愿随禅庵."(『顾先生祠会祭题名弟一卷子』, 35-36쪽). 또 王轩은 咸豊十一年(1861)에 다음과 같은 시를 지었다. "顾老王者师, 著书参天地. 惜哉垂坐言, 落寞未历试. 旁博形声秘, 上窥苣符字. 日知毕生力, 绝学肇髫稚. 切切江海防, 殷忧三致意 …… 百年文教揆, 重泽月窟致 …… 方欲偕大道, 岂徒矜小智. 学齐寄私淑, 姑念将奚自. 踽踽忧无闻, 茫茫悸绪坠."(董文涣, 李豫·李雪梅等 點校『砚樵山房诗稿』, 太原, 山西古籍出版社, 2007, 173쪽).

10   朴瑄寿 撰하고 金允植이 删补한「節錄瓛斎先生行状草」에 다음과 같은 말이 보인다. "桓圭之桓, 古文从玉从献, 故中岁字號以瓛行 …… 庚寅五月, 鹤驾上宾, 公哀毁屡日, 如不欲生……遂改字以桓为瓛, 蓋寓'自靖人自献于先王'之意也."(朴珪寿,『瓛斎先生集』卷首, 1913年 铅活字印本, 3, 5쪽).

11   朴珪寿는「述懷呈斗阳赵公」에서 다음과 같이 말하였다. "粤自辟咡时, 先輩多提挈. 醇溪经史学, 芝山诗禮说. 执烛许隅坐, 糟粕任哺啜. 吾生亦幸耳, 师友得一

室 …… 古人弱冠业, 原委贵洞彻. 年来坐荏苒, 大惧趋琐屑. 所以苏氏子, 上书韩·富杰. 愿尽三大观, 立论颇激烈. 嗟余独何者, 坐获顾蓬荜. 文章千古事, 勖我以前哲. 仰惭国士遇, 俯愧菲薄质. 从今就矩矱, 永言受磋切."(『瓛斋先生集』卷1, 31쪽). 또 그는「经臺宅拜韦庵公遗像仍瞻明道晦庵二先生小真」에서 다음과 같이 말하였다. "我昔志氣如初阳, 夜梦多在周孔旁. 伊尹好观古图像, 每逢佳本喜欲狂 …… 经师易获人师难, 文字糟粕不可详. 目击道存斯为大, 素丝朱蓝语难忘 …… 先生無语弟子侍, 夫岂寥悄守空堂. 乡黨篇出门人笔, 宣父在座垂帷裳. 甚矣嗜学二三子, 曲意摸写追遗光. 恨無妙墨绘百幅, 下自洙泗溯羲黄."(『瓛斋先生集』卷3, 6쪽). 朴瑄寿 撰, 金允植 删补『節錄瓛斋先生行状草』亦曰: "其学术淵源乎家庭, 又得师友丽泽之益为多. 外戚则醇溪李公, 芝山柳公, 念斋李公也; 先辈则北海赵公, 淵泉洪公, 沆瀣洪公, 台山金公, 茶山丁公, 枫石徐公, 梣溪尹公也; 知友则淵斋尹公, 桂田申公, 圭斋南公, 邵亭金公, 海庄申公, 韦史申公, 经台金公, 圭庭徐公, 汕北申公也, 皆以经术文章冠冕當世, 極一时之盛云."(朴珪寿, 『瓛斋先生集』卷首, 9쪽). 이를 통해 박규수의 학문으로 입신하고자 하는 뜻 및 그 종지를 볼 수 있다.

12　朴瑄寿 撰, 金允植 删补, 『節錄瓛斋先生行状草』, 朴珪寿, 『瓛斋先生集』卷首, 3-9쪽.

13　金允植, 『瓛斋先生集』'序'(朴珪寿, 『瓛斋先生集』卷首, 2쪽). "公之佐王之才, 本之于学术之精深, 济之以识量之包恢, 平生不欲为無益之空言, 必可以措诸实 …… 惟民彝物则之是讲, 制度谟猷之是究, 风壞俗败之是恤, 故其文章, 皎然为经世之巨工, 不喜藻饰, 耻为矜夸之容 …… 蓋其贯穿三禮, 博综子史, 透会解繁, 得其神韵之所在. 淵源家庭闻见, 而归之醇正; 斟酌乎中州名儒, 而务为平实."

14　金允植, 『瓛斋先生集』'序', 朴珪寿, 『瓛斋先生集』卷首, 1-2쪽. "本朝人文之盛, 莫如明宣之际, 垂三百年而得朴瓛斋先生! 先生膺名世之期, 挺有为之才, 其学自子臣弟友所當行之义分, 达之于天德王道, 经经纬史, 元元本本. 其蓄积素养之具, 既厚且深, 然未尝以文人自命. 如有所作, 则必有为而发, 非汗漫無实之言也 …… 其论治乱兴亡之道, 生民利病之源, 必反复剀切, 明白痛快, 警破时人之昏聩; 论典禮, 则根據精详, 體裁谨严; 语交际, 则诚信相與, 而不失自主之體. 大而體国经野之制, 小而金石考古, 仪器杂服等事, 無不研究精确, 实事求是, 规模宏大, 综理微密, 皆可以羽翼经传, 阐明先王之道者也 …… 蓋不忍置斯时于乱世而自潔其身也. 此忠厚之至也." 金明昊 선생은 「19世纪朝鲜实学的发展和瓛斋朴珪寿」(中国实学研究会 编, 『中韩实学史研究』, 北京, 中国人民大学出版社, 1998, 241-248쪽)에서 朴珪寿의 실학적 성취에 대해 상세하게 논의하였다.

15　朴珪寿, 「尹公题瓛斋简牍後」, 『瓛斋先生集』卷9「與尹士淵」附, 18쪽. "蓋近世

以来, 其有用之才, 学识如瓛斋者, 未知为谁? 而瓛斋既殁之後, 如瓛斋者, 又未知为谁? 此所以为高欤!"

16 金允植, 『瓛斋先生集』'序', 朴珪寿, 『瓛斋先生集』卷首, 2쪽. "士有邃学可以尊主而庇民, 才识可以坐言而起行, 名位可以参赞而彌纶, 竟不得展素蕴, 流闡泽, 而徒使後人想像咨嗟于寂寥之遗编, 蓋自古惜其不遇, 叹其有命者何限焉, 亦夫何恨乎公哉?"

17 「北門」은 『詩經』의 편명으로, 王事와 國事가 모두 자기에게 쏟아져서 힘에 부친다는 표현이 있다. 곧 박규수가 너무 많은 임무를 맡은 데 대한 한탄이다.

18 「北山」은 『詩經』의 편명으로, 땅이 넓고 사람이 많은데도 왕이 균평하지 못해 자신에게만 부역이 많이 돌아옴을 비판하는 표현이 있다. 곧 박규수가 너무 많은 임무를 맡은 데 대한 한탄이다.

19 金允植, 『雲养续集』 「奉送瓛斋朴先生珪寿赴热河序哲宗辛酉 补遗」, 杜宏刚等主编, 『韩国文集中的清代史料』, 桂林, 廣西师范大学出版社, 2008年, 第17册, 218-220쪽.

20 朴珪壽, 『瓛齋先生集』卷3, 「辛酉孟春之六日集鶴樵書室分韻幽賞未已高談轉淸余得轉字時余奉使熱河將出疆聊以長句留別諸公」, 13-14쪽. "故人留我開小宴. 尊酒便作都門餞. 都門西出四千里. 使蓋遙遙指赤縣. 平生夢想帝王州. 蟺薛中堂空流羨. 三輔黃圖眼森森. 意中輾轆車輪轉. 今朝出門眞快活. 舞驂周道平如輾. 諸公端合爲我賀. 胡爲離愁眉頭現. 豺虎縱橫鯨鯢出. 風塵鴻洞陸海遍. 兵强馬壯豈足恃. 綱紀一失此可見. 況復西域賈胡說. 矯誣人天來相煽. 皆言斯文厄陽九. 天下胥溺誰能援. 端門痛哭雖未必. 蜀江溯峽諒不便. 吾書盡是磊落人. 非爲小別生睠戀. 嗚呼聖人豈欺我. 請君且莫憂思煎. 六經中天如日月. 窮陰復陽爭一線. ……異端剽竊古來有. 任他文飾恣誇眩. 久後生出魁傑人. 慚愧晚覺私智穿. 環瀛匝地血氣倫. 歸我同文夷一變. 從知消息往來際. 不無風雨雜震電. 書生豈曾識時務. 此日榮被專對選. …… 歸來重論天下事. 濃陰遲日鶯百囀."

21 朴珪寿, 『瓛斋先生集』卷10, 「與董研秋文煥」, 32-33쪽. "一種流俗, 每云书生不能吏治, 儒家不知兵事, 总归之腐头巾. 此堪痛恨! 吏事且無论, 即取兵事论之, 从古大功之出于书生, 亦復何限 …… 记咸豊辛酉弟之赴热河, 人皆以为涉险冒危, 甚畏之, 弟之被选, 以是故也. 大笑勇往, 何思何虑."

22 朴珪寿, 『瓛斋先生集』卷11, 「赠人入燕序壬辰」, 18쪽. "观乎大都市之中, 众人之行, 遇丹漆胶角而顾之, 必良弓氏也; 顾鉴燧五金之齐者, 必良冶氏也; 顾珠璣锦罽羽翠文屏者, 必饰诡服以自喜者也. 非他也, 业之习, 志之专, 性之嗜好不一故耳. 百工之居货者如是, 为文章取材于群书之府者如是, 博观远游, 为山川人物之

论者, 亦如是. 类聚群分, 其趣萬殊, 声氣之感同者是求. 子将行矣, 观其色有跃然不自勝之喜, 吾未知是将求醫巫闾之珣玕者乎? 幽并之利刀弓车者乎? 是以不能言也. 君子居室出言, 应在千里之外, 況子游历帝王之都, 天下士大夫之淵藪? 吾未知子之寓目骋懷者何如也? 邂逅结识者何如也? 将俟其归而细叩之, 姑未可以虚辞相赠."

23 朴珪寿, 『瓛斋先生集』卷9, 「與尹士淵」, 2-3쪽. "江外群山, 眼界壮闊, 已觉非域中曾见, 从此心目日日新, 以是为快."

24 朴珪寿는 申锡愚를 위해 편찬한 谥状에서 다음과 같이 말하였다. "记岁辛酉, 公奉使而还, 珪寿有热河之役, 與公遇于辽左途中, 为说燕邸交游之乐. 及珪寿到燕, 逢中州诸名士, 咸推服申琴泉为巨儒伟人, 稱道惓惓."(『瓛斋先生集』卷5, 「禮曹判书申公谥状」, 29쪽.) 王豫『董砚樵先生年谱长编』의 '咸豐十一年, 二十九岁'조에서 다음과 같이 기록하였다. "二月 …… 是月下旬, 朝鲜赴热河问安使正使赵徽林尚书, 副使朴珪寿侍郎, 书状官宋徹求侍郎, 进士宋源奎进士至京, 他们在进京途中遇申锡愚一行, 赵雲周将信并诗交赵徽林托转交先生, 先生得以认识赵徽林诸人."(董寿平・李豫 主编, 『清季洪洞董氏日记六種』, 北京, 北京图书馆出版社, 1997, 第6册, 38쪽). 동문환의 시집에는 申锡愚(正使), 徐衡淳(副使), 赵雲周(书状官) 등과 교유하고 唱和한 시가 수록되어 있다. 예컨대, 「赠朝鲜使申琴泉判枢锡愚徐汉山尚书衡淳赵兰西编修雲周」(附申锡愚, 徐衡淳, 赵兰西和诗; 王轩和赠申锡愚, 徐衡淳, 赵雲周诗), 「鲁川翔雲顾斋招同琴泉汉山兰西并海秋前辈定甫丈小集余兄弟周中会者十人以顾斋雅集为题海内存知己天涯若比邻分韵得己字」(附诸人分韵得字诗; 黄雲鹤答申锡愚, 徐衡淳得字诗, 赵雲周和董麟诗), 「题赵兰西雅集图册後即次原作内字韵」(附王轩诗), 「题琴泉亭」(附王轩和诗), 「题汉山無喧亭」(附王轩和诗), 「送琴泉归朝鲜」(附冯志沂诗), 「送汉山」(附徐衡淳答诗), 「送兰西」(附赵雲周答诗) 등이 있다. 『砚樵山房诗稿』(李豫・李雪梅等 點校, 158-179쪽)를 참조해보면, 董文涣의 "岂意萍踪合, 遂深胶漆投. 共球陪日下, 珠玉吐风流. 海国三韩彦, 东阳八咏楼. 何當同剪烛, 别雨话绸缪"(158쪽)와 申锡愚의 "感激中华士, 瓊琚互赠投. 东阳胜约, 元宰果名流. 使役从鲲域, 文章见凤楼. 苔岑無远近, 托契永绸缪"(159쪽), 그리고 徐衡淳의 "友道谊知己, 所贵参五常. 可喜同氣味, 那计異疆场. 拍肩相随地, 一楼近九閭. 词翰靡不列, 杯盘亦免张. 與君从燕乐, 好我示周行 …… 何忍遽分手, 怅懷先断肠 …… 珍重时自爱, 嗣音是所望"(178쪽) 등의 诗句 및 여러 사람들이 "海内存知己天涯若比邻"를 诗题로 하여, 서로 교류하면서 알아가는 즐거움이 나타나 있다. 또 董文涣은 冯志沂 등과 교유한 기록을 남기기도 하였다. "近以诗名盛京师者, 余交游中鲁川先生其一也 …… 最早及见上元梅先生伯言, 復与吴子序, 朱伯韩, 余小坡, 陈懿叔, 王少鹤诸君子从之游, 以文字相切劚. 嗣又从吾乡张石州先生研究实

学, 及商抑之, 何愿船, 王顾斋为友, 一时交游最盛 …… 余丙辰通籍後, 因顾斋得识先生, 秉與许海秋, 林颖叔, 黄翔雲, 赵沅青诸君子诗酒往来無虚日."(「微尚斋诗集序」, 冯志沂, 『微尚斋诗集』卷首, 『清代诗文集汇编』, 上海, 上海古籍出版社, 2010, 第639册, 579쪽).

25 『顾先生祠会祭题名弟一卷子』, 25-26쪽. "三月廿八日, 以朝鲜使臣朴珪寿求谒祠, 特设一祭. 珪寿字瓛卿, 官其国禮部侍郎, 充行在问安副使. 雅慕先生(指顾炎武一引者注)之学, 及读石州所撰年谱, 尤切景仰. 入都, 與沈仲復, 董研秋游, 同来扫展. 同人至者, 王拯定甫, 黄雲鹄翔雲; 王轩霞举以期服不與祭. 期未至者, 许宗衡, 董麟, 冯志沂. 冯时外转庐州守, 赴行在未还也."

26 朴珪壽, 『瓛齋先生集』卷3, 「辛酉暮春二十有八日. 與沈仲復秉成, 董研秋文煥兩翰林王定甫拯農部黃翔雲雲鵠王霞擧軒兩庫部同謁亭林先生祠會飮慈仁寺. 時馮魯川志沂將赴廬州知府之行. 自熱河未還. 後數日追至. 又飮仲復書樓. 聊以一詩呈諸君求和. 篇中有數三字疊韻. 敢據亭林先生語. 不以爲拘云」, 14-16쪽. "穹天覆大地. 岱淵限靑邱. 聲敎本無外. 封疆自殊區. 擊磬思襄師. 乘桴望魯叟. 父師稅白馬. 鴻濛事悠悠. 而余生其間. 足跡阻溝婁. 半世方册裏. 夢想帝王州. 及此奉使年. 遲暮已白頭. 攬轡登周道. 歷覽寓諮諏. 浩蕩心目開. 曾無行邁愁. …… 懷哉先哲人. 日下多朋儔. 契托苔同岑. 聲應皷響桴. 尙論顧子學. 軌道示我由. 坐言起便行. 實事是惟求. 經學卽理學. 一言足千秋. 先生古逸民. 當時少等侔. 緖論在家庭. 我生襲箕裘. 曩得張氏書. 本末勤纂修. 始知俎豆地. 羣賢劃良籌. 遺像肅淸高. 峨冠衣帶褒. 欲下瓣香拜. 慇懃誰與謀. 邂逅數君子. 私淑學而優. 天緣巧湊. 期我禪房幽. 相揖謁先生. 升堂衣便摳. …… 福酒置中堂. 引滿更獻酬. 求友鳥嚶嚶. 食萍鹿呦呦. 此日得淸讌. 靈貺若潛周. 嗟哉二三子. 爲我拭靑眸. 廣師篇中人. 不如吾堪羞. 名行相砥礪. 德業共綢繆. 壯遊窮海岳. 美俗觀魯鄒. …… 經濟根經術. 二者豈盾矛. 禮樂配兵刑. 曾非懸贅疣. 高談忽名數. 陋儒徒讙咻. 訓詁與義理. 交須如匹逑. 一掃門戶見. 致遠深可鉤. 總是顧氏徒. 端緖細尋抽. 總是瓛卿友. 判非薰與蕕. …… 充養自深厚. 臨事得優游. 我車載脂膏. 我馬策驊騮. 取次別諸君. 東馳扶桑洲. 餘情耿未已. 那得不悵惆. 瞻玆畿甸內. 夷氛尙未收. 莫謂技止此. 三輔異閩甌. …… 努力崇明德. 衛道去螟蟊. …… 斯文若有人. 餘事不足憂. 遼海不足遠. 少別不足愁. 由來百鍊鋼. 終不繞指柔. 兩地看明月. 肝膽可相求."

27 朴珪寿, 『瓛斋先生集』卷11, 「题顾祠饮福图」, 21쪽. "昔亭林先生北游至都下, 尝栖止于城西之慈仁寺. 後之学者, 想慕遗躅, 道光癸卯建祠于寺之西南隅, 以祀先生. 道州何君子贞实始经营云. 珪寿夙尚先生之学, 岁咸豐辛酉, 奉使入都, 幸从诸君子祇谒先生, 特设一祭; 退而饮福于禅房, 相與论古音之正讹, 经学之兴衰, 盖俯仰感慨, 而乐亦不可胜也."

28 董文渙, 『硯樵山房詩稿』, 196쪽. "古寺集冠裳, 暮春緜組玠. 幾宴緜昔賢, 樽酒築高會. 朴君滄海客, 眉宇塵壒外. 新交既邂逅, 舊學獲商兌 …… 言瞻顧老祠, 更下張侯操. 儒林素仰止, 年譜久心佩. 石洲先生張穆所撰『顧譜』, 朴君向深景仰. 飮福答神庥, 昨臨委目快 …… 撫今憯先德, 望古寄遙慨. 當時遊帝都, 元氣充宇內. 茫茫歲月阻, 忽忽世宙隘. 同時失親奕, 緒論從誰丐. 君來嗟更晚, 中夜淚霡霂. 人事紛變更, 天道日茫昧. 復此城南遊, 歡娛亦無奈."

29 王軒, 「三月二十八日朝鮮副使朴瓛齋侍郎珪壽展謁顧祠幷拜石州先生栗主沈仲復編修秉成研秋招集同人置飮賦贈」, 沈秉成 編, 『詠樓盍戠集』卷8, 同治十年刻本, 24a-24b쪽. "異時儀征修史傳, 首重儒林黜文苑. 百六十年誰褒然, 菰中一老言無間. 載籍辛勤出真是, 宗風海寅今爲變. 張, 何晩起力仔肩, 獨抱微言耿深眷. 出處車, 徐探討詳, 交遊王, 李搜輯遍. 因尋古寺考遺跡, 更拓新祠俯郊甸 …… 坐惜君來十載遲, 祔祠恍接初虞練. 悠悠私淑知我同, 古井寒泉潔淸薦. 酒半登高憯先德, 中朝舊事征文獻 …… 顧師堂室幸同升, 豈以聞知異由撰. 不待乘桴方道東, 愔愔鼓瑟獨點歎. 因君續我廣師篇, 多識共期聞一貫." 馮志沂, 「沈仲復編修招陪朝鮮朴瓛卿小飮寅樓即席賦贈」, 沈秉成 編, 『詠樓盍戠集』卷6, 21b-22a쪽. "故人招我坐小閣, 坐有海客衣翩躚. 詩書充腹發奇秀, 疏髥飄拂疑神仙. 亭林絕學世誰繼? 海外乃肯珍遺編 …… 劇談果勝十年讀, 此會欲溯蘭亭前 …… 浮雲聚散那足道, 愧無長策弭風煙."

30 朴珪壽, 『瓛齋先生集』卷4, 「錄顾亭林先生日知錄论画跋」, 24-26쪽. "夫畫圖亦藝術中一事也, 實有大關於學者, 而今人甚忽之何也? 良由寫意之法興, 而指事象物之畫廢故耳."

31 朴珪壽, 『瓛齋先生集』卷4, 「錄顾亭林先生日知錄论画跋」, 24-26쪽. "大凡上下千載之間, 縱橫四海之外, 見聞之所未逮, 足跡之所未及, 言語之所未通, 而未能詳悉者, 唯畫圖能傳之, 能記之, 能形容之, 其用豈下於文字之妙哉?"

32 朴珪壽: 『瓛斋先生集』卷4, 「錄顾亭林先生日知錄论画跋」, 24-26쪽.

33 顾炎武는 『日知錄』의 '畫'편에서 다음과 같이 말하였다. "古人图画皆指事为之, 使观者可法可戒 …… 自实體难工, 空摹易善, 于是白描山水之画兴, 而古人之意亡矣."(顾炎武 著, 黃汝成 集释, 『日知錄集释』卷21, 欒保群, 呂宗力 校點, 上海, 上海古籍出版社, 2014, 下册, 482-483쪽).

34 朴珪壽, 『瓛齋先生集』卷10, 「與沈仲復秉成辛酉」, 2쪽. "吾東之士, 生老病死, 不離邦域, 局局然守一先生之言, 雖然一鄉善士未必無之, 相與盍簪講習, 固亦有文會友而友輔仁者. 叔季以來此道亦鮮, 竟不過聲譽相推詡, 勢利相慕悅, 竊恐中原士夫亦不能無此弊耳. 名利論交, 君子所恥, 去此數者, 友道乃見. 此所以弟之平生感慨, 孤立無群者也. 今乃與吾兄輩會合於夢寐之所未及, 睽阻於山海之所限

隔, 而爲之傾倒披露, 繾綣依黯. 惟是應求者, 聲氣之與同也; 期望者, 言行之相顧也, 於彼數事, 毫無可涉. 然則弟之眞正朋友, 在於中州, 而諸君之眞正朋友, 在於海左也. 不審尊兄以爲如何?"

35 朴珪壽: 『瓛齋先生集』卷10, 「與沈仲復秉成」, 8쪽. "吾儕皆書生也, 平生耳目心口, 不過幾卷經史殘帙, 癡情妄想, 每在許大學問, 許大事業, 一一於吾身親見之, 及到頭童齒豁, 薄有閱歷, 自應知其不可, 而消磨退沮, 獨怪結習膠固, 迷不知返, 發言處事, 到底不合時宜, 又不自悼, 而聊以自喜. 竊幸心性之交, 同此病根, 可謂吾道不孤, 好笑好笑!"

36 朴珪壽, 『瓛齋先生集』卷10, 「與沈仲復秉成」, 13쪽. "去歲呈談草, 其果蒙諸君子肯賜回答, 是爲天涯如面之資, 不比循常平安字往復耳. 一開此式, 其於經史道藝, 質問叩辨, 爲益不少."

37 朴珪寿, 『瓛齋先生集』卷10, 「與王霞舉軒」, 20쪽. "君子之遇不遇, 非富贵贫贱之谓也, 道而已矣. 官尊而禄厚, 乃或学未试而志未展, 泽不及物, 斯可谓之遇乎? 朝闻道, 夕死可, 無乃聖人伤天下無道不遇之叹欤."

38 朴珪寿, 『瓛齋先生集』卷10, 「與董研秋文煥」, 27쪽. "每念日下从游之乐, 梦想依然, 悉出行篋中书牍墨迹, 对之如面, 摩挲百回, 不知厌倦, 人或嘲我, 而亦不恤也."

39 朴珪寿, 『瓛齋先生集』卷10, 「與王霞舉軒」, 19-20쪽. "抄写之稿不合出手远投, 盍拈出幾页好议论相示耶, 亦一开发切劘之益, 绝胜述懷记事诗文之类耳."

40 朴珪寿, 『瓛齋先生集』卷10, 「與王霞舉軒」, 17쪽. "吾辈力能为之者, 惟著书一事, 此亦大有数存焉, 有其才·有其时者, 不可因循虚徐以度光阴."

41 朴珪寿, 『瓛斋先生集』卷10, 「與王霞舉軒」, 23쪽. "大凡儒者事业, 其能于吾身亲见之者, 历数千古, 果有幾人? 惴惴言行, 毕竟極致. 乃曰世为天下法, 世为天下则, '世为'二字, 是聖贤苦心, 而学士大夫没奈何著书垂後之宗旨耳. 惟兄勉之勉之." 董文煥에게 보내는 편지에서도, 이러한 勉勵의 말을 남겼다. "传世之学, 非卑官浮湛者不能有, 若天为之位置, 诚如兄教. 此事今古一辙. 只是有蕴抱者每不见展施, 终又不能自閟, 载之空言, 垂世故耳. 郑渔仲·马贵與得著书之暇最多, 杜君卿·王伯厚虽非卑官浮湛, 迹其平生, 亦與浮湛何異, 所以有许大著作, 其功利及人不少. 顾斋倘得繼昔贤之为, 今日浮湛庸何伤乎!"(『瓛斋先生集』卷10, 「與董研秋文煥」, 30-31쪽).

42 朴珪寿, 『瓛齋先生集』卷10, 「與王霞舉軒」, 17쪽. "弟有友曰南圭斋尚书, 名秉哲, 想兄曾从琴泉闻知也, 博通经籍, 留心经济, 兼精『周髀』家说. 偶阅元和顾千里涧蘋所著『思适斋集』, 见有「开方补记後序」, 知『开方补记』者, 即阳城张古余先生所

撰. 此友甚欲得见此书, 未知吾兄曾阅过否? 南君从弟而闻兄留意此学, 要弟奉叩, 苟可不难于求致, 则为之副其望, 幸甚!"

43 朴珪寿, 『瓛斋先生集』卷10, 「與王霞举轩」, 18쪽. "研秋书以为兄近颇力学古篆, 虽鲁川(引者注: 곧 冯志沂)亦當让與一头, 回忆松筠雅谑如昨日也. 家弟亦为此学, 甚有根據, 欲悉取钟鼎彝器铭款, 以写『尚书』幾篇, 若字有未满, 虽辏合偏旁, 未为不可, 其说如何? 且欲著为一书, 羽翼『说文』. 渠亦奔走公干, 迄未能就也."

44 朴珪寿, 『瓛斋先生集』卷10, 「與王霞举轩」, 22쪽. "家弟温卿近嗜『说文』小学, 著有『说文解字翼徵』. 其所以『说文』字见于钟鼎彝器者, 比较異同, 辨证正讹, 足以羽翼经传, 多有前人未发之解. 书成, 姑未脱稿, 早晚可奉质大方, 仍乞一篇弁卷文也."

45 朴珪寿, 『瓛斋先生集』卷10, 「與董研秋文焕」, 30쪽. "顾斋『说文』之学, 近復何如? 向于一友人处见有画障, 许叔重须发皓白, 伛偻而行, 自李阳冰・徐铉・徐锴以下, 凡有功于『说文』者, 皆扶拥许老人, 左翊右护, 前导後殿而去, 形容令人绝倒. 今顾斋兄當復去扶许君一臂, 但恐被鲁川先着, 须大踏步忙走一遭为可耶, 好呵好呵."

46 朴珪寿, 『瓛斋先生集』卷10, 「與沈仲復秉成辛酉」, 2-3쪽. "向于谈席霞举兄问, '君之尊慕顾师, 为其合汉宋学而一之耶?' 于斯时也, 酒次忽忽, 未及整懷, 弟应之曰, '然耳.' 然弟之仰止高山, 非直为是故耳. 读『音学五书』『金石文字记』等, 而谓先生之道于汉儒; 读『下学指南』, 而谓先生之宗仰宋贤, 此政是王不庵所云'後起少年推以博学多闻'者也. 先生所以为百世师, 却不在此. 而如弟眇末後学, 蚤夜拳拳, 最宜服膺勿失, 惟是论学书中'士而不先言耻, 则为無本之人'一语耳. 子臣弟友, 出入往來, 辞受取與之间, 皆有耻之事也, 而终焉允蹈斯言, 竟無亏阙, 惟先生是耳! 此所云'经师易得, 人师难遇'者也."

47 朴珪寿, 『瓛斋先生集』卷10, 「與沈仲復秉成」, 11-12쪽. "亭林先生『下学指南』, 不在于十種书等刊行之中耶? 此系先生为学正轨, 而未曾读过, 殊以为恨! 想非卷帙浩汗之书, 如有副本蒙寄示, 何感如之! 人之好我, 示我周行, 为一方学者之幸也.""『日知錄集释』, 向亦携归细阅, 黄汝成氏诚顾门功臣, 然其注释处, 往往有蔓及太多之意, 未知论者以为何如?"

48 朴珪寿, 『瓛斋先生集』卷10, 「與沈仲復秉成」, 11-12쪽. "有人示一函, 签题'传经堂丛书', 匣中四册, 乃凌鸣喈『论语解义』也 …… 阅其书, 蓋非阐明经术而作也, 立心专为诟骂程朱, 而曲解聖训, 以就己说, 猖狂恣肆, 無忌惮甚矣. 汉宋门户之争, 固非一朝, 而呵叱醜詈, 未有如此之甚者. 未审诸君曾见彼书, 以为如何? 其门户似是萧山流派, 彼所传袭必有所自来. 而其所推重, 乃以亭林, 西河并举而称之, 此又大可骇異. 亭林之于宋贤, 补阙拾遗, 匡其不逮则有之, 探原竟委, 实事求

是, 以救讲学家末流之弊则有之, 何尝诋背攻斥, 如彼所稱西河先生, 而乃为彼所推重乎? 此在私淑顾师者所不可不辨, 未审诸君子以为如何?"

49 朴珪寿는 친구 南秉哲의 『圭斎集』서문에서 다음과 같이 말하였다. "亭林先生曰, '文不关于经术政理之大, 不足为也.' 公與余蓋嘗深服斯言! 顾余鲁钝汉漫, 其于文字之业無所成就. 若公, 则以绝異之姿, 通明之识, 经纬史册, 贯穿百家, 其发为文章, 必有至足而不能自閼者 …… 自唐宋以来为史传者, 有文苑·儒林之别, 诚以文章名家, 著述传世, 其致有不同也. 夫沈潜义理, 缕分毫析, 有以羽翼经传, 启发後学, 又或讲求治理, 修明禮乐, 有以尊王黜霸, 为法後人, 以至诘戎课农, 测天括地之类, 非学有根柢, 专心为经世之大业者, 不能. 夫君子之于学也, 其游艺择术, 亦各因其志之所存, 才之所长而已."(『瓛斎先生集』卷4,「圭斎集序」, 39-40쪽).

50 "九月初一日, 秋祭 …… 是日與祭者 …… 外臣與祭者, 朝鲜判中枢府事朴珪寿瓛卿, 户部侍郎成彝镐叙斎, 宏文馆校理姜文馨兰圃. 瓛卿于咸豊辛酉谒祠, 星一终矣. 復来與祭, 亦盛事也."

51 "皇帝御極之十有一年秋九月, 大婚禮成, 颁恩诏于天下, 朝鲜陪臣判中枢府事朴珪寿, 户部侍郎成彝镐充进贺正副使, 暨书状官宏文馆校理姜文馨, 来朝京师. 是月晦, 适举行顾亭林先生祠秋祭, 宋雪帆学士主祭事, 與者十有八人. 先是, 朴瓛卿中枢于咸豊十一年充先皇帝行在问安副使至京, 曾求谒祠, 同人为特设一祭. 兹復来请, 遂偕成叙斎侍郎, 姜兰卿校理與祭. 祀毕, 胙饮笔谈不倦."

52 "维太岁壬申九月之晦日, 秋高天氣清, 顾祠修展谒 …… 朝鲜二三子, 学古久心折. 趋跄俎豆间, 执禮罔或先. 饮福洽孔皆, 酒酣逸兴发. 娓娓资笔谈, 朴子动追忆. 言昔辛酉春, 奉使届天畔. 曾一拜公祠, 道规快良觌. 忽忽星一终, 再来慰饥渴. 中间與祀人, 或远官或卒. 抚卷念舊游, 怆懷感今昔. 而我翟然思, 请为话颠末. 往在咸豊朝, 四方多盗贼. 今皇践阼初, 周召勤夹弼 …… 阅今十一载, 中原息兵革 …… 亭林一代儒, 天人学贯绝. 闻者奋然兴, 顽廉懦志立. 吾徒與古稽, 砥砺在学术. 匪仅备盍簪, 故事资修饰. 归告尔贤藩, 禮让以为国."

53 "同治壬申九月, 朝鲜进贺正使朴珪寿再到京师, 與副使成彝镐, 书状官姜文馨, 同来谒祠. 时值秋祭, 得與会祭诸君子订交, 信可乐也. 然念辛酉同拜诸友, 或在远仕, 或墓草已宿, 今昔之感, 不能已也. 朴珪寿识." 이상 陳文田, 戴燮元, 朴珪壽의 글은 모두『顧先生祠會祭題名第一卷子』(46-49쪽)에서 인용하였음.

54 朴珪寿, 『瓛斎先生集』卷10,「與黄绸芸雲鹄」, 27쪽.

55 朴珪寿, 『瓛斎先生集』卷10,「與王霞举轩」, 23쪽. "弟今老矣, 不當远游, 惟生平以友朋为命. 念吾兄或復到都门, 以是求奉使来, 为復续禅房文宴地也, 乃此计不

遂. 虽不无新契为欢, 终不免伥伥然也."

56 朴珪寿, 『瓛斋先生集』卷10,「與沈仲復秉成」, 14쪽. "弟再到而不逢舊识, 抚念感慨, 當雅量烛之 …… 吾今发尽秃, 牙半脱, 然猶驰三千里者, 专欲得逢一二故人, 乃無聊如此."

57 朴珪寿, 『瓛斋先生集』卷10,「與董研秋文焕」, 33-34쪽. "弟再到都门, 舊契無一人相对, 其踽踽可知. 令弟雲龕(董文灿—引者注)虽初面, 便是宿交, 追随往还, 赖不寂寞. 共拜顾祠, 又展慈寿佛像 …… 顾斋有太华之游, 尚未见所述. 此君占彼優闲, 使海上故人不得一饮于燕市, 不能不埋怨. 若兄则不逢, 其势固也. 醉里作此, 欲兄置壁上如面耳."

58 朴珪寿, 『瓛斋先生集』卷8,「與温卿」, 37쪽. "今行不以游览为事, 只欲结识中原名士, 而舊交诸人皆不在京, 惟研樵之弟文灿在矣."

59 朴珪寿, 『瓛斋先生集』卷8,「與温卿」, 37쪽. "或有闻名先来馆中相访者, 或于他座证交者, 自一面以上, 统计可八十余人, 亦云廣交游也. 然而, 观近日风氣, 又比曩昔不及. 老成者皆無甚兴况, 且其有志者多如王顾斋之归里家食; 年少新进, 皆不过词翰笔墨, 而亦無甚超群者. 所交虽多, 而只是酒食相招, 邀诙笑相乐而已, 有何可意耶! 以使事未竣, 淹留至十一月初, 而左右酬应, 杂沓不暇, 亦一困事也."

60 朴珪寿, 『瓛斋先生集』卷10,「與萬庸叟青藜」, 38쪽. "向在都下, 不过一再私觐, 半是商量使事. 若夫学术经济, 久欲质诸大雅者, 却不及倾倒困廪. 归卧海隅, 彌增悒悒."

61 朴珪寿, 『瓛斋先生集』卷8,「與温卿」, 33쪽. "十餘年, 無一篇文字可誇中州士夫. 縱有之, 亦有何奇文耶."

62 朴珪寿, 『瓛斋先生集』卷8,「與温卿」, 33쪽. "此不可不親手交付可意人一见也. 不可遙書相托於顾齋輩也."

63 朴珪寿, 『瓛斋先生集』卷8,「與温卿」, 35쪽. "本非爲此, 而有物默相, 必欲傳此寶於天下, 自然使我起興勇往."

64 朴珪寿, 『瓛斋先生集』卷8,「與温卿」, 35-36쪽. 董文灿은 『贈朴桓卿珪寿判枢』라는 시에서 다음과 같이 읊었다. "十载知名久, 重来驻使车桓卿辛酉春曾奉使入都, 與王少鹤, 黄翔云, 王顾斋, 沈仲復师, 家研樵兄交最契, 予时里居, 即耳其名. 论文从感激, 报国在迂疏即用日前笔谈语. 坐对今人古, 谈深俗事除. 酣红劳饷饮, 瓊报定何如昨访君玉河馆饮酣红露甚佳. 高士来韩国, 前尘接詠楼仲復师所居. 同临金粟境, 况值菊花秋九月晦日同人集慈仁寺, 祀顾亭林先生, 君亦與焉. 坛坫瞻先哲, 琴尊纪胜游. 他时相忆处, 还作画图留君昔年曾绘懷人图寄研樵家

兄."[『芸香书屋诗草』卷下, 李豫의 『董硯樵先生年谱长编』(董海平·李豫 主编, 『清季洪洞董氏日记六種』, 第6册, 167쪽)에서 재인용].

65 朴珪壽, 『瓛斋先生集』卷10, 「與王霞举轩」, 23쪽. "家弟用力六书, 著有『说文翼徵』十四卷, 愿质诸高明. 既未对订, 稿是孤本, 又不得远寄, 此又可恨. 容他日復写呈, 不审那时復入春明?"

66 朴珪壽, 『瓛斋先生集』卷10, 「與董雲龛文灿」, 34-35쪽. "家弟『说文翼徵』, 尚有追补未了. 且敝处刻书極难, 元无书坊刊书为业之人, 以是早晚必欲烦都下良工, 而又苦费贳未易, 奈何奈何! 此书虽未知识者有取, 而若属之覆瓿而止, 则亦可惜. 若书贾得而刻之, 亦不害为新面目, 而同此嗜好者必争求之, 未知以为何如? 待其净写完本, 欲以奉质于顾斋老友, 而此番未及耳."

67 朴珪壽, 『瓛斋先生集』卷10, 「與吳清卿大澂」, 36쪽. "温卿『说文翼徵』, 尚在追补未完, 然敝处本無刊书之局, 未知何时當付之梨枣. 若竟至覆瓿, 则亦云可惜恨. 不如都下朝有述作, 夕已登梓也."

68 "愚兄久废笔墨, 胞弟其名瑄寿, 字温卿, 仍號温斋, 官经吏部右侍郎, 年今五十有四. 夙耽坟典, 著有『说文翼徵』十有余卷. 其书以钟鼎古文, 证『说文』小篆, 多所发明疑讹, 甚有根據, 必传無疸. 但东方少为六书小学者, 如非中州之士具眼者, 恐终归覆瓿. 必欲谋梨枣于廟肆, 而既不识工费多少, 且此等事非有有心人主张, 那能如意精良耶. 原书尚未脱稿, 今未及奉质诸大雅君子. 虽然, 幸商量示其可否遂愿, 如何如何."(이상 각주 68과 69는 朴珪壽, 『瓛斋先生集』卷10, 「與萬庸叟青藜」, 40-41쪽에 보인다).

69 "六书之学, 亦穷格第一事, 而向来专门家未免琐细玩丧, 此为可恨, 未审阁下以为何如, 亦愿闻高明之论耳."

70 이와 관련된 연구 성과로는 金玲敏, 『『说文解字翼徵』研究』(华东师范大学博士学位论文, 2004), 黄卓明, 「韩国朝鲜时代的『说文』研究」(『励耘学刊』2010-1), 河永三, 「韩国历代『说文』研究综述」(『中国文字研究』2013-2) 등이 있다.

71 朴珪壽, 『瓛斋先生集』卷10, 「與吳清卿大澂」, 35-36쪽.

72 朴珪壽, 『瓛斋先生集』卷10, 「與萬庸叟青藜」, 38-39쪽 참고.

73 王元周, 「朴珪壽的燕行经历與开化思想的起源」, 『韩国研究』第10辑 참고.

74 金允植은 그의 스승 박규수가 뜻을 펼치지 못한 것에 대해서 다음과 같이 한탄한 적이 있었다. "呜呼! 先生不幸而处君子道消, 小人道长之时, 虽位居鼎鼐, 而無用贤之实. 进而不能展匡济之策, 退而不能遂邱园之志, 鬱悒無聊, 常掩袁安之涕."(『瓛斋先生集』序', 朴珪壽, 『瓛斋先生集』卷首, 1-2쪽).

75 金允植은 『瓛斋先生集』序文의 서두에서 다음과 같이 강조하였다. "昔顾亭林先生有言: '文不关于经术政理之大, 不足为也.' 夫经术者, 修己之本也; 政理者, 安民之本也. 君子之道, 修己‧安民而已. 舍是二者而论文, 岂足谓贯道之器乎? 故文从道出, 道以文见. 譬如草木之有华者必有实, 無实之华, 君子耻之."(朴珪寿, 『瓛斋先生集』卷首, 1쪽). 또 董文涣은 「月初五日郑康成先生生日顾斋子颖玉森招集谏草堂展祀饯饮朝鲜徐茶史洪眉轩醇学沈绫史裕庆分韵得石字」이라는 诗(同治五年作)에서 다음과 같이 말했다. "竹径交翠阴, 松窗启虚白 …… 遥稱前贤寿, 再访名臣宅. 绝学仰司农, 悬弧溯通德. 撰述千载心, 典型百代式. 先生昔豪饮, 一日能三百. 我辈復此会, 中外天不隔 …… 时物自多感, 况當送行役. 风尘後会少, 聚散浮生易. 关门杨柳疏, 努力尽一石."(『砚樵山房诗稿』, 467쪽. 여기서 徐茶史는 徐堂辅로 '进贺谢恩兼奏请使'의 副使였다. 洪醇学은 书状官이었다).

76 관련 연구 성과로는 日本 夫马进의 『朝鲜燕行使與朝鲜通信使—使节视野中的中国‧日本』(伍跃 译, 上海, 上海古籍出版社, 2010), 徐东日의 『朝鲜朝使臣眼中的中国形象』(北京, 中华书局, 2010), 杨雨蕾의 『燕行與中朝文化』(上海, 上海辞书出版社, 2011), 그리고 韩荣奎와 韩梅의 『18~19世纪朝鲜使臣與清朝文人的交流』(青岛, 中国海洋大学出版社, 2014) 등이 있다.

고려와 원의 정치적 통혼과 문화교류

1 정인지(鄭麟趾)의 『고려사(高麗史)』와 『원고려기사(元高麗紀事)』에는 "심(諶)"이라고 기록되어 있지만, 『원사(元史)』에는 "심(愖)"이라고 기록되어 있다. 본문에서는 "심(愖)"으로 통일하였으며, 사료의 인용은 사료의 원문을 따랐다.

2 鄭麟趾, 『高麗史』卷二七, 東京, 國書刊行會, 明治四十一年1912, 425쪽.

3 鄭麟趾, 『高麗史』卷三四, "忠肅王六年九月丁未公主薨, 殯於延慶宮", 536쪽.

4 鄭麟趾, 『高麗史』卷三五, "忠肅王十一年八月戊午王娶魏王阿木哥女金童公主", 542쪽.

5 鄭麟趾, 『高麗史』卷八九, 后妃慶華公主條, "慶華公主伯顏忽都蒙古女, 王在元娶之, 後二年與王來", 22쪽.

6 鄭麟趾, 『高麗史』卷三八, 574쪽.

7 金文京, 「高麗の文人官僚‧李齊賢の元朝にぉける活動」, 夫馬進, 『中國東ァジ

ァ外交交流史の研究』, 京都, 京都大学学术出版会, 2007, 120쪽.

8 喜蕾,『元代高麗貢女制度研究』, 民族出版社, 2003, 19-28쪽.

9 黃時鑒,『元代的對外政策與中外文化交流』,『東西文化交流論稿』, 上海古籍出版社, 1998, 52-55쪽.

10 陳高華,「元朝與高麗的文化交流」,『韓國研究論叢』第19輯, 世界知識出版社, 2008, 339쪽.

11 拙文,「元代"蒙古字學"對朝鮮半島的影響」,『元史及民族史研究集刊』第19輯, 2007, 81-82쪽을 참고.

12 鄭麟趾,『高麗史』卷三一,『忠烈王世家』第1冊, 483쪽. 이 사실에 상응하는 기록이 원대 사료에는 없어 고증이 더 필요하다.

13 拙文,「元朝公主与高丽王室的政治联姻」,『元史论丛』第十三辑, 2010, 334-337쪽을 참고.

14 鄭麟趾,『高麗史』卷二八, 428쪽.

15 鄭麟趾,『高麗史』卷二八, 427쪽.

16 蕭啟慶,「元麗關系中的王室婚姻與強權政治」,『元代史新探』, 新文豐出版公司, 中華民國七十二年1983, 249-252쪽.

17 鄭麟趾,『高麗史』卷二八, 427-428쪽.

18 鄭麟趾,『高麗史』卷二八, 428쪽.

19 鄭麟趾,『高麗史』卷一〇六, 李承休傳, 265쪽.

20 鄭麟趾,『高麗史』卷一〇六, 李承休傳, 265쪽.

21 鄭麟趾,『高麗史』卷七十二, 輿服志, 476쪽.

22 內藤雋輔,『朝鮮史研究』, 京都, 東洋史研究會, 1961, 117쪽.

23 郑麟趾,『高丽史』卷三四, 527쪽.

24 程文海,『雪樓集』卷十八, "大慶壽寺大藏經碑", 四部叢刊初編本.

25 陳高華,「杭州惠因寺的元代白話碑」,『浙江社會科學』2007年第1期, 172쪽.

26 陳高華,「元朝與高麗的文化交流」,『韓國研究論叢』第十九輯, 世界知識出版社, 2008, 341쪽.

27 桂栖鵬,「入元高丽僧人考略」,『西北师大学报』2001年第2期, 58쪽.

28 陳高華, 張帆, 劉曉:『元代文化史』, 廣東教育出版社, 2009, 394-395쪽.

29   張言夢,「元代來華高麗僧人考述」,『內蒙古社會科學』漢文版 1997年第4期, 36
      쪽.

30   陳高華, 張帆, 劉曉,『元代文化史』, 397쪽.

31   李穀,『稼亭集』卷十二, "高麗國承奉郎摠部散郎賜緋魚袋贈三重大匡僉議政丞
      判典理司事上護軍奇公行狀",『韓國文集叢刊』3, 景仁文化社, 1990, 171쪽.

32   『中堂事記』下, 王惲,『秋澗集』卷八十二, 四部叢刊初編本.

33   李承休,『动安居士集』卷一, "庆源李侍中公讳藏用"条,『韩国文集丛刊』2, 398
      쪽.

34   『元史』卷八, 中華書局點校本, 1976, 148쪽.

35   鄭麟趾,『高麗史』卷二七, 422쪽.

36   鄭麟趾,『高麗史』卷一〇六, 李承休傳, 265쪽.

37   森平雅彦,「賓王錄にみる至元の遣元高麗使」,『東洋史研究』第62卷第2號,
      2004, 268쪽.

38   李承休,『動安居士集』卷四, "賓王錄並序"條,『韓國文集叢刊』2, 420쪽.

39   森平雅彦,「賓王錄にみる至元の遣元高麗使」, 275쪽.

40   李承休,『動安居士集』卷四, "賓王錄並序"條,『韓國文集叢刊』2, 421쪽.

41   劉曉,「李承休〈賓王錄〉筆下的燕京薦福寺 – 兼及木庵性英與訥庵道謙」,『동서인
      문』4, 경북대학교 인문학술원, 2015, 64-73.

42   李承休,『動安居士集』卷四, "賓王錄並序"條,『韓國文集叢刊』2, 421쪽.

43   鄭麟趾,『高麗史』卷一〇六, 李承休傳, 265쪽.

44   金龍善編,『高麗墓志銘集成』, "雞林府院君謚文忠李公墓志銘"條, 翰林大學校,
      1997, 588쪽.

45   李齊賢,『益齋亂稿』卷一, "趙學士詩",『韓國文集叢刊』2, 景仁文化社, 1990,
      509쪽.

46   李齊賢,『益齋亂稿』卷一, "元學士詩",『韓國文集叢刊』2, 507쪽.

47   李齊賢,『益齋亂稿』卷一, "張侍郎詩",『韓國文集叢刊』2, 506쪽.

48   李齊賢,『益齋亂稿』卷一, "和呈趙學士子昂",『韓國文集叢刊』2, 514쪽.

49   郑麟趾,『高丽史』卷三四, 527쪽.

50   李齊賢,『益齋亂稿』卷一, "雪",『韓國文集叢刊』2, 510쪽.

51 郑麟趾,『高丽史』卷三一, 486쪽.

52 鄭麟趾,『高麗史』卷八九, 后妃傳, "齊國大長公主"條, 19쪽.

53 郑麟趾,『高丽史』卷三一, 492쪽.

54 韓儒林,「元代詐馬宴新探」,『歷史研究』1981年第1期, 143쪽.

55 鄭麟趾,『高麗史』卷八九, 后妃傳, "齊國大長公主"條 , 16쪽.

56 鄭麟趾,『高麗史』卷八九, 后妃傳, "齊國大長公主"條 , 16쪽.

57 白鳥庫吉,「〈高麗史〉に見えたる蒙古語の解釈」,『朝鮮史研究』, 岩波書店, 1970, 460쪽.

58 喜蕾:『元代高麗貢女制度研究』, 民族出版社, 2003, 250-260쪽.

59 陳高華,「李穀〈稼亭集〉'李穡〈牧隱稿〉與元史研究」,『蒙元史暨民族史論集 - 紀念翁獨健先生誕辰一百周年』, 社會科學文獻出版社, 2006, 321-322쪽.

60 鄭麟趾,『高麗史』卷三四, 532쪽.

책봉체제하에서의 '국역(國役)'

1 미야지마 히로시, 배항섭 편,『동아시아는 몇 시인가?』, 너머북스, 2015, 10-33쪽.

2 김영진,「전통 동아시아 국제질서 개념으로서 조공체제에 대한 비판적 고찰」, 『한국정치외교사논총』38-1, 2016, 249-279쪽.

3 고은미,「글로벌 히스토리와 동아시아론; 일본의 연구성과를 중심으로」,『동아시아연구, 어떻게 할 것인가』, 성균관대학교출판부, 2016, 219-246쪽.

4 손병규,『조선왕조 재정 시스템의 재발견』, 역사비평사, 2008, 65-73쪽.

5 岩井茂樹,『中國近世財政史の研究』, 京都大學學術出版會, 2004, 318-475쪽.

6 배항섭,「동아시아사 연구의 시각: 서구 · 근대 중심주의의 비판과 극복」, 『역사비평』109, 역사비평사, 2014, 146-181쪽; 미야지마 히로시,「'유교적 근대론'과 한국과 일본의 역사적 위치」,『동아시아는 몇 시인가?』, 너머북스, 2015, 36-61쪽.

7   K. Pomerantz, "The Great Divergence: China, Europe, and the Making of the Modern World Economy", Princeton University Press, 2000. 이 책자의 일본어판 서문에서 원저자인 포머런츠는 가족의 경제상황에 대해 명청대 인구증가에 의한 악영향을 강조한 黃宗智(필립 황)의 논지에 반론을 펴고 있다(ケネス·ポメランツ 著, 川北稔 監訳, 『大分岐―中国´ヨ_ロッパ´そして近代世界経済の形成』, 名古屋大学出版会, 2015, 「日本語版への序文」, 1-16쪽 참조).

8   ケネス·ポメランツ 著, 川北稔 監訳, 앞의 책, 2015, 「日本語版への序文」, 1-16쪽.

9   浜下武志, 「朝貢貿易システムと近代アジア」, 『近代中國の國際的契機』, 東京大學出版會, 1990, 25-47쪽.

10   '조공체제' 이론이 갖는 중국 중심적인 인식을 비판하고 '책봉체제'로 관점을 확대시킨 연구는 일찍부터 제시되었다. 윤영인, 「서구 학계 조공제도 이론의 중국 중심적 문화론 비판」, 『아세아연구』 45-3, 2002, 269-290쪽; 「10-13세기 동북아시아 多元的 國際秩序에서의 冊封과 盟約」, 『동양사학연구』 101, 2007, 119-144쪽 참조.

11   권내현, 「17세기 후반~18세기 전반 조선의 은 유통」, 『역사학보』 221, 2014, 3-31쪽; Kwon, Nae hyun, Chosŏn Korea's Trade with Qing China and the Circulation of Silver, ACTA KOREANA 18-1, 2015, pp.163-185.

12   손병규, 「조선후기 재정구조와 지방재정운영-재정 중앙집권화와의 관계」, 『조선시대사학보』 25, 조선시대사학회, 2003, 117-144쪽.

13   손병규, 「조선왕조 재정의 이념」, 『조선왕조 재정 시스템의 재발견』, 역사비평사, 2008, 65-73쪽.

14   壬辰倭亂을 일본사에서는 '文祿·慶長의 役', 중국사에서는 '萬曆의 役'이라 부른다.

15   김영진, 위의 글, 2016. 한국측 연구자들이 중국의 이해관계만 관철되었다고 해서 일방적으로 그것을 폄하하는 데에는 문제가 있다.

16   岩井茂樹, 「正額外財政と地方經費の貧困」, 『中國近世財政史の研究』, 京都大學學術出版會, 2004, 35쪽, 〈表1-4〉에서 재인용.

17   「康熙年戶部題本 奏銷26」(岩井茂樹, 「正額財政の集權構造と變質」, 『中國近世財政史の研究』 京都大學學術出版會, 2004, 90-93쪽에서 재인용).

18   江戶文化歷史檢定會, 『江戶博覽强記』改定新版, 小學館, 2013, 32쪽; 飯島千

秋,「第1編 江戸幕府の財政」,『江戸幕府財政の研究』, 吉川弘文館, 2004, 24-190쪽; 大口勇次郎,「幕府の財政」, 新保博·齋藤修 編,『日本經濟史2; 近代成長の胎動』, 岩波書店, 1990(2刷), 127-172쪽.

19 速水 融,『歷史人口學の世界』, 岩波書店, 1997, 第1章.

20 김재호,「조선후기 중앙재정의 운영;『六典條例』의 분석을 중심으로」, 이헌창 편,『조선후기 재정과 시장: 경제체제론의 접근』, 서울대학교 출판문화원, 2010.

21 김재호, 앞의 글, 2010.

22 『賦役實摠』「忠淸道」忠州. 송양섭,「『부역실총』에 나타난 재원파악 방식과 재정정책」,『역사와 현실』70, 한국역사연구회, 2008, 27-56쪽 참조.

23 손병규,「조선 후기 국가 재원의 지역적 분배―賦役實摠의 상하납 세물을 중심으로」,『역사와 현실』70, 한국역사연구회, 2008, 213-250쪽.

24 권기중,『부역실총』에 기재된 지방재정의 위상」,『역사와 현실』70, 한국역사연구회, 2008, 89-110쪽,

25 藤井讓治,「アジアにおける官僚制と軍隊」, 荒野泰典·石井正敏·村井章介編,『アジアのなかの日本史; Iアジアと日本』, 東京大學出版會, 1992, 223-248쪽.

26 명 정부는 토지대장인 '魚鱗圖冊'과 호적부·조세대장인 '賦役黃冊'을 작성했다. 16세기 후반에는 一條鞭法을 시행하여 지방마다 '賦役全書'가 작성되었다(손병규,「조선후기 비총제 재정의 비교사적 검토-조선의 賦役實摠과 明淸의 賦役全書」,『역사와 현실』81, 2011, 214-250쪽).

27 藤井讓治, 앞의 글, 1992. 만주족의 청대 수립이후 북방 경비 부담이 줄어서 명대보다 군사의 수는 축소되었다.

28 藤井讓治, 앞의 글, 1992.

29 손병규, 앞의 책, 2008, 65-73쪽.

30 岩井茂樹,「一條鞭法後の徭役問題」,『中國近世財政史の研究』, 京都大學學術出版會, 2004, 391-475쪽.

31 梁方仲,「明代一條鞭法年表」,『嶺南學報』第12卷 第1期, 1952, 14-49쪽.

32 손병규, 앞의 글, 2011.

33 岩井茂樹,「均徭法からみた明代徭役問題」,『中國近世財政史の研究』, 京都大學術出版會, 2004, 267-317쪽.

34   朝尾直弘, 앞의 글, 1989.

35   무사가 직접 노동과정에 관여하지 않음으로써 가부장적 노예제로부터 농노제
     로의 변화과정에서 병농분리가 나타나 통일정권의 정책으로 체계화되었다고
     본다(朝尾直弘, 위의 글, 1989 참조).

36   朝尾直弘, 위의 글, 1989 참조.

37   '藩國'이라는 표현은 天皇에 의한 '冊封國'의 통치 형태를 전제하며, 그런 의
     미에서 지방 영지 단위의 재원 징수와 군역 징발을 '國役'이라 표현할 수도
     있다.

38   손병규, 앞의 글, 2003.

39   손병규, 위의 글, 2003.

40   손병규, 「갑오시기 재정개혁의 의미-조선왕조 재정시스템의 관점에서」, 『한국
     사학보』 21, 고려사학회, 2005, 147-178쪽.

41   岩井茂樹, 「正額外財政と地方經費の貧困」, 『中國近世財政史の研究』, 京都大
     學學術出版會, 2004, 26-79쪽.

42   鳥海靖, 「明治國家の發足」, 『日本近代史』, 放送大學教育振興會, 1992, 22-33
     쪽.

43   손병규, 앞의 글, 2005.

19세기 후반 함경도 주민들의 연해주 이주와 트랜스내셔널(Transnational)한 공간의 형성

1   한국사연구협의회, 『한로관계100년사』, 1984; 권희영, 『한국과 러시아: 관계와
     변화』, 국학자료원, 1999; 서대숙 편, 『한국과 러시아관계: 평가와 전망』, 경남
     대학교 극동문제연구소, 2001; 송금영, 『러시아의 동북아진출과 한반도정책
     (1860-1905)』, 국학자료원, 2004; 홍웅호 외, 『수교와 교섭의 시기 한러관계』,
     선인, 2008 참조.

2   고승제, 『한국이민사연구』, 장문각, 1973; 이광린, 「구한말 노령 이주민의 한국
     정계 진출에 대하여-김학우의 사례를 중심으로」, 『역사학보』 108, 1985; 이동
     언, 「노령지역 초기 한인사회에 관한 연구」, 『한국독립운동사연구』 5, 1991; 권
     희영, 「한민족의 노령이주사 연구(1863-1917)」, 『국사관논총』 41, 국편찬위원

회, 1993; 이상근,『한인 노령이주사 연구』, 탐구당, 1996; 이상일,「한인의 노령이주와 제정러시아의 대한인정책」,『태동고전연구』14, 2001; 심헌용,「조선인의 러시아이민사」,『한국과 러시아관계』, 경남대학교 극동문제연구소, 2001; 보리쓰 박 저/이영범 · 이면자 공역,『러시아제국의 한인들』, 청주대 출판부, 2001; 반병률, 한국인의 러시아 이주사-연해주로의 유랑과 중앙아시아로의 강제이주-」,『한국사시민강좌』28, 2008 참조.

3   이명화,「노령지방에서의 한인 민족주의교육운동」,『한국독립운동사연구』3, 1989; 고승희,「19세기 후반 함경도 변경지역과 연해주의 교역활동」,『조선시대사학보』28, 2004; 이재훈,「근대조선과 러시아의 경제관계 형성」, 홍웅호 외,『수교와 교섭의 시기 한러관계』, 선인, 2008.

4   Chaimun Lee,「Korea Migration to the Russian Far East: A Transnational Perspective」,『한국역사지리학회지』14-2, 2008.

5   박태근,「러시아의 동방경략과 수교이전의 한러교섭(1861년 이전)」, 한국사연구협의회, 앞의 책; 원재연,「19세기조선의 러시아인식과 문호개방론」『한국문화』23(서울 한국문화연구소, 1999); 허동현,「1880년대 한국인들의 러시아 인식 양태 -공로증(Russophobia)의 감염에서 인아책의 수립까지」,『한국민족운동사연구 32: 한러관계와 민족운동』, 국학자료원, 2002; 배항섭,「조로수교(1884) 전후 조선인의 러시아관」,『역사학보』194, 2007.

6   이에 대한 자세한 내용은 신승권,「江左輿地記 · 俄國輿地圖 解題」,『江北日記 · 江左輿地記 · 俄國輿地圖』, 한국정신문화연구원, 1994, p.44; 이상일,「한인의 노령이주와 제정러시아의 대한인정책」,『태동고전연구』14, 2001, pp.139-149 참조.

7   조선총독부 내무국 사회과편,『滿洲及西比利亞地方에 있어서 朝鮮人事情』, 1923, p.8. 김동진 역시 1932년『신동아』에 기고한 글에서 "조선의 최초 이민은 함북인 한일가(韓一歌)로 그는 노국이 남부 우수리를 병합하기 7년 전인 1853년에 벌써 남부 우수리 최남단항인 포시에트(조선명: 모커우)에 가족을 데리고 이주하여 농사를 지었다"고 적시하였다(김동진,「재로동포의 과거와 미래」,『신동아』1932년 7월호).

8   「俄領實記(2)」,『독립신문』, 1920년 3월 1일. 이주 당사자들인 연해주 한인회에서도 1914년에 이주 50주년기념행사를 개최하여(「프리아무르 지방 이주 50주년 행사준비위원회 관련 공문」, 최덕규 해제,『러시아國立極東歷史文書保管所 韓人關聯資料解題集』, 高麗學術文化財團, 2004, 232-234쪽) 1864년을 이주의 기점으로 이해하고 있었음을 보여준다.

9   보리쓰 박, 앞의 책, 39-40쪽.

10   1890년대 초반 블라디보스톡 한인회장을 맡은 바 있고(「노령지역의 중국인
및 한인사회의 자치행정에 관한 감사보고서」, 최덕규, 앞의 책, 5-6쪽, 69쪽),
훗날 연해주 지역 민족운동단체에서도 활약을 하는 김학만은 1860년에 러시
아로 이북하였다고 밝힌 바 있다(『구한국외교문서 18: 아안 2』1899, 海蔘
葳居住의 韓人에 對한 恤護 要望, 531-532쪽). 보리쓰 박은 1929년에 나온
블라디보스톡 인구조사 결과를 인용하여 조선인 독신자들이 1857년부터 우
수리 지역에 거주를 위해 머물렀다고 하였다(보리쓰 박, 앞의 책, 38-39쪽).
1858년설은 고승제가 일본의 남만주철도주식회사가 편역한 러시아 외무성의
자료, 「극동 노령에 있어서 황색인종문제」(1922)를 인용하여 주장하고 있으
나, 그 내용은 1853년설과 동일하다(고승제, 한국이민사연구』, 장문각, 1973,
57쪽).

11   『승정원일기』, 고종 7년 7월 25일.

12   고승희, 「19세기 후반 함경도 6진과 만주지역 교역의 성격」, 『조선시대사학보』
25, 2003. 179쪽.

13   "甲子 春에 茂山 崔運寶, 慶興 梁應範 二人이 가만히 豆滿江을 건너 琿春을
經由하야 地新墟(此는 烟秋 等地)에 來住하야 新開墾에 着手"(『독립신문』,
1920년 3월 1일).

14   카르네프 외 4인 지음, A. 이르계바예브, 김정화 옮김, 『내가 본 조선, 조선인』,
가야넷, 2003, 234쪽.

15   『일성록』, 고종 33년 6월 5일. 김홍익은 1896년 3월 종성군수로 옮겨갔다(『일
성록』, 고종 33년 3월 15일).

16   『승정원일기』, 고종 25년 10월 7일.

17   김홍익은 1898년 8월(양력) 그의 政事가 "술에 취한 듯, 꿈속을 헤메는 듯하
다"는 이유로 관찰사로부터 "治蹟居下"의 판정을 받아 단천군수직에서 파직
된 것을 끝으로 관직을 마감했다(『일성록』 고종 35년 6월 29일; 『관보』, 1898
년 8월 20일). 1898년 8월(양력)은 러시아 통역관으로 출세하여 친러파의 대
표적 인물로 부상하였던 김홍륙이 러시아와 통상하는 과정에서 거액을 착복
한 사실이 드러나 흑산도로 유배가 결정되자 앙심을 품고 고종의 생일인 萬
壽聖節에 典膳司 主事 孔洪植를 시켜 고종과 태자가 마시는 커피에 독약을
넣게 하여 고종을 살해하려다 미수에 그친 사건이 일어난 시점과 일치한다.
이 점은 김홍익과 김홍륙이 깊은 관계의 있었음을 시사한다. 김홍익은 평소에
도 김홍륙을 자신의 후원자인 것으로 호언하고 있었다(『독립신문』, 광무 2년

8월 17일).

18 柳義養 原著, 최강현 역주, 『北關路程錄』, 일지사, 1976, 69쪽.

19 경흥군지편찬위원회, 『함경도 경흥군지』, 1988, 101쪽.

20 강석화, 『조선후기 함경도와 북방영토의식』, 경세원, 2000, 280쪽.

21 보리쓰 박, 앞의 책, 34쪽.

22 1860년 4월 소형 보트를 타고 포시에트만을 출발하여 남쪽으로 내려가며 함경도 연안까지 조사한 러시아 장교의 보고서에는 당시 연해주 남부 지역에 살던 중국인과 선주민의 생활상을 다음과 같이 묘사하고 있다.
"포시에트만부터 부타코프 절벽까지의 해안은 전반적으로 바위가 많고 삼림이 없으며 척박합니다. 이 해안선 전체에 걸쳐 계속 마을이 있고, 미역을 채취하기 위해 이동하는 중국인들이 사는 천막도 있습니다. 유랑민들은 오랜 기간 동안 이동을 합니다. 그래서 그 천막 안에는 모든 살림살이와 아내, 아이들, 식기들, 닭, 때로 돼지까지 있습니다. 한 장소에서 다른 장소로 이동하기 위해 커다란 돛단배를 가지고 있습니다. 그 안에는 가족 모두와 생산물 등 모든 것들을 실을 수 있습니다. 해안지역 주민들은 주로 수수와 미역, 바다표범을 먹습니다. 바다표범을 잡으면 진미가 되고 특히 반죽에 넣어 요리합니다. 유목민들은 돌투성이의 만에 있는 커다란 마을에서 수수와 소금을 구합니다."(Р Г А В М Ф, ф о н д . 240, о п и с ь . 1, д е л о . 6, л л . 9о б .~13, 77. 포시에트만 탐사 보고. 1860).

23 「우수리스크 지방이라는 제목의 도서 중 제6장」, 최덕규 해제, 『러시아國立極東歷史文書保管所 韓人關聯資料解題集』, 高麗學術文化財團, 2004, 399-400쪽.

24 「西伯利號, 西伯利に關する調査」, 朝鮮總督府, 『朝鮮彙報』, 1918. 4. 202쪽.

25 보리쓰 박, 앞의 책, 33쪽.

26 Haruki Wada, Korean in the Soviet Far East, 1917-1937, Koreans in the Soviet Union, Honolulu, 1987. 25쪽(박노자, 「19世紀後半 韓人의 露領 移民의 初期 段階(1861-1869)」, 『전주사학』 6, 1998, 168쪽에서 재인용).

27 말로제모프 지음, 석화정 옮김, 『러시아의 동아시아 정책』, 357쪽, 지식산업사, 2002, 30쪽.

28 보리쓰 박, 앞의 책, 37쪽.

29 박노자, 앞의 글, 169쪽.

30 ГАТО, фонд.87, опись.1, дело.278, л л .46~48о б ., 69. 조선인 이주 관련 보고. 1865.

31 보리쓰 박, 앞의 책, 42쪽.

32 ГАТО,фонд.87, опись.1, дело.278,лл.15~16о б ., 66. 조선인 이주 관련 보고. 1865.

33 보리쓰 박, 앞의 책, 42쪽.

34 보리쓰 박, 앞의 책, 51쪽.

35 ГАТО, фонд.87, опись.1, дело.278, лл. 50~54о б ., 70. 1865년 포시에트 여행에 대한 참모본부 대위 겔메르센의 보고서.

36 프르제발스키, 「우수리 지방 여행, 1867-1869」, 심지은 편역, 『러시아인, 조선을 거닐다』, 한국학술정보(주), 2006, 83-84쪽. 당시 조선 정부에서는 러시아 영내에 거주하는 조선인 이주민이 700-800호에 이르는 것으로 파악하고 있었다(『승정원일기』, 고종 5년 10월 11일).

37 보리쓰 박, 앞의 책, 53쪽.

38 ГАТО, фонд.87, опись.1, дело.278, лл. 50~54о б ., 70. 1865년 포시에트 여행에 대한 참모본부 대위 겔메르센의 보고서.

39 프르제발스키, 「우수리 지방 여행, 1867-1869」, 심지은 편역, 앞의 책, 87, 92쪽.

40 이사벨라 버드 비숍 지음, 이인화 옮김, 『한국과 그 이웃나라들』, 살림, 1994, 276-277쪽.

41 『한국독립운동사』 2, 국사편찬위원회, 1966, 500쪽. 이 가운데 도착한 조선인 가구 중 300~400가구만이 가축이나 일정한 식량을 갖고 있었으며, 나머지 700가구는 빈손으로 왔다(씸비르쩨바 따찌아나, 「19세기 후반 조·러간 국교수립과정과 그 성격 - 러시아의 조선침략론에 대한 비판적 고찰」, 서울대학교 국사학과 석사학위논문, 1997, 36~37쪽). 1869년에는 연해주로 건너 간 조선인의 수에 대해서는 약 7,000명이라는 보고도 있고(말로제모프 지음, 석화정 옮김, 『러시아의 동아시아 정책』, 357쪽 각주 92), 4,500여 명이라는 설도 있다(이사벨라 버드 비숍, 앞의 책, 275쪽; 권희영, 앞의 책, 46쪽) 참조.

42 보리쓰 박, 앞의 책, 76쪽.

43 박 보리스, 「러시아와 조선간의 경제·외교관계의 수립」, 『동국사학』 24, 1990, 161쪽.

44 반병률, 앞의 글, 67-69쪽.

45 『江北日記·江左輿地記·俄國輿地圖』, 한국정신문화연구원, 1994. 이 책 앞
    부분에 실린 신승권, 「江左輿地記·俄國輿地圖 解題」 참조.

46 「俄國輿地圖」, 한국정신문화연구원, 앞의 책, 169쪽.

47 1886년의 한 조사에 따르면 당시 연해주에 살고 있던 조선인은 등록된 정착
    민이 8,500명, 비등록 거주민이 12,500명 등 21,000명이었으며, 이외에도 매
    년 3,000여 명의 조선인이 돈을 벌기 위해 도착하고 있다고 하였다(보리쓰
    박, 앞의 책, 132쪽).

48 보리쓰 박 저, 앞의 책, 53쪽.

49 민영환 지음, 조재곤 편역, 『해천추범: 1896년 민영환의 세계일주』, 책과 함께,
    2008, 189-204쪽 참조.

50 보리쓰 박 저, 앞의 책, 44쪽.

51 최서면, 「日本外務省御雇外國人 「金麟昇」에 대하여」, 『한』 7권 6호(이광린, 앞
    의 글, 52-53쪽에서 재인용). 구한말 정객 김학우는 김인승의 조카이다. 이광
    린은 김학우도 1871~1872년 경 김인승과 함께 연해주 니콜스크로 이주하였
    던 것으로 추정하고 있다.

52 「江左輿地記」, 한국정신문화연구원, 앞의 책, 132쪽. 당시 조정에서도 연해주
    이주가 꼬리를 물고 이어지는 한 원인으로 "한 번 넘어가면 그의 친척들이 그
    가 간 것을 보고는 뒤따라 또 갔다가 돌아오지 않기 때문"인 것으로 파악하고
    있었다(『고종실록』, 고종 13년 7월 13일).

53 「강좌여지기」, 앞의 책, 136쪽.

54 「강좌여지기」, 134, 142쪽.

55 「강좌여지기」, 162쪽.

56 「강좌여지기」, 136쪽.

57 「강좌여지기」, 157, 158, 166쪽. 1883년 단천으로 돌아 온 100여 명의 귀환자
    들도 국법이 두려워 돌아오지 못하였다고 진술하였다(「咸鏡南兵營啓錄」, 『각
    사등록 44: 함경도편 3』, 227쪽).

58 「咸鏡北兵營啓錄」, 『각사등록 43: 함경도편 2』, 377쪽.

59 연갑수, 앞의 책, 80-82쪽; 배항섭, 앞의 글, 133쪽

60 여기에 대해서는 원재연, 「19세기조선의 러시아인식과 문호개방론」 『한국문
    화』 23, 서울대 한국문화연구소, 1999 참조.

61 박태근, 앞의 글, 45쪽.

62 배항섭, 앞의 글, 131-132쪽.

63 『고종실록』, 고종 3년 12월 12일.

64 『일성록』, 철종 12년 3월 27일.

65 프르제발스키, 「우수리 지방 여행, 1867-1869」, 심지은 편역, 앞의 책, p.85; 보리쓰 박 저, 앞의 책, 54쪽; 배항섭, 앞의 글, 134쪽.

66 이명화, 앞의 글, 각주 5)에서 재인용.

67 보리쓰 박, 앞의 책, 61쪽.

68 카르네프 외 4인 지음, A. 이르계바예브, 김정화 옮김, 『내가본 조선, 조선인』, 가야넷, 2003, 325쪽.

69 『승정원일기』, 고종 5년 10월 11일.

70 배항섭, 『19세기 조선의 군사제도연구』, 2002, 79-81쪽 참조.

71 말로제모프, 앞의 책, 38쪽. 『고종실록』(고종4년 1월 2일)에 따르면 "러시아인 5명이 경흥부에 와서 이르기를 경흥부민인 정재욱의 집에 있는 소 2마리를 저편 사람들에게 빼앗겼기 때문에 이제 찾아와서 돌려준다면서 해당 부사에게 글을 바쳤다."고 한다. 이 역시 이미 이 무렵부터 러시아와 변경 주민들 사이에 소매매를 비롯한 경제적 교류가 이루어지고 있었음을 보여준다(고승희, 앞의 글, 168쪽).

72 「아령실기(2)」, 『독립신문』1920년 3월 1일.

73 보리쓰 박, 앞의 책, 65-69쪽.

74 趙秉世, 「洪原以北隨事錄(1874)」, 『각사등록』43, 517쪽.

75 『고종실록』, 고종 13년 7월 13일, 고종 18년 1월 17일.

76 『고종실록』, 고종 13년 8월 9일.

77 『고종실록』, 고종 13년 8월 10일.

78 선유 후에 귀환하는 사람들이 많아졌으며, 귀환한 사람들 대부분은 선유의 내용을 듣고 귀환한 것으로 진술하였다(「咸鏡北兵營啓錄」, 『각사등록 43: 함경도편 2』, 59쪽).

79 『고종실록』, 고종 13년 12월 11일.

80 趙秉世, 「洪原以北隨事錄(1874)」, 『각사등록』43, 519쪽.

81 『고종실록』, 고종 18년 1월 17일.

82   백춘배는 1882년 고종의 지시를 받고 이용익과 함께 러시아 연해주 일대를
      돌며 조선인 이주민들의 실태와 러시아의 동향을 탐문하고 돌아 왔다(유길준
      저, 허동현 역, 『유길준논소찬』, 일조각, 1987, 5-12쪽). 이에 대한 자세한 내
      용은 이광린, 「구한말 노령 이주민의 한국정계 진출에 대하여-김학우의 사례
      를 중심으로-」『역사학보』108, 1985; 김양수, 「조선개항전후 중인의 정치외교
      -역관 변원규 등의 동북아 및 미국과의 활동을 중심으로」『실학사상연구』12,
      1999 참조.

83   『승정원일기』, 고종 18년 3월 23일.

84   『고종실록』, 고종 13년 8월 9일. 수교를 전후한 시기 조선지식인과 관료들의
      러시아관에 대해서는 배항섭, 앞의 글 참조.

85   『승정원일기』, 고종 1년 10월 26일.

86   『승정원일기』, 고종 21년 2월 24일.

87   고종은 러시아와 수교하기 이전인 1882년 五衛將 金光勳과 申先郁에게 연
      해주 일대를 시찰하도록 하였다. 이들은 연해주 일대의 군사시설을 살피고 동
      시에 우리 교포들의 실상을 탐지해 오는 임무를 부여받았다. 이들은 9월 25일
      부터 11월 5일까지 약 한 달 반 동안 연해주 일대를 시찰하고 돌아와서 「江左
      興地記」를 남겼다. 또 고종은 러이사와 수교한 직후인 1884년 12월초 이른바
      한러밀약을 위해 前營 領官 權東洙와 金鏞元을 블라디보스톡으로 밀파할 즈
      음에도 김광훈과 신선욱에게 수행하도록 하였다. 이들이 1885년에 재차 연해
      주를 방문하고 돌아와서 만든 것이 「俄國興地圖」이다. 이상의 두 자료에는 이
      시기 연해주에 이주해 있던 조선인의 생활상은 물론 조선인 거주 마을 명과
      마을 별 호수와 구수가 잘 정리되어 있다(『江北日記·江左興地記·俄國興地
      圖』, 한국정신문화연구원, 1994. 자세한 내용은 이 책 앞 부분에 실린 신승권,
      「江左興地記·俄國興地圖 解題」 참조).

88   「강좌여지기」, 앞의 책, 165-166쪽.

89   「咸鏡南兵營啓錄」, 『각사등록 44: 함경도편 3』, 226-227쪽.

90   이사벨라 버드 비숍 지음, 이인화 옮김, 『한국과 그 이웃나라들』, 살림, 1994,
      274쪽.

91   보리쓰 박, 앞의 책, 76-78쪽.

92   「강좌여지기」, 앞의 책, 165-166쪽.

93   「咸鏡南兵營啓錄」, 『각사등록 44: 함경도편 3』, 226-227쪽.

94   『승정원일기』, 고종 21년 2월 24일.

95 『독립신문』, 광무 2년 10월 15일.

96 『승정원일기』, 고종 13년 7월 13일.

97 『승정원일기』, 고종 13년 8월 9일.

98 『고종실록』, 고종 27년 7월 19일.

99 위와 같음.

100 『승정원일기』, 고종 13년 7월 13일.

101 위와 같음.

102 고승희, 앞의 글, 2004, 169쪽

103 수교이전 러시아와 조선 간의 교역상황과 품목에 대한 자세한 내용은 이재훈, 「근대 조선과 러시아의 경제관계 형성」, 홍웅호 외, 앞의 책 참조.

104 『고종실록』, 고종 14년 12월 12일.

105 보리쓰 박 저, 앞의 책, 52쪽.

106 柳承宙, 「朝鮮後期 西間島移住民에 대한 一考察 ―「江北日記」의 解題에 붙여」, 『亞細亞硏究』, 59, 1978. 강북일기는 『江北日記 · 江左興地記 · 俄國興地圖』, 한국정신문화연구원, 1994에 원문이 실려 있으며, 최근에는 번역본이 출간되기도 했다(최종범 원저, 최강현 역주, 『간도개척비사』, 신성출판사, 2004).

107 『간도개척비사』, 67쪽.

108 『간도개척비사』, p.20, 22, 65쪽.

109 『간도개척비사』, 67쪽.

110 ГАТО, фонд.87, опись.1, дело.278, лл. 27~30, 68. 조선인 이주 관련 보고. 1865.

111 이사벨라 버드 비숍 지음, 이인화 옮김, 『한국과 그 이웃나라들』, 살림, 1994, 277쪽.

112 ГАТО, фонд.1, опись.1, дело.594, лл.31, 65. 하두시드(Хадуси ды) 마을 조선인의 청원서.

113 ГАТО, фонд.87, опись.1, дело.278, лл. 50~54об., 1865년 포시에트 여행에 대한 참모본부 대위 겔메르센의 보고서.

114 프르제발스키, 「우수리 지방 여행, 1867-1869」, 심지은 편역, 앞의 책, 92쪽.

115 『독립신문』, 광무 2년 10월 15일.

116 『독립신문』, 광무 2년 10월 15일, 17일.

117 프르제발스키, 「우수리 지방 여행, 1867-1869」, 심지은 편역, 앞의 책, 92쪽.

118 보리쓰 박, 앞의 책, 68쪽. 단발은 이주민들의 귀향을 가로 막는 중요한 원인이 되기도 했다. 압록강 북변으로 이주한 조선인에게도 중국 당국에서는 薙髮을 강요하였다(신기석, 「해제」, 국회도서관, 『간도영유권관계발췌자료』, 1975, 31-33쪽; 김춘선, 「1880-1890년대 청조의 "이민실변"정책과 한인이주민 실태연구」, 『한구근현대사연구』 8, 1998, 19, 22쪽). 이는 두발의 외관이 내셔널러티의 정체성과 관련된 상징으로서 중요한 의미를 가졌음을 시사한다.

119 「강좌여지기」, 앞의 책, 136, 163쪽.

120 「강좌여지기」, 142쪽.

121 「강좌여지기」, 157쪽.

122 「강좌여지기」, 165쪽.

123 「강좌여지기」, 157-158쪽.

124 「강좌여지기」, 163쪽.

125 위와 같음.

126 「강좌여지기」, 165쪽.

127 「아령실기(11)」, 『독립신문』, 1920년 4월 3일.

128 「아령실기(7)」, 『독립신문』, 1920년 3월 20일.

129 Chaimun Lee, 「Korea Migration to the Russian Far East: A Transnational Perspective」, 『한국역사지리학회지』 14-2, 2008.

130 「아령실기(7)」, 『독립신문』, 1920년 3월 20일.

산동반도 초기 해양문명과 춘추전국 시기 한중일 삼국의 해양 실크로드

1 范慶梅, 劉鳳鳴 等, 『山東區域文化通覽 · 煙臺卷』, 濟南, 山東人民出版社, 2012; 劉玉黨, 張建國 等, 『山東區域文化通覽 · 威海卷』, 濟南, 山東人民出版社, 2012; 孫德漢, 李行傑 等, 『山東區域文化通覽 · 靑島卷』, 濟南, 山東人民出版社, 2012.

2 王志民 主編, 『山東區域文化通覽』, 濟南, 山東人民出版社, 2012.

3   煙臺市文物管理委員會,「山東煙臺白石村新石器時代遺址發掘簡報」,『考古』 1992-7.

4   威海市文化局 · 威海市文物管理辦公室,『威海文物槪覽』, 靑島, 靑島出版社, 2009, 2쪽.

5   靳桂雲, 王育茜,「山東卽墨市北阡遺址2007年發掘簡報」,『考古』2011-11.

6   白石村遺址에서 좁쌀과 기장의 규산체(plant opal)가 발견되었다. 구체적인 것은 靳桂雲의「山東先秦考古遺址植硅體分析與硏究」(『海岱地區早起農業和人類學 硏究』, 北京, 科學出版社, 2008, 30쪽) 참조.

7   孫德漢, 李行傑 等,『山東區域文化通覽 · 靑島卷』, 濟南, 山東人民出版社, 2012, 21쪽.

8   有虞氏가 東夷族이라는 것은『孟子』의 "舜은 …… 東夷 사람이다(舜 …… 東夷 之人也)"를 통해 알 수 있다. "有虞氏尙陶"를 가장 명확하게 기록한 것은『周禮』 「考工記」의 "有虞氏上陶"이다.『韓非子』「難一」에도 "東夷가 陶器를 만드는 사 람의 기술이 조악했는데, 舜이 그곳에 가서 도기를 제작하기 시작하니, 1년이 지 나 도기가 아주 튼튼해졌다(東夷之陶者器苦窳, 舜往陶焉, 期年而器牢)"라는 기 록이 있고,『世本』「作篇」에도 "舜이 처음으로 도기를 만들었고, 夏나라 신하인 昆吾가 더욱 증가시켰다(舜始陶, 夏臣昆吾更增加也)"라는 기록이 있다[『孟子注 疏』권8下, 阮元校刻『十三經注疏』, 上海, 上海古籍出版社 影印本, 1997(이후 『十三經注疏』를 인용할 때는 이 판본을 쓴다);『周禮注疏』권39, 906쪽; 王先愼 撰,『韓非子集解』, 北京, 中華書局, 1998, 349쪽;『世本八種』, 北京, 中華書局, 2008, 秦嘉謨 輯補本 360쪽.

9   范慶梅, 劉鳳鳴 等,『山東區域文化通覽 · 煙臺卷』, 濟南, 山東人民出版社, 2012, 29-30쪽.

10   旅大市文物管理組,「旅順老鐵山積石墓」,『考古』1978-2; 范慶梅, 劉鳳鳴 等, 『山東區域文化通覽 · 煙臺卷』, 濟南, 山東人民出版社, 2012, 45쪽.

11   역자 주: 저자는 한반도를 '朝鮮半島'라 하였는데, 이를 모두 '한반도'로 바꾸었 다.

12   范慶梅, 劉鳳鳴 等,『山東區域文化通覽 · 煙臺卷』, 濟南, 山東人民出版社, 2012, 47-48쪽; 劉玉黨, 張建國 等,『山東區域文化通覽 · 威海卷』, 濟南, 山東人民出 版社, 2012, 28쪽.

13   王永波,「膠東半島上發現獨木舟」,『考古與文物』1987-5.

14   『尙書正義』권2,『十三經注疏』, 上海, 上海古籍出版社, 1997, 119쪽, "分命羲仲,

宅嵎夷曰暘谷, 寅賓出日, 平秩東作."

15 郭郛 注,『山海經注疏』, 北京, 中國社會科學出版社, 2004, 653쪽, "湯谷上有扶桑, 十日所浴, 在黑齒北. 居水中, 有大木, 九日居下枝, 一日居上枝."

16 郭郛 注,『山海經注疏』, 816쪽, "東南海之外, 甘水之間, 有羲和之國. 有女子名曰羲和, 方浴日于甘淵. 羲和者, 帝俊之妻, 生十日."

17 黃靈庚 疏證,『楚辭章句疏證』, 北京, 中華書局, 2007, 1019-1022쪽, "(日)出自湯谷, 次于蒙汜. 自明及晦, 所行幾里?"

18 何寧 撰,『淮南子集釋』, 北京, 中華書局, 1998, 233-237쪽, "日出于暘谷, 浴于咸池, 拂于扶桑, 是謂晨明. 登于扶桑, 爰始將行, 是謂朏明. 至于曲阿, 是謂旦明. 至于曾泉, 是謂蚤食. 至于桑野, 是謂晏食. 至于衡陽, 是謂隅中. 至于昆吾, 是謂正中. 至于鳥次, 是謂小還. 至于悲谷, 是謂餔時. 至于女紀, 是謂大還. 至于淵虞, 是謂高春. 至于連石, 是謂下春. 至于悲泉, 爰止其女, 爰息其馬, 是謂縣車. 至于虞淵, 是謂黃昏. 至于蒙谷, 是謂定昏. 日入于虞淵之記, 曙于蒙谷之浦, 行九州七舍, 有五億萬七千三百九里."

19 何寧 撰,『淮南子集釋』, 329쪽, "其華照下地."

20 郭沫若 主編,『甲骨文合集』, 北京, 中華書局, 1978~1982. 이하『合集』으로 약칭한다.

21 楊伯峻 撰,『列子集釋』, 北京, 中華書局, 1979, 152쪽, "其上臺觀皆金玉, 其上禽獸皆純縞, 珠玕之樹皆叢生, 華實皆有滋味, 食之皆不老不死. 所居之人皆仙聖之種."

22 『史記』, 北京, 中華書局, 1959, 1369-1370쪽, "自威·宣·燕昭使人入海求蓬萊·方丈·瀛洲. 此三神山者, 其傅在勃海中, 去人不遠, 患且至, 則船風引而去. 蓋嘗有至者, 諸僊人及不死之藥皆在焉. 其物禽獸盡白, 而黃金銀爲宮闕. 未至, 望之如雲. 及到, 三神山反居水下. 臨之, 風輒引去, 終莫能至云. 世主莫不甘心焉. 及至秦始皇幷天下, 至海上, 則方士言之不可勝數. 始皇自以爲至海上而恐不及矣, 使人乃齎童男女入海求之."

23 黎翔鳳 撰,『管子校注』, 北京, 中華書局, 2004, 1382쪽, "桓公問管子曰, '吾聞海內玉幣有七筴, 可得而聞乎?' 管子對曰, '陰山之礝珉, 一筴也, 燕之紫山白金, 一筴也, 發·朝鮮之文皮, 一筴也, 汝漢水之右衢黃金, 一筴也, 江陽之珠, 一筴也, 秦明山之曾青, 一筴也, 禺氏邊山之玉, 一筴也.'"

24 黎翔鳳 撰,『管子校注』, 北京, 中華書局, 2004, 1383쪽, '注[三]'에서 孫星衍 등의 설을 인용해 '發'을 북방민족의 국명으로 파악하였다. 여기서도 이를 따른다.

25 范慶梅, 劉鳳鳴 等,『山東區域文化通覽 · 煙臺卷』, 濟南, 山東人民出版社, 2012.

26 黎翔鳳 撰,『管子校注』, 1440쪽, "桓公曰, '四夷不服, 恐其逆政, 遊於天下, 而傷
    寡人. 寡人之行爲此有道乎?' 管子對曰, '吳越不朝, 珠象以爲幣乎? 發 · 朝鮮不
    朝, 請文皮, 毤服而以爲幣乎? …… 辟千金者珠也, 然後八千里之吳越可得而朝
    也. 一豹之皮, 容金而金也, 然後八千里之發 · 朝鮮可得而朝也.'"

27 白雲翔,「從韓國上林里銅劍和日本平原村銅鏡論中國古代靑銅工匠的兩次東
    渡」,『文物』2015-8.

28 전영래,「完州 상림리 출토 中國式銅劍에 관하여」,『全北遺跡調査報告』(6),
    1976.

29 陳炎,「海上絲綢之路對世界文明的貢獻」,『今日中國』2001-12.

30 本宮泰彦 著, 胡錫年 譯,『日中文化交流史』, 北京, 商務印書館, 1980, 4쪽.

31 張覺 校注,『吳越春秋校注』, 長沙, 岳麓書社, 2006, 286쪽.

32 藤田豊八 著, 何健民 譯,『中國南海古代交通叢考』, 北京, 商務印書館, 1936,
    524쪽.

33 『孟子注疏』권1下, 2675쪽, "昔者, 齊景公問晏子曰, '吾欲觀於轉附 · 朝儛, 遵
    海而南, 放于琅邪, 吾何修而可以比於先王觀也?'"이 일은 또『晏子春秋』와『管
    子』에 보인다.『晏子春秋』「內篇問下」에 "景公이 유람 나갔을 때 晏子에게 물어
    가로되, '내가 轉附와 朝儛를 유람하고 남쪽으로 내려가 琅琊에 이르고자 하는데,
    과인이 어떻게 하면 저 先王의 유관을 본받을 수 있겠소?(景公出遊, 問于晏子曰,
    吾欲觀於轉附 · 朝儛, 遵海而南, 至于琅琊, 寡人何修則夫先王之遊)'"의 기록이
    있고,『管子』「戒第」에는 "환공이 장차 동쪽을 유람하고자 할 때, 관중에게 물어
    말하였다. '내가 유람을 나가 전부에서 남쪽으로 낭야에 이르고자 한다(桓公將東
    遊, 問於管仲曰, 我遊猶軸轉斛, 南至琅邪)"라는 기록이 있다(陳濤 譯注,『晏子
    春秋』, 北京, 中華書局, 2007, 179쪽; 黎翔鳳 撰,『管子校主』, 507쪽).

34 『史記』권5, 244쪽, "登琅邪, 大樂之, 留三月. 乃徙黔首三萬戶琅邪臺下."

13세기 동아시아의 전쟁과 무역

1   『開慶四明續志』8,「蠲免抽博倭金〈收養飄泛倭人麗人附〉」.

2   무역업무를 담당하는 시박(市舶)은 송초에는 시박사(市舶司)만 존재하고 시

박무(市舶務)는 없었으나, 1080년에 시박사를 로(路; 송대에는 지방을 監督
단위인 路로 나누어 여러가지 면에서 府·州를 감독했다)단위로 전환하면서
각 주(州)에는 시박사의 하급기관인 시박무나 시박장(市舶場)을 설치했다(石
文濟, 「宋代市舶司的設置與職權」, 『史學彙刊』1, 中國文化大學史學研究所,
1968, 87쪽). 따라서 명주에 설치된 무역관리기관은 당연히 시박무에 해당하
나, 후대로 갈수록 시박사와 시박무를 혼용하는 경향이 심화되었다고 보여,
오잠도 명주시박(明州市舶)을 가리켜 시박무라고도 시박사라고도 부르고 있
다. 그러나 본고에서는 양자를 구별하여 표기하였다.

3   현재의 영파(寧波). 명주는 1194년에는 승격하여 경원부(慶元府)가 되지만,
    본고에서는 혼란을 피하기 위해 북송때의 명칭인 명주로 통일했다. 다른 지명
    도 북송기의 명칭으로 통일했다.

4   榎本渉, 「明州市舶司と東シナ海交易圈」, 『歷史学研究』756, 2001, 17쪽.

5   여기서 기준의 되는 화폐의 단위는 동전이 아니라 남송의 지폐인 회자(會子)
    인데, 당시 회자의 가치는 동전의 5.5%에 지나지 않았다(拙稿, 「日本金の輸
    出と宋·元の貿易政策」, 『日本史研究』636, 2015, 6쪽).

6   曾我部静雄, 「南宋の水軍」, 『宋代政経史の硏究』, 吉川弘文館, 1974, 251-
    252쪽.

7   王曾瑜, 『宋朝兵制初探』, 中華書局, 1983, 172쪽.

8   吳潛, 『許國公奏議』卷3, 「奏曉諭海寇復爲良民及關防海道事宜」.

9   桑原隲蔵, 『蒲寿庚の事蹟』, 平凡社, 1989, 初出1923, 244쪽주)22.

10 曾我部静雄, 앞의 책, 270쪽 주)4·276-278쪽.

11 吳潛, 『許國公奏議』卷4, 「條奏海道備禦六事」.

12 曾我部静雄, 앞의 책, 258쪽.

13 이하에서 언급하는 연해제치사의 창설과 변천에 대해서는, 『寶慶四明志』3,
    「制置司官」; 『宋史』卷27 本紀27 紹興2년(1132) 12월·紹興3년 정월조 등에
    따른 것이다.

14 『寶慶四明志』1, 「沿革論」.

15 1161년 금과의 전쟁이 발발하자 연해의 경비를 강화할 필요가 발생하여 명
    주의 성밖에 중앙 정규군 소속 수군 2천 명이 주둔하게 되었다(『寶慶四明志』
    7, 「制置司水軍」). 이하에서 언급하는 연해제치사 관할하의 수군의 변천에
    대해서는 『寶慶四明志』7, 「制置司水軍」; 『宋會要輯稿』食貨50-22 乾道4년

(1168) 12월 13일조; 『攻媿集』卷86, 「皇伯祖太師崇憲靖王行狀」; 吳潛, 『許國公奏議』卷4, 「條奏海道備禦六事」 등에 의거한 것이다.

16 吳潛, 『許國公奏議』卷4, 「條奏海道備禦六事」.

17 『寶慶四明志』7, 「制置司水軍」·「土軍」; 『寶慶四明志』19, 「定海縣志」; 『寶慶四明志』20, 「昌國縣志」; 『開慶四明續志』5, 「九寨巡檢」. 『寶慶四明志』에는 '九寨額'이라는 용어가 확인되고, 『開慶四明續志』에도 신설된 두 개의 채(寨) 이외에 '九寨巡檢'이라는 기록이 있어, 寶慶年間(1225~27)에서 開慶元年(1259) 사이의 기간에는 일정하게 9개소가 존재한 것처럼 보이기도 하지만 두 사료에서 언급하고 있는 채명(寨名)에는 약간의 변동이 있다. 또한 예를 들어 '海內寨'의 병사가 '白峯寨'에 파견되어 주둔하고 있는 경우 '九寨'에 '白峯寨'는 포함되지 않지만, 나중에 '白峯寨'에도 정식으로 병사가 배치되면 '九寨'에 '白峯寨'가 포함되는 등의 사례도 있어, '九寨'와 실제로 방어를 담당하고 있는 채의 숫자가 일치한다고는 볼 수 없다. 다만 명주에는 여러 채에 배치되는 병사의 정수(定數)를 의미하는 '九寨額'이 존재하여 그 범위 내에서 필요에 따라 운용되었다고 추정된다.

18 吳潛, 『許國公奏議』卷4, 「條奏海道備禦六事」.

19 吳潛, 『許國公奏議』卷4, 「條奏海道備禦六事」, "海道之責, 則西接許浦, 南接福建, 北接高麗, 東接日本, 廣袤且踰萬里, 探望以舟師, 巡邏以舟師, 把守諸處隘口以舟師."

20 熊燕軍, 「南宋沿海制置司考」, 『浙江大学学報(人文社会科学版)』37-1, 2007, 54쪽.

21 곽중순이 명주장관 겸 연해제치사에 재직한 기간은 紹興3년(1131) 10월 13일에서 紹興5년 8월 15일까지였다(『寶慶四明志』1, 「郡守」).

22 『建炎以来系年要録』, "紹興五年(1133)三月戊辰, 登州文学吳敦礼特許参選, 敦礼以布衣, 為沿海制置使郭仲荀, 遣往高麗, 伺敵中事, 得其報以帰, 故録之."

23 『攻媿集』卷86, 「皇伯祖太師崇憲靖王行狀」.

24 조백규는 송 효종(孝宗)의 형으로(『宋史』卷244 列傳3 秀王子偁), 사료에서 왕이라고 불리는 것은 이 때문일 것이다. 1164년 10월 18일~1167년 3월 24일과 1169년 10월 5일~1174년 11월 9일의 2번에 걸쳐 명주장관 겸 연해제치사를 역임하였다(『寶慶四明志』1, 「郡守」).

25 와타나베 마코토(渡邊誠)는 조백규가 서덕영을 고려에 파견한 해를 인용한

사료에서 확인되는 1169년이 아니라,『高麗史』에서 서덕영이 고려에 왔다는 사실이 확인되는 1173년으로 단정하고 있다(渡邊誠,「平安貴族の対外意識と異国牒状問題」,『歴史学研究』823, 2007, 15-16쪽). 그러나 1169년의 서덕영의 고려 입국이『高麗史』에서 확인되지 않는 것은, 그가 사자(使者)가 아니라 스파이로서 파견되었기 때문일 것이다.「皇伯祖太師崇憲靖王行狀」은 조백규의 행적을 연대순으로 기록한 것으로, 서덕영의 파견 연도를 의심할 필요는 없다고 판단된다.

26 수(隋) · 당(唐)의 율령체제를 받아들여 701년경에는 율령국가를 완성한 일본은 율령체제의 근간을 이루는 화이사상(華夷思想)도 수용하여 자국을 중심으로 하는 세계관을 형성하였다. 즉 천황이 화이의 정점에 위치하여 그 지배가 미치지 않는 신라 · 백제 · 고구려 · 발해는 자국의 하위에 있는 번국(蕃國)으로, 당은 자국과 대등한 인국(隣國)으로 위치지었다. 물론 현실적인 역학관계상 실질적으로는 당에 조공을 바쳤지만, 끝까지 책봉받는 것을 거부하면서 자국과 당은 동등하다는 인식을 유지하였다. 그리고 이러한 세계관은 당이 몰락한 이후에는 중국 왕조에 조공도 바치지 않게 되면서 심화되어, 1402년에 명의 책봉을 받을 때까지 지속되었다(石井正敏,『東アジア世界と古代の日本』, 山川出版社 , 2003, 5-38쪽). 따라서 조백규가 일본과 교섭한 당시도 송과 일본의 중앙정부 간의 공식적인 외교관계는 존재하지 않는 상태였다.

27 『玉葉』承安2년(1172) 9월 17일 · 承安3년 3월 13일조;『師守記』貞治6년(1367) 5월 9일조.

28 『宋會要輯稿』蕃夷7—52, "乾道九年(1173)五月二十五日, 樞密院言, 沿海制置司津發綱首莊大椿 · 張守中水軍使臣施闊 · 李忠賚到日本國回牒幷進貢方物等, 合行激犒, 詔綱首各支錢五百貫 · 使臣三百貫."

29 王曾瑜, 앞의 책, 162쪽.

30 高橋昌明,「福原の夢—清盛と対外貿易」, 歴史資料ネットワーク編,『歴史のなかの神戸と平家—地域再生へのメッセージ—』, 神戸新聞総合出版センター, 1999, 69-70쪽.

31 熊燕軍, 앞의 논문, 54쪽.

32 『宋會要輯稿』刑法2—141, 嘉定10년(1217) 3월 1일조, "乞行下沿海州軍各勅, 所屬縣鎭籍定海舟, 應有買販入番, 先具所載名件, 経官給據, 委官檢實, 方得出海, 巡警官司看驗公憑, 方許放行, (中略)從之."송은 민간 선박을 통제하기 위해 모든 선박을 관에 등록시켜, 등록된 선박에만 합법적인 영업권을 부여했다(廖大珂,「宋代海船的占籍, 保甲和結社制度述略」,『海交史研究』

2002年第1期, 2쪽).

33   吳潛, 『許國公奏議』卷4, 「條奏海道備禦六事」.

34   『開慶四明續志』8, 「收養麗人」· 「收刺麗國送還人」.

35   曾我部静雄, 앞의 책, 260-263쪽; 深澤貴行, 「南宋沿海地域における海船政策—孝宗期を中心として—」, 『史觀』149, 2003, 34-38쪽.

36   『宋會要輯稿』食貨50—27~28, 淳熙5년(1178) 2월 3일조.

37   『開慶四明續志』6, 「三郡隘船」, "明爲左馮翊, 而州瀕於海, 鯨波吐呑, 渺無津涯, 商舶之往來於日本 · 高麗, 虜舟之出沒於山東 · 淮北, 撑表拓裏, 此爲重鎭, 嘉熙間, 制置使司調明 · 溫 · 台三郡民船, 防定海戍淮東京口."

38   吳潛, 『許國公奏議』卷4, 「條奏海道備禦六事」.

39   吳潛, 『許國公奏議』卷3, 「奏曉諭海寇復爲良民及關防海道事宜」, "李松壽在海州造船, 厚以銀兩, 招南方水手." 이 상소문에는 작성년대가 기록되어 있지 않지만, 전후에 수록된 상소문이 전부 寶祐4년(1256)의 것이므로 해당 상소문도 1256년에 작성된 것으로 추정했다.

40   黃寬重, 「經濟利益與政治抉擇—宋 · 金 · 蒙政局變動下的李全 · 李瓊父子」, 『南宋地方武力—地方軍與民間自衛武力的探討』, 臺北: 東大圖書公司, 2002.

41   黃寬重, 위의 책, 300쪽.

42   吳潛, 『許國公奏議』卷4, 「條奏海道備禦六事」. 남송측이 신해주(新海州)에서 이송수가 주둔하고 있던 해주를 감시하고 있었다는 사실은 吳潛, 『許國公奏議』卷3, 「奏曉諭海寇復爲良民及關防海道事宜」에서 확인된다.

43   『寶慶四明志』1, 「郡守」. 그는 1259년 8월 28일에 해당 직책을 떠나고 있다.

44   吳潛, 『許國公奏議』卷3, 「奏曉諭海寇復爲良民及關防海道事宜」.

45   吳潛, 『許國公奏議』卷3, 「奏曉諭海寇復爲良民及關防海道事宜」, "此間舶船, 常有販高麗者, 大率甲番三隻到麗國, 必乙番三隻回歸, 丙丁亦如之, 今慶元人見有在彼國仕宦者, 却緣此等船隻, 皆屬朝廷分司, 制司不可得而察其往來之迹, 此間之舟一隻, 可以載二三百人, 萬一彼有異志, 幷吾甲乙兩番之舟, 並行拘奪以渡韃賊, 則亦意外之過慮也, 故臣以爲, 若朝廷以舶務撥隸沿海制司, 却擇一收錢最高年分, 責令制司抱解淨錢, 則於國課無虧, 而發舶事權屬之制司, 可以操持, 考察其所關事體頗爲不細, 況緩急之際, 亦可團結大舟爲國家後戶之備, (中略)兼亦可以因發舶舟, 令曉暢之人, 僞爲商旅至彼國, 審探韃賊事宜等, 而上之."

46 같은 상소문에서 오잠은 "고려는 현재 몽골에 복속하고 있으나, 항상 몽골을 의심하고 두려워하여 섬으로 천도하여 그 침략에 대비하고 있어 결코 몽골을 위해 길안내를 하려고 하지는 않는다(今高麗雖臣屬於韃, 然每有疑畏韃賊之心, 遷都海島, 防其侵犯, 決不至為韃向導)"라고 서술하고 있다. 이를 통해 당시 그의 정세분석을 엿볼 수 있는데, 이러한 판단은 정확하여 몽골은 고려를 1231년에서 58년까지 6차례 이상 침략하고 있지만, 고려는 그 사이에 여러 차례 화평교섭에 응하면서도 1232년에는 개경에서 강화도로 천도하여 저항을 지속하였다. 그러나 1258년경에 고려 지배층 내부에 화평을 원하는 세력이 권력을 장악하면서 몽골에 대한 저항을 중지하였다. 그래도 여전히 반몽골 세력은 존재하여 1270년에는 개경으로 환도하는 것에 반대하여 삼별초가 봉기하였고 1273년에 패배할 때까지 세력을 떨쳤다(旗田巍, 『元寇—蒙古帝国の内部事情—』, 中央公論社, 1965, 21~106쪽).

47 吳潛, 『許國公奏議』卷4, 「奏給遭風倭商錢米, 以廣朝廷柔遠之恩, 亦於海防密有關係」. 이 상소문에 작성년도는 기록되어 있지 않지만, 상소문 중에 오잠이 고려의 표류선에 대해 "兩歲之間, 一再見之"라고 서술하고 있어, 부임한 다음 해인 1257년에 씌여진 것으로 보인다.

48 『開慶四明續志』8, 「鐲免抽博倭金〈收養飄泛倭人麗人附〉」, "本司近具奏申, 乞將倭人之偶為風水飄流者, 本司日給白米二升, 市舶司日給十七界一貫五百文, 候次年歸國日住支, 已蒙朝廷從申劄下." 시박무가 매일 지급하는 금액은 '十七界一貫五百文'으로 표시되어 있는데, '十七界'라는 표현에서 해당 금액의 기준이 남송의 지폐인 회자라는 사실을 알 수 있다. 회자는 1160년부터 발행되었는데, 처음에는 회수기간이나 유통방식 등이 정해지지 않았다. 그러다가 1168년부터 제도화되어, 일계(一界)가 발행되기 시작하여 십팔계(十八界)까지 발행되었다. 회자는 3년을 기한으로 회수되고 두 개의 계(界)를 겸용하는 것이 원칙이었다. 즉 1168년에 발행된 일계(一界)는 3년 후인 1171년에 회수되었고, 1170년에 발행된 이계(二界)는 3년 후인 1173년에 회수되었다. 한편, 1171년에 발행된 삼계(三界)는 일계(一界)를 회수하는 데 사용되어 이계(二界)와 함께 유통되었고, 사계(四界)도 이계(二界)를 회수하기 위해 발행되는 방식이었다. 그러나 이러한 원칙이 그대로 지켜진 것은 아니었다. 송조는 재정이 곤란하여 신회자(新會子)를 구회자(舊會子)보다 많이 발행하는 경향이 강했고, 신회자를 구회자를 회수하는 데 사용하지 않고 그대로 재정지출에 사용하는 경우도 있었다. 그 때문에 세 개의 계(界)가 동시에 유통되거나 회자의 회수가 늦어지거나 했다. 특히 1234년에 발행되기 시작한 십칠계(十七界)는 30년간이나 유통되다가 1164년에는 회수되는 일 없이

폐지되어 소유자는 커다란 피해를 입었다. 한편, 십팔계(十八界)는 1240년에 발행되어 남송이 멸망할 때까지 유통되었다(이상의 회자에 대한 설명은 汪聖鐸, 「南宋各界会子的起訖, 数額及会価」, 『文史』25, 1985, 129-134쪽에 의한 것이다). 1258년경 회자의 동전 대비 가치에 대해서는 주5)를 참조.

49 『開慶四明續志』8, 「蠲免抽博倭金〈収養飄泛倭人麗人附〉」.

50 "然在朝廷何翅萬牛之一毛, 而使倭人怨之麗人傳之, 其在四方承平之時尚可, 其在海道多虞之時則斷斷乎, 其不可也."

51 "潛實非好異以損舶司課利, 蓋緣倭與麗爲鄰已服屬於韃賊, 萬一賊謀姦狡謀我者, 無所不至風聲, 扇誘轉而至于倭, 則中國之憂實未可量, 所以小小羈縻微微存恤, 使知朝廷之仁心仁聞, 則遠人愈將向慕中國, 此正潛區區之微機也."

52 『高麗史』元宗7년(1266) 11월 癸丑조, "卿, 其道達去使, 以徹彼疆, 開悟東方, 向風慕義, 玆事之責, 卿宜任之, 勿以風濤險阻爲辭, 勿以未嘗通好爲解."

53 『開慶四明續志』8—7, "以寬其一線營生之路."

54 寺地遵, 「賈似道の対蒙防衛構想」, 『廣島東洋史學報』13, 2008, 22-29・44쪽.

55 寺地遵, 「南宋末期、対蒙防衛構想の推移」, 『廣島東洋史學報』11, 2006, 4-5쪽.

56 川添昭二, 『対外関係の史的展開』, 文献出版, 1996, 73쪽.

57 拙稿, 「大宰府守護所と外交」, 『古文書研究』73, 2012, 12-14쪽.

58 太田彌一郎, 「石刻史料『替皇復県記』にみえる南宋密使瓊林について—元使趙良弼との邂逅—」, 『東北大学東洋史論集』6, 1995.

15세기 동아시아 해양체제 속에서 조선왕조의 이미지 형성

1 자세한 것은 『明實錄』, 『太祖實錄』 권37을 참조하라.

2 자세한 것은 『明實錄』, 『太祖實錄』 권221과 223 참조.

3 李朝 초기, 1398년과 1400년에 두 차례의 '왕자의 난'이 발생했다. 제1차 왕자의 난 때, 세자 李芳碩이 李芳遠에 의해 살해되자, 형제들 간의 다툼의 재발을 막고

자 太祖 李成桂는 定宗 李曔에게 양위하였다. 그러나 제2차 왕자의 난의 발생을 피할 수는 없었다. 자세한 것은 『朝鮮王朝實錄』 태조, 정종, 태종 권 참조.

4 자세한 것은 『明實錄』, 『太宗實錄』 권11과 권15 참조.

5 명나라의 조선에 대한 태도가 변화된 원인에 대하여, 『캠브리지 중국명대사』는 다음과 같이 해석하였다. 洪武 황제는 명왕조의 변경지역에 대한 통제를 공고히 하는 데 집중하였기 때문에, 조선에 대하여 침략적인 위협 정책을 펼치면서, 명나라가 이익을 행사할 수 있게끔 조선을 압박하였다. 建文帝가 조선의 표면적인 충성과 지지를 받아들인 까닭은 군수물자를 획득하여 제위를 확보하기 위해서였다. 영락제는 두 가지를 혼합하여 위협과 은혜를 함께 행사하는 방식을 취하면서, 조선을 받아들여 자신의 권위를 증강시켰다. (Denis Twitchett, Frederick W. Mote 주편, 『劍橋中國明代史(1368~1644)』(中文版)하권, 中國社會科學出版社, 2006, 251-252쪽.)

6 권근의 「『混一疆理歷代國都之圖』跋」(『陽村先生文集』 卷22, 韓國文集叢刊本(第七冊) 참조.

7 杉山正明 저, 周俊宇 역, 『忽必烈的挑戰, 蒙古帝國與世界歷史的大轉向』(중문판), 社會科學文獻出版社, 2013, 201쪽.

8 宮崎正勝 저, 朱悅瑋 역, 『航海圖的世界史—海上道路改變歷史』, 中信出版社, 2014, 51쪽.

9 金成鎬, 朴英宰 주편, 『朝鮮·韓國歷史大編年』 '朝鮮王朝'部分, 黑龍江朝鮮民族出版社, 2008.

10 黃時鑒, 「從地圖上看中韓日 "世界" 觀念的差異」, 『黃時鑒文集』Ⅲ, 中西書局, 2011, 250-251쪽.

11 鄭容和, 「從周邊視角來看朝貢關係—朝鮮王朝對朝貢體系的認識和利用」, 『國際政治研究』 2006.

12 프랑스 학자 프랑수아 지푸루(Francois Gipouloux, 중문명: 弗朗索瓦·吉普魯)는 명나라가 부흥시킨 조공체제가 아시아 해양 지역의 유일한 법규는 아니었다고 여겼다. 조선과 중국 명나라 그리고 일본과 류쿠 사이의 관계는 10여 개의 사관과 관련되어 있고, 무역과 관련되어 있을 뿐만 아니라 많은 여행자들의 왕래와도 관련이 있다. 조선과 유구, 일본 사이의 관계는 명나라 조공체제와 비교할 수 있는 것으로, 얼핏 보면 중국과 서로 다른 속국 사이에서, 중국을 중심으로 한 질서를 복제한 것으로 보인다. 그러나 이러한 모식은 더욱 다양화되고 더욱 복잡화되었다. 이들 외교 정책의 초석은 '교린'으로 '지위가 평등한 주권국가 사이의 우호관계'로, 정식으로 의식을 거행하기도 하였다(프랑수아 지푸루, 『亞洲的地中海:

13-21世紀中國日本東南亞商埠與貿易圈』, 新世紀出版社, 2014, 90쪽). 이 책은 '도서출판 선인'을 통해 2014년 번역 출판되었다.

13 申叔舟, 『海東諸國紀』, 한국고전번역원DB, http://db.itkc.or.kr/index.jsp?bizName=MK&url=/itkcdb/text/bookListIframe.jsp?bizName=MK&seojiId=kc_mk_m015&gunchaId=&NodeId=&setid=854648 (검색일: 2016. 08. 26).

| 참고문헌 |

한국에서 출토된 '량(椋)'자 목간(木簡)으로 본 동아시아 간독문화(簡牘文化)의 전파

1. 사료

『史記』

『漢書』

『後漢書』

『北齊書』

『周禮正義·地官司徒第二上·敍官』(北京, 中華書局, 1987)

2. 단행본

高敬姬, 『新羅 月池 出土 在銘遺物에 對한 銘文 研究』, 東亞大學碩士論文, 1993.

全南大學博物館 편, 『武珍古城I』, 全南大博物館, 1989

孫煥一 편, 『韓國木簡字典』, 國立加耶文化財研究所文化財廳, 2011

汪桂海, 『漢代官文書制度』, 南寧, 廣西教育出版社, 1999

李均明, 『秦漢簡牘文書分類集解』, 北京, 文物出版社, 2009

汪桂海, 『漢代官文書制度』, 南寧, 廣西教育出版社, 1999

李均明, 『秦漢簡牘文書分類集解』, 北京, 文物出版社, 2009

梁春勝,『楷書部件演變研究』, 北京, 線裝書局, 2012

西嶋定生,『古代東アジア世界と日本ヨ, 東京, 岩波書店, 2000

3. 논문

山內晉一,「東アジア史再考—日本古代史研究の立場から」,『歷史評論』733, 2011.
廣

金昌錫,「皇南洞376유적 출토 木簡의 내용과 용도」,『新羅文化』19, 2001

盧重國,「백제의 救恤 · 賑貸 정책과 '佐官貸食記' 목간」,『白山學報』83, 2009

李炳鎬,「扶餘 陵山里 出土 木簡의 性格」,『木簡和文字』1, 2008,

李成市,「韓國の木簡ついて」,『木簡研究』19, 1997

李鎔賢,「〈佐官貸食記〉와 百濟貸食制」,『百濟木簡』, 國立扶餘博物館, 2008

李鎔賢,「경주황남동376유적 출토 목간의 형식과 복원」,『新羅文化』19, 2001

孫煥一,「백제(百濟) 목간(木簡)「좌관대식기(佐官貸食記)」의 분류체계(分類體系)와
　　　서체(書體)」,『韓國思想與文化』43, 2008

鄭東俊,「"좌관대식기" 목간의 제도사적 의미」,『木簡和文字』4, 2009

泰佑 · 鄭海浚 · 尹智熙,「扶餘 雙北里 280-5番地 出土 木簡 報告」,『木簡和文字』
　　　2, 2008

洪承佑,「「佐左官貨食記」에 나타난 百濟의 量制와 貨食制」,『木簡和文字』4, 2009

戴衛紅,「近年來韓國木簡研究現狀」,『簡帛』9, 2014

戴衛紅,「中 · 韓貸食簡研究」,『中華文史論叢』2015-1, 2015

謝桂華 저, 尹在碩 역,「중국에서 출토된 魏晉 이후의 漢文簡紙文書와 城山山城 출
　　　토 木簡」,『韓國古代史研究』19, 1999

金文京,『漢文と東アジア—訓讀の文化圈』, 東京, 岩波書店, 2010

三上喜孝,「古代東アジア出擧制度試論」,『東アジア古代出土文字資料の研究』, 雄
　　　山閣, 2009

三上喜孝,「韓国出土木簡と日本古代木簡—比較研究の可能性をめぐって」,『韓国出
　　　土木簡の世界』, 雄山閣, 2007

瀬憲雄,「倭國·日本史と東部─6~13世紀における政治的連関再考」,『歷史學硏究』
872

4~6세기 동아시아에서의 문헌의 유통과 확산

『史記』,『漢書』,『後漢書』,『晋書』,『梁書』,『魏書』,『北史』,『北齊書』,『周書』,『隋書』,
『舊唐書』,『宋書』이상→中華書局, 1959

『左傳』(李學勤 主編,『春秋左傳正義』), 北京大學出版社, 1999

『墨子』(『墨子校注』, 吳毓江 撰·孫啓治 點校), 中華書局, 1993

『戰國策』(劉向 集錄), 上海古籍出版社, 1985

『北堂書鈔』(文淵閣四庫全書), 臺灣商務印書館, 1982

(北宋)李昉 等撰,『太平御覽』, 中華書局, 1960

(唐)歐陽詢 撰,『藝文類聚』, 上海古籍出版社, 1999

王嘉 撰,『拾遺記』, 中華書局, 1981

甘肅簡牘博物館·甘肅省文物考古研究所·甘肅省博物館·中國文化遺産研究院
古文獻研究室·中國社會科學院簡帛研究中心 編,『肩水金關漢簡(參)』, 中
西書局, 2013

王仲犖,『金泥玉屑叢考』, 中華書局, 1998,

『三國史記』(李丙燾 校勘), 乙酉文化史, 1977

駕洛國史蹟開發研究院,『譯註 韓國古代金石文』(한국고대사회연구소 편), 1992

『古事記』(靑木和夫 外 校注), 岩波書店, 1982

김경호·이영호 책임편집,『지상(紙上)의 논어·지하(地下)의 논어』, 성균관대출판부,
2012

동북아역사재단 엮음,『고대 동아시아의 문자교류와 소통』, 동북아역사재단, 2011

盧鏞弼,『新羅眞興王巡狩碑研究』, 일조각, 1996

羅樹寶,『書香三千年』, 湖南文藝出版社, 2005(→조현주 옮김,『중국 책의 역사』, 다른

생각, 2008)

李瑞良,『中國古代圖書流通史』, 上海人民出版社, 2000

侯燦 · 楊代欣 編著,『樓蘭漢文簡紙文書集成』, 天地出版社, 1999

高田時雄,『漢字文化三千年』, 臨川書店, 2009

大島正二,『漢字傳來』, 岩波書店, 2006

大西克也 · 宮本 徹,『アジアと漢字文化』, 放送大學敎育振興會, 2009

東野治之,『書の文化史』, 岩波書店, 2010

冨谷 至 編,『漢字の中國文化』, 昭和堂, 2009

_____,『流沙出土の文字資料』, 京都大學學術出版會, 2001

新川登龜男,『漢字文化の成り立つと展開』, 山川出版社, 2002

井上 進,『中國出版文化史―書物世界と知の風景』, 名古屋大學出版會, 2002 (→이
　　　동철 · 장원철 · 이정희 옮김,『중국출판문화사』, 민음사, 2013)

中國古籍文化硏究所 編,『中國古籍流通學の確立―流通する古籍 · 流通する文
　　　化―』, 雄山閣, 2007

金慶浩,「秦漢時期 書籍의 流通과 帝國秩序」,『中國古中世史硏究』32, 2014.

_____,「漢代 邊境地域에 대한 儒敎理念의 普及과 그 의미」,『中國史硏究』17,
　　　中國史學會, 2002

김병준,「낙랑군의 한자 사용과 변용」,『고대 동아시아의 문자교류와 소통』(동북아역사
　　　재단 엮음), 2011

宋基豪,「고대의 문자생활비교와 시기구분」,『강좌 한국고대사 제5권, 문자생활과 역사
　　　서의 편찬』, 가락국사적개발연구원, 2002

尹龍九,「새로 발견된 樂浪木簡―樂浪郡 初元四年 縣別戶口簿」,『韓國古代史硏究』
　　　46, 한국고대사학회, 2007

_____,「平壤出土「樂浪郡初元四年縣別戶口簿」硏究」,『木簡과 文字』3, 한국
　　　죽간학회, 2009

尹在碩,「韓國 · 中國 · 日本 출토 論語木簡의 비교연구」,『東洋史學硏究』114, 2011

이성규,「고대 동아시아 교류의 열림[開]과 닫힘[塞]」(한림대학교아시아문화연구소 엮

음, 『동아시아경제문화네트워크』, 태학사, 2007

──────, 「중국 군현으로서의 낙랑」, 『낙랑문화연구』(동북아역사재단 연구총서20), 2006

──────, 「漢代 『孝經』의 普及과 그 理念」, 『韓國思想史學』 10, 韓國思想史學會 編, 1998

──────, 「韓國 古代 國家의 形成과 漢字 受容」, 『한국고대사연구』 32, 한국고대사 학회, 2003

李成市, 「한국의 문서행정 6세기의 신라」, 『함안 성산산성 출토목간』(국립가야문화재연 구소, 2007

이성시 · 윤용구 · 김경호, 「平壤 貞柏洞364號墳출토 竹簡 『論語』에 대하여」, 『木簡과 文字』 4, 한국죽간학회, 2009.

임형택, 「17~19세기 동아시아 상황과 연행 · 연행록」, 『한국학의 동아시아적 지평』, 창 비, 2014

鄭恩主, 「皇淸職貢圖 제작 경위와 조선 유입 연구」, 『明淸史硏究』 35, 명청사학회, 2011

鄭在永, 「百濟의 文字 生活」, 『口訣硏究』 11, 구결학회, 2003

甘肅省文物考古硏究所, 「甘肅敦煌漢代懸泉置遺址發掘簡報」, 『文物』 2000-5

甘肅省博物館, 「甘肅武威磨咀子六號漢墓」, 『考古』 1960-5

甘于黎, 「中國古代的 "傭書"業與圖書流通」, 『歷史敎學』 2012-12

潘吉星, 「新疆出土古紙硏究」, 『文物』 1973-10

劉孝文 · 和艷會, 「古代傭書業發展及文化貢獻槪述」, 『圖書情報論壇』 2011-3 · 4

靜永健, 「漢籍初傳日本與馬之淵源關係考」, 『中山大學學報』(社會科學版), 第50卷, 2010-5

左華明, 魏晋南北朝時期圖書流通 · 文化認同與國家統一」, 『信陽師範學院學報(哲 學社會科學版)』 34-3, 2014

周少川, 「魏晋南北朝的圖書出版事業」(中國歷史文獻硏究會 編, 『歷史文獻硏究』 27), 2008

賀巷超, 「魏晋南北朝時期傭書業的文化貢獻」, 『圖書館』 2000-2

──────, 漢代傭書業生産的歷史條件」, 『遼寧大學學報(哲學社會科學版)』 34,

2006-2

高橋 智,「中國古籍流動史の確立を目指して」,『中國古籍文化研究』3, 2005-3

西嶋定生,「漢字の傳來とその變容」,『倭國の出現-東アジア世界のなかの日本』, 東京大學出版會, 2002

_____,「東アジア世界の形成と展開」,『西嶋定生東アジア史論集 第三集』, 岩波書店, 2002

田中史生,「武の上奏文もうひとつの東アジア」,『文字と古代日本2』(平川 南・沖森卓也・榮原永遠男・山中章 編, 吉川弘文館, 2005)

중화사상과 조선후기 사상사

1. 사료

『孟子』

『書經』

金尚憲,『淸陰集』

徐兢,『宣和奉使高麗圖經』

宋時烈,『宋子大全』

安鼎福,『東史綱目』

柳麟錫,『毅菴集』

柳重敎,『省齋集』

李恒老,『華西集』

丁若鏞,『茶山詩文集』

朱熹,『晦庵集』

崔岦,『簡易集』

韓百謙,『久菴遺稿』

2. 연구서 및 논문

허태용,『조선후기 중화론과 역사인식』, 서울, 아카넷, 2010

마인섭 편,『근대전환기 동아시아 전통지식인의 대응과 새로운 사상의 형성』, 서울, 성균관대학교 출판부, 2016

이재석,「성재 유중교의 척사사상」,『지역문화연구』, 세명대 지역화연구소, 2009

하영휘,「柳重敎(1821~1893)의 춘추대의, 위정척사, 중화, 소중화」,『민족문학사연구』60, 2016

학술적 우상과 중국-조선 간의 문화교류

1. 사료

『何紹基詩文集』, 長沙, 嶽麓書社, 1992

『顧先生祠會祭題名弟一卷子』, 光緖二十五年(1899)重裝影印本

『顧亭林祠會祭題目弟二卷』,『正學堂雜著』本, 淸稿本

『儀顧堂集』,『續修四庫全書』, 上海, 上海古籍出版社, 2002

『顧炎武全集』, 上海, 上海古籍出版社, 2011

『遜學齋文抄』,『續修四庫全書』, 上海, 上海古籍出版社, 2002

顧炎武 著,『日知錄集釋』, 上海, 上海古籍出版社, 2014

金允植,『雲養續集』, 杜宏剛等 主編,『韓國文集中的淸代史料』, 桂林, 廣西師范大學出版社, 2008

董文渙, 李豫 · 李雪梅等 點校,『硯樵山房詩稿』, 太原, 山西古籍出版社, 2007

董壽平 · 李豫 主編,『淸季洪洞董氏日記六種』, 北京, 北京圖書館出版社, 1997

朴珪壽,『瓛齋先生集』, 1913年 鉛活字印本

沈秉成 編,『詠樓盉戱集』, 同治十年(1871)刻本

李豫,『董硯樵先生年譜長編』, 董海平 · 李豫 主編,『淸季洪洞董氏日記六種』

張穆, 『顧亭林先生年譜』, 上海, 商務印書館, 1941

張穆, 『閻若璩年譜』, 北京, 中華書局, 1994

馮志沂, 『微尚齋詩集』, 『淸代詩文集彙編』, 上海, 上海古籍出版社, 2010

2. 연구서

金玲敏, 『「說文解字翼徵」研究』, 華東師范大學博士學位論文, 2004

段志强, 『顧祠—顧炎武與晚淸士人政治人格的重塑』, 上海, 復旦大學出版社, 2015

夫馬進 著, 伍躍 譯, 『朝鮮燕行使與朝鮮通信使—使節視野中的中國・日本』, 上海,
    上海古籍出版社, 2010

徐東日, 『朝鮮朝使臣眼中的中國形象』, 北京, 中華書局, 2010

梁啓超 著, 夏曉虹・陸胤 校, 『中國近三百年學術史』(新校本), 北京, 商務印書館,
    2011

楊雨蕾, 『燕行與中朝文化』, 上海, 上海辭書出版社, 2011

魏泉, 『士林交遊與風氣變遷—19世紀宣南的文人群體研究』, 北京, 北京大學出版
    社, 2008

劉爲, 『淸代中朝使者往來硏究』, 哈爾濱, 黑龍江敎育出版社, 2002

韓榮奎・韓梅, 『18~19世紀朝鮮使臣與淸朝文人的交流』, 靑島, 中國海洋大學出版
    社, 2014

3. 논문

金明昊, 「19世紀朝鮮實學的發展和瓛齋朴珪壽」, 中國實學研究會 編, 『中韓實學史
    研究』, 北京, 中國人民大學出版社, 1998

王汎森, 「淸代儒者的全神堂—『國史儒林傳』的編纂與道光年間顧祠祭的成立」, 『中
    研院歷史語言研究所集刊』第79本 第1分

王元周, 「朴珪壽的燕行經歷與開化思想的起源」, 『韓國研究』第10輯

陳祖武, 「高尙之人格 不朽之學術—紀念顧亭林先生四百年冥誕」, 『文史哲』
    2014-2

河永三, 「韓國歷代『說文』研究綜述」, 『中國文字研究』2013-2

黃卓明,「韓國朝鮮時代的『說文』研究」,『勵耘學刊』 2010-1

고려와 원의 정치적 통혼과 문화교류

1. 사료

金龍善編,『高麗墓志銘集成』, 翰林大學校, 1997.

鄭麟趾,『高麗史』卷二七, 東京 , 國書刊行會 , 1912

李齊賢,『益齋亂稿』卷一,『韓國文集叢刊』2, 景仁文化社, 1990.

李穀,『稼亭集』卷十二,『韓國文集叢刊』3, 景仁文化社, 1990.

李承休,『动安居士集』卷一,『韓国文集叢刊』2.

『中堂事記』下, 王惲,『秋澗集』卷八十二, 四部叢刊初編本.

『元史』卷八, 中華書局點校本, 1976.

2. 연구서

內藤雋輔,『朝鮮史研究』, 京都, 東洋史研究會, 1961.

陳高華, 張帆, 劉曉:『元代文化史』, 廣東教育出版社, 2009.

黃時鑒,『元代的對外政策與中外文化交流』,『東西文化交流論稿』, 上海古籍出版
　　　社, 1998.

喜蕾,『元代高麗貢女制度研究』, 民族出版社, 2003.

3. 논문

張言夢,「元代來華高麗僧人考述」,『內蒙古社會科學』漢文版 1997年第4期.

桂栖鵬,「入元高丽僧人考略」,『西北师大学报』 2001年第2期.

金文京,「高麗の文人官僚・李齊賢の元朝にぉける活動」夫馬進,『中國東ァジァ外交
　　　交流史の研究』, 京都, 京都大学学术出版会, 2007

劉曉,「李承休〈賓王錄〉筆下的燕京薦福寺 – 兼及木庵性英與訥庵道謙」,『동서인문』

4, 2015.

白鳥庫吉,「〈高麗史〉に見えたる蒙古語の解釈」,『朝鮮史研究』, 岩波書店, 1970.

森平雅彥,「賓王錄にみる至元の遣元高麗使」,『東洋史研究』第62卷 第2號, 2004.

蕭啟慶,「元麗關系中的王室婚姻與强權政治」,『元代史新探』, 新文豐出版公司, 中
　　華民國七十二年1983.

程文海,『雪樓集』卷十八, "大慶壽寺大藏經碑", 四部叢刊初編本.

烏雲高娃,「元代"蒙古字學"對朝鮮半島的影響」,『元史及民族史研究集刊』第19輯,
　　2007.

陳高華,「李穀〈稼亭集〉‧李穡〈牧隱稿〉與元史研究」,『蒙元史暨民族史論集 – 紀念翁
　　獨健先生誕辰一百周年』, 社會科學文獻出版社, 2006.

陳高華,「元朝與高麗的文化交流」,『韓國研究論叢』第十九輯, 世界知識出版社,
　　2008.

陳高華,「杭州惠因寺的元代白話碑」,『浙江社會科學』2007年第1期.

陳高華,『元朝與高麗的文化交流』,『韓國研究論叢』第19輯, 世界知識出版社, 2008.

韓儒林,「元代詐馬宴新探」,『歷史研究』1981年第1期.

책봉체제하에서의 '국역(國役)'

1. 연구서

미야지마 히로시, 배항섭 편,『동아시아는 몇 시인가?』, 너머북스, 2015

손병규,『조선왕조 재정시스템의 재발견』, 역사비평사, 2008

江戶文化歷史檢定會,『江戶博覽强記』改定新版, 小學館, 2013

飯島千秋,『江戶幕府財政の研究』, 吉川弘文館, 2004

速水 融,『歷史人口學の世界』, 岩波書店, 1997

岩井茂樹,『中國近世財政史の研究』, 京都大學學術出版會, 2004

K. Pomerantz, "The Great Divergence: China, Europe, and the Making of the Modern World Economy", Princeton University Press, 2000(ケネス・ポメランツ著, 川北稔監訳, 『大分岐—中国´ヨ―ロッパ´そして近代世界経済の形成』, 名古屋大学出版会, 2015).

2. 논문

고은미, 「글로벌 히스토리와 동아시아론; 일본의 연구성과를 중심으로」, 『동아시아연구, 어떻게 할 것인가』, 성균관대학교출판부, 2016

권기중, 「『부역실총』에 기재된 지방재정의 위상」, 『역사와 현실』 70, 한국역사연구회, 2008

권내현, 「17세기 후반~18세기 전반 조선의 은 유통」, 『역사학보』 221, 2014

김영진, 「전통 동아시아 국제질서 개념으로서 조공체제에 대한 비판적 고찰」, 『한국정치외교사논총』 38-1, 2016

김재호, 「조선후기 중앙재정의 운영; 『六典條例』의 분석을 중심으로」, 이헌창 편, 『조선후기 재정과 시장: 경제체제론의 접근』, 서울대학교 출판문화원, 2010

배항섭, 「동아시아사 연구의 시각: 서구·근대 중심주의의 비판과 극복」, 『역사비평』 109, 역사비평사, 2014

손병규, 「조선후기 재정구조와 지방재정운영-재정 중앙집권화와의 관계」, 『조선시대사학보』 25, 조선시대사학회, 2003

_____, 「조선 후기 국가 재원의 지역적 분배—賦役實總의 상하납 세물을 중심으로」, 『역사와 현실』 70, 한국역사연구회, 2008.

_____, 「조선후기 비총제 재정의 비교사적 검토-조선의 賦役實摠과 明淸의 賦役全書」, 『역사와 현실』 81, 2011

송양섭, 「『부역실총』에 나타난 재원파악 방식과 재정정책」, 『역사와 현실』 70, 한국역사연구회, 2008

윤영인, 「서구 학계 조공제도 이론의 중국 중심적 문화론 비판」, 『아세아연구』 45-3, 2002

_____, 「10-13세기 동북아시아 多元的 國際秩序에서의 冊封과 盟約」, 『동양사학연구』 101, 2007

大口勇次郎, 「幕府の財政」, 新保博·齋藤修 編, 『日本經濟史2; 近代成長の胎動』, 岩波書店, 1990

藤井讓治, 「アジアにおける官僚制と軍隊」, 荒野泰典・石井正敏・村井章介 編, 『アジアのなかの日本史; I アジアと日本』, 東京大學出版會, 1992

浜下武志, 「朝貢貿易システムと近代アジア」, 『近代中國の國際的契機』, 東京大學出版會, 1990

梁方仲, 「明代一條鞭法年表」, 『嶺南學報』 第12卷 第1期, 1952

朝尾直弘, 「中世から近世へ」, 『日本近世史の自立』, 校倉書房, 1989

鳥海靖, 「明治國家の發足」, 『日本近代史』, 放送大學敎育振興會, 1992

Kwon, Nae hyun, Chosŏn Korea's Trade with Qing China and the Circulation of Silver, ACTA KOREANA 18-1, 2015

19세기 후반 함경도 주민들의 연해주 이주와 트랜스내셔널(Transnational)한 공간의 형성

『江北日記、江左輿地記、俄國輿地圖』, 한국정신문화연구원, 1994

『구한국외교문서 18: 아안 2』『승정원일기』(고종) 「독립신문」『일성록』

「咸鏡南兵營啓錄」, 『각사등록 44: 함경도편 3』

「咸鏡北兵營啓錄」, 『각사등록 43: 함경도편 2』

趙秉世, 「洪原以北隨事錄(1874)」, 『각사등록 43: 함경도편 2』

柳義養 原著, 최강현 역주, 『北關路程錄』, 일지사, 1976

「西伯利號, 西伯利に關する調査」, 朝鮮總督府, 『朝鮮彙報』, 1918

조선총독부 내무국 사회과편, 『滿洲及西比利亞地方에 있어서 朝鮮人事情』, 1923

최덕규 해제, 『러시아國立極東歷史文書保管所 韓人關聯資料解題集』, 高麗學術文化財團, 2004

강석화, 『조선후기 함경도와 북방영토의식』, 경세원, 2000

경흥군지편찬위원회, 『함경도 경흥군지』, 1988

고승제, 『한국이민사연구』, 장문각, 1973

권희영, 『한국과 러시아: 관계와 변화』, 국학자료원, 1999

말로제모프 지음, 석화정 옮김, 『러시아의 동아시아 정책』, 357쪽, 지식산업사, 2002

민영환 지음, 조재곤 편역, 『해천추범: 1896년 민영환의 세계일주』, 책과 함께, 2008

보리쓰 박 저/이영범·이면자 공역, 『러시아제국의 한인들』, 청주대 출판부, 2001

서대숙 편, 『한국과 러시아관계: 평가와 전망』, 경남대학교 극동문제연구소, 2001

송금영, 『러시아의 동북아진출과 한반도정책(1860-1905)』, 국학자료원, 2004

심지은 편역, 『러시아인, 조선을 거닐다』, 한국학술정보(주), 2006

연갑수, 『대원군집권기 부국강병책 연구』, 서울대학교출판부, 2001

이사벨라 버드 비숍 지음, 이인화 옮김, 『한국과 그 이웃나라들』, 살림, 1994

이상근, 『한인 노령이주사 연구』, 탐구당, 1996

카르네프 외 4인 지음, A. 이르계바예브, 김정화 옮김, 『내가 본 조선, 조선인』, 가야넷, 2003

한국사연구협의회, 『한로관계100년사』, 1984

홍웅호 외, 『수교와 교섭의 시기 한러관계』, 선인, 2008

고승희, 「19세기 후반 함경도 변경지역과 연해주의 교역활동」, 『조선시대사학보』 28, 2004

권희영, 「한민족의 노령이주사 연구(1863-1917)」, 『국사관논총』 41, 국편찬위원회, 1993

김동진, 「재로동포의 과거와 미래」, 『신동아』 1932년 7월

김양수, 「조선개항전후 중인의 정치외교 -역관 변원규 등의 동북아 및 미국과의 활동을 중심으로-」 『실학사상연구』 12, 1999

김춘선, 「1880-1890년대 청조의 "이민실변"정책과 한인이주민 실태연구」, 『한구근현대사연구』 8, 1998

박노자, 「19世紀後半 韓人의 露領 移民의 初期 段階(1861-1869)」, 『전주사학』 6, 1998

박 보리스, 「러시아와 조선간의 경제·외교관계의 수립」, 『동국사학』 24, 1990

반병률, 한국인의 러시아 이주사-연해주로의 유랑과 중앙아시아로의 강제이주-」, 『한국

사시민강좌』 28, 2008

배항섭, 「조로수교(1884) 전후 조선인의 러시아관」, 『역사학보』 194, 2007

신기석, 「해제」, 국회도서관, 『간도영유권관계발췌자료』, 1975

신승권, 「江左輿地記·俄國輿地圖 解題」, 『江北日記·江左輿地記·俄國輿地圖』, 한국정신문화연구원, 1994

심헌용, 「조선인의 러시아이민사」, 『한국과 러시아관계』, 경남대학교 극동문제연구소, 2001

원재연, 「19세기조선의 러시아인식과 문호개방론」 『한국문화』 23, 서울대 한국문화연구소, 1999

柳承宙, 「朝鮮後期 西間島移住民에 대한 一考察 「江北日記」.의 解題에 붙여」, 『亞細亞研究』, 59, 1978

이광린, 「구한말 노령 이주민의 한국정계 진출에 대하여-김학우의 사례를 중심으로-」, 『역사학보』 108, 1985

이동언, 「노령지역 초기 한인사회에 관한 연구」, 『한국독립운동사연구』 5, 1991

이명화, 「노령지방에서의 한인 민족주의교육운동」, 『한국독립운동사연구』 3, 1989

이상일, 「한인의 노령이주와 제정러시아의 대한인정책」, 『태동고전연구』 14, 2001

이재훈, 「근대조선과 러시아의 경제관계 형성」, 홍웅호 외, 『수교와 교섭의 시기 한러관계』, 선인, 2008

Chaimun Lee, 「Korea Migration to the Russian Far East: A Transnational Perspective」, 『한국역사지리학회지』 14-2, 2008

허동현, 「1880년대 한국인들의 러시아 인식 양태 -공로증(Russophobia)의 감염에서 인아책의 수립까지」, 『한국민족운동사연구 32: 한러관계와 민족운동』, 국학자료원, 2002

산동반도 초기 해양문명과 춘추전국 시기 한중일 삼국의 해양 실크로드

1. 사료

『管子』, 黎翔鳳 撰, 『管子校注』, 北京, 中華書局, 2004.

『孟子』, 阮元校刻『十三經注疏』, 上海, 上海古籍出版社 影印本, 1997

『史記』, 北京, 中華書局, 1959

『山海經』, 郭郛 注, 『山海經注疏』, 北京, 中國社會科學出版社, 2004

『尙書』, 『尙書正義』, 『十三經注疏』, 上海, 上海古籍出版社, 1997

『世本』, 『世本八種』, 北京, 中華書局, 2008

『晏子春秋』, 陳濤 譯注, 『晏子春秋』, 北京, 中華書局, 2007

『列子』, 楊伯峻 撰, 『列子集釋』, 北京, 中華書局, 1979

『吳越春秋』, 張覺 校注, 『吳越春秋校注』, 長沙, 岳麓書社, 2006

『周禮』, 『周禮注疏』, 『十三經注疏』, 上海, 上海古籍出版社, 1997

『韓非子』, 王先愼 撰, 『韓非子集解』, 北京, 中華書局, 1998

『淮南子』, 何寧 撰, 『淮南子集釋』, 北京, 中華書局, 1998

郭沫若 主編, 『甲骨文合集』, 北京, 中華書局, 1978-1982

2. 연구서

靳桂雲, 「山東先秦考古遺址植硅體分析與研究」, 『海岱地區早起農業和人類學研究』, 北京, 科學出版社, 2008

藤田豊八 著, 何健民 譯, 『中國南海古代交通叢考』, 北京, 商務印書館, 1936

劉玉黨, 張建國 等, 『山東區域文化通覽 威海卷』, 濟南, 山東人民出版社, 2012

范慶梅, 劉鳳鳴 等, 『山東區域文化通覽 煙臺卷』, 濟南, 山東人民出版社, 2012

本宮泰彦 著, 胡錫年 譯, 『日中文化交流史』, 北京, 商務印書館, 1980

孫德漢, 李行傑 等, 『山東區域文化通覽 靑島卷』, 濟南, 山東人民出版社, 2012

王志民 主編, 『山東區域文化通覽』, 濟南, 山東人民出版社, 2012

威海市文化局 威海市文物管理辦公室, 『威海文物概覽』, 靑島, 靑島出版社, 2009

3. 논문

靳桂雲, 王育茜, 「山東卽墨市北阡遺址2007年發掘簡報」, 『考古』 2011-11.

旅大市文物管理組, 「旅順老鐵山積石墓」, 『考古』 1978-2

白雲翔,「從韓國上林里銅劍和日本平原村銅鏡論中國古代靑銅工匠的兩次東渡」,
『文物』2015-8

煙臺市文物管理委員會,「山東煙臺白石村新石器時代遺址發掘簡報」,『考古』
1992-7

王永波,「膠東半島上發現獨木舟」,『考古與文物』1987-5

전영래,「完州 상림리 출토 中國式銅劍에 관하여」,『全北遺跡調査報告』(6), 1976

陳炎,「海上絲綢之路對世界文明的貢獻」,『今日中國』2001-12

13세기 동아시아의 전쟁과 무역

1. 사료

『高麗史』

『開慶四明續志』,『建炎以来系年要録』,『攻媿集』,『寶慶四明志』,『宋史』,『宋會要輯
稿』,『許國公奏議』,

『玉葉』,『師守記』

2. 연구서

黃寬重,『南宋地方武力ー地方軍與民間自衛武力的探討』, 臺北: 東大圖書公司,
2002

王曾瑜,『宋朝兵制初探』, 中華書局, 1983

石井正敏,『東アジア世界と古代の日本』, 山川出版社, 2003

川添昭二,『対外関係の史的展開』, 文献出版, 1996

桑原隲蔵,『蒲寿庚の事蹟』, 平凡社, 1989, 初出1923

曾我部静雄,『宋代政経史の研究』, 吉川弘文館, 1974

旗田巍,『元寇ー蒙古帝国の内部事情ー』, 中央公論社, 1965

3. 논문

廖大珂,「宋代海船的占籍、保甲和結社制度述略」,『海交史研究』2002年第1期

石文濟,「宋代市舶司的設置與職權」,『史學彙刊』1, 1968

汪聖鐸,「南宋各界会子的起訖、数額及会価」,『文史』25, 1985

熊燕軍,「南宋沿海制置司考」,『浙江大学学報(人文社会科学版)』37-1, 2007

榎本渉,「明州市舶司と東シナ海交易圏」,『歴史学研究』756, 2001

太田彌一郎,「石刻史料「替皇復県記」にみえる南宋密使瓊林について－元使趙良弼
    との邂逅－」,『東北大学東洋史論集』6, 1995

高銀美,「大宰府守護所と外交」,『古文書研究』73, 2012

_____,「日本金の輸出と宋・元の貿易政策」,『日本史研究』636, 2015

高橋昌明,「福原の夢－清盛と対外貿易」, 歴史資料ネットワーク編,『歴史のなか
    の神戸と平家－地域再生へのメッセージ－』, 神戸新聞総合出版センター,
    1999

寺地遵,「南宋末期、対蒙防衛構想の推移」,『廣島東洋史學報』11, 2006

寺地遵,「賈似道の対蒙防衛構想」,『廣島東洋史學報』13, 2008

深澤貴行,「南宋沿海地域における海船政策－孝宗期を中心としてー」,『史観』149,
    2003

渡邊誠,「平安貴族の対外意識と異国牒状問題」,『歴史学研究』823, 2007

15세기 동아시아 해양체제 속에서 조선왕조의 이미지 형성

1. 사료

『朝鮮王朝實錄』, 국사편찬위원회제공DB, http://sillok.history.go.kr/main/main.do.

「大元混一圖」,『新編纂圖增類群書類要事林廣記』, 元至順年間西園精舍利本.

申叔舟,『海東諸國紀』, 한국고전번역원DB, http://db.itkc.or.kr/index.jsp
    ?bizName=MK&url=/itkcdb/text/bookListIframe.jsp?bizName=MK&seojiId=kc_

mk_m015&gunchaId=&NodeId=&setid=854648

吳含 편,『朝鮮李朝實錄中的中國史料』, 中華書局, 1980

張廷玉 等 편찬,『明史』, 中華書局, 1974

2. 연구서

Denis Twitchett, Frederick W. Mote 주편,『劍橋中國明代史(1368~1644)』(中文版)하 권, 中國社會科學出版社, 2006

傑克 特納(Jack. Turner) 저, 周子平 역,『香料傳奇: 一部由誘惑衍生的歷史』(중문 판), 三聯書店, 2007

宮崎正勝 저, 朱悅瑋 역,『航海圖的世界史: 海上道路改變歷史』(중문판), 中信出版 社, 2014

弗朗索瓦·吉普魯 저, 龔華燕, 龍雪飛 역,『亞洲的地中海: 13-21世紀中國日本東南 亞商埠與貿易圈』(중문판), 新世紀出版社, 2014

上田信 저, 高瑩瑩 역,『海與帝國: 明淸時代』, 廣西師範大學出版社, 2014

孫衛國,『大明旗號與小中華意識: 朝鮮王朝尊周思明問題研究(1637-1800)』, 商務 印書館, 2007

松浦章 저, 謝躍 역,『中國的海賊』(중문판), 商務印書館, 2011

安東尼 瑞德(Reide.A) 저, 孫來臣 등역,『東南亞的貿易時代: 1450-1680』(중문판)제2 권, 商務印書館, 2010

劉迎勝 主編,『「大明混一圖」與「混一疆理圖」研究: 中古時代後期東亞的寰宇圖與世 界地理知識』, 鳳凰出版社, 2010

3. 논문

管彦波,「明代的輿圖世界: "天下體系"與"華夷秩序"的承轉漸變」,『民族研究』2014

邱軼皓,「輿圖原自海西來:『桃里寺文獻集珍』所載世界地圖考」,『西域研究』2011

裴祐晟,「朝鮮的地圖與東亞」, 復旦大學韓國研究中心編,『韓國研究論叢』21, 世界 知識出版社, 2009

林梅村,「『鄭芝龍航海圖』考: 牛津大學博德利圖書館藏「雪爾登中國地圖」名實辯」, 『文物』, 2013

森川哲雄´佐伯弘次編,「內陸圈·海域圈交流ネットワ―クとイスラム」, 櫂歌書房, 2006

王元周,「華夷觀與朝鮮後期的小中華意識」,『韓國學論文集』, 2004

日本国立歴史民俗博物館編,「東アジア中世海道：海商·港·沈沒船」, 東京印書館, 2005

錢江, 陳佳榮,「牛津藏『明代東西洋航海圖』姉妹作: 耶魯藏『淸代東南洋航海圖』推介」,『海交史研究』2013

鄭容和,「從周邊視角來看朝貢關係—朝鮮王朝對朝貢體系的認識和利用」,『國際政治研究』2006

陳佳榮,「淸浚"疆圖"今安在?」,『海交史研究』2007

陳佳榮,「現存最詳盡, 準確的元朝疆理總圖: 淸浚『廣輪疆理圖』略析」,『海交史研究』2009

許振興,「宋明時代的"中國與世界":『皇明祖訓』的啓示」, 香港中文大學文學院編,『明清史集刊』제11권, 2005

黃時鑒,「從地圖上看中韓日"世界"觀念的差異」,『黃時鑒文集』Ⅲ, 中西書局, 2011

1. 『사림』 제58집(수선사학회, 2016.10)
  - 다이웨이홍: 「韓國에서 出土된 '椋'자 木簡으로 본 동아시아 簡牘文化의 전파」
  - 우원가오와: 「고려와 원의 정치적 통혼과 문화교류」
  - 뤼중위: 「15세기 동아시아 해양체제 속에서 조선왕조의 이미지 형성」

2. 『사림』 59집(수선사학회, 2017.01) 특집호: "전통시대 동아시아의 사상 · 문화교류"
  - 왕전중: 「산동반도 초기 해양문명과 춘추전국 시기 한중일 삼국의 해양 실크로드」
  - 린춘양: 「학술적 우상과 중국-조선 간의 문화교류 — 박규수가 참여하였던 고염무 사당의 會祭를 중심으로 —」
  - 손병규: 「冊封體制下에서의 '國役' — 朝鮮王朝 재정시스템의 특징과 관련하여 —」
  - 하영휘: 「중화사상과 조선후기 사상사」

3. 그 밖의 학술잡지
  - 김경호: 「4-6世紀 동아시아에서의 文獻의 流通과 擴散」(『大東文化硏究』제88집, 2014.12, 성균관대 대동문화연구원)
  - 고은미: 「南宋の沿海制置司と日本 · 高麗」(『東京大學日本史學硏究室紀要 別冊 中世政治社會論叢』, 2013)
  - 배항섭: 19세기 후반 함경도 주민들의 연해주 이주와 仁政 願望」(『역사와 담론』53, 호서사학회, 2009